中国法学会环境资源法学研究会教学研究委员会组织审定

环境法学知识体系和教学进阶

主　编　汪　劲
副主编　胡　静　刘　超　徐以祥　朱晓勤
　　　　王社坤　柯　坚

审定专家：（按姓氏汉语拼音排序）
　　陈德敏　巩　固　吕忠梅　孙佑海　王灿发　王秀卫　徐祥民
　　周　珂

撰稿人：（按姓氏汉语拼音排序）
　　陈兴华　崔金星　陈真亮　董　岩　方　堃　郭　武　胡　静
　　胡帮达　胡德胜　焦　琰　柯　坚　林　婧　罗　吉　罗　薇
　　梁增然　李　静　李兴宇　刘佳奇　刘　超　刘长兴　刘国涛
　　鲁冰清　梅　宏　莫张勤　阚占文　舒　旻　孙法柏　童光法
　　汪　劲　汪再祥　王社坤　王　江　吴　凯　吴凯杰　许胜晴
　　徐以祥　严厚福　于文轩　张　晏　朱艳丽　张忠民　张小平
　　张　璐　朱晓勤

参与审校修改和最终统稿工作的人员：（按姓氏汉语拼音排序）
　　初依依　钭晓东　冯令泽南　郭　武　何婧涵　刘继琛　吕　爽
　　李若英　刘　宁　李明滢　罗贵雨　罗　媛　鲁冰清　马鹏飞
　　梅奕来　任　洋　宋亚容　王社坤　王　政　王　康　徐忠麟
　　赵晨昊

图书在版编目(CIP)数据

环境法学知识体系和教学进阶/汪劲主编. —北京:北京大学出版社,2024.1
ISBN 978-7-301-34674-7

Ⅰ.①环… Ⅱ.①汪… Ⅲ.①环境法学—教学研究—高等学校 Ⅳ.①D912.6

中国国家版本馆CIP数据核字(2023)第231001号

书　　　名	环境法学知识体系和教学进阶 HUANJINGFAXUE ZHISHI TIXI HE JIAOXUE JINJIE
著作责任者	汪　劲　主编
责任编辑	许心晴　王　晶
标准书号	ISBN 978-7-301-34674-7
出版发行	北京大学出版社
地　　　址	北京市海淀区成府路205号　100871
网　　　址	http://www.pup.cn
新浪微博	@北京大学出版社　@北大出版社法律图书
电子邮箱	编辑部 law@pup.cn　总编室 zpup@pup.cn
电　　　话	邮购部 010-62752015　发行部 010-62750672　编辑部 010-62752027
印　刷　者	北京虎彩文化传播有限公司
经　销　者	新华书店
	730毫米×980毫米　16开本　27.5印张　539千字 2024年1月第1版　2024年6月第2次印刷
定　　　价	84.00元

未经许可,不得以任何方式复制或抄袭本书之部分或全部内容。
版权所有,侵权必究
举报电话:010-62752024　电子邮箱:fd@pup.cn
图书如有印装质量问题,请与出版部联系,电话:010-62756370

内 容 简 介

《环境法学知识体系和教学进阶》是由中国法学会环境资源法学研究会组织国内高等法学院校从事环境法学(环境与资源保护法学)教学研究的一线中青年教师,根据长期的教学实践经验编写完成的教学指导用书。本书以构建广义环境法学框架体系为视角,将环境法学及其所涉各分支学科分为总论编、污染防治法编、生态保护法编、国际环境法编、自然资源法编和能源法编等六编,基本涵盖了国内高等法学院校环境法学课程教学的各个方面。根据国内高等法学院校开展环境法各分支学科教学的实际需要,本书各编所列教学知识点仅为环境法学各分支学科领域进行课堂教学的最低限度的教学内容。

本书适合高等法学院校环境法学各专业、环境科学与工程院系相关专业的教师进行备课和教学使用,也适合作为在校大学生、研究生在研究环境法学内容与理解教学内容方面的参考,同时还适合从事环境、资源和能源政策与法律、管理的工作人员培训时指导使用。

编写说明

2018年7月中国法学会环境资源法学研究会与阿里巴巴公益基金会签署协议，由阿里巴巴公益基金会提供公益资金支持中国法学会环境资源法学研究会实施"环境资源法学研究队伍能力建设（2018—2020）公益项目"，目标是提高环境资源法学界青年教师的基础科研能力、应用科研能力与法治建设互动能力。围绕这些目标，中国法学会环境资源法学研究会组织开展了"环境法学青年教师能力高端培训"项目，并组织编写了本书和《中国环境法学研究（2000—2020）评述》（该书由北京大学出版社另行出版）。

本书由中国法学会环境资源法学研究会组织国内高等法学院校从事环境法学（环境与资源保护法学）教学研究的一线中青年教师，根据教学实践经验编写完成。本书以构建广义环境法学框架体系为视角，将环境法学及其所涉各分支学科分为总论编、污染防治法编、生态保护法编、国际环境法编、自然资源法编和能源法编等六编，基本涵盖了国内高等法学院校环境法学课程教学的各个方面。在此，对参与撰稿、审定、统稿、审校和编辑的专家学者们的辛勤付出表示感谢！

本书的编写历时三年，内容涉及环境法学（环境与资源保护法学）分支学科的各个领域。在全国人大常委会决定开展环境法典编纂研究的背景下，在国内环境法学者对中国环境法（环境与资源保护法）教学框架和体系建设的认识尚不完全一致的条件下，根据国内高等法学院校开展环境法学各分支学科教学的实际需要和教学效果的一般要求，本书的编写希望通过对环境法学各领域教学知识点的梳理，实现国内高等法学院校环境法学课程体系的建设和展开，为环境法学各分支学科领域教学知识点的构建提供最低限度的框架体系和教学要求。

正因为我们是首次尝试组织撰写和归纳环境法学课程知识点体系并提供教学指南，所以本书一定还存在着一些值得商榷和探讨之处。敬请各位读者特别是从事环境法学各分支学科教学工作的一线教师不吝提出宝贵的意见和建议，我们将结合中国环境法学分支学科教学体系的不断完善，在今后的各个版本中不断修改完善。

汪劲，北京大学法学院教授，
中国法学会环境资源法学研究会副会长／
教学研究专业委员会主任
2021年10月31日
写于北京大学陈明楼507室

目 录

导 论 ··· 1
  一、本书的编写目的 ··· 1
  二、本书的结构、内容和编辑设想 ·································· 3
  三、本书各编教学知识点的安排和选用 ··························· 5

上 卷

第一编 环境法总论

第一章 环境法概述 ·· 13
  一、环境法(重点) ··· 13
  二、环境法的目的(一般) ·· 17
  三、环境法律体系(重点) ·· 19

第二章 环境法的原则 ·· 26
  一、协调发展原则(重点) ·· 26
  二、预防原则(重点) ·· 28
  三、损害担责原则(一般) ·· 32
  四、公众参与原则(重点) ·· 35

第三章 环境法律关系 ·· 40
  一、环境法律关系的"三要素"(一般) ·························· 40
  二、环境权(重点) ··· 42
  三、国家环境义务(重点) ·· 46
  四、环境行政(重点) ·· 48

第四章 环境法综合制度 ··· 52
  一、环境资源规划制度(含生态保护规划)(一般) ············ 52
  二、环境标准制度(不含自然资源标准)(重点) ··············· 55

三、环境影响评价制度(不含"三同时")(重点)…………………… 58
　　四、环境资源信息公开制度(一般)…………………………………… 60
　　五、环境监测、调查和评估制度(一般)……………………………… 63
　　六、突发环境事件应急制度(一般)…………………………………… 65

第五章　环境侵权救济 …………………………………………………… 69
　　一、环境侵权责任的构成(重点)……………………………………… 69
　　二、环境侵权责任的承担方式(一般)………………………………… 73
　　三、因果关系推定和举证责任倒置(重点)…………………………… 75
　　四、环境纠纷的行政处理(一般)……………………………………… 78
　　五、核损害赔偿(一般)………………………………………………… 80

第六章　环境公益诉讼与生态环境损害赔偿诉讼 ……………………… 83
　　一、环境民事公益诉讼(重点)………………………………………… 83
　　二、环境行政公益诉讼(一般)………………………………………… 87
　　三、生态环境损害赔偿诉讼(一般)…………………………………… 90

第七章　环境刑事责任 …………………………………………………… 94
　　一、污染环境罪(重点)………………………………………………… 94
　　二、涉固体废物类罪(一般)…………………………………………… 98
　　三、破坏野生动物保护类罪(一般)…………………………………… 100
　　四、破坏森林类罪(一般)……………………………………………… 102

第二编　污染防治法

第一章　污染防治法概述 ………………………………………………… 105
　　一、环境污染防治法(一般)…………………………………………… 105
　　二、"三同时"制度(一般)……………………………………………… 107
　　三、总量控制制度(重点)……………………………………………… 109
　　四、排污许可制度与排污权交易(重点)……………………………… 113
　　五、按日连续处罚制度(重点)………………………………………… 117

第二章　要素污染防治 …………………………………………………… 121
　　一、水污染防治法(一般)……………………………………………… 121
　　二、水污染防治基本制度和措施(重点)……………………………… 124

三、饮用水源和其他特殊水体保护制度(一般) …………… 128
　　四、大气污染防治立法(一般) …………………………… 130
　　五、大气污染防治基本制度和措施(重点) ……………… 133
　　六、重点区域大气污染联合防治(一般) ………………… 138
　　七、重污染天气应对(一般) ……………………………… 141
　　八、机动车和非道路移动机械排放污染防治制度(重点) … 143
　　九、土壤污染防治法(一般) ……………………………… 145
　　十、土壤污染风险管控标准制度(重点) ………………… 147
　　十一、土壤有毒有害物质名录制度(一般) ……………… 150
　　十二、农用地的风险管控和修复义务及责任(重点) …… 152
　　十三、建设用地的风险管控和修复义务及责任(一般) … 155
　　十四、海洋污染防治法(一般) …………………………… 157
　　十五、防治陆源污染物对海洋环境的污染损害(重点) … 159
　　十六、防治海洋工程建设项目对海洋环境的污染损害(一般) … 162
　　十七、防治倾倒废弃物对海洋环境的污染损害(一般) … 164
　　十八、防治船舶及有关作业活动对海洋环境的污染损害(一般) … 166

第三章　有毒有害物质环境管理 ………………………………… 169
　　一、固体废物污染环境防治法(一般) …………………… 169
　　二、防治工业固体废物污染环境(重点) ………………… 171
　　三、防治生活垃圾污染环境(一般) ……………………… 175
　　四、防治建筑垃圾、农业固体废物等污染环境(一般) … 177
　　五、防治危险废物污染环境(重点) ……………………… 179
　　六、生产者责任延伸制度(一般) ………………………… 182
　　七、化学物质监管法(重点) ……………………………… 184
　　八、电磁辐射防治法(一般) ……………………………… 187

第四章　物质循环促进法 ………………………………………… 190
　　一、循环经济促进法(一般) ……………………………… 190
　　二、促进清洁生产和循环经济的制度措施(重点) ……… 192
　　三、强制性清洁生产审核(一般) ………………………… 195
　　四、减量化、再利用和资源化的制度措施(一般) ……… 197

第五章　能量污染防治法……201
　　一、噪声污染防治法（一般）……201
　　二、工业噪声污染防治制度（一般）……203
　　三、建筑施工噪声污染防治制度（重点）……204
　　四、交通运输噪声污染防治制度（一般）……206
　　五、社会生活噪声污染防治制度（重点）……209
　　六、放射性污染防治法（一般）……211
　　七、放射性污染全过程监管制度（一般）……213
　　八、核安全法（一般）……214
　　九、核设施安全监管制度（一般）……217
　　十、核材料和放射性废物安全监管制度（一般）……219
　　十一、核事故应急制度（一般）……221

第三编　生态保护法

第一章　生态保护法概述……224
　　一、生态保护法（重点）……224
　　二、生态保护红线制度（重点）……228
　　三、生态保护补偿制度（重点）……230
　　四、生态治理和修复制度（重点）……232
　　五、长江保护法（一般）……234

第二章　自然保护地法……237
　　一、自然保护地法（一般）……237
　　二、自然保护地法的基本制度和措施（重点）……241
　　三、公共地役权（一般）……245

第三章　生物多样性保护法……248
　　一、生物多样性保护法（重点）……248
　　二、野生动物保护法（重点）……252
　　三、野生植物保护法（一般）……256

第四章　生物安全法……259
　　一、生物安全法（一般）……259

二、外来物种入侵规制（重点）…………………………………… 261
　　三、生物技术发展规制（一般）…………………………………… 264
　　四、遗传资源保护法（一般）……………………………………… 267

第五章　生态退化防治和自然灾害防治法……………………………… 270
　　一、生态退化防治法（一般）……………………………………… 270
　　二、自然灾害防治法（一般）……………………………………… 273

第四编　国际环境法

第一章　国际环境法的基础理论…………………………………………… 276
　　一、国际环境法（重点）…………………………………………… 276
　　二、环境保护国际组织（重点）…………………………………… 279
　　三、国际环境条约（重点）………………………………………… 283
　　四、国家资源开发主权原则（一般）……………………………… 286
　　五、共同但有区别责任原则（一般）……………………………… 288
　　六、风险预防原则（一般）………………………………………… 290

第二章　国际环境条约……………………………………………………… 293
　　一、气候变化公约（重点）………………………………………… 293
　　二、国际海洋公约（重点）………………………………………… 296
　　三、生物多样性公约（一般）……………………………………… 299
　　四、濒危物种国际贸易公约（一般）……………………………… 302
　　五、控制危险废物越境转移公约（一般）………………………… 305
　　六、保护世界文化和自然遗产公约（一般）……………………… 308
　　七、防治荒漠化公约（一般）……………………………………… 310

下　卷

第五编　自然资源法

第一章　自然资源法概述…………………………………………………… 315
　　一、自然资源法（一般）…………………………………………… 315

二、自然资源权属制度(重点) ………………………………………… 318
　　三、自然资源税费制度(一般) ………………………………………… 323
　　四、自然资源开发利用禁限制度(重点) ……………………………… 325
　　五、自然资源许可制度(一般) ………………………………………… 328

第二章　土地与矿产资源法 ……………………………………………… 330
　　一、土地资源法(一般) ………………………………………………… 330
　　二、土地利用总体规划(一般) ………………………………………… 333
　　三、耕地保护制度(重点) ……………………………………………… 334
　　四、建设用地管理制度(重点) ………………………………………… 336
　　五、矿产资源法(一般) ………………………………………………… 339
　　六、矿产资源勘查(一般) ……………………………………………… 341
　　七、矿产资源开采(重点) ……………………………………………… 343

第三章　水、海域与渔业资源法 ………………………………………… 346
　　一、水资源法(一般) …………………………………………………… 346
　　二、水资源保护制度(重点) …………………………………………… 348
　　三、水资源配置制度(一般) …………………………………………… 351
　　四、取用水管理制度(重点) …………………………………………… 352
　　五、海域资源法(一般) ………………………………………………… 354
　　六、海洋功能区划制度(一般) ………………………………………… 357
　　七、海域使用管理制度(重点) ………………………………………… 360
　　八、渔业资源法(一般) ………………………………………………… 362
　　九、渔业资源增殖保护制度(一般) …………………………………… 363
　　十、渔业捕捞管理制度(重点) ………………………………………… 365

第四章　森林与草原资源法 ……………………………………………… 368
　　一、森林资源法(一般) ………………………………………………… 368
　　二、森林资源保护制度(重点) ………………………………………… 370
　　三、林木采伐管理制度(一般) ………………………………………… 372
　　四、草原资源法(一般) ………………………………………………… 374
　　五、草原保护与治理制度(重点) ……………………………………… 375
　　六、畜牧管理制度(一般) ……………………………………………… 378

第六编 能 源 法

第一章 能源法概述……………………………………………… 380
  一、能源法(重点)……………………………………………… 380
  二、能源法的目的和作用(一般)……………………………… 383
  三、能源法的体系(一般)……………………………………… 385
  四、能源法律关系(一般)……………………………………… 387
  五、企业的能源权利和义务(一般)…………………………… 390
  六、能源法的基本原则(一般)………………………………… 391
  七、能源管理体制(一般)……………………………………… 394
  八、能源战略和规划制度(重点)……………………………… 396
  九、能源普遍服务制度(一般)………………………………… 399
  十、能源激励制度(一般)……………………………………… 401
  十一、能源储备制度(一般)…………………………………… 402

第二章 能源生产供应法律制度………………………………… 404
  一、石油法(一般)……………………………………………… 404
  二、天然气法(一般)…………………………………………… 406
  三、煤炭法(一般)……………………………………………… 408
  四、电力法(一般)……………………………………………… 411
  五、水电法(一般)……………………………………………… 414
  六、核电法(一般)……………………………………………… 415

第三章 节能减排法律制度……………………………………… 419
  一、气候变化法(重点)………………………………………… 419
  二、节约能源法(重点)………………………………………… 422
  三、可再生能源法(重点)……………………………………… 425

导　　论

一、本书的编写目的

2011年6月,中国法学会环境资源法学研究会首届教学研究专业委员会通过调查研究完成了《我国环境与资源保护法教学情况报告》(以下简称《报告》),并通过研究会向教育部呈报。自2007年教育部高校法学类专业教学指导委员会通过调整法学学科核心课程决定,并增设环境与资源保护法学为法学教育核心课程以来,对地处我国24个省、自治区、直辖市的266所高校法学专业开设环境与资源保护法学课程的情况进行了调查。

2011年的调查资料表明,266所高校中有201所开设了环境与资源保护法学课程,占开课高校总数的75.6％。在这201所高校中,开设环境与资源保护法学课程的具体情况如下:第一,在课程性质方面,有98所高校将该课程设置为必修课,占开设该课程学校总数的48.8％;有103所高校将该课程设置为选修课,占开设该课程学校总数的51.2％。第二,在学分(学时)分配方面,设置最低的为2学分,最高的为4学分。其中有136所高校设置的是2学分,占开课高校总数的69.4％;56所高校设置的是3学分,占开课高校总数的28.6％;4所高校设置的是4学分,占开课高校总数的2％。第三,在课时安排方面,设置最多的为98课时,最少的为20课时。其中,1所高校设置为98学时,占开课高校总数的0.5％;1所高校为72学时,占开课高校总数的0.5％;2所高校为60—68学时,占开课高校总数的1％;29所高校为50—54学时,占开课高校总数的14.7％;30所高校为40—48学时,占开课高校总数的15％;133所高校为32—36学时,占开课高校总数的67.5％;1所高校为20学时,占开课高校总数的0.5％。第四,在开课学期方面,各高校将环境与资源保护法学课程安排在第二学期到第七学期不等。其中有1所高校开设在第二学期,占开课高校总数的0.5％;7所高校开设在第三学期,占开课高校总数的3.8％;16所高校开设在第四学期,占开课高校总数的8.7％;66所高校开设在第五学期,占开课高校总数的35.9％;58所高校开设在第六学期,占开课高校总数的31.5％;36所高校开设在第七学期,占开课高校总数的19.6％。

《报告》认为,我国高校环境与资源保护法学课程的开设存在着课程的核心地位不明确、教学计划设置随意性大、课时设置不合理与学期设置不合理等问题。因此,应当明确环境与资源保护法学课程的核心课程地位,相应提高该门课程的学分量并增加课时数,加强环境与资源保护法学专业教师的培养和引进,加强教师间的交流和学习。

首届教学研究专业委员会的上述调查工作极其重要,因为《报告》基本反映了 21 世纪头十年中国环境与资源保护法学学科发展过程中环境法学及其分支学科在本科教育中的真实情况。

2018 年 7 月,阿里巴巴公益基金会与中国法学会环境资源法学研究会签署协议,由阿里巴巴公益基金会提供公益资金支持中国法学会环境资源法学研究会实施"环境资源法学研究队伍能力建设(2018—2020)公益项目"。该项目的目标是提高环境资源法学界青年教师的基础科研能力、应用科研能力与法治建设互动能力。围绕上述目标,项目将由中国法学会环境资源法学研究会组织开展"环境法学青年教师能力高端培训",组织编写《环境法学知识体系和教学进阶》和《中国环境法学研究(2000—2020)评述》,设立并组织评选"青年环境法学优秀研究成果奖"。经中国法学会环境资源法学研究会会长会议讨论,决定由教学研究专业委员会具体负责实施《环境资源法学研究队伍能力建设(2018—2020)公益项目协议》的各项内容。

2018 年 12 月,第二届教学研究专业委员会在中国法学会环境资源法学研究会的领导下,在泉州举办了"第一期阿里巴巴中国高校青年环境法教师技能提升培训(TTT1)暨师资库建设高端研讨会",围绕环境法学本科教学问题识别、环境法学本科教学技能提升、环境法学基本范畴教学规范化等问题展开了培训研讨,为本书的编写确立了学术和理论基础。2019 年初教学研究专业委员会启动本书大纲的编写工作,并于 3 月在北京举行了审定研讨会,对本书的框架结构、主体内容、编写体例等提出了建设性意见和建议。中国法学会副会长、环境资源法学研究会负责人吕忠梅教授在本次会议上指出,环境法教学和教材建设要回应新时代背景下生态文明建设的目标和要求,要关注未来环境法人才需求的走向,要处理好传承与发展、政治性与专业性、理论性与实践性、群众性与职业性的关系。

从 2019 年 5 月到 2020 年 10 月,教学研究专业委员会组织国内高等法学院校从事环境法学(环境与资源保护法学)教学研究的一线中青年教师,根据教学实践经验编写本书,先后在岳阳、沈阳、天水、贵阳、宁波和成都举办了六期"阿里巴巴全国高校青年环境法教师技能提升培训研讨会",并完成了本书的初稿撰写任务。教学研究专业委员会还邀请部分资深环境法学教授分别对本书的结构和内容进行了阶段性审定。在撰稿人再次修改定稿的基础上,教学研究专业委员会又组织部分委员和部分高校教师、研究生对书稿进行了统稿和审校。

2021 年 10 月,教学研究专业委员会在海口举办了两期"中国高校青年环境法教师技能提升培训",围绕本书构筑的环境法学课程知识点体系和教学指南等内容作了最后研讨,并邀请国内具有长期本科环境法学(环境与资源保护法学)教学实践经验和编写过高校统编教材的专家学者对本书进行审定。

二、本书的结构、内容和编辑设想

本书以构建广义环境法学框架体系为出发点,将环境法学(环境与资源保护法学)的教学内容分为总论编、污染防治法编、生态保护法编、国际环境法编、自然资源法编和能源法编等六编。以下对本书的结构、内容和编辑设想作一初步的解析。

首先,本书构建的是广义环境法学(环境与资源保护法学)知识点的体系。

学界对环境与资源保护法学学科内容的划分见仁见智,理解各不相同。从狭义环境法学的角度理解,环境与资源保护法学的研究对象只包含环境保护和资源保护类的法律,不包含自然资源法和能源法的内容。目前国内学者中持这种理解的人占多数,因此大多数环境与资源保护法学教科书的内容只包含总论、污染防治法、生态与资源保护法和国际环境法。

然而,从广义环境法学体系的角度去理解环境与资源保护法学,我们可以将"环境与资源保护法学"这个称谓作为整体性部门法学的学科群的概念来理解和认识,就像对民商法学(涵盖民法、商法等)和国际法学(涵盖国际公法、国际私法、国际经济法等)的理解那样,不能只局限于传统狭义环境法学所包含的内容。目前,国内法学院校中为本科生开设自然资源法和能源法课程的并不多见,而从广义环境法学体系的角度去理解环境与资源保护法学,逐步建立和完善自然资源法和能源法学科建设和课程体系,理应成为广义环境法学科暨环境与资源保护法学学科建设的重要任务。

为此,本书除了纳入传统环境法学课程体系的内容外,还将自然资源法课程和能源法课程的教学知识点也囊括进来,目的在于推动国内高校在开设环境与资源保护法学课程时,尽可能将自然资源法和能源法教学的基本范畴和核心知识点纳入其教学计划之中。

其次,本书在环境法学各分支学科的最小范围内为本科教学提供教学知识点及备课指引。

如前所述,目前国内各高校环境法学课程的开设情况还是因校而异、各不相同。据教学研究专业委员会2019年通过举办多期"中国高校青年环境法教师技能提升培训研讨会"对各高校青年教师的进一步调查,发现目前已在本科阶段开设环境法学课程的法学院校中,有超过60%的院校开设了32—36学时的环境法(环境与资源保护法)课程,约30%的院校开设了40—48学时或50—54学时的环境法课程,约2%的院校开设了更多学时的环境法(环境与资源保护法)课程。根据这一实际,本书在设计上选取了广义环境法学及其各分支学科的最小范围教学知识点体系。

也就是说,无论是总论编还是各论各编,本书只提供该编学科体系内最小范围的教学知识点作为教学指南的对象。各编提供的知识点数量如下:总论29个,污染防治法46个,生态保护法17个,国际环境法13个,自然资源法28个,能源法20个。授课教师在教学设计上可以根据上述知识点的分类作多种选择和组合。

一般情况下,具有总体性、概述性的本科环境法课程教学,可以以总论、污染防治法、生态保护法和国际环境法等四编推荐的教学知识点及其主要内容作为教学授课的选择。例如,课程课时设置为50—54学时的,可以以学时数为基础、按照本书推荐教学知识点总量90%的标准(即每学时安排0.9个以内的教学知识点)从本书各编中选择和组合。

在一门课程所有教学知识点的范围内,推荐各编的教学知识点选取比例大致为:总论占30%—40%、污染防治法占25%—35%、生态保护法占20%—30%、国际环境法占5%—20%。当然,教师还可以根据学校的实际和办学特色自行选择并调整教学知识点。

独立开设自然资源法或者能源法课程的,如果课程课时设置为32—36学时,本书自然资源法编和能源法编所列教学知识点均可以作为选择对象。由于环境法学课程具有法学与自然科学(如生态学、环境科学、资源科学等学科)交叉的学科性质,因此课程设置还要考虑适当增加一些自然科学知识和其他法学相关学科(如政治、行政、经济、管理等)知识。

再次,本书对广义环境法学各编的教学知识点作了重点和一般的区分,目的在于为教师备课提供参考。

在编写本书时,主要参考了在国内具有较长时期影响力的环境法学(环境与资源保护法学)统编教材和教学效果与反映较好的教材。由于本书撰稿人在编写本书的同时还在同步撰写《中国环境法学研究评述(2000—2020)》,因此最近20年中国环境法学发展的最新动态和理论进展也会反映在本书之中。

需要说明的是,本书推荐的环境法学各编的教学知识点并非该编知识点的全部,而是根据数十年从事环境法学(环境与资源保护法学)本科教学的经验,在广义环境法学科的基础上不断缩小范围,最终在最小知识点范围内确立的。尽管如此,即使是在总体性、概述性的本科环境法课程教学范围内(总论、污染防治法、生态保护法、国际环境法),本书提供的教学知识点依然多达105个。要完整、透彻地讲授这么多的教学知识点,即使在课时设置为50—54学时的课程中也是难以实现的。

为此，本书对教学知识点作了重点和一般的区分，目的是通过对重点知识点的提示，指导备课教师尽可能将构成环境法学各编基本概念、基本范畴及其基本理论的内容作为教学知识点的首选。

除此之外，本书在各个教学知识点内部对该知识点的关联知识点也做了列举，以提示教师备课、授课时对与教学知识点相关的其他知识点做好授课准备。

最后，如何使用本书搞好环境法学课程教学。

本书不是教科书而是指导书。因此，为了给环境法学教师提供教学指南，本书除了不断推敲和精心选取各类教学知识点外，还从教学要点和教辅资料的角度为教师提供了备课和授课指引。

在教学要点方面，通过对知识点进行定义解析、特征描述、目的简析、功能和意义拓展等以及对关联知识点的列举，希望能够以比较短的篇幅囊括教学知识点的基本要素。

为了方便教师在备课时获取更多资料，减少查阅和检索的时间，本书在教学要点之后安排了教辅资料专栏，内容包含该教学知识点所涉及的关联法规、标准、参考阅读文献、相关案例等。由于我国生态文明体制改革正在进行之中，环境与资源保护的法律法规和技术规范等也在不断制定并修订更新，环境司法实践也在不断发展，因此教辅资料的内容只具有时代性和参考性，需要教师自身与时俱进，不断完善和丰富自己的环境法学教案内容。

由于教学研究专业委员会是第一次组织编写教学知识点和教学指南类指导用书，因此，尽管三年来在撰稿和修改中不断强调编写目的、标准和要求，主编、副主编和各位撰稿人对什么是环境法学的教学知识点的理解依然因人而异。本书共有40多位撰稿人，对广义环境法学（环境与资源保护法学）的认识和对环境法学各编本科教学的认识也各不相同。就像不能强求各位撰稿人在认识上完全保持一致那样，也不要求教师对知识点的选择完全按照本书的意愿去做。

下面将对环境法学（环境与资源保护法学）各编教学知识点的安排设计和教师备课选用时应当注意的问题做进一步的解析。

三、本书各编教学知识点的安排和选用

为了区别环境法学课程的不同性质，本书分为上、下两卷。上卷包括环境法总论、污染防治法、生态保护法和国际环境法四编，下卷包括自然资源法和能源法两编。

上卷

（一）环境法总论

环境法总论的本科教学应当突出环境法概貌和我国主要环境法律规范的内容。环境法的概貌既包括理论层面的环境法的定义、特征、目的，也包括实在法层面的我国环境法律体系，通过教学令学生形成基于我国立法的环境法概观性认识。环境法律规范主要涵盖了作为综合性法律的《中华人民共和国环境保护法》（以下简称《环境保护法》）的主要内容、相关环境单行法中具有共性的内容、其他部门法中涉及环境保护尤其是法律责任的内容。法律规范的内容包括法律原则、法律制度和法律责任。法律责任的内容主要集中于环境侵权责任、环境公益损害责任和刑事责任。上述责任很大程度上超越了环境单行法的范畴，放在总论较为合适，行政责任的内容主要放在分论部分。通过对环境法律规范内容的学习，学生可以较为全面地了解我国环境法律规范内容的框架，并初步具备分析和解决环境法律问题的能力。

一般而言，学习环境法课程的学生对传统法有一定的了解，因此，环境法总论编并没有将其他部门法学科的概念术语作为知识点，而是在关联知识点部分进行提示。本书将知识点分为重点知识点和一般知识点。重点知识点的选取考虑的因素包括知识点在环境法知识体系中的地位、理论关注程度和法律实践中的常见性。譬如，根据在环境法知识体系中的地位，将"环境法"作为重点知识点；根据在环境法知识体系中的地位和理论关注程度，将"环境权"作为重点知识点；根据法律实践的常见性，将"环境影响评价制度""环境侵权责任构成要件""污染环境罪"作为重点知识点。

在教学中既要强调环境法的创新性，也不能忽视环境法对于传统法的继承，而且应该注意根据知识点的特点有所侧重。偏理论的知识点的教学应侧重其与传统法的联系、区别和在整个环境法体系中的地位，建议学生扩展阅读参考文献。偏实践的知识点的教学应注意法律规范分析，结合案例，提炼法律争点，分析裁判要旨，着眼于运用环境法律知识解决实践问题能力的训练。

（二）污染防治法

污染防治法的教学指南以系统地、有条理地、详略得当地梳理、归纳和阐释法学本科环境法之污染防治法教学中的知识点为宗旨，以期为环境法专业方向的教师提供本科污染防治法教学知识点的参考，为法科学生提供污染防治法的知识体系学习的指引。污染防治法的本科教学和学习应当重点突出《环境保护法》以及污染防治法律体系中规定的污染防治法的基本概念、基本制度，以及污染防治单行法中规定的重要制度。

作为环境法分编，污染防治法的教学指南以归纳和阐释教学知识点为主线展开具体内容，本编的教学知识点是在污染防治法教学中应当讲授的污染防治法律知识的知识单元（也可称为"考点"），多个知识点构成污染防治法编的知识体系。

作为本编主体内容的知识点包括重点知识点和一般知识点两类，其中，重点知识点是指对于学习、理解和掌握污染防治法理论、制度和规范体系至关重要的基本概念及其内涵，主要是污染防治法最为基础的概念、基本制度、污染防治单行法规定的重要制度、特色制度。本编归纳的重要知识点包括作为一般制度的总量控制制度、排污许可制度与排污权交易、按日连续处罚制度，以及污染防治单行法中规定的如下制度：水污染防治基本制度和措施、大气污染防治基本制度和措施、机动车和非道路移动机械排放污染防治制度、土壤污染风险管控标准制度、农用地风险管控和修复义务及责任制度、防治陆源污染物对海洋环境的污染损害制度、防治工业固体废物污染环境制度、防治危险废物污染环境制度、化学物质监管制度、促进清洁生产和循环经济的制度措施、建筑施工噪声污染防治制度、社会生活噪声污染防治制度等。本编中归纳与阐释的其他概念和制度是污染防治法的一般知识点，同时，本编还列举了各知识点的关联知识点以提供指引参考。

基于污染防治法律体系的分散性和修改的频繁性，在污染防治法编的知识点教学过程中要注重如下内容：第一，注意从规范解释、政策演进与实践运行等多个维度阐释重点知识点，以引导学生掌握污染防治法的知识内核；第二，在教学中应当讲授污染防治法编的知识点（尤其是重要制度）与总论、其他相关各编知识点的内在关联与层次关系，以及阐述污染防治法编的一般规定与各章节知识点之间的逻辑关系，辅助学生掌握污染防治法以及整个环境法的内在逻辑结构与知识体系；第三，注重引入多学科知识阐释污染防治法知识点；第四，注重结合案例与社会热点问题阐释知识点。

（三）生态保护法

生态保护法是我国环境资源法中的一个新兴的领域，与污染防治法、自然资源法等传统领域不同，生态保护法的法律规范体系还在形成的过程中。生态保护法编的知识点的设置兼顾了现行法律规范的内容和基础性、共识性的理论要点。本编知识点的设置主要包括生态保护法概述、自然保护地法、生物多样性保护法、生物安全法以及生态退化防治和自然灾害防治法五个部分，一共有17个知识点。

生态保护法概述部分的知识点是对生态保护法基础概念和基本制度的阐释，生态保护法、生态保护红线制度、生态治理和修复制度作为学习生态保护法需要重点掌握的知识点被列为重点知识点,长江保护法作为对整个长江生态系统进行整体性保护的法律也作为一个知识点列入了本部分中,教学中也可将其作为一个流域法律的知识点在环境法总论或污染防治法中进行教学。其他四个部分是生态保护法所涉及的四个具体领域的理论和规范内容,重点知识点包括自然保护地法的基本制度和措施、生物多样性保护法、野生动物保护法、外来物种入侵规制。

生态保护法的教学要注重知识的系统性,理解各个知识点之间的相互关系,通过学习领会生态保护的系统性、整体性、独特价值和主要制度。生态保护法的教学还要密切关注现实立法进程,由于自然保护地保护、生物多样性保护等多个领域的立法和修法在未来相当长一段时期内将处于活跃期,需要将理论的学习与现实的立法进展进行结合。

在教学方法上,除了课堂讲授、案例教学等传统的教学方法外,根据生态保护法公共政策性强以及需要结合地方特点探索地方性的保护方案的特点,可以尝试公共政策辩论、地方立法调研、角色扮演等教学方法,培养学生将理论和实践相结合的能力。

(四)国际环境法

国际环境法是环境法和国际法的交叉学科,也是国际法中相对年轻、发展比较迅速的一个分支,对国际法理论的发展和创新起到了重要的推动作用。建议授课教师指导学生在掌握了国际法基础理论的前提下学习国际环境法。

本编分为两个部分:国际环境法的基础理论和国际环境条约。第一章国际环境法的基础理论,强调国际环境法对传统国际法理论的突破与发展,并不涉及国际法基础理论中的共性内容。第一章涵盖6个知识点,其中3个是重点知识点,即国际环境法、环境保护国际组织和国际环境条约;3个是一般知识点,即国家资源开发主权原则、共同但有区别的责任原则和风险预防原则。国际环境法表现出明显的公益性、科技性和边缘综合性的特点。若干重要的国际环境会议对于国际环境法的产生和发展起到了重要的推动作用。环境保护国际组织对于国际环境法而言是一类比较重要的主体。作为国际环境法的一个重要渊源,国际环境条约通常采用"框架条约+议定书+附件"的模式。国家资源开发主权原则、共同但有区别的责任原则和风险预防原则是国际环境法所遵循的基本原则。

按照保护对象或区域的不同,国际环境法被分为不同的领域,如气候变化、海洋环境、生物多样性、自然文化遗产、危险废物、荒漠化防治等,每个领域都以重要的国际环境公约为中心形成各自的规则体系。第二章国际环境条约涵盖7个知识点,其中有3个重点知识点:气候变化公约、国际海洋公约和生物多样性公约;有4个一般知识点,分别是濒危物种国际贸易公约、控制危险废物越境转移公约、保护世界文化和自然遗产公约以及防治荒漠化公约。

下卷

(五) 自然资源法

自然资源法的核心任务是规范自然资源的开发利用行为。所谓"规范",一方面是指在平衡自然资源的经济价值与生态价值的基础上确立自然资源开发利用的边界;另一方面是指通过权利行使及其限制的方式实现对自然资源有序、有节制的开发利用。因此在本科教学中应当突出自然资源多元价值理论和自然资源权利理论。

自然资源法编知识点的选取标准是:(1) 在国内外主流教科书中都有介绍,且原则上应当已经在学理上形成通说的概念和理论;(2) 有法律法规明确规定的制度措施;(3) 理论研究和实务中使用较多、讨论频繁的法律概念、原则或制度。满足上述任一条件,即列为一般知识点;若同时又是当前自然资源法领域的重点、热点或难点问题的,列为重点知识点。

根据上述标准,自然资源法编分为自然资源法概述,土地与矿产资源法,水、海域与渔业资源法,森林与草原资源法等4章。自然资源法概述章包括自然资源法、自然资源权属制度、自然资源税费制度、自然资源开发利用禁限制度、自然资源许可制度等5个知识点;土地与矿产资源法章包括土地资源法、土地利用总体规划、耕地保护制度、建设用地管理制度、矿产资源法、矿产资源勘查、矿产资源开采等7个知识点;海域与渔业资源法章包括水资源法、水资源保护制度、水资源配置制度、取用水管理制度、海域资源法、海洋功能区划制度、海域使用管理制度、渔业资源法、渔业资源增值保护制度、渔业捕捞管理制度等10个知识点;森林与草原资源法章包括森林资源法、公益林保护制度、林木采伐管理制度、草原资源法、草原保护与治理制度、畜牧管理制度等6个知识点。本编合计28个知识点,其中重点知识点11个,一般知识点17个。

自然资源法教学中应当注意的问题包括:(1) 应当注意自然资源法与生态保护法的区别。自然资源法中的自然资源保护重在对作为开发利用客体的自然资源的保护,直接目标是保护自然资源的经济价值,自然资源生态价值的保护只是反射利益。(2) 应当注意厘清自然资源所有权、自然资源使用权、自然资源行政管理权之间的逻辑关系,使学生理解有关自然资源开发利用及其限制的法律规范背后的理论体系。(3) 我国针对每一类重要的自然资源都制定有专门的法律法规,这就使得自然资源法内容较多,受课时限制可能无法完整讲授,需要结合授课当时的自然资源实践热点进行取舍。建议首先简要对自然资源法的一般概念和立法思路进行总体介绍,然后根据可用课时选择1—3个自然资源法的热点领域进行重点讲授,其他内容由学生课后自学。

(六) 能源法

能源法本科教学是高等教育体系中能源法教育的基础,目的是使学生掌握能源法的基本理论和基本知识,训练学生解决基本能源法律问题的能力。基于此,该编的本科教学应突出由能源法概述、能源生产供应法律制度和节能减排法律制度组成的能源法理论体系。

能源法概述主要讲授能源法的基础理论,包括能源法、能源法的目的和作用、能源法的体系、能源法律关系、企业的能源权利和义务、能源管理体制、能源法的基本原则和基本制度等知识。能源生产供应法律制度主要讲授基于能源类别划分的能源法分支学科,包括石油法、天然气法、煤炭法、电力法、水电法、核电法等知识。节能减排法律制度主要讲授基于能源消费端调控的节能减排活动方面的能源法分支学科,包括气候变化法、节约能源法和可再生能源法等知识。

该编知识点的确定标准为:已形成学理通说、有法律依据、实践应用性强。满足上述三点的,选取为重点知识点;满足两点的,选取为一般知识点;满足一点且与某知识点相关性强的,则纳为该知识点的关联知识点。

该编知识点的教学,应根据教学目的与要求,结合知识点的结构和内容,遵循理论性与实践性并重的原则,探索启发式教学方法。教学目的与要求包括识记、领会和应用。其中,识记是指识记该知识点内最应该掌握的基本概念和构成该范畴的关键词,目的是让学生了解最基本的能源法知识和最重要的法律规定的含义;领会是指领会该知识点内最应掌握和理解的规范、制度、措施、概念等内容的特征、意义、功能、性质、类别等,目的是让学生了解能源法基本概念等内容的基本原理,和法律规定的理论或实践依据;应用是指该知识点内最应当掌握的某个概念、制度措施中与实践相关的知识点的应用,目的是让学生掌握最基本的能源法应用性知识。

知识点在架构上由教学要点和教辅资料组成。前者包括知识点的含义、特征、构成、分类等内容,后者包括关联法规标准、参考阅读文献、教学案例示例。应在讲授教学要点的基础上,引导学生掌握关联法规标准,对理论性强的知识点,引导学生拓展学习参考阅读文献,夯实理论基础;对实践性强的知识点,引导学生研讨教学案例示例,提炼争议焦点,分析相关能源法制度、法律规定的适用。

该编教学应注意能源法学的交叉学科、综合学科属性及能源法的法学二级学科属性。前者要求教学以相关学科的常识为背景或铺垫,但不能偏离法学的基本视角,后者要求教学关注与相关部门法课程的沟通。

(撰稿人:汪劲、胡静、刘超、徐以祥、朱晓勤、王社坤、柯坚)

上　巻

第一编　环境法总论

第一章　环境法概述

一、环境法（重点）

【教学目的与要求】
识记：环境问题及其成因
领会：环境法的特征
应用：环境的定义　环境法的定义

（一）教学要点

1. 环境的定义

环境法是应对环境问题的法律，认识环境法的概念首先需要明确环境以及环境问题的内涵。环境指人群周围的境况及其中可以直接、间接影响人类生活和发展的各种自然因素和社会因素的总体，包括自然因素的各种物质、现象和过程及在人类历史中的社会、经济成分。① 中心事物不相同，环境的范围、含义就不相同；基于各种中心事物发生的社会关系不同，环境的范围和含义也会有所不同。环境科学上的环境概念包括自然环境和人工环境。自然环境指与人类生存和发展有密切关系的自然条件和自然资源，它由各种自然物质（如空气、水、土壤、矿藏、臭氧层、野生动植物等）、能量（如阳光、电磁力、风、潮汐等）和自然现象（如气象、气候、地壳稳定性及其他自然力作用等）组成。人工环境（亦称人为环境）指经人类活动改造过的环境，如城市、乡村、文化古迹、公园、自然保护区等。

环境法上的环境定义源于环境科学意义上的环境概念，但又有所区别。由

---

① 参见解振华主编:《中国大百科全书·环境科学》,中国大百科全书出版社2002年版,第134页。

于环境法上的环境定义直接影响立法目的、适用范围及其效果,较之于环境科学而言,必须明确定义的内涵、外延及其范畴界限,以保证法律适用不出现理解上的偏差。① 各国环境法主要通过三种方式对"环境"进行定义:第一,进行"概括式"的描述,即现实中所有的自然环境和人类环境;第二,进行"列举式"的描述,即对具体的环境要素进行描述;第三,采用"概括+列举"的方式在立法上进行规定。

我国立法采用"概括+列举"的方式给"环境"下定义。2014年《环境保护法》第2条:"本法所称环境,是指影响人类生存和发展的各种天然的和经过人工改造的自然因素的总体,包括大气、水、海洋、土地、矿藏、森林、草原、湿地、野生生物、自然遗迹、人文遗迹、自然保护区、风景名胜区、城市和乡村等。"这一定义包含了三个方面的内容:第一,将环境的范畴限定在对人类生存与发展有影响的自然因素范围内,不包括社会、经济等其他因素;第二,这种自然因素既包括各种天然的环境,也包括经过人工改造的环境;第三,与自然因素融合的自然资源、历史遗迹与自然状态(如自然因素的复合体景观)也因其自然的本质属性而属于环境的范畴。②

2. 环境问题及其成因

一般意义上的环境问题是指由于自然原因或人类活动使环境质量下降或者生态遭到破坏,对人类的社会经济发展、生命健康及其他生物产生有害影响的现象。③ 环境科学研究把环境问题分为两大类:一是指由自然原因引起的环境问题,主要是地震、火山爆发、洪水泛滥、干旱等自然灾害,被称为第一类环境问题或原生环境问题;二是指由人类活动引起的环境问题,被称为第二类环境问题或次生环境问题。④

环境法视野中的环境问题主要是人类活动引起的第二类环境问题。但是两类环境问题有时交叉发生、协同作用,许多由自然原因引起的第一类环境问题也与人类活动有关,如修建大型水库会诱发地震,滥伐森林会引发和加剧水旱虫灾等问题。当人类活动对环境的影响达到一定程度时,就可能与自然原因一同成为第一类环境问题的诱因。因此,目前许多国家已将自然灾害防治法纳入环境法的范畴,将环境法视野中的环境问题从第二类环境问题扩大到第一类环境问题,但占据主导地位的依然是第二类环境问题。⑤

人类活动引起的第二类环境问题主要包括两种:一是向环境排放而导致的环境污染问题,即由于人类不适当地向环境排放某种物质或能量,致使环境质量

---

① 参见汪劲:《环境法学》(第四版),北京大学出版社2018年版,第1页。
② 同上书,第2页。
③ 参见韩德培主编:《环境保护法教程》(第八版),法律出版社2018年版,第3页。
④ 参见吕忠梅主编:《环境法学概要》,法律出版社2016年版,第6页。
⑤ 参见蔡守秋主编:《环境资源法教程》(第三版),高等教育出版社2017年版,第10页。

发生不利变化,如工业"三废"污染、农药化肥污染、有毒化学品污染等;二是从环境索取而导致的生态破坏问题,即由于人类不合理地从环境中获取自然资源而给环境带来显著不利变化的现象,如滥捕野生动物、滥伐森林、滥垦土地、滥采矿产资源、滥抽取地下水等。生态破坏和环境污染间存在着密切联系:生态破坏会降低环境的自净能力,从而加重环境污染,如森林减少会加重大气污染;而环境污染也会降低生物生产量,加剧生态破坏。①

现代环境法视野中的环境问题主要是 18 世纪西方工业革命之后人类社会因工业化和城市化、人口激增、科技滥用造成的。环境问题之所以出现,主要可归结于市场失灵、政府失灵以及环境问题本身的科学不确定性。

3. 环境法的定义

根据学界的主流观点,可将环境法定义为"以保护和改善环境为目的,调整防治污染和其他公害、合理开发利用与保护自然资源、生态保护等社会关系的法律规范的总称"。②

这一定义包含三层含义:第一,环境法的目的是通过防止自然环境破坏和环境污染来保护环境,维护生态平衡,促进人类同自然和谐发展。第二,环境法调整的是社会关系的一个特定领域,即同保护和改善环境、防治污染和其他公害以及合理开发利用自然资源有关的各种社会关系。第三,环境法是由国家制定或认可并由国家强制力保证执行的法律规范。由国家制定或认可,具有国家强制力和规范性,这是构成法律属性的基本特征之一。③

环境法所调整的社会关系主要包括以下三个方面:第一,防治环境污染和其他公害、改善环境质量过程中发生的社会关系,这类社会关系主要是指在预防、治理、修复大气、水体、海洋、土壤等污染和防治噪声、振动、恶臭等公害,并逐步使得空气、水体、土壤等环境要素更加适宜人类健康生存的过程中发生的社会关系。第二,保护自然资源过程中发生的社会关系,主要是指在保护水体、土壤、森林、草原、矿产资源、野生生物等自然资源发挥生态效益的过程中产生的社会关系。传统自然资源法也调整保护自然资源的社会关系,但具有不同的立场与目标、方式与手段。第三,生态环境保护过程中发生的社会关系,主要是指在保护具有生态价值的自然环境的过程中发生的社会关系,如在保护天然湿地、非居民海岛等自然区域和防治土地退化过程中发生的社会关系。此外,"环境法的调整对象还包括应对气候变化、生物多样性保护等既涉及国内环境治理又涉及全球环境治理的社会关系"。④

---

① 参见金瑞林主编:《环境法学》(第四版),北京大学出版社 2016 年版,第 10 页。
② 汪劲:《环境法学》(第四版),北京大学出版社 2018 年版,第 23 页。
③ 参见吕忠梅主编:《环境法学概要》,法律出版社 2016 年版,第 42 页。
④ 李艳芳:《论生态文明建设与环境法的独立部门法地位》,载《清华法学》2018 年第 5 期,第 42 页。

4. 环境法的特征

环境法的特征反映环境法的本质,是环境法同其他部门法相区别的依据。从现有著述来看,通说认为环境法具有综合性、科技性与共同性特征。[①]

环境法的综合性指环境法需要以多种法律方法、从多个领域和多个层面对环境利用关系进行综合调整。[②] 环境法的综合性源于环境法调整对象的广泛性。环境问题的成因与人类社会的生产、生活活动休戚相关,无论自然人、法人、非法人组织还是国家,都需通过利用环境受益,这使得环境法上的法益既包含私益也包含公益。另外,环境要素的关联性和动态性也要求人类适应生态系统的演变并及时调整环境立法与政策目标,环境损害的永久性和不可逆转性则需要立法者和执法者在制定和实施环境保护法律时充分考虑决策对环境的长期和间接的影响。

环境法的综合性主要体现在以下四个方面:第一,环境法的体系既包括环境、资源与能源单项法律以及环境损害救济特别法律,也包括其他法律部门(如宪法、民法、刑法、行政法等)中有关的环境保护规范。第二,环境法的内容既有实体法又有程序法,既包括国家法规也包括地方性法规。第三,重大环境政策常常会以执政党的建议(方案)和政府指导性规范的形式出现,有利于弥补法律的不足。第四,环境法的实施既有司法方法也有行政方法,而且经济、技术和宣传教育等手段在环境法的适用中也有突出的表现。

环境法的科技性指环境法应当反映自然生态规律。环境法律规范与一般法律规范不同,必须遵循自然生态规律、依靠科学技术才能达到其目的。[③] 为此,环境法需要利用科学技术预测和调整人类的环境利用行为所导致的人与人、人与自然之间的不良后果,并直接或间接依据自然规律确立行为模式和法律后果。

环境影响评价、环境标准、环境监测等制度都需要依据科学原理确定行为模式。例如,美国 1969 年制定的《国家环境政策法》第 2 节第 2 条规定,"在做出可能对人类环境产生影响的规划和决定时,采用一种能够确保综合自然科学和社会科学以及环境设计工艺的系统的多学科的方法"。韩国环境部 1997 年 10 月发布的《关于环境影响评价书编制的规定》中,第 13 条关于"环境影响评价书的编制应根据科学的事实,符合客观性、逻辑性原则,并应在编制过程中综合运用自然科学、社会科学、应用科学等"的规定,充分说明了环境法的科学技术性。

环境法的共同性是指环境法保护法益的共通性,也有著述称之为环境法的社会性[④],或环境法的公益性[⑤]。地球生态系统(生物圈)是一个流动的物质和能

---

① 参见汪劲:《环境法学》(第四版),北京大学出版社 2018 年版,第 23—25 页。
② 参见金瑞林主编:《环境法学》(第四版),北京大学出版社 2016 年版,第 17 页。
③ 参见蔡守秋主编:《环境资源法教程》(第三版),高等教育出版社 2017 年版,第 51—52 页。
④ 参见金瑞林主编:《环境法学》(第四版),北京大学出版社 2016 年版,第 17 页。
⑤ 参见蔡守秋主编:《环境资源法教程》(第三版),高等教育出版社 2017 年版,第 41—45 页。

量循环体,它们不因对国家或地区疆界的人为划分而分割。因此一个国家、一个地区对人类环境利用行为所实施的法律控制,必然会在一定的程度上对其他国家或地区产生积极或消极的影响。由于生态系统的这一普遍联系特征,环境法所保护的不仅仅是个别群体、阶级、国家或地区的单一政治、经济利益需求,在重新确定和调整人类既存利益的同时,环境法理念的出发点更多在于保护全人类的共同利益和保护人类生存繁衍基础的生态利益,以实现人类社会、经济可持续发展的目标。随着环境法调整范围的扩大,环境法的保护法益也从个人法益、企业法益扩大到国家法益、人类法益甚至地球法益。

5. 关联知识点

生态法的定义　自然资源法的定义

(二) 教辅资料

1. 关联法规标准

《中华人民共和国环境保护法》(全国人大常委会,2014年修订)第2条。

2. 参考阅读文献

(1) 汪劲:《环境法学》(第四版),北京大学出版社2018年版,绪论、第一章。

(2) 韩德培主编:《环境保护法教程》(第八版),法律出版社2018年版,第一章、第二章。

3. 相关案例

中国绿发会诉永旺梦乐城(中国)商业管理有限公司等环境公益诉讼案[①]

（撰稿人:吴凯杰　郭武）

二、环境法的目的(一般)

【教学目的与要求】

识记:环境法目的的含义　环境法目的的分类

领会:环境基本法的目的　环境单行法的目的

(一) 教学要点

1. 环境法目的的含义

环境法的目的是立法者拟通过实定法实现的环境保护理想和目标,是确立

---

① (2019)冀民辖终127号。

环境法基本原则的思想和理论结晶。① 环境法的目的决定立法的指导思想和法律的调整方向,研究法律的目的有助于正确制定、理解和执行法律。

2. 环境法目的的分类

环境法的目的可分为两类:一是直接目的,即协调人与环境的关系,保护和改善环境;二是根本目的,包括保护人群健康、保障经济社会持续发展等两个方面。在保护和改善环境这一直接目的方面,世界各国并无不同;在根本目的方面,各国规定存在差别。多数国家主张环境法的根本目的包括保护人的健康与促进经济社会可持续发展,即"目的二元论";也有日本、匈牙利等部分国家的环境法规定其根本目的是保护人群健康,即"目的一元论"。

3. 环境基本法的目的

我国 2014 年修订的《环境保护法》对环境法的目的作了集中规定。该法第 1 条对立法目的的规定是:"为保护和改善环境,防治污染和其他公害,保障公众健康,推进生态文明建设,促进经济社会可持续发展,制定本法"。从这一规定可以看出,我国《环境保护法》的目的有二:一是保护和改善环境,防治污染和其他公害,这是基础的、直接的目标;二是保障公众健康,推进生态文明建设,促进经济社会可持续发展,这是根本目标。可见,我国环境法也采"目的二元论"。

"目的二元论"的事实基础是发展与环境之间既互相制约又互相依存的关系。互相制约表现为发展经济会带来环境问题,而环境保护又需要投入财力物力;互相依存表现为环境保护能够为经济的健康发展提供必要条件和物质基础,经济发展又会反过来促进环境保护事业的发展。② 我国是一个发展中国家,人口众多,人均耕地和其他自然资源大大低于世界平均水平,加上我国经济发展总体水平较低,国家很难拿出更多的资金增加环境保护投入,这些国情决定了我国在今后相当长的时间内,只能在发展经济的同时加强环境保护工作,在经济建设的过程中解决环境问题。③

4. 环境单行法的目的

在《环境保护法》规定的环境法基本目的的基础上,各环境单行法也有基于各自调整对象的特别立法目的,与各环境或自然要素保护或者污染因子防治直接对应,特点是具有控制对象和方法的针对性和专一性。通常情况下,污染防治法的目的是预防和治理环境污染及其可能带来的人群健康危害或者财产损失。④ 自然资源保护法的目的是控制开发利用自然资源的行为,实现对自然资

---

① 参见汪劲:《环境法学》(第四版),北京大学出版社 2018 年版,第 30 页。
② 参见金瑞林主编:《环境法学》(第四版),北京大学出版社 2016 年版,第 19 页。
③ 参见韩德培主编:《环境保护法教程》(第八版),法律出版社 2018 年版,第 25 页。
④ 参见汪劲:《环境法学》(第四版),北京大学出版社 2018 年版,第 32 页。

源的可持续利用。① 生态保护法的目的则是保护野生动植物及其生境、生物多样性以及具有生态价值的自然遗迹或者自然景观，以维护生态环境的多元价值。

5. 关联知识点

环境法的价值　环境法的功能

(二) 教辅资料

1. 关联法规标准

(1)《中华人民共和国环境保护法》(全国人大常委会,2014 年修订)第 1 条。

(2)《中华人民共和国大气污染防治法》(全国人大常委会,2018 年修正)第 1 条。

(3)《中华人民共和国森林法》(全国人大常委会,2019 年修订)第 1 条。

(4)《中华人民共和国自然保护区条例》(国务院,2017 年修订)第 1 条。

2. 参考阅读文献

(1) 汪劲:《环境法学》(第四版),北京大学出版社 2018 年版,第一章。

(2) 金瑞林主编:《环境法学》(第四版),北京大学出版社 2016 年版,第二章。

(3) 曹明德主编:《环境与资源保护法》(第四版),中国人民大学出版社 2020 年版,第一章。

3. 相关案例

自然之友诉中国水电顾问集团新平开发有限公司等环境公益诉讼案②

(撰稿人:吴凯杰)

三、环境法律体系(重点)

【教学目的与要求】

识记:环境法律体系的含义　环境法律体系的构成

领会:宪法中的环境保护规定　相关法律中有关环境保护的法律规范　地方性环境法规与政府规章

应用:环境基本法　环境单行法律　环境行政法规与部门规章　环境法律解释

---

① 参见曹明德主编:《环境与资源保护法》(第四版),中国人民大学出版社 2020 年版,第 16 页。
② (2017)云 01 民初 2299 号。

(一) 教学要点

1. 环境法律体系的含义

环境法律体系是指环境法律规范所组成的相互联系、相互补充、内部协调一致的统一整体。在相关概念中,容易与环境法律体系相混淆的是环境立法体系。环境立法体系与环境法律体系的主要区别在于:第一,从基本构成要素来看,环境法律体系由环境法律规范组成,而环境立法体系则由规范性环境法律文件组成。[①] 第二,从结构来看,环境法律体系的结构主要取决于环境法调整的不同社会关系,而环境立法体系的结构则主要取决于有权颁布环境法律文件的国家机关的等级结构。[②] 第三,从侧重点来看,环境法律体系侧重于反映环境法的整体以及整体中各类环境法律规范间内容上的相互关系,环境立法体系则侧重于反映环境法律规范的效力等级。[③]

2. 环境法律体系的构成

从不同角度出发,环境法律体系的构成内容也不同。从法律内容的性质出发,环境法律体系由宪法法律规范、行政法律规范、民事法律规范、刑事法律规范、诉讼法律规范、其他法律规范构成。[④] 从规范的效力层级出发,环境法律体系由宪法中的环境保护规定、环境法律、环境行政法规、环境地方性法规、环境部门规章和地方政府规章、环境法律解释等构成。

综合我国现行环境立法,环境法律体系主要由宪法关于环境保护的规定、环境基本法、环境保护单行法律、环境行政法规与部门规章、地方性环境法规与政府规章、环境法律解释以及相关部门法律中的环境保护规定等构成。[⑤]

3. 宪法中的环境保护规定

许多国家在宪法中对环境保护作出了规定,主要是以规定国家的环境保护责任义务或公民的"环境权"等方式。《中华人民共和国宪法》(以下简称《宪法》)主要采用了国家环境保护义务的规范路径,尚未在基本权利体系中确认公民的环境权。宪法关于环境保护的规定,是各种环境法律、法规和规章的立法依据。

我国《宪法》对国家的环境保护义务作了一系列规定。《宪法》第 26 条第 1 款规定:"国家保护和改善生活环境和生态环境,防治污染和其他公害。"第 9 条第 1 款规定:"矿藏、水流、森林、山岭、草原、荒地、滩涂等自然资源,都属于国家所有,即全民所有;由法律规定属于集体所有的森林和山岭、草原、荒地、滩涂除

[①] 参见公丕祥主编:《法理学》(第二版),复旦大学出版社 2008 年版,第 256 页。
[②] 同上。
[③] 参见葛洪义:《法理学》(第四版),中国人民大学出版社 2015 年版,第 137 页。
[④] 参见曹明德主编:《环境与资源保护法》(第四版),中国人民大学出版社 2020 年版,第 22 页。
[⑤] 参见金瑞林主编:《环境法学》(第四版),北京大学出版社 2016 年版,第 48—56 页。

外。"第10条第1、2款规定:"城市的土地属于国家所有。农村和城市郊区的土地,除由法律规定属于国家所有的以外,属于集体所有……"这些条款把自然资源和某些重要的环境要素宣布为国家所有即全民所有。全民所有的公共财产是神圣不可侵犯的,这就从所有权方面为自然环境和资源的保护提供了保证。第9条第2款还规定:"国家保障自然资源的合理利用,保护珍贵的动物和植物。禁止任何组织或者个人用任何手段侵占或者破坏自然资源。"这些规定强调了国家对自然资源的严格保护和合理利用义务,以防止自然资源的不合理开发导致环境破坏。此外,《宪法》第22条第2款对名胜古迹、珍贵文物和其他重要历史文化遗产的保护也作了规定。

除规定国家的环境保护义务之外,《宪法》第51条也对公民的环境保护义务作了原则性规定:"中华人民共和国公民在行使自由和权利的时候,不得损害国家的、社会的、集体的利益和其他公民的合法的自由和权利。"该规定是对公民行使个人权利不得损害公共利益的原则性规定,其中当然也包括防止因个人滥用权利而对环境造成污染与破坏。

在上述规定的基础上,2018年3月全国人民代表大会通过的《宪法修正案》将"生态文明"写入了宪法,主要表现为两个方面:一是在序言第七自然段中新确立了"推动物质文明、政治文明、精神文明、社会文明、生态文明协调发展"的中国特色社会主义事业"五位一体"的总体布局;二是在第89条国务院行使职权的第六项"领导和管理经济工作和城乡建设"之后新增了"生态文明建设"的内容。"生态文明"入宪意味着生态文明建设已经构成对国家公权力的宪法约束,为以后环境立法的合宪性解释提供了宪法的依据。①

4. 环境基本法

环境基本法在环境法体系中具有除宪法之外的最高地位,对环境保护方面的重大问题,如环境保护的目的、范围、方针政策、基本原则、重要措施、管理制度、组织机构、法律责任等作出原则性规定。一般说来,环境基本法是在单行环境法规的基础上发展起来的。制定环境基本法是环境立法的发展趋势,表明人类的环境保护活动经历着从局部到整体的发展过程,从对局部或单个环境要素的保护发展到把人类环境作为一个整体来加以保护。② 20世纪60年代末和70年代初,苏联、日本、美国、瑞士、罗马尼亚、匈牙利等国都制定了综合性环境基本法。

1989年颁布、2014年修订的《环境保护法》是中国现行的环境基本法。该法的前身是1979年《环境保护法(试行)》。作为一部综合性的环境保护基本法,它

---

① 参见汪劲:《环境法学》(第四版),北京大学出版社2018年版,第26页。
② 参见金瑞林主编:《环境法学》(第四版),北京大学出版社2016年版,第49页。

分为"总则""监督管理""保护和改善环境""防治污染和其他公害""信息公开和公众参与""法律责任""附则"七章,对环境保护的重要问题作了全面的规定。①

5. 环境单行法

环境单行法是针对特定保护对象,如某种环境要素或特定的环境社会关系,而进行专门调整的法律。环境单行法是宪法和环境基本法的具体化,一般比较具体详细,是进行环境管理、处理环境纠纷的直接依据。目前学界普遍认为污染防治法与自然保护法是环境单行法的两大类别。

第一,污染防治法。污染防治法是以防治污染和其他公害为目的,调整在污染防治过程中发生的社会关系的法律规范的总称。污染防治法主要按照特定环境要素、特定污染来源或特定污染产业对污染行为进行法律规制,在形式上表现为环境基本法统领下的单行法律及其配套法规、规章。我国已颁布《大气污染防治法》《水污染防治法》《海洋环境保护法》《土壤污染防治法》等按照特定环境要素或污染对象划分的污染防治单行法,以及《固体废物污染环境防治法》《环境噪声污染防治法》《放射性污染防治法》等以特定污染来源为划分基础的污染防治单行法。

第二,自然保护法。自然保护法是以保护环境为目的,调整人们在保护和开发利用自然资源的过程中发生的社会关系的法律规范的总称。自然保护法包括两类:一类是自然资源法中的资源保护法律规范,此类自然保护法在立法模式上与自然资源管理法律规范共存于同一法律文件,如《水法》《土地管理法》《农业法》《渔业法》《矿产资源法》《森林法》《草原法》《野生动物保护法》等。这类法律文件既包括自然资源管理法律规范,又包括自然资源保护法律规范。另一类生态保护法是目前我国环境立法的重要方向,目前正在制定的"国家公园法""自然保护地法"等即属此类。

此外,环境单行法还包括单一环境保护事项法。② 这些立法以解决某一全局性问题为目标,以环境保护的重要措施、重大战略举措为对象,以措施、战略的实施为内容,是对单一环境保护事项所作的全面规定。此类立法主要有《环境影响评价法》《环境保护税法》《清洁生产促进法》《循环经济促进法》等。

6. 环境行政法规与部门规章

环境保护行政法规是指由国务院依照宪法和法律制定的规范性文件,其效力低于法律。行政法规一般只能规定政府如何执行环境保护法律和行使环境与资源管理行政职权的事项。为使上述环境单行法具体化和便于实施,国务院制定了配套的行政法规,如《排污许可管理条例》《海洋倾废管理条例》《森林法实施

---

① 参见吕忠梅主编:《环境法学概要》,法律出版社2016年版,第63页。
② 同上书,第66页。

条例》《陆生野生动物保护实施条例》等。其中部分行政法规还在环境单行法律缺位的情况下，起到了确定权利义务关系的作用，也为制定环境单行法奠定了实践基础。如在污染防治法领域，在1996年制定《环境噪声污染防治法》之前，在环境噪声污染防治方面一直是1989年制定的《环境噪声污染防治条例》在发挥作用，《环境噪声污染防治法》是在《环境噪声污染防治条例》的基础上"升格"而成的。① 此外，在自然保护法领域还有《自然保护区条例》《风景名胜区条例》等重要行政法规。

为了执行法律或者国务院的行政法规，国务院环境监督管理部门和直属机构在权限范围内单独或者联合制定了大量的环境部门规章，例如《环境保护公众参与办法》《土壤污染防治基金管理办法》《海洋倾废管理条例实施办法》等。依照《中华人民共和国立法法》（以下简称《立法法》），部门规章不得设定减损公民、法人和其他组织权利或者增加其义务的规范，不得增加本部门的权力或者减少本部门的法定职责。部门规章之间、部门规章与地方政府规章之间具有同等效力，在各自的权限范围内施行。

7. 地方性环境法规与政府环境规章

国家环境立法主要针对整个国家的环境保护管理事项，难以充分考虑各个地方的特殊性和个别性。为此，地方各级人民代表大会及其常务委员会在不同宪法、法律、行政法规相抵触的前提下，制定了许多地方性环境法规，例如《湖北省环境保护条例》《北京市大气污染防治条例》等。按照《立法法》的规定，可以制定地方性法规的事项包括为执行法律、行政法规的规定，需要根据本行政区域的实际情况作具体规定的事项，以及属于地方性事务需要制定地方性法规的事项两大类。此外，设区的市的人大及其常委会根据本市的具体情况和实际需要，在不同宪法、法律、行政法规和本省、自治区的地方性法规相抵触的前提下，可以对环境保护等方面的事项制定地方性法规，如《安阳市城市绿化条例》《太原市生态环境保护条例》等。

除了地方性环境法规，地方人民政府还可以制定地方性环境规章。依照《立法法》，法律规定的地方政府可以就为执行法律、行政法规、地方性法规的规定需要制定规章的事项，以及属于本行政区域的具体行政管理事项制定地方政府规章，如《浙江省城镇生活垃圾分类管理办法》《南京市长江岸线保护办法》等。但是，没有法律、行政法规、地方性法规的依据，地方政府规章不得设定减损公民、法人和其他组织权利或者增加其义务的规范。

8. 环境法律解释

环境法律解释是指对环境法的适用具有普遍意义的有权解释，主要包括环

---

① 参见汪劲：《环境法学》（第四版），北京大学出版社2018年版，第27页。

境立法解释、司法解释与行政解释。第一,环境立法解释是由全国人大常委会在有法律规定需要进一步明确具体含义,或者法律制定后出现新的情况,需要明确适用法律依据时,对环境保护的法律规定作出的解释。它与法律具有同等效力。例如,《全国人大常委会关于〈中华人民共和国刑法〉有关文物的规定适用于具有科学价值的古脊椎动物化石、古人类化石的解释》等。

第二,环境司法解释是由最高人民法院或最高人民检察院作出的有关审判、检察工作中具体应用法律的解释,如《最高人民法院、最高人民检察院关于办理环境污染刑事案件适用法律若干问题的解释》《最高人民法院关于审理环境侵权责任纠纷案件适用法律若干问题的解释》等。此外,2010年以来最高人民法院经常会以公告的形式发布对全国法院审判、执行工作具有指导作用的指导性案例,统一各级人民法院审判类似案例时的法律适用,例如最高人民法院指导案例75号:中国生物多样性保护与绿色发展基金会诉宁夏瑞泰科技股份有限公司环境污染公益诉讼案;最高人民检察院检例第4号:崔建国环境监管失职案。

第三,环境行政解释是国务院环境监督管理部门根据法律、行政法规的授权对有关法律法规如何实施所作的解释,例如《环境保护部关于建设项目"未批先建"违法行为法律适用问题的意见》《环境保护部办公厅关于机动车环保检测机构项目环境影响评价分类管理意见的复函》等。

9. 相关部门法律中的环境保护规定

环境利用关系涉及既存法律关系的各个领域,因此环境法的法律渊源还存在于诸多部门法律之中,主要有民法中的环境保护相关规范、刑法中的环境保护相关规范、行政法中的环境保护相关规范以及其他法律中有关环境保护的法律规范。如我国《民法典》侵权责任编第七章"环境污染和生态破坏责任"第1229—1235条对环境污染和生态环境破坏侵权责任作了较为明确的规定;《刑法》第338条规定:"违反国家规定排放、倾倒或者处置有放射性的废物、含传染病病原体的废物、有毒物质或者其他有害物质,严重污染环境的,处三年以下有期徒刑或者拘役,并处或者单处罚金;情节严重的处三年以上七年以下有期徒刑,并处罚金……";《治安管理处罚法》第58条规定:"违反关于社会生活噪声污染防治的法律规定,制造噪声干扰他人正常生活的,处警告;警告后不改正的,处二百元以上五百元以下罚款"等等。

10. 关联知识点

环境立法体系　环境法学体系　环境法律渊源

(二) 教辅资料

1. 关联法规标准

(1)《中华人民共和国宪法》(全国人民代表大会,2018年修正)序言第7自然段以及第 9、10、22、26 条。

（2）《中华人民共和国环境保护法》（全国人大常委会，2014 年修订）等环境法律、法规、规章。

（3）《环境空气质量标准》（GB 3095—2012）等环境标准文件。

（4）《中华人民共和国民法典》（全国人民代表大会，2020 年发布）、《中华人民共和国刑法》（全国人民代表大会，2020 年修正）、《中华人民共和国行政许可法》（全国人大常委会，2019 年修正）等相关法律中有关环境保护的法律规范。

2. 参考阅读文献

（1）汪劲：《环境法学》（第四版），北京大学出版社 2018 年版，第一章。

（2）杜群：《环境法融合论——环境·资源·生态法律保护一体化》，科学出版社 2003 年版。

（3）李挚萍：《环境基本法比较研究》，中国政法大学出版社 2013 年版。

3. 相关案例

上海鑫晶山建材开发有限公司诉上海市金山区环境保护局环境行政处罚案[①]

（撰稿人：吴凯杰　郭武）

---

① （2017）沪 0116 行初 3 号。

第二章 环境法的原则

一、协调发展原则(重点)

【教学目的与要求】
识记:协调发展原则的含义 协调发展原则的历史发展
领会:协调发展原则的理论基础——可持续发展、协调发展原则的功能

(一) 教学要点

1. 协调发展原则的含义

协调发展原则是指为了实现社会、经济的可持续发展,必须在各类发展决策中将环境、经济、社会三方面的共同发展协调一致,而不至于顾此失彼。① 协调发展原则有时还被表述为环境利益衡平原则、可持续发展原则、环境与决策一体化原则、环境的可持续利用原则、环境保护优先原则、环境保护优先性原则、生态环境保护优先原则、生态保护优先的协调发展原则、生态保护优先原则、环境优先原则,等等。"协调发展原则的实质是以生态和经济理念为基础,要求对发展所涉及的各项利益都应当均衡地加以考虑,以衡平与人类发展相关的经济、社会和环境这三大利益的关系。因此,协调发展原则也是法理上利益衡平原则的体现,即各类开发决策应当考量所涉及的各种利益及其所处的状态。"②

2. 协调发展原则的理论基础——可持续发展

"可持续发展"概念最早出现于《我们共同的未来》这一世界环境与发展委员会所发表的报告,其核心意蕴就是"既满足当代人的需要,又不对后代人满足其需要的能力构成危害的发展"。联合国环境与发展大会在1992年的《关于环境与发展的里约热内卢宣言》(Rio Declaration on Environment and Development,以下简称《里约宣言》)对此作出了进一步的阐述,"发展权利必须实现,以便能公平地满足今世后代在发展与环境方面的需要","为了实现可持续的发展,环境保护工作应是发展进程的一个整体构成部分,不能脱离这一进程予以孤立考虑"。可以看出,可持续发展更侧重于驾驭经济发展方向,主张既考虑现在也考虑未

---
① 参见汪劲:《环境法学》(第四版),北京大学出版社2018年版,第52—53页。
② 同上书,第53页。

来,实现人类代内公平与代际公平的统一。可持续发展伦理观既是生态人类中心主义的环境伦理,又是超越人类中心主义与非人类中心主义的一种新的环境观。① 具体解释为:在可持续发展中,任何具体措施都是围绕着人的利益展开的;同时,它主张在人与自然二者和谐的基础上,将人类的整体利益置于首要地位。协调发展原则体现的正是这种人类社会内部利益的平衡。

3. 协调发展原则的历史发展

1972 年,《增长的极限》一书提出"对发展和环境这两个关键问题"必须设想一个"向均衡的目标前进"的共同战略。② 此后,协调发展原则在世界范围逐渐形成和发展。世界环境与发展委员会 1987 年向联合国提交的《我们共同的未来》这一研究报告正式提出可持续发展概念。1992 年联合国环境与发展大会讨论通过的《里约宣言》《21 世纪议程》等对于各国制定和实施可持续发展战略具有指导意义的纲领性文件,为处理环境与经济、社会发展的关系指明了方向。此后,各国环境立法的重点之一就是确立协调发展原则并充实相关内容,这更是推进了协调发展原则在世界各国的形成与发展。

在我国,1979 年的《环境保护法(试行)》第 5 条作出"在制定发展国民经济计划的时候,必须对环境的保护和改善统筹安排"的制度规定以后,经过十年的制度实践和政策推进,1989 年通过正式颁布《环境保护法》确认了这项原则。此后,国务院《关于进一步加强环境保护工作的决定》(国发〔1990〕65 号)明确提出"要做好国民经济和社会发展计划中环境保护方面的综合平衡工作","使环境保护工作同经济建设和社会发展相协调"。国务院《关于落实科学发展观加强环境保护的决定》(国发〔2005〕39 号)明确强调"经济社会发展必须与环境保护相协调"。此后,协调发展原则在原来的基础上又被赋予了新的时代内涵。比如,2014 年修订的《环境保护法》第 4 条第 2 款规定,"国家采取有利于节约和循环利用资源、保护和改善环境、促进人与自然和谐的经济、技术政策和措施,使经济社会发展与环境保护相协调"。

4. 协调发展原则的功能

第一,指引环境保护优先功能。协调发展原则在平衡与人类发展相关的经济、社会和环境这三大利益之间的关系中,主张发展经济不得以丧失自然生态环境为代价,明确"保护优先"的地位。通过将环境保护纳入国民经济和社会发展规划的目标,使得政策、措施、资金等诸多方面向环境保护倾斜,指引各项政策和法律将环境保护作为优先考虑目标。例如采用绿色 GDP 的方法替代传统 GDP

---

① 参见陈海嵩:《环境伦理与环境法——也论环境法的伦理基础》,载《环境资源法论丛》(第十三卷),法律出版社 2006 年版,第 1—26 页。
② 参见〔美〕丹尼斯·米都斯等:《增长的极限——罗马俱乐部关于人类困境的报告》,李宝恒译,吉林人民出版社 1997 年版,第 148—149 页。

去衡量国民经济和社会发展,减去自然部分和人文部分的虚数,更加准确地反映发展的内在质量和水平。

第二,推动多元主体共治功能。协调发展原则要求各方环境治理的相应主体在有关环境保护的问题上建立广泛的合作,保持协同治理的态势。无论是国家内部各部门之间,还是国家管理者与被管理者之间,甚至是国家与国家之间都应当以生命共同体的理念为指导,发挥环境治理领域各主体的能动性,秉持共建共治共享的发展目标,积极构建政府、企业、社会和公众共同参与的现代环境治理体系。

5. 关联知识点

可持续发展战略　循环经济制度　主体功能区制度

(二) 教辅资料

1. 关联法规标准

(1)《中华人民共和国环境保护法》(全国人大常委会,2014年修订)第4条第2款、第5条。

(2)《中华人民共和国环境影响评价法》(全国人大常委会,2018年修正)第7条。

(3)《中华人民共和国水法》(全国人大常委会,2016年修正)第1、5条。

2. 参考阅读文献

汪劲:《环境法学》(第四版),北京大学出版社2018年版,第二章。

3. 相关案例

杨国先诉桑植县水利局水利行政协议及行政赔偿案[①]

(撰稿人:梁增然)

二、预防原则(重点)

【教学目的与要求】

识记:预防原则的历史发展

领会:预防原则的含义　预防原则的理论基础　预防原则的功能

应用:预防性环境公益诉讼

(一) 教学要点

1. 预防原则的含义

预防原则在学界有不同的称谓,如"预防为主原则""预防为主、防治结合原

---

① (2018)湘08行终33号。

则""预防为主、防治结合、综合治理原则",等等。各种不同表述的背后是对其含义的不同理解,大致可分为两类:强风险预防原则与弱风险预防原则。强风险预防原则,即要求一项行动在未能确切证明其无任何危害前不能进行;弱风险预防原则,是指缺乏充分的确定性不能作为延迟采取措施防治环境恶化的理由,一般认为《里约宣言》"原则15"的规定是这类定义的经典表述:"为了保护环境,各国应按照本国的能力,广泛采取防备措施。遇有严重或不可逆转损害的威胁时,不得以缺乏科学的充分可靠性为理由,延迟采取符合成本效益的措施防止环境退化。"

2. 预防原则的理论基础

预防原则的理论基础主要包括两部分:

第一,义务本位论。环境立法义务本位论是指通过普遍设定环境义务、限制所有主体对环境资源的过度开发和利用的方式来设计环境保护的实现模式。[①]从义务本位观念来看,预防原则类似于民法中的禁止权利滥用原则,行为主体应当约束自身行为,自觉践行环保义务,防范环境风险,进而才能更好地保护人类利益。

第二,外部性理论。外部性指实际经济活动中,生产者或消费者的活动对其他消费者和生产者造成的超越活动主体范围的利害影响。环境资源具有公共性的特征,环境风险的预防也就无法避免外部性问题。当某一主体利用环境资源进行活动时,即便符合成本效益原则,即该活动的收益大于成本,但该主体实际上并没有承担全部成本,而是由其他人为这一活动承担了不利后果,这在污染环境的案例中是常态。

3. 预防原则的历史发展

1941年,"特雷尔冶炼厂仲裁案"做出了"任何国家都无权以不当的方式使用或者允许他人使用领土,而使另一国的领土、领土上的人或者财产受到烟尘损害"[②]的裁定,此即预防原则之发端。时隔不久,1949年"科孚海峡案"确认的"任何国家皆需对其境内活动所造成的跨国界环境危害,以及可预见的环境风险负起防治或预防的责任",使得预防原则再显端倪。到了1992年,在国际环境法层面正式确立了预防原则。比如,1992年签订的《跨界水道和国际湖泊保护与利用公约》约定,缔约国采取的"防止、控制和减少引起或可能引起跨界影响的水污染"的一切适当措施应当以"预防原则"为指导。此外,从判例法层面来看,1995年的"核子试爆案二"、1997年的"匈牙利/斯洛伐克水坝案"、1999年的"南方黑

[①] 参见顾爱平:《权利本位抑或义务本位——环境保护立法理念之重构》,载《苏州大学学报(哲学社会科学版)》2010年第6期,第63—67页。

[②] (1969)9 International Legal Materials 317, p.317.

鲥案"、2001年的"MOX核废料加工厂案"等案例,对于确立预防原则的法律地位、解释预防原则在个案适用时的法律效力也都起到了积极作用。①

我国国务院于1973年8月颁布了我国第一部环境保护综合性行政法规——《关于保护和改善环境的若干规定(试行草案)》。其中明确规定:开发自然资源不能只看眼前,不顾长远;一切新建、扩建和改建的企业,防治污染项目,必须和主体工程同时设计,同时施工,同时投产,正在建设的企业没有采取防治措施的,必须补上;植物保护要贯彻"预防为主"的方针,要采取生物的、物理的综合性防治措施。在1982年8月全国工业系统防治污染经验交流会议召开之后不久,国务院便于1983年2月发布了《关于结合技术改造防治工业污染的几项规定》,其中第1项作出了"对现有工业企业进行技术改造时,要把防治工业污染作为重要内容之一"的规定;第2项作出了"所有工业企业及其主管部门在编制技术改造规划时,必须提出防治污染的要求和技术措施"的规定;第9项作出了"要针对当前突出的工业污染问题,把一些关键的急需解决的防治污染的技术……列为科学研究的重要课题"的规定。1989年12月,《环境保护法》正式颁布,其中第1条作出了"防治污染和其他公害"的规定;第26条作出了"建设项目中防治污染的设施,必须与主体工程同时设计、同时施工、同时投产使用"的规定。自此,我国环境法律正式确立了"预防原则"。

从内容上看,初期的立法是"治"大于"防",不过20世纪90年代以来,"全过程管理"逐渐成为环境立法的重要特征,"预防为主"也逐渐成为广受认可的环境法律原则。② 比如,1993年10月召开的第二次全国工业污染防治工作会议提出了"从末端治理向生产全过程控制转变"③;2008年修订的《水污染防治法》第3条规定了"水污染防治应当坚持预防为主、防治结合、综合治理的原则";1996年10月制定的《噪声污染防治法》第5条规定了"在制定城乡建设规划时,应当充分考虑建设项目和区域开发、改造所产生的噪声对周围生活环境的影响,统筹规划,合理安排功能区和建设布局,防止或者减轻环境噪声污染"。以上内容都能体现出我国的环境保护模式已经从事后治理转变为预防为主、防治结合。

4. 预防原则的功能

第一,回应成本效益分析功能。成本效益分析是经济学分析方法中最基本的方法之一。按照通常情况,某一活动只有在收益大于成本的情况下才是可行

---

① 参见牛惠之:《预防原则研究——国际环境法处理欠缺科学证据之环境风险议题之努力与争议》,载《台大法学论丛》2005年第3期,第1—71页。

② 参见于文轩:《生态文明语境下风险预防原则的变迁与适用》,载《吉林大学社会科学学报》2019年第5期,第104—112页。

③ 参见白永秀、李伟:《我国环境管理体制改革的30年回顾》,载《中国城市经济》2009年第1期,第24—29页。

的。因为决定对于某一环境问题是否采取预防措施,首先需要对预防成本与所获得的经济环境效益进行比较并做出判断,而这也正是预防原则的应有之义。坚持预防原则,符合成本效益分析的要求。按照预防原则,通过成本与效益的对比分析,可以确定哪些环境风险将会对人类产生负效益,从而应该加以预防。

第二,优化资源配置功能。减少环境灾难危险的义务要求各国采取措施减少主要环境事故发生的可能性,例如核反应堆事故、有毒化学物质泄漏、石油泄漏和森林大火。对现代以及未来世代来说,预防远比补救要有效的多。对环境的长期损害可能是不可挽回的或挽回要付出惊人的成本。[1] 预防原则可以通过事先预测,优化资源配置,并采取相应措施避免这类无法弥补的损失发生。

第三,应对环境技术的有限性和滞后性功能。预防原则还有一项重要功能,就是应对环境技术的有限性和滞后性。科学技术虽然能够给环境法提供它所需要的知识和信息,但不能完全满足环境法应对风险社会的知识信息需求。因为科学技术是不断发展变化的,时常充满变数,其不确定性决定了人们对环境科学技术的认识与把握总是有限和滞后的,用建立在有限的、滞后的环境科学技术基础上的环境法去避免所有环境风险并不现实。环境法坚持预防原则可以积极应对科学技术的不确定性。建立预防原则、采取预防行动应当形成这样的共识:环境法建立在科学技术的基础之上,既要依赖科学技术又要超越科学技术,不能等到科学技术上能够确定才采取预防性行动,应当通过建立和坚持预防原则,努力破除科学技术的不确定性所带来的不利局面。

5. 关联知识点

谨慎原则　环境影响评价制度　"三同时"制度

(二) 教辅资料

1. **关联法规标准**

(1)《中华人民共和国环境保护法》(全国人大常委会,2014 年修订)第 5、19、41、45 条。

(2)《中华人民共和国环境影响评价法》(全国人大常委会,2018 年修正)。

(3)《中华人民共和国水污染防治法》(全国人大常委会,2017 年修正)第 3 条。

(4)《中华人民共和国清洁生产促进法》(全国人大常委会,2012 年修正)第 2 条。

(5)《中华人民共和国生物安全法》(全国人大常委会,2020 年)第二章。

---

[1] 〔美〕爱蒂丝·布朗·魏伊丝:《公平地对待未来人类:国际法、共同遗产与世代间衡平》,汪劲、于方、王鑫海译,法律出版社 2000 年版,第 75 页。

2. 参考阅读文献

（1）〔美〕史蒂芬·布雷耶：《打破恶性循环——政府如何有效规制风险》，宋华琳译，法律出版社2009年版。

（2）〔美〕凯斯·R.桑斯坦：《恐惧的规则：超越预防原则》，王爱民译，北京大学出版社2011年版。

（3）〔德〕乌尔里希·贝克：《风险社会：新的现代性之路》，张文杰、何博闻译，译林出版社2018年版。

3. 相关案例

中国生物多样性保护与绿色发展基金会诉雅砻江流域水电开发有限公司生态环境保护民事公益诉讼案[①]

（撰稿人：梁增然）

三、损害担责原则（一般）

【教学目的与要求】

识记：损害担责原则的含义　损害担责原则的历史发展

领会：损害担责原则的理论基础

应用：损害担责原则的功能

（一）教学要点

1. 损害担责原则的含义

损害担责原则又称"原因者负担原则"或"损害者（受益者）负担原则"。有学者认为损害担责原则是指在生产和其他活动中造成环境污染和破坏、损害他人权益或者公共利益的主体，应承担赔偿损害、治理污染、恢复生态的责任。[②] 也有学者认为损害担责原则是指对环境造成任何不利影响的行为人，应承担治理污染和恢复生态的法定义务或法律责任的原则。[③] 虽然学界对于损害担责原则的含义有各种不同的表述，但都包含两个共同要素：存在环境损害和主张对环境造成损害的人需承担一定的法律责任。

2. 损害担责原则的理论基础

损害担责原则的理论基础是经济法中的外部性理论。所谓外部性，是指在

---

① （2015）甘民初字第45号。

② 参见吕忠梅主编：《环境法学概要》，法律出版社2016年版，第92页。

③ 参见竺效：《论中国环境法基本原则的立法发展与再发展》，载《华东政法大学学报》2014年第3期，第4—6页。

实际经济活动中,生产者或消费者的活动对其他消费者和生产者造成的超越活动主体范围的利害影响。环境污染是一种典型的负外部性活动,即生产经营者在追求利润的生产活动中将环境污染产生的成本转嫁给他人或社会,使他人或社会被动地承担有害的环境影响的状况,这种成本和有害的环境影响通常不会在生产者产品的成本中主动地反映出来。根据英国福利经济学代表人物庇古的观点,只要这些负外部成本是隐蔽的,不能够反映在产品和服务的价格之中,那么市场对扭曲的价格信号的反应将导致低效的经济选择。庇古提出,这样的外部成本应当"内部化",即将外部成本纳入产品或服务的价格之中,通过价格反映这些外部性的成本。显然,庇古关心的不是环境污染及其转移产生的社会问题,而是经济学本身的效率问题。按照庇古的外部性理论,环境污染外部性的解决有赖于国家的干预和产品外部性的内部化,包括两个具体措施:一是国家依据相应的环境污染成本,通过征收环境税(费)的方式,使得产品的环境成本内部化,确保产品价格能够反映生产和消费的真实成本,从而提高市场竞争的效率;二是国家确定环境强制标准,并通过法律管制禁止或限制与经济活动有关的环境污染和破坏的发生。[①]

3. 损害担责原则的历史发展

损害担责原则的形成经历了一个较长的历史过程。在工业革命之后的一个历史时期内,环境污染问题已经比较严重,但只要没有对具体的人身健康或者财产造成直接损害,污染责任就无须相关企业和个人来承担,而是转嫁于政府。政府承担责任的方式主要是利用财政资金补偿受损者和实施恢复治理,其实质是政府对于市场主体变相实施财政补贴。为防止因各成员国实施财政补贴而使国际贸易发生扭曲、出现不公平竞争的现象,经济合作与发展组织理事会(OECD)于20世纪70年代初首先提出了"污染者负担原则"。这就是说,"污染者负担原则"最早是一项经济原则。但它本质上是一项环境原则,因为建立这一原则的根本目的是要限制政府环境补贴,回归损害者担责。随着环境问题愈演愈烈,国际社会不得不考虑损害责任负担问题。于是,1992年签署的《跨界水道和国际湖泊保护与利用公约》提出了"谁污染谁治理原则",并且约定"污染防治、控制和减少措施的费用应由污染者负担";同年签署的《保护东北大西洋海洋环境公约》提出,缔约方应当适用"污染者付费原则",采取防止、控制和减少污染措施的费用将由污染者来负担。1992年《里约宣言》"原则16"又作出了进一步的阐述:考虑到污染者原则上应承担污染费用的观点,国家当局应当努力促使内部吸收环境成本费用,并利用各自经济手段,要适当地照顾到公众利益,又不要使国际贸易和投资失常。

---

① 参见柯坚:《论污染者负担原则的嬗变》,载《法学评论》2010年第6期,第82—89页。

损害担责原则也是我国环境保护法律认可和采纳的一项法律原则。1979年9月颁布的《环境保护法(试行)》第6条第2款规定,"已经对环境造成污染和其他公害的单位,应当按照谁污染谁治理的原则,制订规划,积极治理,或者报请主管部门批准转产、搬迁"。这是我国第一次在法律上确立损害担责原则,只是这时的损害担责原则仅仅是一种"原则",在具体把握上还不具可操作性。1989年12月正式颁布的《环境保护法》不再仅仅是提出"谁污染谁治理",而是通过第24、28、29条等条款进行了具体化。值得注意的是,这里的损害者担责只是明确了治理责任,并非损害者的全部责任。环境保护并不主要是污染防治,而是污染防治与自然生态保护并重。相应的,损害担责也并不局限于污染预防责任和污染治理责任,还应包括对环境污染、自然生态破坏所造成的损害进行赔偿的责任。有鉴于此,2014年修订的《环境保护法》第5条明确规定,环境保护要坚持损害担责等原则,这是我国环境法基本原则的首次明文宣示。

4. 损害担责原则的功能

损害担责原则主要包含三个方面的功能。

第一,矫正环境损害责任主体行为的功能。损害担责原则体现了社会公平,其本身就隐含有矫正环境损害责任主体行为的功能。否则,发生环境损害就不能明确责任主体,不能清晰责任事项,最终又把增加的财政支出转移到全体纳税人身上,使全体纳税人承担不应承担的环境损害责任。"污染控制和治理的实践表明,国家使用公共资金用于污染治理和控制,不仅无助于阻止污染环境的行为,相反,它还会纵容污染者的污染行为及其污染成本的社会转嫁。"[1]当然,也就谈不上社会公平。

第二,外部成本内部化功能。外部成本内部化功能主要表现在两个方面,一方面是能够量化的外部成本通过损害者直接负担的方式转化为内部成本;另一方面则是用于环境监测、预防、控制和治理等集体性环境保护措施、难以量化的公共性外部成本,主要以环境公共部门对有关单位或个人征收环境税(费)的方式来分担并转化为内部成本。

第三,预防生态破坏和环境污染的功能。坚持损害担责原则,增强潜在污染人的环境责任意识,促使污染者加强环境管理,防止环境污染或减少对环境的损害。贯彻损害担责原则,有利于推动污染者合理利用环境与资源,实现社会整体环境资源利用率的提高,激励生产者、消费者选择资源浪费少、污染小的原材料和产品生产技术以及消费方式,从而起到预防生态破坏和环境污染的作用。

损害担责原则有一个情况需要说明:有学者对"污染者"("损害者")概念持有异议,污染者负担原则中的"污染者"概念意味着污染的事实已经存在,它排除

---

[1] 柯坚:《论污染者负担原则的嬗变》,载《法学评论》2010年第6期,第83页。

了预防措施的采用。实际上,污染者负担原则并不排斥环境污染的预防。因为只有坚持损害担责原则,使污染者实际负担的费用能够充分反映其造成的外部成本,污染者才会考虑减少和控制污染物的排放。

5. 关联知识点

环境税费制度　生态环境损害赔偿制度

(二) 教辅资料

1. 关联法规标准

(1)《中华人民共和国环境保护法》(全国人大常委会,2014 年修订)第 5、8、43 条、第六章。

(2)《中华人民共和国环境保护税法》(全国人大常委会,2018 年修正)。

(3)《中华人民共和国海洋环境保护法》(全国人大常委会,2017 年修正)第九章。

2. 参考阅读文献

吕忠梅主编:《环境法学概要》,法律出版社 2016 年版,第二章。

3. 相关案例

北京市朝阳区自然之友环境研究所、福建省绿家园环境友好中心诉谢知锦等四人破坏林地民事公益诉讼案[①]

(撰稿人:梁增然　郭武)

四、公众参与原则(重点)

【教学目的与要求】

识记:公众参与原则的含义　公众参与原则的历史发展

领会:公众参与原则的功能

应用:公众参与原则的理论基础

(一) 教学要点

1. 公众参与原则的含义

公众参与原则,又称环境民主原则,"是指公众有权通过一定的程序或途径参与一切与公众环境权益相关的开发决策等活动,并有权得到相应的法律保护

---

① 载中国法院网,https://www.chinacourt.org/article/detail/2015/12/id/1777817.shtml,最后访问日期:2020 年 3 月 20 日。

和救济,以防止决策的盲目性、使得该决策符合广大公众的切身利益和需要。"①由此可见,公众参与环境决策为本原则的题中之义。

2. 公众参与原则的理论基础

公众参与原则的理论基础主要涉及四个方面:

第一,现代民主理论。现代民主理论认为,"参与型民主"是现代民主政治的真谛,应扩大人民对政治的直接参与;"自由的平等权利和自我发展只能在'参与性社会'中才能实现,这个社会培植政治效率感,增加对集体问题的关心,有助于形成一种有足够知识能力的公民,他们能对统治过程保持持久的兴趣。"②现代民主理论注重参与型民主,认为公民个人的自由和发展必须通过直接参与社会和国家治理事务才能实现,在这一过程中协调解决多元主体的利益冲突,这被认为是公众参与原则最重要的理论渊源。

第二,公共财产理论。环境公共财产理论认为,空气、阳光等人类生活所必需的环境要素,不能像古典经济学的观点那样将其视为取之不尽、用之不竭的"自由财产",它们是全人类的"公共财产",任何人不得任意对其占有、支配和损害。作为公共财产,应当由代表全体公民意志的机构来管理,并且引入科学决策的方法和程序(如成本效益分析、公民参与等)。只有这样才有利于环境这种公共财产的保护及其品质的提高。

第三,公共信托理论。美国学者约瑟夫·萨克斯于 20 世纪 70 年代初提出了环境管理的"程序环境权理论",即"公共信托理论"。公共信托理论的实质是要建立民选的环境管理机关,即以信托的形式将本应由公民行使的管理环境资源的权力转而交由政府机关来行使,政府机关对人民负责;而人民则可以通过行政或司法等程序对政府的管理行为进行监督。③

第四,环境权理论。通说认为,公众参与原则在环境法中得到普遍的承认有其深厚的思想和理论渊源——环境权理论。根据环境权理论,每一个公民都有在良好环境下生活的权利,而环境质量的好坏会影响到所有人的生活和健康,对于任何污染环境、破坏环境资源的行为,公众也就有权依法进行监督和干预;另外,依据环境权理论,环境资源乃是公众共同拥有的"公共财产",不能被任何人任意占有、支配和损害,因此,公众对环境资源的管理和使用也就具有了发

---

① 参见汪劲:《环境法学》(第四版),北京大学出版社 2018 年版,第 61 页。
② 见〔英〕戴维·赫尔德:《民主的模式》,燕继荣等译,中央编译出版社 1998 年版,第 340 页。
③ 参见金瑞林、汪劲:《20 世纪环境法学研究评述》,北京大学出版社 2003 年版,第 186—187 页。参见〔美〕约瑟夫·L.萨克斯:《保卫环境——公民的诉讼战略》,王小钢译,中国政法大学出版社 2011 年版。

言权。[①]

3. 公众参与原则的历史发展

20世纪60年代末,西方国家爆发了大规模的环境保护运动。这场影响范围大、持续时间长的社会运动,不仅对西方国家乃至世界范围内环境保护事业的发展都产生了重大而深远的影响,而且直接催生了当代环境法。美国于1969年颁布的《国家环境政策法》提出,"每个人都可以享受健康的环境,同时每个人也有责任参与对环境的改善与保护",这是美国最早通过立法确立的公众参与原则。在联合国人类环境会议于1972年的《人类环境宣言》中提出"公民和团体以及企业和各级机关"应当平等地承担起保护和改善人类环境的责任之后,联合国环境与发展会议于1992年通过的《里约宣言》又有了进一步的表述:"环境问题最好是在所有关心环境的市民的参与下,在恰当的级别上加以处理。在国家一级,每一个人都应能恰当取用公共当局所持有的关于环境的资料,包括关于在其社区内的危险物质和活动的资料,并应有机会参与各项决策进程。"特别是1998年欧洲经济委员会第四次全欧环境部长会议通过的《在环境问题上获得信息、公众参与决策和诉诸法律的公约》(Convention on Access to Information, Public Participation in Decision-making and Access to Justice in Environmental Matters,以下简称《奥胡斯公约》),其核心内容就是公众拥有环境信息知情权、环境决策参与权以及获得司法救济的权利。这三项权利相辅相成,缺一不可,也被誉为《奥胡斯公约》三支柱。《奥胡斯公约》是目前环境保护领域对公众参与具有指导意义的权威性文件,此后,公众参与原则逐渐被世界各国普遍认可与采用。

我国也是较早建立公众参与原则的国家。1973年召开的第一次全国环境保护会议确定了"全面规划、合理布局、综合利用、化害为利、依靠群众、大家动手、保护环境、造福人民"的环境保护32字方针,虽然没有"公众参与"的明确表述,但"依靠群众、大家动手"已经包含了应当坚持公众参与原则的含义。在1979年《环境保护法(试行)》从法律上确立环境保护32字方针以后,1994年国务院常务会议通过的《中国21世纪议程——中国21世纪人口、环境与发展白皮书》作出了"实现可持续发展目标,必须依靠公众及社会团体的支持和参与"的明确宣示;1996年公布的《国务院关于环境保护若干问题的决定》作出了"建立公众参与机制,发挥社会团体的作用,鼓励公众参与环境保护工作,检举和揭发各种违反环境保护法律法规的行为"的决定;2002年《环境影响评价法》作出了公

[①] 参见吕忠梅主编:《环境法学概要》,法律出版社2016年版,第87页。

众可以"以适当方式参与环境影响评价"的规定;2006年国家环保总局发布的《环境影响评价公众参与暂行办法》作出了"国家鼓励公众参与环境影响评价活动","公众参与实行公开、平等、广泛和便利的原则"的规定。为有效坚持公众参与原则,2014年修订的《环境保护法》第5条又把公众参与原则确认为一项基本原则。

4. 公众参与原则的功能

第一,抑制不当环境利用行为功能。公众参与不是参与某一阶段,而是事前、事中及事后的全过程参与;也不是参与某一方面,而是项目开发、资源利用、产品生产抑或环境立法、政策决策、行政监管以及事故处理等方面的全方位参与。公众有效参与,可以打破环境信息壁垒,使环境信息从封闭走向公开,在解决环境信息不对称问题之后,各类环境行为均处于阳光之下,接受社会监督,从而抑制地方政府只考虑眼前GDP政绩而不顾后续发展,企业只追求自身利益而无视环境污染、资源破坏等不当环境利用行为。不仅如此,公众的参与可以使民众清晰地认识到人类对于自然资源与生态环境的依存关系,知晓保护环境就是保护自己,在意识到享有环境权利的同时,也能意识到应当履行资源环境保护义务。

第二,凝聚环境保护力量功能。公众环境权包括环境使用权、知情权、参与权、救济权。其中参与权至关重要,如果没有参与权,即使有了知情权也并无实际意义,而没有知情权、参与权,使用权和救济权也就失去了保障。按照《奥胡斯公约》的定义,"公众"是指自然人或法人,以及自然人或法人组成的协会、组织或团体;"所涉公众"是指"正在受或可能受环境决策影响或在环境决策中有自己利益的公众"。可见,公众是一个广义的概念,涵盖范围非常广泛。公众群体如此庞大,必然会蕴藏着巨大的环境保护力量。坚持公众参与原则,就是为了使公众能够有效参与,充分保障公众环境权,凝聚环境保护力量。

第三,稳定社会功能。伴随着环境问题的日益严重,环境纠纷日益频发,对社会稳定造成了一定程度的影响。发生环境污染事件不足为奇,关键在于是否理性对待。及时找准事出原因,公开事态真相,让相关各方都能参与善后工作,应该说是一种理性的事件处理方式。然而以往有些环境事件的处理并非如此,往往采取"捂""推"或"拖"的处理方式,以至于激发社会矛盾,造成恶劣影响。由于环境保护涉及方方面面,需要搭建一个各方表达利益诉求的平台,借助这个平台可以说理、可以磋商,最终形成共识、达成合意,可以避免事态的扩大化、事件的复杂化,较早地定分止争,平息矛盾,达到社会稳定的效果。

5. 关联知识点

环境信息公开制度　环境公益诉讼制度

(二) 教辅资料

1. 关联法规标准

(1)《中华人民共和国环境保护法》(全国人大常委会 2014 年修订)第 5、6 条、第五章。

(2)《中华人民共和国环境影响评价法》(全国人大常委会 2018 年修正)第 11 条。

(3)《中华人民共和国大气污染防治法》(全国人大常委会 2018 年修正)第 7、10 条。

2. 参考阅读文献

(1) 汪劲:《环境法学》(第四版),北京大学出版社 2018 年版,第二章。

(2) 吕忠梅主编:《环境法学概要》,法律出版社 2016 年版,第二章。

3. 相关案例

张小燕等人诉江苏省环境保护厅环评行政许可案[①]

(撰稿人:梁增然)

[①] (2015)苏环行终字第 00002 号。

第三章 环境法律关系

一、环境法律关系的"三要素"(一般)

【教学目的与要求】

识记：环境法律关系主体　环境法律关系内容的含义　环境法律关系客体的含义

领会：环境法律关系客体的特征

应用：环境法律关系内容的特征

(一) 教学要点

1. 环境法律关系主体

"环境法律关系的主体是依法享有环境利用权利并承担环境保护义务的环境利用行为人以及代表国家行使环境监督管理权的行政机关。由于环境法律关系的多重构造，参与环境利用关系的主体，除了公民(自然人、公众及其代表)外，还包括各种开发利用行为人以及国家机关和政府及其环境主管部门等。"①"在我国，环境法律关系的主体包括国家、国家机关、企业事业单位、其他社会组织和公民等。"②环境法律关系主体可以分为生态保护法主体与污染防治法主体，还可以分为监管主体与受制主体。监管主体是能够代表国家行使环境保护监督管理职能的国家机关；受制主体则是在经济社会活动中接受国家环境主管部门监督管理的主体，包括自然人、企业和社会组织。③

2. 环境法律关系内容

"环境法律关系的内容是指环境法律关系的主体享有的权利和承担的义务。""环境法律关系的内容在本质上符合法理学的规律，与所有类型的法律关系的内容具有同源性。但由于环境法律关系的特殊性，尤其是专门环境立法以管理法为主，环境社会关系具有'人—环境—人'的间接性特征，使得环境法律关系

---

① 汪劲：《环境法学》(第四版)，北京大学出版社2018年版，第70页。
② 金瑞林主编：《环境法学》(第四版)，北京大学出版社2016年版，第21页。
③ 参见吕忠梅主编：《环境法学概要》，法律出版社2016年版，第111—112页。

的内容也具有鲜明的特性。"①

"人—环境—人"这一特征反映在环境法律关系的内容上就是环境法不是仅调整"人—人"的关系，而是既调整"人—人"关系，又调整"人—环境"的关系。蔡守秋教授倡导的调整论为："法律可以调整人与自然的关系，当然是指人运用法律去调整人与自然的关系，不可能指自然(或环境)运用(包括制定和实施)法律去调整人与自然的关系；是指环境资源法所具有的作用或功能，即指环境资源法的实施可以影响、引导、改变人与自然的关系。"②"传统法律关系是在法的调整起因和机制层面上思考问题的结果。生态法律关系则是在法的调整作用和功能层面上思考问题的结果。由于思考问题的层面不同，两者并不矛盾。"③狭义的环境法律关系仅指法律所调整的人与人的社会关系，能够与传统法学理论中的一系列概念相衔接，避免造成不必要的混乱。广义的环境法律关系则更多地关注到了生态中的客体对主体的影响，对"作用和功能"层面上的广义环境法律关系的讨论，有重要的理论研究以及宣传教育价值。

3. 环境法律关系客体

"环境法律关系的客体是环境法主体的权利和义务所能实际作用的事物，在环境法律关系中，如果仅有主体和主体的权利和义务，而无权利义务所指向的具体事物，那么权利与义务则是无本之木，主体之间建立的环境法律关系也就失去了意义。"④

"作为环境法律关系客体的环境资源具有强烈的生态性而非经济性。"⑤法律关系的客体可以分成以下几类：① 自身基本上可以长存下去，其生命周期对主体无影响。② 自身生命周期对主体的行为有一定的影响，但这种影响不是通过生态系统发挥作用。③ 自身的存在和消亡对环境、生态有影响，并通过生态系统影响主体的生存和行为。⑥ 可见，环境法律关系中的客体物的生态性是不同的，亦可引入"物格理论"⑦用以区分和解说客体物的生态性。这种生态性涉及的物，更具有公共物品、公用物性质。

4. 关联知识点

环境权　国家环境义务　环境行政

---

① 吕忠梅主编：《环境法学概要》，法律出版社2016年版，第116页。
② 蔡守秋：《环境法律关系新论——法理视角的分析》，载《金陵法律评论》2003年春季卷，第56页。
③ 刘国涛：《法律关系内涵的生态化思考》，载《山东师范大学学报(人文社会科学版)》2008年第5期，第145页。
④ 参见吕忠梅主编：《环境法原理》，复旦大学出版社2007年版，第45页。
⑤ 参见吕忠梅、高利红、余耀军：《环境资源法学》，中国法制出版社2001年版，第41页。
⑥ 参见刘国涛主编：《环境与资源保护法学》，中国法制出版社2004年版，第53页。
⑦ 参见杨立新、朱呈义：《动物法律人格之否定——兼论动物之法律"物格"》，载《法学研究》2004年第5期，第86—102页。

(二) 教辅资料

1. 关联法规标准

(1)《中华人民共和国宪法》(全国人民代表大会,2018年修正)第9条,第10条第1款、第2款,第26条。

(2)《中华人民共和国环境保护法》(全国人大常委会,2014年修订)第2、6、8、9、10、11条,第五章。

(3)《中华人民共和国民事诉讼法》(全国人大常委会,2021年修正)第58条。

(4)《中华人民共和国民法典》(全国人民代表大会,2020年通过)第二编"物权"第二分编"所有权"第五章,第二编"物权"第三分编"用益物权"第294条。

2. 参考阅读文献

(1) 汪劲:《环境法学》(第四版),北京大学出版社2018年版,第三章。

(2) 吕忠梅主编:《环境法学概要》,法律出版社2016年版,第三章。

(3) 蔡守秋:《调整论——对主流法理学的反思与补充》,高等教育出版社2003年版。

(4) 王圣礼:《论环境法的主体与客体》,法律出版社2015年版。

(5) 张景明:《和谐理念下环境法律关系研究》,知识产权出版社2015年版。

(6) 刘长兴:《公平的环境法:以环境资源配置为中心》,法律出版社2009年版。

(7) 文同爱:《生态社会的环境法保护对象研究》,中国法制出版社2006年版。

3. 相关案例

中国生物多样性保护与绿色发展基金会诉宁夏瑞泰科技股份有限公司等腾格里沙漠污染系列民事公益诉讼案[①]

(撰稿人:刘国涛 罗媛)

二、环境权(重点)

【教学目的与要求】

识记: 环境权的性质

领会: 环境权的内容 环境权的可诉性

应用: 环境权的含义

---

① (2016)最高法民再47号,最高人民法院发布十起环境公益诉讼典型案例之二。

(一) 教学要点

1. 环境权的含义

环境权及其相关理论是环境法学研究中一个非常重要且富有争议的议题，较难介绍所谓"通说"。这里首先介绍"否定说"的观点，然后再以较多篇幅介绍"肯定说"的观点。

质疑和否定环境权的观点主要有以下几种[①]：第一，国家环境管理权说，认为各国宪法和环境基本法律中规定公民享有良好环境的权利，意在为国家环境管理权确立依据，并非设置一种新型权利。[②] 第二，环境义务先定论，通常认为环境权是人类整体的权利，法律主体负有先定的环境保护义务，公民即便在公法上享有一定的权利也很难具体化为公民个人的权利。[③] 第三，环境公共利益论，认为环境法的核心范畴应当是环境公共利益。环境公共利益是一种法益而非权利。良好环境是法律所确认并加以保护的法益，却不是个人权利的客体。[④]

持环境权肯定说的学者众多，但是理解不一，根据对环境权主体和内容范围可以将肯定说类型化为以下几种[⑤]：第一，广义环境权说。[⑥] 该说所界定的环境权的主体和内容均极为宽泛，例如认为环境权可以包括个人环境权、单位法人环境权、国家环境权和人类环境权等概念[⑦]，甚而认为，环境权的权利主体不仅包括公民、法人及其他组织、国家乃至全人类，还包括尚未出生的后代人[⑧]。第二，中义环境权说。[⑨] 其较之广义环境权说在主体和内容方面进行了缩限，例如认为环境权应由当代人和后代人共同享有[⑩]，或者认为环境权只能是将人类个体化的个体意义上的公民环境权和将人类整体化的整体意义上的人类环境权的结合。这种结合，在国内法上更多地体现为公民环境权；在国际法上，更多地体现

[①] 参见吴卫星：《环境权理论的新展开》，北京大学出版社2018年版，第10—11页。
[②] 参见朱谦：《环境权问题：一种新的探讨路径》，载《法律科学（西北政法大学学报）》2004年第5期，第96—103页。参见朱谦：《反思环境法的权利基础——对环境权主流观点的一种担忧》，载《江苏社会科学》2007年第2期，第140—146页。
[③] 参见徐祥民：《对"公民环境权论"的几点疑问》，载《中国法学》2004年第2期，第109—116页。参见徐祥民等：《环境：环境法学的基础研究》，北京大学出版社2004年版。
[④] 参见巩固：《私权还是公益？环境法学核心范畴探析》，载《浙江工商大学学报》2009年第6期，第22—27页。
[⑤] 参见吴卫星：《环境权理论的新展开》，北京大学出版社2018年版，第8—10页。
[⑥] 原文为"最广义环境权说"，在此改为"广义环境权说"；下文原文中的"广义环境权说"，在此改为"中义环境权说"。
[⑦] 参见蔡守秋：《环境权初探》，载《中国社会科学》1982年第3期，第29—39页。参见蔡守秋：《论环境权》，载《金陵法律评论》2002年春季卷，第83—119页。
[⑧] 参见陈泉生：《环境权之辨析》，载《中国法学》1997年第2期，第61—69页。参见陈泉生、张梓太：《宪法与行政法的生态化》，法律出版社2001年版，第117页。
[⑨] 原文为"广义环境权说"，在此改为"中义环境权说"。
[⑩] 参见吕忠梅：《再论公民环境权》，载《法学研究》2000年第6期，第129—139页。

为人类环境权。① 第三,狭义环境权说。该说在中义环境权的基础上在主体和内容方面进一步限缩,例如认为环境权的主体应仅限于自然人,国家、法人或其他组织、自然体、后代人都不是法律意义上的主体②;还有学者认为环境权本质上是以环境的生态效益享受为实质内容的权利,其主体只能是生物意义上的自然人,而不包括法人、单位、国家等法律拟制主体③。

2. 环境权的性质

关于环境权的性质主要存在四种学说。第一,人权说,即认为公民环境权是一项人权或者人权的一个组成部分。例如吕忠梅教授从四个层面逐步递进地论证了环境权的人权性质:环境权是法律上的权利;环境权是一项基本人权;环境权是独立的人权;环境权是确定的权利。④ 吴卫星教授从应然和实然两个角度论证了环境权的人权属性,并认为环境权是兼有自由权性质的社会权。⑤ 第二,人格权说。持该观点的学者认为,支配环境的权能应属于居民共同拥有,应将其当作人格权来把握。例如刘长兴教授论证了环境权的人格权属性,主张应在民法典人格权编的一般规定中明确环境权为新型人格权,在健康权的规定中添加环境保护的要求,并规定环境权的一般条款及相应的权利保护规则。⑥ 第三,财产权说,此说认为环境权是一种财产权,论者常常以萨克斯教授的"环境公共信托论"为依据。例如周珂教授认为,可以借鉴建筑物区分所有权的原理,创设环境区分所有权,公民享有环境共有权、环境资源所有权与公民环境公共管理权。⑦ 第四,人类说,此说认为环境权与和平权和发展权一样是人类权利,即是指人类作为一个整体或地球上的所有居民共同享有的权利。⑧

此外,关于环境权的可诉性,有否定说认为环境权与环境义务的不对称性决定了环境权不能通过诉讼或救济活动来实现,因而不具备可诉性。⑨ 持环境权肯定说的学者则不断为环境权的司法救济提供途径,例如从民法的角度出发,为环境权的救济构建"环境物权—环境合同—环境人格权—环境侵权责任—环境

---

① 参见周训芳:《论环境权的本质——一种"人类中心主义"环境权观》,载《林业经济问题》2003年第6期,第313—345页。
② 参见吴卫星:《我国环境权理论研究三十年之回顾、反思与前瞻》,载《法学评论》2014年第5期,第180—188页。
③ 参见王社坤:《环境利用权研究》,中国环境出版社2013年版,第148页。
④ 参见吕忠梅:《沟通与协调之途——论公民环境权的民法保护》,中国人民大学出版社2005年版,第34—42页。
⑤ 参见吴卫星:《环境权研究——公法学的视角》,法律出版社2007年版,第93页。
⑥ 参见刘长兴:《环境权保护的人格权法进路——兼论绿色原则在民法典人格权编的体现》,载《法学评论》2019年第3期,第162—173页。
⑦ 参见周珂:《生态环境法论》,法律出版社2001年版,第92页。
⑧ 参见张文显:《法学基本范畴研究》,中国政法大学出版社1993年版,第103页。
⑨ 参见徐祥民:《对"公民环境权论"的几点疑问》,载《中国法学》2004年第2期,第111—118页。

民事诉讼"这一民事救济框架[①];将环境权的规范效力分为可诉性效力和具体化效力,通过引入类型化的案例论述了环境权可诉性效力的适用情形,并主张环境权是否具有可诉性应当放在具体法制背景下考量[②];从实证的角度证成环境权的可诉性,并提出"宪法环境权可诉性的明文规定—文义解释—体系解释—参考司法实践"这一"四步法则"来判断宪法的环境权条款是否具备可诉性[③];或认为"在制度设计上,宪法诉讼是中国环境权利可诉实现的根本路径,应通过行政法路径积极推动环境权利的宪法诉讼,同时通过私法有限度地实现环境权利的可诉,完善环境公益诉讼制度,通过环境司法专门化提高环境司法能力"。[④]

3. 环境权的内容

在环境权的权利内容方面,学界存在各种观点。蔡守秋教授认为,环境权的内容日益完善,目前已包括合理开发利用环境资源、享受适宜的环境条件、保护和改善环境等内容。[⑤] 陈泉生教授认为,环境权的内容包括生态性权利和经济性权利,前者体现为环境法主体对一定质量水平环境的享有并于其中生活、生存、繁衍,其具体化为生命权、健康权、日照权、通风权、安宁权、清洁空气权、清洁水权、观赏权等。后者表现为环境法主体对环境资源的开发和利用,其具体化为环境资源权、环境使用权、环境处理权等。[⑥] "环境权在公民要求国家保护环境或者据以参与环境监督和管理的意义上使用时,因其与公权力发生关系的权利是人权或宪法性权利,主要具有共益权的性质;当环境权用于私主体之间的法律关系时,因其有自益权的性质而成为一种实质上的私权。"[⑦] 汪劲教授认为,公众环境权益的内容包括优美、舒适环境的享受权,开发利用环境决策与行为知悉权,开发利用环境决策建言权,监督开发利用环境行为及举报权,环境权益侵害救济请求权。[⑧]

4. 关联知识点

公众参与原则　环境法律关系的"三要素"　国家环境义务　环境行政　环境民事公益诉讼　环境行政公益诉讼　生态环境损害赔偿诉讼

---

① 参见吕忠梅:《沟通与协调之途——论公民环境权的民法保护》,中国人民大学出版社2005年版,第157—325页。
② 参见胡静:《环境权的规范效力:可诉性和具体化》,载《中国法学》2017年第5期,第152—172页。
③ 参见吴卫星:《环境权理论的新展开》,北京大学出版社2018年版,第112—118页。
④ 伊媛媛:《环境权利可诉性研究》,中国社会科学出版社2016年版,第174页。
⑤ 参见蔡守秋:《环境权初探》,载《中国社会科学》1982年第3期,第29—39页。参见蔡守秋:《论环境权》,载《金陵法律评论》2002年春季卷,第83—119页。
⑥ 参见陈泉生:《环境权之辨析》,载《中国法学》1997年第2期,第61—69页。参见陈泉生、张梓太:《宪法与行政法的生态化》,法律出版社2001年版,第117页。
⑦ 参见汪劲:《环境法学》(第四版),北京大学出版社2018年版,第76页。
⑧ 同上书,第76—78页。

(二) 教辅资料

1. 关联法规标准

(1)《中华人民共和国宪法》(全国人民代表大会,2018年修正)第9条第2款、第22条第2款、第26条。

(2)《中华人民共和国环境保护法》(全国人大常委会,2014年修订)第6条、第53条、第57条、第58条。

(3)《中华人民共和国环境影响评价法》(全国人大常委会,2018年修正)第11条第1款。

2. 参考阅读文献

(1) 汪劲:《环境法学》(第四版),北京大学出版社2018年版,第三章。

(2) 吕忠梅:《沟通与协调之途——公民环境权的民法保护》,中国人民大学出版社2005年版。

(3) 徐祥民、田其云等:《环境权:环境法学的基础研究》,北京大学出版社2004年版。

(4) 周训芳:《环境权论》,法律出版社2003年版。

(5) 王社坤:《环境利用权研究》,中国环境出版社2013年版。

(6) 吴卫星:《环境权理论的新展开》,北京大学出版社2018年版。

(7) 吴卫星:《环境权研究——公法学的视角》,法律出版社2007年版。

3. 相关案例

东南大学教师状告规划局违法批准"观景台"案[①]

(撰稿人:刘国涛)

三、国家环境义务(重点)

【教学目的与要求】

识记:国家环境义务的含义

领会:国家环境义务的分类

(一) 教学要点

1. 国家环境义务的含义与分类

学理上一般将国家义务分为国家不得干预、妨碍个人自由的不作为消极义

[①] 载北大法宝,https://www.pkulaw.com/pfnl/a25051f3312b07f3466cca6c9e9afa2f83d0062b89e4cc9ebdfb.html?keyword=%E4%B8%9C%E5%8D%97%E5%A4%A7%E5%AD%A6%E6%95%99%E5%B8%88%E7%8A%B6%E5%91%8A%E8%A7%84%E5%88%92%E5%B1%80&way=list-View,最后访问日期:2022年8月19日。另参见辛帅:《不可能的任务——环境损害民事救济的局限性》,中国政法大学出版社2015年版,第42—45页。

务和国家以作为方式为保障个人自由和满足个人利益提供条件、资源的积极义务。① 具体到环境保护领域,国家在法律和事实上的作为与不作为的环境保护义务主要包括三类:一是积极作为的环境保护义务;二是消极不作为的防止环境破坏义务;三是保障公民享受最低环境质量的给付义务。② 具体而言,积极作为的环境保护义务是指国家应当通过环境政策和法律手段在维护最低环境质量的基础上随社会发展进步改善环境,并预防环境风险以维护公民的环境权益。③ 消极不作为的防止环境破坏义务是指国家应当从事实上减少或避免做出造成环境污染和生态破坏的行为,采取措施阻止或防止针对公民环境权益的私人侵害。④ 保障公民享受最低环境质量的给付义务是指国家应当积极履行对公民的生存保障义务,提供和保障公民享受最低环境质量的条件。⑤ 其实,"国家环境义务的宪法证成及其溯源并非简单地为义务履行寻找法律依据,而是通过解释学方法强化环境法与法律系统的融合"。⑥

蔡守秋教授认为,国家环境义务也称国家保护环境的义务、国家环境职责、政府环境义务或政府环境职责。⑦ 陈慈阳教授认为,国家环境保护的两大任务:一是防卫或排除生态环境与人民生活所面临的显著环境危害或重大环境风险;二是确保人民生存最低的基础。⑧ 李艳芳教授认为,政府环境义务是第一性义务,违反此义务会导致第二性义务——政府环境责任⑨;环境法上的政府环境义务与传统行政法上的政府职责相比,具有更丰富的内容,事先预防的义务在政府环境义务中占据重要位置。⑩

国家环境义务的履行需要特定的主体和相应的履行方式支撑。国家环境义务的主体包括立法、行政和司法机关。汪劲教授认为,国家环境保护义务主要通过环境立法、环境行政以及环境司法等国家机关的活动来实现。⑪ 在国家环境保护义务的履行主体方面,陈海嵩教授认为,有必要突破仅在国家机构层面上研究国家义务的局限性,基于当代中国国情,研究"党政体制"推动环境质量改善的

---

① 参见汪劲:《环境法学》(第四版),北京大学出版社 2018 年版,第 83 页。
② 同上书,第 84—86 页。
③ 同上书,第 84 页。
④ 同上书,第 85 页。
⑤ 同上书,第 86 页。
⑥ 斜晓东、叶舟:《国家环境义务溯源及其规范证成》,载《苏州大学学报(哲学社会科学版)》2020 年第 1 期,第 85 页。
⑦ 参见蔡守秋:《从环境权到国家环境保护义务和环境公益诉讼》,载《现代法学》2013 年第 6 期,第 3—21 页。
⑧ 参见陈慈阳:《环境法总论》,中国政法大学出版社 2003 年版,第 196 页。
⑨ 参见李艳芳、王春磊:《环境法视野中的环境义务研究述评》,载《中国人民大学学报》2015 年第 4 期,第 145—154 页。
⑩ 同上。
⑪ 参见汪劲:《环境法学》(第四版),北京大学出版社 2018 年版,第 83 页。

国家义务的制度路径,凸显执政党(中国共产党)在推进环境质量改善的国家义务中所发挥的核心与主导作用。①

2. 关联知识点

环境权　环境行政　环境行政公益诉讼　生态环境损害赔偿诉讼

(二) 教辅资料

1. 关联法规标准

(1)《中华人民共和国宪法》(全国人大常委会,2018年修正)第26条第1款、第89条第(六)项。

(2)《中华人民共和国环境保护法》(全国人大常委会,2014年修订)第4条、第6条第2款、第28条第1款。

2. 参考阅读文献

(1) 汪劲:《环境法学》(第四版),北京大学出版社2018年版,第四章。

(2) 陈海嵩:《国家环境保护义务论》,北京大学出版社2015年版。

(3) 张建伟:《政府环境责任论》,中国环境科学出版社2008年版。

(4) 陈真亮:《环境保护的国家义务研究》,法律出版社2015年版。

3. 相关案例

重庆市石柱县水磨溪湿地自然保护区生态环境保护公益诉讼案②

(撰稿人:刘国涛)

四、环境行政(重点)

【教学目的与要求】

识记:环境管理

领会:环境行政管理体制

应用:环境行政管理权力

(一) 教学要点

1. 环境管理

环境管理伴随环境问题的产生而出现。环境管理是指依据国家的环境政

---

① 参见陈海嵩:《实现环境质量改善目标的国家义务构造》,载《法治研究》2018年第6期,第66—74页。

② 最高人民检察院发布检察公益诉讼十大典型案例之一。

策、环境法律、法规和标准,坚持宏观综合决策与微观执法监督相结合,从环境与发展综合决策入手,运用各种有效管理手段,调控人类的各种行为,协调经济、社会发展同环境保护之间的关系,限制人类损害环境质量的活动以维护区域正常的环境秩序和环境安全,实现区域社会可持续发展的行为总体"。①

环境管理的内容是指运用行政、法律、经济、教育、技术手段,调整人类与自然环境的关系,通过全面规划使社会经济发展与环境保护相协调,既满足人类生存与发展的需要,又不超出环境容许极限,最终实现可持续发展。② 据此,广义的环境管理主体包括整个人类社会(政府、企业、公众),而狭义的环境管理主体仅限于政府。其中,国家环境管理权是指"国家环境资源管理职能部门依法行使的对环境保护工作的预测、决策、组织、指挥、监督等诸权力的总称。它是国家行政权力在环境资源保护领域的运用和实施。"③环境管理的客体是作用于自然环境的人类社会行为。环境管理的对象包括政府行为、企业行为、公众行为,以及作为这些行为的物质载体的物质流、能量流、资金流等。④ 环境管理的特征是着重管理可能对生态环境造成不良影响的人类社会的行为,是人类管理人类自身的行为。环境管理的任务是转变人类社会关于自然环境的基本观念,调整人类社会的环境行为,控制人类社会与自然环境系统中的物质流,促进人与自然的和谐共处。

一般认为,环境管理的理论基础是可持续发展理论、管理学理论、行为科学理论和环境管理的基本原理。而所谓环境管理的政策方法,是指将各种法律、法规、政策、制度、规则、规范、标准作为环境管理的工具和手段,去调整、控制、引导人类社会各个主体作用于环境的行为,达到环境管理目标的方法。⑤ 环境管理的政策方法既包括传统的法律、行政、标准等命令型和控制型的强制手段,也包括采用经济、教育、宣传、信息公开、标准化体系等非传统的手段。

2. 环境行政管理体制

环境行政管理体制主要是指中央政府相关部门之间以及中央政府与地方政府之间的行政隶属、组织架构和职权分配等关系。环境行政是政府的基本职能,目前,西方国家环境行政机构体系的基本格局,是一种以环境部或环境主管部门的专门环境行政为中心、以关联行政机关个别环境行政行为为辅佐的协同模式。⑥

---

① 参见朱庚申:《环境管理学》(第二版修订),中国环境科学出版社2007年版,第27页。
② 参见林帼秀主编:《企业环境管理》(第二版),中国环境出版社2020年版,第6页。
③ 吕忠梅、高利红、余耀军编著:《环境资源法学》,科学出版社2004年版,第99页。
④ 参见叶文虎、张勇编著:《环境管理学》(第三版),高等教育出版社2013年版,第29页。
⑤ 同上书,第75页。
⑥ 参见汪劲:《环境法学》(第四版),北京大学出版社2018年版,第87页。

我国的环境管理体制是"纵横结合"的模式。在横向关系上,是统管部门与分管部门相结合。国务院环境主管部门是"统管"部门,而"分管"部门是指依法分管某一类污染源防治或某一类自然资源保护监督管理工作的部门,包括国家海洋行政主管部门、港务监督和各级土地、矿产、林业、农业、水利行政主管部门等。统管部门与分管部门之间执法地位平等,不存在行政上的隶属关系。这种管理模式的有效运行,在很大程度上依赖于各个部门之间的协调和合作,而旨在建立彼此间共识的协商就成了这个体制的核心特征。在纵向关系上,现行环境管理体制的基本特征是实行分级管理。生态环境部是国家环境主管部门,各级人民政府设有相应的环境主管部门,对所辖区域进行环境管理。① 在中央层面,我国初步形成由自然资源部统一行使全民所有自然资源资产所有者职权、统一承担所有国土空间用途管制和生态保护修复职责,生态环境部统一进行自然生态监管、统一行使监管城乡各类污染排放和行政执法职权的生态环境监管体制。② 在地方层面,2016年9月,中共中央办公厅、国务院办公厅发布了《关于省以下环保机构监测监察执法垂直管理制度改革试点工作的指导意见》,决定对省以下环保机构监测监察执法实行垂直管理制度改革试点。试点制度内容主要包括调整市县环保机构管理体制、加强环境监察工作、调整环境监测管理体制和加强市县环境执法工作等。③

3. 环境行政管理权力

"我国环境、资源与能源管理权力主要包括环境与自然资源开发利用决策权、开发利用环境许可权、开发利用环境监督管理权以及法律赋予行政机关的规章制定权、行政强制权、行政处罚权等。根据我国法律、行政法规与地方性法规和政府规章的规定,环境主管部门的法定行政职责总体上可以分为行政许可、行政处罚、行政强制、行政征收、行政裁决、行政检查、行政确认、行政给付、行政指导以及其他职权等类别。"④此外,国务院授权省级、市地级政府(包括直辖市所辖的区县级政府,下同)可以代表国家行使生态环境损害民事索赔权。2017年12月,中共中央办公厅、国务院办公厅印发《生态环境损害赔偿制度改革方案》,明确国务院授权省级、市地级政府作为本行政区域内生态环境损害赔偿权利人。省级、市地级政府可指定相关部门或机构负责生态环境损害赔偿具体工作。省级、市地级政府及其指定的部门或机构均有权提起诉讼。《生态环境损害赔偿制度改革方案》具体规定了省级、市地级政府作为赔偿权利人开展生态环境损害赔偿磋商的程序。首先,经调查发现生态环境损害需要修复或赔偿的,赔偿权利人

---

① 参见郇庆治:《环境(生态文明)行政管理》,载《绿色中国》2018年第14期,第71—73页。
② 参见汪劲:《环境法学》(第四版),北京大学出版社2018年版,第89页。
③ 同上书,第90页。
④ 同上书,第91页。

根据生态环境损害鉴定评估报告,就损害事实和程度、修复启动时间和期限、赔偿的责任承担方式和期限等具体问题与赔偿义务人进行磋商,统筹考虑修复方案技术可行性、成本效益最优化、赔偿义务人赔偿能力、第三方治理可行性等情况,达成赔偿协议。其次,对经磋商达成的赔偿协议,可以依照民事诉讼法向人民法院申请司法确认。经司法确认的赔偿协议,赔偿义务人不履行或不完全履行的,赔偿权利人及其指定的部门或机构可向人民法院申请强制执行。最后,磋商未达成一致的,赔偿权利人及其指定的部门或机构应当及时提起生态环境损害赔偿民事诉讼。

4. 关联知识点

环境法律关系的"三要素"　环境权　国家环境义务　环境行政公益诉讼　生态环境损害赔偿诉讼

(二) 教辅资料

1. 关联法规标准

(1)《中华人民共和国宪法》(全国人民代表大会,2018年修正)第26条第1款。

(2)《中华人民共和国环境保护法》(全国人大常委会,2014年修订)第10条。

(3)《中华人民共和国水污染防治法》(全国人大常委会,2017年修正)第9条。

(4)《中华人民共和国大气污染防治法》(全国人大常委会,2018年修正)第4条、第5条。

(5)《生态环境损害赔偿制度改革方案》(中共中央办公厅、国务院办公厅,2017年)。

2. 参考阅读文献

(1) 汪劲:《环境法学》(第四版),北京大学出版社2018年版,第四章。

(2) 叶文虎、张勇编著:《环境管理学》,高等教育出版社2013年版。

(3) 林帼秀主编:《企业环境管理》(第二版),中国环境出版社2020年版。

(4) 王丽萍:《中国环境管理的理论与实践研究》,中国纺织出版社2018年版。

(5) 朱庚申:《环境管理学》(第二版修订),中国环境科学出版社2007年版。

3. 相关案例

海南三林旅业开发有限公司诉海南省澄迈县生态环境保护局环保行政处罚纠纷案[①]

(撰稿人:刘国涛　罗媛)

---

① (2018)琼01行初345号。

第四章 环境法综合制度

一、环境资源规划制度(含生态保护规划)(一般)

【教学目的与要求】
　　识记:环境资源规划的概念　环境资源规划制度的概念　国土规划的概念　环境保护规划　自然资源规划
　　领会:环境资源规划的分类　国民经济和社会发展规划的环境保护篇章

(一) 教学要点

1. 环境资源规划制度概述

　　环境资源规划制度是指有关调整环境资源规划活动的各种法律规范的有机统一体系,是通过立法确立的有关环境资源规划的编制、实施和管理的一套规则,是环境资源规划工作的制度化和法定化。

　　按照不同的分类标准,对环境资源规划可进行不同的分类。按环境资源性质,可分为国民经济和社会发展规划、国土规划、环境保护规划、自然资源规划等;按规划内容,可分为总体规划(整体规划)、多项规划(综合性规划)和专项规划;按制定批准机构,可分为国家规划、部门规划和地方规划;按计划的约束力,可分为指导性计划、指令性计划等。

2. 国民经济和社会发展规划的环境保护篇章

　　国民经济和社会发展规划是政府对未来中长期(一般为5年以上)经济社会发展的总体部署和设想,是社会经济发展战略的具体化和实施发展战略的重要手段。由国务院编制并由全国人民代表大会通过的国民经济和社会发展五年规划纲要中的环境保护篇章在所有环境与自然保护规划中处于最高地位。《中华人民共和国国民经济和社会发展第十四个五年规划和2035年远景目标纲要》第十一篇从提升生态系统质量和稳定性、持续改善环境质量、加快发展方式绿色转型三个方面规划了推动绿色发展,促进人与自然和谐共生。与国民经济和社会发展紧密相关的规划,还包括国土规划、城市规划和主体功能区规划。

　　将环境资源规划内容纳入国民经济和社会发展计划的程序为:国务院各环境资源行政主管部门编制其负责编制的国家环境资源规划建议,报送国家计划行政主管部门;国家计划行政主管部门根据环境资源规划建议编制环境资源规划草案,并作为国民经济和社会发展草案的一个组成部分报国务院;国务院审核同意后报全国人民代表大会通过。

3. 国土规划(国土空间规划)

国土规划,又称国土开发整治规划,是指国家根据社会经济发展总的战略方向和目标以及自然、经济、社会、科学技术等条件,从宏观角度对一个国家或地区较长时期内国土的综合开发、利用、保护和整治所做的总体安排。它是国民经济和社会发展规划体系的重要组成部分,是自然资源开发、建设总体布局和环境综合整治以及编制经济社会中长期发展计划的重要依据。

21世纪初,我国资源约束与生态环境压力不断增大,国土空间开发亟需优化,国土开发质量有待提升,现行空间规划体系亟待健全。2017年,国务院印发的我国首个全国性国土开发与保护的战略性、综合性、基础性规划——《全国国土规划纲要(2016—2030年)》,对国土空间开发、资源环境保护、国土综合整治和保障体系建设等作出总体部署与统筹安排,对中国国土开发具有里程碑意义。

2019年,中共中央、国务院印发《关于建立国土空间规划体系并监督实施的若干意见》提出建立国土空间规划体系并监督实施,这是党中央、国务院作出的重大部署。要按照高质量发展要求,做好国土空间规划顶层设计,发挥国土空间规划在国家规划体系中的基础性作用,为国家发展规划落地实施提供空间保障。

4. 环境保护规划(生态环境保护规划)

环境保护规划是指对一定时期内的环境保护目标以及实现目标的措施和手段所做的总体安排,目的是在发展经济的同时,防治环境污染,保护和改善环境,维护生态健康。环境保护规划是国民经济和社会发展规划的组成部分。[①] 我国从"十三五"规划纲要开始,将国家的环境保护规划称为生态环境保护规划[②]。我国环境保护法律法规对环境保护规划的编制、管理与实施作了具体规定,形成了环境保护规划制度。从规划的形式上看,综合性的环境保护规划主要是国家环境保护五年规划和地方的环境保护五年规划;单项的环境保护规划主要有环境污染控制规划[③]、生态保护和建设规划[④]、其他专项环境保护规划等。

5. 自然资源规划

自然资源规划是指根据一个国家或地区自然资源的特点和社会经济发展的

---

① 例如,国家有关部门在编制"十一五"规划纲要的同时,还编制了五十几个专项规划作为"十一五"规划纲要的重要支撑,其中《国家环境保护"十一五"规划》首次以国务院文件形式印发执行,标志着环境保护规划的战略地位不断提升。

② 《国务院关于印发"十三五"生态环境保护规划的通知》(国发〔2016〕65号)。

③ 环境污染控制规划是针对环境污染引起的环境问题编制的。其主要内容包括编制依据、编制原则、规划范围与分区、规划期限与指标、计划重点、污染防治行动方案、污染防治计划实施、各部门职责与监督管理等。我国的环境污染控制规划通常包括在政府制定的环境保护规划中。

④ 生态保护和建设规划是为了保持自然生态健康而对各种自然环境要素的保护、改善和恢复进行的总体安排。它以国家或区域的生态现状为基础,确定生态保护和生态建设的目标和任务,目的在于保持自然环境的良好状态,恢复被破坏的生态环境,维护生态健康。

需求,对一定时期内的自然资源的开发、利用、保护、恢复和管理所作的总体安排。经批准的自然资源规划是进行资源开发利用的基本依据,是保障资源可持续利用的重要措施。我国现行的自然资源法律大都规定了自然资源规划制度。土地利用规划是最重要的自然资源规划之一。

6. 关联知识点

环境规划与环境规划的效力　专项规划　全国主体功能区规划　城市环境保护规划　城市环境总体规划

(二) 教辅资料

1. 关联法规标准

(1)《中华人民共和国环境保护法》(全国人大常委会,2014 年修订)第 13 条。

(2)《中华人民共和国水法》(全国人大常委会,2016 年修正)。

(3)《中华人民共和国土地管理法》(全国人大常委会,2019 年修正)。

(4)《中华人民共和国循环经济促进法》(全国人大常委会,2018 年修正)。

(5)《中华人民共和国森林法》(全国人大常委会,2019 年修订)。

(6)《中华人民共和国矿产资源法》(全国人大常委会,2009 年修正)。

(7)《中华人民共和国草原法》(全国人大常委会,2021 年修正)。

(8)《中华人民共和国海域使用管理法》(全国人大常委会,2001 年)。

(9)《中华人民共和国城市规划法》(全国人大常委会,2019 年)。

(10)《中华人民共和国国民经济和社会发展第十四个五年规划和 2035 年远景目标纲要》第十一篇(全国人民代表大会,2021 年)。

2. 参考阅读文献

(1) 汪劲:《环境法学》(第四版),北京大学出版社 2018 年版,第五章。

(2) 蔡守秋:《新编环境资源法学》,北京师范大学出版社 2017 年版。

(3) 韩德培主编:《环境保护法教程》(第八版),法律出版社 2018 年版,第四章。

(4) 蔡守秋主编:《环境资源法教程》(第三版),高等教育出版社 2017 年版,第五章。

3. 相关案例

安徽省阜南县人民检察院诉阜南县住房和城乡建设局行政公益诉讼案[①]

(撰稿人:罗吉　马鹏飞)

[①] 最高人民检察院公布 26 起检察机关提起公益诉讼试点工作典型案例之七:安徽省阜南县人民检察院诉阜南县住房和城乡建设局行政公益诉讼案。

二、环境标准制度(不含自然资源标准)(重点)

【教学目的与要求】
识记:环境标准的概念
领会:生态环境标准体系
应用:生态环境质量标准 生态环境风险管控和污染控制标准

(一) 教学要点

1. 环境标准的概念

环境标准有广义和狭义之分。广义的环境标准是指为了保护人群健康、保护社会财富和维护生态平衡,由法律授权的政府及其主管部门、社会团体和企业按照法定程序和方法就环保工作中需要统一的技术要求制定的规范性技术文件。狭义的环境标准仅指规定保障公众健康、公共福利与环境安全的环境质量标准。我国环境保护实践采用的是广义说。环境标准,在我国也称为生态环境标准。[①]

环境标准是随着环境法制的建立而逐步发展起来的。20世纪60年代,许多国家都制定了环境标准。国际标准化组织(ISO)在1972年开始制定环境基础标准和方法标准,以统一各国环境保护工作中的名词、术语、单位以及取样、监测、分析方法等。我国在1973年颁布了《工业"三废"排放试行标准》这个综合性的污染物排放标准。1979年颁布的《环境保护法(试行)》授权国务院环境保护机构会同有关部门拟定环境保护标准,并要求排污单位遵守国家规定的环境标准,从而使环境标准的制定和实施有了法律依据。此后的许多环境法律法规都对环境标准制度作了规定。2020年12月15日生态环境部令公布了《生态环境标准管理办法》,自2021年2月1日起施行。

环境标准作为环境资源法的一个重要组成部分,根据不同类型标准(特别是强制性标准和推荐性标准)的性质,在环境资源法的实施中各自具有不同的法律意义。法律、行政法规规定必须执行的环境标准属于强制性环境标准。强制性环境标准以外的环境标准属于推荐性标准;推荐性环境标准被强制性环境标准引用的,也必须强制执行。

2. 生态环境标准体系

生态环境标准体系是由各个具体的环境标准按其内在联系组成的统一整体。主要有生态环境质量标准、生态环境风险管控和污染控制标准、生态环境监

[①] 参见汪劲:《环境法学》(第四版),北京大学出版社2018年版,第116页。

测标准、生态环境基础标准等。

生态环境质量标准、生态环境风险管控和污染控制标准是生态环境标准体系的核心内容，集中体现了生态环境标准体系的基本功能，是实现生态环境标准体系目标的基础。生态环境基础标准给出了各类环境标准建立时应遵循的准则要求，是生态环境标准的标准，它对统一规范生态环境标准的制定、执行具有指导作用，是生态环境标准体系的基石。生态环境监测方法标准和生态环境基础标准构成环境标准体系的支持系统，它们直接服务于生态环境质量标准、生态环境风险管控和污染控制标准，是生态环境质量标准、生态环境风险管控和污染控制标准内容上的配套补充和有效执行的技术保证。

3. 生态环境质量标准

生态环境质量标准是为保护自然环境、人体健康和社会物质财富，限制环境中的有害物质和因素所作的统一技术规范和技术要求。《环境保护法》第 15 条规定，国务院环境主管部门制定国家环境质量标准。省、自治区、直辖市人民政府对国家环境质量标准中未作规定的项目，可以制定地方环境质量标准；对国家环境质量标准中已作规定的项目，可以制定严于国家环境质量标准的地方环境质量标准。地方环境质量标准应当报国务院环境主管部门备案。《环境保护法》第 6 条第 2 款规定，"地方各级人民政府应当对本行政区域的环境质量负责"。换句话说，环境质量标准可以作为考评各级人民政府负责人的直接依据。因此可以说，环境质量标准的强制性主要表现在政府的考评。

需要明确的是，中国环境质量标准的实施需经环境或其他主管部门按照环境质量功能区划的要求，在各划定的区域内明确适用不同类别的标准数值后才具有法的拘束力。因此，对不同环境质量功能区的划定属于主管部门的行政裁量行为，在经划定的环境质量功能区内从事生产生活活动的公民依法负有容有一定程度污染的义务。[1]

生态环境质量标准是指质量参数的项目与标准值，主要是对各类环境中有害物质或因素含量的最高限额所作的规定。按照环境要素的不同，生态环境质量标准包括大气环境质量标准、水环境质量标准、海洋环境质量标准、声环境质量标准、核与辐射安全基本标准等。

4. 生态环境风险管控和污染控制标准

生态环境风险管控和污染控制标准包括生态环境风险管控标准、污染物排放标准等。

生态环境风险管控标准，是对风险控制项目及风险管控值所作的规定。生态环境风险管控标准可分为土壤污染风险管控标准以及法律法规规定的其他环

---

[1] 参见汪劲：《环境法学》（第四版），北京大学出版社 2018 年版，第 117 页。

境风险管控标准。污染物排放标准是指对允许污染源排放污染物或对环境造成危害的其他因素的最高限额所作的规定。污染物排放标准的主要依据就是环境质量标准。污染物排放标准,按控制的污染物及其排放,可分为大气污染物排放标准、水污染物排放标准、固体废物污染控制标准、环境噪声排放控制标准和放射性污染防治标准等;按规定限值类别,可分为浓度控制标准和总量控制标准;按适用对象,分为行业型、综合型、通用型、流域(海域)或者区域型污染物排放标准等。制定生态环境风险和污染控制标准是为了实现生态环境质量标准,结合技术经济条件和环境特点,限制排入和控制环境中的污染物或对环境造成危害的其他因素。

5. 关联知识点

环境基准　推荐性环境标准与其他环境标准　强制性环境标准与环境行政的关系　国家环境标准体系

(二) 教辅资料

1. 关联法规标准

(1)《生态环境标准管理办法》(生态环境部,2020年)。

(2)《中华人民共和国标准化法》(全国人大常委会,2017年修订)。

(3)《中华人民共和国环境保护法》(全国人大常委会,2014年修订)第6条、第15条。

(4)《环境标准管理办法》(国家环境保护总局,1999年)。

(5)《渔业水质标准》(GB 11607—89)(国家环境保护局,1989年)。

(6)《地下水质量标准》(GB/T 14848—2017)(国家技术监督局,1993年)。

(7)《污水综合排放标准》(GB 8978—1996 代替 GB 8978—88)(国家技术监督局,1996年)。

(8)《环境空气质量标准》(GB 3095—2012 代替 GB 3095—1996 GB 9137—88)(环境保护部,2012年)。

(9)《地表水环境质量标准》(GB 3838—2002 代替 GB 3838—88)(国家环境保护总局、国家质量监督检疫总局,2002年)。

(10)《海水水质标准》(GB 3097—1997 代替 GB 3097—82)(国务院环境保护领导小组,1982年)。

2. 参考阅读文献

(1) 汪劲:《环境法学》(第四版),北京大学出版社2018年版,第五章。

(2) 韩德培主编:《环境保护法教程》(第八版),法律出版社2018年版,第五章。

(3) 蔡守秋主编:《环境资源法教程》(第三版),高等教育出版社2017年版,

第五章。

3. 相关案例

吕金奎等 79 人诉山海关船舶重工有限责任公司海上污染损害责任纠纷案①

（撰稿人：罗吉　鲁冰清）

三、环境影响评价制度（不含"三同时"）（重点）

【教学目的与要求】

识记：环境影响评价制度的概念

领会：环境影响评价的适用范围　环境影响评价文件的形式和内容

应用：环境影响评价的程序

（一）教学要点

1. 环境影响评价制度概述

环境影响评价（Environment Impact Assessment，简称 EIA）又称环境质量预断评价，是指在某项人为活动之前，对实施该活动可能造成的环境影响进行分析、预测和评估，并提出相应的预防或者减轻不良环境影响的措施和对策，进行跟踪监测的方法与制度。

1969 年，美国《环境政策法》率先把环境影响评价作为一项环境法律制度确定下来。1973 年，我国提出环境影响评价的概念，1979 年颁布的《环境保护法（试行）》使环境影响评价制度化、法律化。2003 年，《环境影响评价法》开始实施，环境影响评价进入新的历史阶段。

环境影响评价制度是有关环境影响评价的适用范围、评价内容、审批程序、法律后果等一系列法律规定的总称。它是环境影响评价活动的法定化、制度化，是贯彻预防为主原则、防止新的环境污染和生态破坏的一项重要法律制度，对于实施可持续发展战略，预防人为活动实施后对环境造成不良影响，促进经济、社会和环境的协调发展，具有十分重要的意义。

2. 环境影响评价制度的适用范围

我国环境影响评价制度的适用范围包括规划环境影响评价和建设项目环境影响评价两个方面。规划环境影响评价的具体范围，由国务院生态环境主管部

---

① 最高人民法院发布环境资源刑事、民事、行政十大典型案例之四：吕金奎等 79 人诉山海关船舶重工有限责任公司海上污染损害责任纠纷案。

门会同国务院有关部门规定,报国务院批准;建设项目环境影响评价的范围,则是凡在我国领域和管辖的其他海域内建设对环境有影响的项目。

规划环境影响评价适用于:国务院有关部门、设区的市级以上地方人民政府及其有关部门组织编制的土地利用的有关规划,区域、流域、海域的建设、开发利用规划(简称综合性规划);国务院有关部门、设区的市级以上地方人民政府及其有关部门组织编制的工业、农业、畜牧业、林业、能源、水利、交通、城市建设、旅游、自然资源开发的有关专项规划(简称专项规划);放射性固体废物处置场所选址规划等等。

3. 环境影响评价文件的形式和内容

我国《环境影响评价法》规定的环境影响评价文件主要有:综合性规划的有关环境影响的篇章或者说明、专项规划的环境影响报告书;建设项目的环境影响报告书、环境影响报告表和环境影响登记表。

综合性规划的有关环境影响的篇章或者说明,是由组织编制综合性规划的行政机关依法向规划审批机关提交的对规划进行环境影响评价的书面文件。主要内容包括:规划实施对环境可能造成影响的分析、预测和评估;预防或者减轻不良环境影响的对策和措施。专项规划的环境影响报告书除包括上述内容外,还应当包括环境影响评价结论(主要是规划草案的环境合理性和可行性,预防或者减轻不良环境影响的对策和措施的合理性和有效性,以及规划草案的调整建议)。

4. 环境影响评价的程序

规划环境影响评价文件的编制、审查程序主要包括以下内容:规划编制机关应当在规划编制过程中对规划组织进行环境影响评价,编写环境影响文件;规划环境影响评价文件由规划编制机关编制或者组织规划环境影响评价技术机构编制;规划编制机关应当对环境影响评价文件的质量负责。综合性规划、指导性专项规划、专项规划审查程序有所不同。

建设项目环境影响评价文件的编制、审批程序[①]主要包括以下内容:建设项目应当在开工建设前,依法进行环境影响评价。依法应当编制环境影响报告书、环境影响报告表的建设项目,建设单位应当在开工建设前将环境影响报告书、环境影响报告表报有审批权的生态环境主管部门审批;建设项目的环境影响评价文件未依法经审批部门审查或者审查后未予批准的,建设单位不得开工建设。依法应当填报环境影响登记表的建设项目,建设单位应当按照国务院生态环境主管部门的规定将环境影响登记表报建设项目所在地县级生态环境主管部门备

---

① 参见《生态环境部建设项目环境影响报告书(表)审批程序规定》(生态环境部部令第14号,2020年11月23日)、《环境保护部关于下放部分环境影响评价文件审批权限的公告》(环境保护部公告2013年第73号,2013年11月15日发布)、《关于发布〈环境保护部审批环境影响评价文件的建设项目目录(2015年本)〉的公告》(环境保护部公告2015年第17号,2015年3月13日发布)。

案。2020年,生态环境部发布《建设项目环境影响报告书(表)审批程序规定》(生态环境部令第14号)。

5. 关联知识点

环境影响评价的听证

(二) 教辅资料

1. 关联法规标准

(1)《中华人民共和国环境保护法》(全国人大常委会,2014年修订)。

(2)《中华人民共和国环境影响评价法》(全国人大常委会,2018年修正)第3条。

(3)《规划环境影响评价条例》(国务院,2009年)。

(4)《环境影响评价公众参与办法》(生态环境部,2018年)。

(5)《生态环境部建设项目环境影响报告书(表)审批程序规定》(生态环境部,2020年)。

(6)《环境保护部下放环境影响评价文件审批权限的建设项目目录》(原环境保护部,2013年)。

(7)《环境保护部审批环境影响评价文件的建设项目目录》(原环境保护部,2015年)。

(8)《建设项目环境影响评价分类管理名录》(生态环境部,2021年)。

(9)《建设项目环境影响评价技术导则总纲》(环境保护部,2016年)。

(10)《建设项目环境影响评价行为准则与廉政规定》(生态环境部,2021年)。

2. 参考阅读文献

汪劲:《环境法学》(第四版),北京大学出版社2018年版,第五章。

3. 相关案例

张小燕等诉江苏省环境保护厅对变电站作出环境影响评价行政许可违法被判驳回案[1]

(撰稿人:罗吉 马鹏飞)

四、环境资源信息公开制度(一般)

【教学目的与要求】

识记:环境资源信息公开的概念

领会:政府信息公开 企业信息公开

---

[1] (2015)苏环行终字第00002号。

(一) 教学要点

1. 环境资源信息公开的概念

环境资源信息是人类认知环境资源状况的来源,也是环境资源管理工作的主要依据之一。环境信息公开,是指依据和尊重公众知情权,政府和企业以及其他社会行为主体向公众通报和公开各自的环境行为以利于公众参与和监督。因此环境资源信息公开制度既要公开环境质量信息,也要公开政府和企业的环境行为,为公众了解和监督环保工作提供必要条件,这对于加强政府、企业、公众的沟通和协商,形成政府、企业和公众的良性互动关系有重要的促进作用,有利于社会各方共同参与环境保护。

国家环境资源管理部门实行环境资源政务公开、环境资源信息公开,逐步实现在获得和传播环境资源信息方面的民主化,这既是政府加强环境资源管理、公众参与环境资源管理的前提条件,又是环境资源管理和生态治理的一个重要特征,对于促进环境民主化和公众参与环境资源管理、发展和繁荣我国的环境保护事业具有重要的作用。根据《环境保护法》的规定,公民、法人和其他组织依法享有获取环境信息、参与和监督环境保护的权利。

2. 政府信息公开的主要规定

2019年修订的《政府信息公开条例》(2019年修订)明确了"以公开为常态、不公开为例外"的原则。该条例明确了政府信息公开与否的界限,推动了政府信息依法公开。根据政务公开实践发展要求,各级行政机关应当主动公开涉及公众利益调整、需要公众广泛知晓或者需要公众参与决策的政府信息,共十五类。并规定设区的市级、县级人民政府及其部门,乡(镇)人民政府还应当根据本地方的具体情况主动公开与基层群众关系密切的政府信息。

各级人民政府生态环境主管部门和其他负有环境保护监督管理职责的部门,应当依法公开环境信息、完善公众参与程序,为公民、法人和其他组织参与和监督环境保护提供便利。国务院生态环境主管部门统一发布国家生态环境质量信息、重点污染源监测信息及其他重大生态环境信息。省级以上人民政府生态环境主管部门定期发布生态环境状况公报。县级以上人民政府生态环境主管部门和其他负有环境保护监督管理职责的部门,应当依法公开生态环境质量、环境监测、突发环境事件以及生态环境行政许可、行政处罚等信息,应当将企业事业单位和其他生产经营者的生态环境违法信息记入社会诚信档案,及时向社会公布违法者名单。

3. 企业信息公开的主要规定

企业应当按照自愿公开与强制性公开相结合的原则,及时、准确地公开企业生态环境信息。重点排污单位应当如实向社会公开其主要污染物的名称、排放方式、排放浓度和总量、超标排放情况,以及防治污染设施的建设和运行情况,接受社会监督。

对依法应当编制环境影响报告书的建设项目,建设单位应当在编制时向可能受影响的公众说明情况,充分征求意见。负责审批建设项目环境影响评价文件的部门在收到建设项目环境影响报告书后,除涉及国家秘密和商业秘密的事项外,应当全文公开;发现建设项目未充分征求公众意见的,应当责成建设单位征求公众意见。

4. 关联知识

环境影响评价公众参与 公众环境资源参与权

(二) 教辅资料

1. 关联法规标准

(1)《中华人民共和国土地管理法》(全国人大常委会,2019年修正)。

(2)《中华人民共和国水法》(全国人大常委会,2016年修正)。

(3)《中华人民共和国大气污染防治法》(全国人大常委会,2018年修正)。

(4)《中华人民共和国政府信息公开条例》(国务院,2019年修订)。

(5)《企业事业单位环境信息公开办法》(环境保护部,2014年)(已失效)。

(6)《国土资源部政府信息公开工作规范》(国土资源部,2014年)(已失效)。

(7)《环境保护部办公厅关于调研地方环境信息公开工作的通知》(环境保护部,2016年)

(8)《环境保护部办公厅关于当前环境信息公开重点工作安排的通知》(环境保护部,2013年)。

(9)《环境保护部关于印发〈国家重点监控企业自行监测及信息公开办法(试行)〉和〈国家重点监控企业污染源监督性监测及信息公开办法(试行)〉的通知》(原环境保护部,2013年)。

(10)《国土资源部办公厅关于印发国土资源部政府信息公开工作规范的通知》(国土资源部,2014年)(已失效)。

(11)《中共中央关于全面深化改革若干重大问题的决定》(中国共产党中央委员会,2013年)。

2. 参考阅读文献

(1) 汪劲:《环境法学》(第四版),北京大学出版社2018年版,第二章、第三章。

(2) 韩德培主编:《环境保护法教程》(第八版),法律出版社2018年版,第四章。

(3) 蔡守秋主编:《环境资源法教程》(第三版),高等教育出版社 2017 年版,第五章。

3. 相关案例

宜宾县溪鸣河水力发电有限责任公司诉沐川县人民政府政府信息公开案[①]

(撰稿人:罗吉 马鹏飞)

五、环境监测、调查和评估制度(一般)

【教学目的与要求】

识记:环境监测、调查和评估制度

领会:生态环境监测 环境状况调查、监测和评估 环境与健康监测、调查和风险评估制度

(一) 教学要点

1. 环境监测、调查和评估制度的概念

环境监测、调查和评估是指由法定机构对环境状况的各种标志数据和信息,进行的间断或连续地监视、测定、监控、收集、统计,分析和评估环境状况及其变化趋势的活动。我国环境法对环境监测、调查和评估的机构、对象、范围、内容、程序以及监测、调查和评估结果的效力等进行了规定,构成了我国的环境监测、调查和评估制度。

环境监测、调查和评估,按活动的主要内容和阶段可以分为环境监测、环境调查和环境评估 3 个方面;按调查方式可以分为普查、综合调查、单项调查和专门调查等;按监测方式可分为定点监测调查、流动监测调查、连续性监测调查、间断性监测调查、自动监测调查等。

2. 生态环境监测

生态环境监测是指依法从事生态环境监测的机构及其工作人员,按照有关法律法规和技术规范规定的程序和方法,运用物理、化学或生物等方法,对环境资源各项要素或污染物的状况进行检测,分析环境污染因子及可能对生态系统产生影响的环境变化,评价生态环境质量,编制生态环境监测报告的活动。生态环境监测制度是有关生态环境监测的机构、对象、范围、内容、程序和监测结果的效力的法律规范的总称,是生态环境监测工作的法定化、制度化。

一是生态环境监测的组织机构及其职责。国务院生态环境主管部门负责管

[①] 最高人民法院发布《长江流域环境资源审判十大典型案例》之九。

理全国生态环境监测工作。县级以上地方人民政府生态环境主管部门负责管理本行政区生态环境监测工作。海洋环境的监测由国家海洋主管部门负责,会同有关部门组织进行。

我国生态环境监测网分为国家、省级、市级和县级四级。国务院生态环境主管部门或者省级人民政府生态环境主管部门可以根据工作需要,建立环境专项监测网,开展环境专项监测工作。县级以上人民政府负责建设本级环境监测网。环境监测网的技术工作由环境监测机构承担。

二是生态环境监测的具体制度。国务院生态环境主管部门负责建立和完善生态环境质量监测制度、污染源监测制度、生态环境预警监测和突发环境事件应急监测制度,调查评估和分析评价生态环境质量状况、污染物排放状况,及时监测和报告突发环境事件和生态破坏事件;国务院生态环境主管部门依照规定建立和实行生态环境监测公告制度,建立和完善生态环境监测信息的共享和发布机制,保障公民环境知情权。

3. 环境状况调查、监测和评估

环境状况调查、监测、评估主要有环境质量调查、监测、评估,污染源调查,重大环境风险监测预警、调查、评估等方面内容。《环境保护法》第 18 条规定:"省级以上人民政府应当组织有关部门或者委托专业机构,对环境状况进行调查、评价,建立环境资源承载能力监测预警机制。"第 47 条规定:"……县级以上人民政府应当建立环境污染公共监测预警机制,组织制定预警方案;环境受到污染,可能影响公众健康和环境安全时,依法及时公布预警信息,启动应急措施……突发环境事件应急处置工作结束后,有关人民政府应当立即组织评估事件造成的环境影响和损失,并及时将评估结果向社会公布。"

4. 环境与健康监测、调查和风险评估制度

环境与健康监测、调查和风险评估制度,是指按照环境风险防控的要求,对环境污染可能导致的健康损害风险[①]进行监测、调查和评估,并根据评估的结论采取相应的防控措施,防止或减少环境污染对健康造成的损害。《环境保护法》第 39 条规定:"国家建立、健全环境与健康监测、调查和风险评估制度;鼓励和组织开展环境质量对公众健康影响的研究,采取措施预防和控制与环境污染有关的疾病。"2018 年 1 月,环境保护部印发了《国家环境保护与健康工作办法(试行)》,指导、规范环境健康风险监测、调查、评估工作。该办法适用于生态环境部门为预防和控制与健康损害密切相关的环境因素,最大限度防止企业事业单位和其他生产经营者因污染环境导致健康损害问题的发生或削弱其影响程度而开展的环境与健康监测、调查、风险评估和风险防控等

---

① 环境与健康风险主要有环境污染、原生环境因素和职业环境因素等。

活动。

5. 关联知识点

环境监测自动化、信息化

(二) 教辅资料

1. 关联法规标准

(1)《中华人民共和国土地管理法》(全国人大常委会,2019 年修正)。

(2)《中华人民共和国水法》(全国人大常委会,2016 年修正)。

(3)《中华人民共和国大气污染防治法》(全国人大常委会,2018 年修正)。

(4)《中华人民共和国环境保护法》(全国人大常委会,2014 年修订)第 39 条。

(5)《中华人民共和国水污染防治法》(全国人大常委会,2017 年修正)。

(6)《环境监测管理办法》(国家环保总局,2007 年)。

(7)《污染源自动监控设施运行管理办法》(环境保护部,2008 年)。

(8)《污染源自动监控设施现场监督检查办法》(原环境保护部,2012 年)。

(9)《中共中央、国务院关于加快推进生态文明建设的意见》(中共中央、国务院,2015 年)。

(10)《生态文明体制改革总体方案》(中共中央、国务院,2015 年)。

(11)《生态环境监测网络建设方案》(国务院办公厅,2015 年)。

2. 参考阅读文献

(1) 汪劲:《环境法学》(第四版),北京大学出版社 2018 年版,第三章。

(2) 韩德培主编:《环境保护法教程》(第八版),法律出版社 2018 年版。

(3) 蔡守秋主编:《环境资源法教程》(第三版),高等教育出版社 2017 年版。

3. 相关案例

李森、何利民、张锋勃等人破坏计算机信息系统案[①]

(撰稿人:罗吉 鲁冰清)

六、突发环境事件应急制度(一般)

【教学目的与要求】

识记:突发环境事件应急制度

领会:突发环境事件的分类和分级 突发环境事件应急预案 突发环境事

---

① 最高人民法院指导案例 104 号。

件应急管理体制　　突发环境事件应对的监测预警、应急响应、后期工作和应急保障　　突发环境事件应对的信息报告与发布

（一）教学要点

1. 突发环境事件应急制度概述

突发环境事件是指由于污染物排放或自然灾害、生产安全事故等因素,导致污染物或放射性物质等有毒有害物质进入大气、水体、土壤等环境介质,突然造成或可能造成环境质量下降,危及公众身体健康和财产安全,或造成生态环境破坏,或造成重大社会影响,需要采取紧急措施予以应对的事件。突发环境事件应急制度是指有关突发环境事件预防与应急准备、监测与预警、应急处置与救援、事后恢复与重建等的法律规定的总称。

2. 突发环境事件的分类和分级

《国家突发环境事件应急预案》适用于我国境内突发环境事件的应对工作,适用的突发环境事件类型主要包括大气污染、水体污染、土壤污染等突发性环境污染事件和辐射污染事件等。核设施及有关核活动发生的核事故所造成的辐射污染事件、海上溢油事件、船舶污染事件的应对工作按照其他相关应急预案规定执行;重污染天气应对工作按照国务院《大气污染防治行动计划》等有关规定执行。按照事件严重程度,突发环境事件分为特别重大、重大、较大和一般四级。《国家突发环境事件应急预案》的附件1明确了突发环境事件分级标准。

3. 突发环境事件应急预案

突发环境事件应急预案是指为了应对突发环境事件而预先制定的工作方案。突发环境事件应急预案应根据《突发事件应对法》和环境法律、法规等的规定,针对突发环境事件的性质、特点和可能造成的社会危害,具体规定环境突发事件应急管理工作的组织指挥体系与职责和突发事件的预防与预警机制、处置程序、应急保障措施以及事后恢复与重建措施等内容。

《突发事件应对法》要求国家建立健全突发事件应急预案体系。国务院制定国家突发事件总体应急预案,组织制定国家突发事件专项应急预案;国务院有关部门根据各自的职责和国务院相关应急预案,制定国家突发事件部门应急预案。地方各级人民政府和县级以上地方各级人民政府有关部门根据有关法律、法规、规章、上级人民政府及其有关部门的应急预案以及本地区的实际情况,制定相应的突发事件应急预案。

4. 突发环境事件应急管理体制

根据《突发事件应对法》和《突发环境事件应急管理办法》,突发环境事件应对应当在县级以上地方人民政府的统一领导下,建立分类管理、分级负责、属地管理为主的应急管理体制。县级以上环境保护主管部门应当在本级人民政府的

统一领导下,对突发环境事件应急管理日常工作实施监督管理,指导、协助、督促下级人民政府及其有关部门做好突发环境事件应对工作;应当按照本级人民政府的要求,会同有关部门建立健全突发环境事件应急联动机制,加强突发环境事件应急管理。相邻区域地方环境保护主管部门应当开展跨行政区域的突发环境事件应急合作,共同防范、互通信息,协力应对突发环境事件。

5. 突发环境事件应对的监测预警、应急响应、后期工作和应急保障

(1) 监测和风险分析。各级环境保护主管部门及其他有关部门要加强日常环境监测,并对可能导致突发环境事件的风险信息加强收集、分析和研判。

(2) 预警。对可以预警的突发环境事件,按照事件发生的可能性大小、紧急程度和可能造成的危害程度,将预警分为四级;预警行动包括分析研判、防范处置、应急准备和舆论引导等。

(3) 应急响应。根据突发环境事件的严重程度和发展态势,将应急响应设定为Ⅰ级、Ⅱ级、Ⅲ级和Ⅳ级四个等级。

(4) 后期工作和应急保障。突发环境事件应对的后期工作主要包括损害评估、事件调查、善后处置等。突发环境事件应对的有关应急保障主要包括队伍保障,物资与资金保障,通信、交通与运输保障,技术保障等。

6. 突发环境事件应对的信息报告与发布

(1) 预警信息发布。地方环境保护主管部门研判可能发生突发环境事件时,应当及时向本级人民政府提出预警信息发布建议,同时通报同级相关部门和单位。地方人民政府或其授权的相关部门,及时通过各种渠道向本行政区域公众发布预警信息。

(2) 信息报告与通报。突发环境事件发生后,涉事企业事业单位或其他生产经营者必须采取应对措施,并立即向当地生态环境主管部门和相关部门报告,同时通报可能受到污染危害的单位和居民。

(3) 信息发布和舆论引导。通过政府授权发布、发新闻稿、接受记者采访、举行新闻发布会、组织专家解读等方式,借助电视、广播、报纸、互联网等多种途径,主动、及时、准确地向社会发布突发环境事件和应对工作信息。

(4) 国际通报和援助。如需向国际社会通报或请求国际援助时,环境保护部商外交部、商务部提出需要通报或请求援助的国家(地区)和国际组织、事项内容、时机等,按照有关规定由指定机构向国际社会发出通报或呼吁信息。

(5) 损害评估结果公布。突发环境事件应急响应终止后,要及时组织开展污染损害评估,并将评估结果向社会公布。

7. 关联知识点

突发公共卫生事件 环境费和环境税问题

(二) 教辅资料

1. 关联法规标准

(1)《中华人民共和国环境保护法》(全国人大常委会,2014年修订)。

(2)《中华人民共和国突发事件应对法》(全国人大常委会办公厅,2007年)第17条、22条。

(3)《突发环境事件应急管理办法》(环境保护部,2015年)。

(4)《突发环境事件信息报告办法》(环境保护部,2011年)。

(5)《突发环境事件应急预案管理暂行办法》(环境保护部,2010年)(部分失效)。

(6)《国家突发公共事件总体应急预案》(国务院,2006年)。

(7)《国家突发环境事件应急预案》(国务院,2014年修订)。

(8)《环境保护部关于〈企业事业单位突发环境事件应急预案备案管理办法(试行)〉的通知》(环境保护部,2015年)。

(9)《国务院关于印发〈大气污染防治行动计划〉的通知》(国务院,2013年)。

2. 参考阅读文献

(1) 汪劲:《环境法学》(第四版),北京大学出版社2018年版,第五章。

(2) 韩德培主编:《环境保护法教程》(第八版),法律出版社2018年版,第四章。

(3) 蔡守秋主编:《环境资源法教程》(第三版),高等教育出版社2017年版,第五章。

3. 相关案例

重庆市绿色志愿者联合会诉恩施自治州建始磺厂坪矿业有限责任公司水污染责任民事公益诉讼案[①]

(撰稿人:罗吉 鲁冰清)

[①] (2016)渝02民终77号。

第五章　环境侵权救济

一、环境侵权责任的构成（重点）

【教学目的与要求】
识记：环境侵权责任构成要件
领会：环境侵权归责原则　环境侵权的免责事由
应用：环境侵权的免责事由　损害事实

（一）教学要点

1. 环境侵权责任的构成要件

就侵权责任的一般规则来看，其构成要件在大陆法系有三要件和四要件之分。三要件说以法国民法典和学理为代表，认为一般侵权行为的构成要件是过错、损害事实和因果关系；四要件说以德国民法典和学理为代表，认为一般侵权行为的构成要件有过错、行为违法、损害事实和因果关系。三要件说将违法容于过错之中；而四要件说则认为主观违法（过错）和客观违法（违法性）是两个不同的概念，为两个不同的构成要件。我国《民法典》第1165条并未将违法性作为责任承担的条件，而是采三要件说，即过错、损害事实和因果关系。

从环境侵权责任的构成规则来看，环境侵权一般实行无过错责任，只要行为人的侵权行为造成了损害事实且该损害事实与侵权行为之间存在因果关系即要承担环境侵权责任。我国《民法典》第1229、1230条确立了环境侵权的无过错责任。

2. 环境侵权归责原则

环境侵权民事责任的归责原则，是指以何种根据确认和追究环境侵权行为人的民事责任，解决的是环境侵权民事责任的基础问题。[1]学界通说一般认为我国环境侵权责任的归责原则为无过错责任原则。但学界对于我国环境侵权责任应然的归责原则存有争议，主要分为一元论、二元论和多元论。

持一元论观点的学者基本认为环境侵权责任的归责原则本就应该为无过错

---

[1] 参见胡丹缨：《环境侵权民事责任归责原则研究》，载《中山大学学报（社会科学版）》2005年第2期，第85—89页。

原则。其理由主要从受害人与加害人之间在经济实力、专业知识上的差距出发，认为实施无过错责任符合污染者担责原则①，有助于受害者获得赔偿。也有学者认为环境侵权责任的归责原则应当以过失责任原则为主导，认为环境侵权规则设计应当从保护环境和对污染者适当追责两方面考虑，建立过失责任原则为主导的环境侵权归责体系。②

持二元论观点的学者一般主张环境侵权的归责原则是过错责任原则和无过错责任原则相结合的二元归责体系。有学者认为我国在环境污染侵权中主要适用无过错责任原则，而在自然资源保护法中适用过错责任原则，实际上已经确立了二元归责原则体系。③ 还有其他学者认为《民法通则》（已失效）第124条④关于"违法性要件"的规定是对环境侵权无过错责任适用范围的特别规定，只有违反国家环境保护的法律法规、相关排污标准的行为适用无过错责任原则，其他的适用过错责任原则。⑤

持多元论的学者的观点主要有如下几种：一是环境侵权的归责原则必须建立起以无过错责任为主，"公平责任""风险责任""过错责任"为辅的结构体系。⑥ 二是将环境污染分为违法型环境污染侵权、排放型环境污染侵权和事故型环境污染侵权，并据此认为行为人的主观状态分别为故意或过失、客观过失和无过失，分别对应过错归责、客观过错归责和无过错归责。⑦ 三是将环境污染分为拟制型污染和实质型污染，实质型污染侵权适用无过错责任；拟制型污染侵权适用过错推定责任，超标视为过错，在双方均无过错时，则以公平责任作为损失分担的原则。⑧

目前我国司法实践也意识到一元化归责原则较为机械和粗放，通过司法解释在相邻污染侵害纠纷、劳动者在职业活动中因受污染损害发生的纠纷案件中，排除了环境侵权归责方式的适用，实际上是对一元化归责原则的矫正。对环境侵权责任条款的解读也明确了居民之间的生活污染适用过错责任，主要由物权

---

① 参见李靓：《环境侵权民事责任归责原则的适用》，载《中国青年政治学院学报》2007年第5期，第80—83页。
② 参加梁亚、于彦梅：《环境侵权归责原则体系之建构——兼对〈侵权责任法〉草案相关规则之评析》，载《法律适用》2009年第6期，第30—33页。
③ 参见李劲、李丽君：《环境侵权归责原则探究》，载《法学杂志》2007年第3期，第21—24页。
④ 原文表述为：违反国家保护环境防止污染的规定，污染环境造成他人损害的，应当依法承担民事责任。
⑤ 参见马洪：《环境侵权的归责追问》，载《法学》2009年第5期，第103页。
⑥ 参见宋宗宇、孙红梅、刘树利：《环境侵权的归责原则》，载《河北法学》2005年第5期，第62—65页。
⑦ 参见刘长兴：《环境污染侵权的类型化及责任规则探析》，载《宁夏大学学报（人文社会科学版）》2010年第3期，第129—133页。
⑧ 参见张宝：《环境侵权归责原则之反思与重构——基于学说和实践的视角》，载《现代法学》2011年第4期，第89—96页。

法规定的相邻关系解决，不受环境污染侵权规则的调整。①

3. 环境侵权的免责事由

环境侵权的免责事由，是指在环境侵权责任成立的情况下，行为人主张免除或减轻其侵权责任的正当事由。根据《民法典》的规定，我国侵权责任法中的一般免责事由包括不可抗力、正当防卫、紧急避险、受害人过错、第三人过错、自甘风险和自助行为。② 在特殊侵权中，这些免责事由并非都可以适用，需要参照具体的规定。如《民法典》第1237条规定，民用核设施致人损害的情况下，只有不可抗力和受害人过错两种免责事由。③ 在环境侵权中，法律特殊规定的免责事由包括不可抗力、受害人过错和第三人过错。

根据《民法典》第180条以及《水污染防治法》第96条等规定，不可抗力免责事由对环境侵权适用。但在环境侵权中，即便发生自然灾害或者社会异常事件等不可抗力情形，排污者只有在采取合理措施后仍不能避免损害时，才能免责。

我国学界通说认为受害人过错可以作为环境侵权的免责事由，但是受害人承担责任与否以及行为人责任减免与否都要取决于受害人的过错程度。受害人过错程度分为三种：故意、重大过失、一般过失。在受害人故意造成自我损害时，行为人主张以此为免责事由的，完全免除行为人的环境侵权责任；若受害人因重大过失造成损害，行为人主张以此减免责任的，可以减轻行为人的责任，由于环境侵权实行的是无过错责任，不能因此完全免除行为人责任；而如果受害人的过错程度为一般过失，则不对行为人责任进行减免，行为人应承担全部环境侵权责任。

在责任分配领域，应当依照环境侵权当事人所造成的不当风险的比例来确定责任承担。如果行为人没有过错，且受害人的重大过失是造成损害的唯一原因，为了公平，应当免除行为人的责任；而如果行为人有过错，且受害人的重大过失是损害发生的部分原因时，就应当减轻行为人的责任。④

根据《民法典》第1233条的规定，若损害是由第三人过错造成的，被侵权人可以选择向侵权人或者第三人追偿。这体现了侵权者承担无过错责任以及对于被侵权人的倾斜保护，但未将第三人过错作为环境侵权责任的免责事由。侵权责任法以自己责任为原则，以替代责任为例外。一般来说，替代责任理论的使用前提是替代人与被替代人之间有控制与被控制的关系，且二者对外形成一致关

---

① 参见王胜明主编：《中华人民共和国侵权责任法解读》，中国法制出版社2010年版，第325页。
② 参见《民法典》第180—182条、第1173—1177条。
③ 《民法典》第1237条为"民用核设施致害无过错责任及抗辩事由"，规定只有"战争、武装冲突、暴乱等"不可抗力以及受害人过错两种免责事由。
④ 参见刘璐、缪宇：《环境污染责任的构成与举证责任的分配——〈侵权责任法〉第8章"环境污染责任"的理解与适用》，载《政治与法律》2010年第5期，第28—36页。

系。如雇主对雇工致第三人侵权,监护人对被监护人致第三人侵权。但显然,污染者与第三人之间并无此种控制关系,对外也不具有一致关系。因此民法中第三人责任的免责事由事实上被架空。对此,环境单行法的规定有所不同,如《海洋环境保护法》第89条第1款规定,完全由于第三者的故意或者过失造成海洋环境污染损害的,由第三者承担相应责任。若出现相应问题,民法准用作为特别法的环境保护单行法的规定。

4. 对"损害事实"的理解

学界对损害事实的理解存在一定共识,也有一定的分歧。共同的认识在于环境侵权都是经由环境要素(大气、水、海洋、土壤等)作为媒介发生的侵害,分歧发生在环境侵权对象是人身权、财产权还是除此之外还包括环境权、生态环境或者环境公共利益。损害事实通常包括两种:人身权损害和财产权损失,而对环境权、生态环境造成的损害,属于环境公益诉讼和生态环境损害赔偿诉讼中的侵权对象。

人身权损害表现为受害人身体受到污染物的侵害而致健康受损,财产权损失表现为农作物由大气、水或土壤污染导致的死亡或者减产,以及水产品等因为水污染造成的死亡或者减损等。

5. 关联知识点

侵权责任的构成要件　侵权责任的归责原则　侵权责任的免责事由　环境公益诉讼　生态环境损害赔偿诉讼

(二) 教辅资料

1. 关联法规标准

(1)《中华人民共和国环境保护法》(全国人大常委会,2014年修订)第64条。

(2)《中华人民共和国土壤污染防治法》(全国人大常委会,2018年)第96条。

(3)《中华人民共和国大气污染防治法》(全国人大常委会,2018年修正)第125条。

(4)《中华人民共和国民法典》(全国人民代表大会,2020年)第180条、第1229条、第1233条

(5)《最高人民法院关于审理环境侵权责任纠纷案件适用法律若干问题的解释》(最高人民法院,2020年)第1条、第5条、第17条。

(6)《中华人民共和国海洋环境保护法》(全国人大常委会,2017年修正)第89条、第91条。

2. 参考阅读文献

(1) 汪劲：《环境法学》(第四版)，北京大学出版社 2018 年版，第十三章。

(2) 金瑞林主编：《环境法学》(第四版)，北京大学出版社 2016 年版，第十章。

(3) 〔美〕理查德·D.弗里尔：《美国民事诉讼法》(第 2 版)，张利民、孙国平、赵艳敏译，商务印书馆 2013 年版。

(4) 杨立新主编：《侵权责任法》(第二版)，复旦大学出版社 2016 年版。

3. 相关案例

邓仕迎诉广西永凯糖纸有限责任公司等六企业通海水域污染损害责任纠纷案[①]

(撰稿人：胡静　徐忠麟)

二、环境侵权责任的承担方式(一般)

【教学目的与要求】

识记：环境侵权责任的承担方式

领会：惩罚性赔偿在环境侵权领域的适用

应用：环境侵权责任承担方式在实践中的应用

(一) 教学要点

1. 环境侵权责任的承担方式概述

有关环境侵权责任的专门承担方式，除了《民法典》第 1234 条规定了环境修复责任外，《民法典》并未作出其他特殊规定。但环境修复责任是对受损环境本身的救济而非对民事权利的救济，主要适用于环境民事公益诉讼和生态环境损害赔偿诉讼的责任承担。因而，环境侵权责任的承担方式要从《民法典》第 179 条规定的民事责任的承担方式中分析。该条规定的民事责任承担方式主要有停止侵害，排除妨碍，消除危险，返还财产，恢复原状，修理、重作、更换，继续履行，赔偿损失，支付违约金，消除影响、恢复名誉，赔礼道歉，惩罚性赔偿。这些责任承担方式可以单独适用，也可以合并适用。综合学界研究，目前认可度较高的环境侵权责任的三种承担方式是排除危害(包括停止侵害、排除妨碍和消除危险)、赔偿损失、恢复原状。作为环境侵权救济的恢复原状一般是对受损物的恢复，如受污染船舶的恢复原状，与普通民事侵权责任承担方式并无本质区别。下文主

---

① (2016)桂民终 193 号。

要讨论排除危害和赔偿损失两种责任方式。

2. 排除危害

1989年的《环境保护法》第41条规定："造成环境污染危害的，有责任排除危害，并对直接受到损害的单位或者个人赔偿损失。"在2014年新修订的《环境保护法》中虽然已经删除了此款，但是排除危害作为环境侵权责任的一种承担方式已经被学界广泛接受并且沿用。排除危害是指受害人基于人格权或者物权损害请求加害人排除对其人身或财产的危害的民事救济方式。通说认为排除危害本身就包含停止侵害、消除危险、排除妨害这三种责任承担方式，可以理解为后三种责任形式是前者的具体化和不同情况下的分别适用。①

实践中常见的排除危害的具体方式有：停止排污（停产）、工厂搬迁、减少排污、配备治理设施、支付原告搬迁费等。但是实践中被害人停止排污的诉讼请求很难获得支持，在利益衡量之下，法院往往不支持停止排污，而是要求排污者以赔偿受害者损失或者安装治理污染设备等方式承担责任。

3. 赔偿损失

赔偿损失是指在环境损害发生之后，由受害人基于损害赔偿请求权向加害人提出赔偿损失要求的民事救济方法。② 赔偿损失适用范围广、灵活性高、高效易执行，因此是侵权责任承担方式中最常用的一种。赔偿损失主要有两个方面的内容，一是财产损失赔偿，二是人身损害赔偿。而生态环境本身遭受的损失，包括生态环境修复所需费用、生态环境服务功能暂时丧失和永久性丧失产生的损失等。对该类损失的赔偿属于环境民事公益诉讼和生态环境损害赔偿诉讼责任承担中的赔偿损失，而不应列入到环境侵权诉讼中的赔偿损失。

财产损失包括直接损失和间接损失。因环境侵权导致的直接损失都需要赔偿，包括无证养殖的水产品等；间接损失指的是不发生侵害正常会获得的利益，有时也可表述为可得利益。因环境侵权导致的直接损失和间接损失一般都需要赔偿，但如果被侵权人的财产损失是无证养殖、无证捕捞等非法所得，赔偿范围仅限于直接损失，不包括可得利益。

人身损害赔偿主要包括两方面，一是健康受损的赔偿，包括医疗费、因误工减少的工资收入或其他劳动收入、残废者生活补助费。二是因死亡发生的赔偿，包括死亡前医疗或抢救的医疗费、丧葬费、死者生前扶养的人的生活费用等。

《民法典》第1232条还规定了惩罚性赔偿，但该惩罚性赔偿适用于侵权人主观上为故意且造成严重损害的情况。这里的"严重后果"仍需要在司法实践中进一步具体化。

---

① 参见金瑞林主编：《环境法学》（第四版），北京大学出版社2016年版，第130页。
② 参见汪劲：《环境法学》（第四版），北京大学出版社2018年版，第286页。

4. 关联知识点

恢复原状　生态修复　继续履行　支付违约金　消除影响　恢复名誉　赔礼道歉

(二) 教辅资料

1. 关联法规标准

(1)《中华人民共和国民法典》(全国人民代表大会,2020 年)第 179、1232、1234 条。

(2)《中华人民共和国海洋环境保护法》(全国人大常委会,2017 年修正)第 89 条第 1 款。

(3)《中华人民共和国噪声污染防治法》(全国人大常委会,2021 年修订)第 86 条。

(4)《最高人民法院关于审理环境侵权责任纠纷案件适用法律若干问题的解释》(最高人民法院,2020 年)第 15 条。

(5)《最高人民法院关于审理船舶油污损害赔偿纠纷案件若干问题的规定》(最高人民法院,2020 年修正)第 9 条。

2. 参考阅读文献

(1) 金瑞林主编:《环境法学》(第四版),北京大学出版社 2016 年版,第十章。

(2) 汪劲:《环境法学》(第四版),北京大学出版社 2018 年版,第十三章。

3. 相关案例

李劲诉华润置地(重庆)有限公司环境污染责任纠纷案[①]

(撰稿人:胡静　徐忠麟)

三、因果关系推定和举证责任倒置(重点)

【教学目的与要求】

识记:高度盖然性证明标准　盖然性因果关系　疫学因果关系

领会:因果关系推定的动态性

应用:举证责任倒置的具体应用

---

① 最高人民法院指导案例 128 号。

（一）教学要点

环境侵权的复杂性导致了环境侵权诉讼中因果关系证明和认定的困难。为了解决这一困难，法律机制主要在证明标准和举证责任分配两个方面进行了特殊设计。

1. 证明标准

证明标准是衡量证明主体的证明活动是否达到证明要求及具体达到何种程度的准则和标尺。[①] 我国民事诉讼中的证明标准通常为高度盖然性标准，即原告在证明自己所主张的事实时，必须达到高度盖然性的程度才能认定这一事实存在。这一标准对原告的要求较高，目的是平衡原被告之间的诉讼利益，原告为主动提起诉讼的一方，相对于处于被动位置的被告，原告理应承担严格的证明标准，否则被告将处于时刻岌岌可危的状态中。然而，环境侵权的复杂性使得原被告之间的利益对比出现变化，原告往往由于经济实力差、技术能力弱、信息不对称等原因处于弱势地位。为了保护弱者的利益，降低环境侵权救济的门槛，就需要减轻原告的举证负担，降低原告的证明标准。学界普遍主张降低因果关系的证明标准，如在环境侵权诉讼中，在因果关系、免责事由证明方面，对于原告适用较高程度盖然性标准，对于被告适用高度盖然性标准；而在其他证明对象方面，如损害事实、损害后果的证明等方面则对原被告适用相同的证明标准；在特殊情况下，甚至可以适用低度盖然性标准。[②]

2. 举证责任倒置

举证责任是指法律要求诉讼当事人对自己所主张的事实，提出证据加以证明的责任。[③] 环境侵权中关于因果关系举证责任的理论主要包括两种：一种是举证责任倒置说，另一种是因果关系推定说。

举证责任倒置就是将原本应由原告承担的一部分举证责任转移给被告承担，即完成对证明责任的倒置。举证责任倒置并不意味着原告不承担任何因果关系的举证责任，原告仍需对于因果关系进行一定程度的证明。在证明侵权行为与损害后果是否存在因果关系的推定中，原告当事人应提出一定的侵权事实，如自己所受损害的地点、时间、损害程度以及该侵权事实与被告行为的关联性。[④] 其中，原告对于侵害事实与被告行为之间关联性的证明即是对于因果关

[①] 参见吕忠梅：《环境侵权诉讼证明标准初探》，载《政法论坛》2003年第5期，第27—34页。
[②] 同上。
[③] 参见马栩生、吕忠梅：《环境侵权诉讼中的举证责任分配》，载《法律科学（西北政法学院学报）》2005年第2期，第80—88页。
[④] 何英、鄢斌：《论环境侵权民事诉讼中的举证责任分配》，载《中国人口·资源与环境》2003年第5期，第32—35页。

系的一定程度的证明。

3. 因果关系推定

因果关系是作为客观联系而独立存在的事实,只有在追究侵权责任时才会遇到证明因果关系的问题,发生需要运用因果关系推定的方法来证明因果关系的情况。① 因此因果关系是一种客观存在的事实,而推定仅是证明因果关系的一种方法。

因果关系推定应当是一种动态的过程,即因果关系的证明责任开始是属于原告的,而原告进行因果关系的初步证明后,即推定因果关系存在,此时就发生了举证责任转移,原本属于原告的因果关系举证责任就转移给了被告。因果关系推定中,因果关系举证责任形式上仍由受害者承担,但是推定一旦成立,因果关系举证责任即发生转换,受害人从证明负担中摆脱,加害人必须证明因果关系不存在始能免责。② 因果关系推定被理解为一个动态的层层递进的程序。推定仅免除了原告对于推定事实的证明责任,而未免除其对于基础事实和常态关系的证明责任。原告对于基础事实和常态关系的证明是适用推定的前提条件。

环境侵权责任因果关系推定的主要方法包括盖然性因果关系、间接反证法、疫学因果关系等,要根据不同案情适用不同方法。

盖然性因果关系是指受害人只要证明污染环境的行为引起损害的可能性达到一定程度,法院即可推定因果关系存在。受害人要证明的内容通常包括两个方面:一是加害人排放的污染物质到达损害发生地区而发生作用;二是该地区有多数同样情况发生。因果关系认定中的间接反证法,是指在分析构成因果关系事实的基础上,把因果关系分解为数个要件事实,对各个事实和过程分别加以考察证明,只要受害人能够证明因果关系链条中的一部分事实,就可以依据经验法则推定其他事实存在,而由加害人举证证明存在特别的情况而不应适用经验法则,或者其他事实不存在而推翻这种因果关系推定。③ 疫学因果关系,是就疫学上可考虑的若干因素,利用统计的方法,调查各因子与疾病发生之间的关系,选出关联性较大的因素,基于合理的盖然性,考察损害结果与排污行为之间是否存在因果关系。一般而言,疫学因果关系的判断必须考量以下几个因素:第一,污染物质在受害人发病前发生作用,即具有时序性,一般而言,污染物质发生作用到受害人发病必须具有合理的期间;第二,污染物质发挥作用的程度与患病概率成正比例关系;第三,污染物质的减少或消除与患病概率的降低成正比例关系;第四,该污染物质确实能够导致该疾病发生,这种作用机制能够在科学与医学经

---

① 参见邹雄:《论环境侵权的因果关系》,载《中国法学》2004年第5期,第99—106页。
② 参见马栩生:《环境侵权视野下的因果关系推定》,载《河北法学》2007年第3期,第114—117页。
③ 参见罗丽:《中日环境侵权民事责任比较研究》,吉林大学出版社2004年版,第197—198页。

验上获得没有矛盾的说明,但不要求此种说明严密。① 在实践中,这种因果关系主要适用于污染环境损害多数人健康权的案件。

4. 关联知识点

举证责任　谁主张谁举证　排除合理怀疑证明标准　明显优势证明标准

(二) 教辅资料

1. 关联法规标准

(1)《中华人民共和国民法典》(全国人民代表大会,2020 年)第 1230 条。

(2)《最高人民法院关于审理生态环境侵权责任纠纷案件适用法律若干问题的解释》(最高人民法院,2020 年修正)第 6 条、第 7 条。

2. 参考阅读文献

(1) 罗丽:《中日环境侵权民事责任比较研究》,吉林大学出版社 2004 年版。

(2) 于敏:《日本侵权行为法》(第二版),法律出版社 2006 年版。

3. 相关案例

邵英喜、张平英等诉湖南有色郴州氟化学有限责任公司环境污染责任纠纷上诉案②

(撰稿人:胡静　徐忠麟)

四、环境纠纷的行政处理(一般)

【教学目的与要求】

识记:环境纠纷的行政处理

领会:环境纠纷行政处理的优势

应用:环境纠纷行政处理的效力

(一) 教学要点

1. 环境纠纷行政处理的概念

环境纠纷的行政处理是依照当事人的请求,由环境监管部门对赔偿责任和赔偿金额纠纷作出的调解处理。行政处理在解决环境纠纷方面具有一定的优势。由于环境行政主管部门具备专业人员和知识,在事实调查和取证上具有独特优势,能够更为科学合理地解决纠纷。行政处理解决环境纠纷也具有便捷性

---

① 参见于敏:《日本侵权行为法》(第二版),法律出版社 2006 年版,第 200 页。

② (2015)郴林民终字第 15 号。

优势,能够节约诉讼成本,具有司法分流的优势。

2. 环境纠纷行政处理的法律性质

1989年的《环境保护法》第41条第2款规定了我国环境纠纷行政处理机制。1991年6月3日原国家环境保护局在《关于环保部门能否就污染赔偿处理决定申请人民法院强制执行问题的复函》中答复,若当事人对环保部门所作的赔偿处理决定不服,既不履行又不向法院起诉,环保部门不能向人民法院强制执行,而应明确告知当事人就原污染赔偿纠纷向人民法院提起诉讼。全国人大常委会法工委在1992年1月31日给原国家环境保护局《关于正确理解和执行〈环境保护法〉第41条第2款的答复》中进一步指出:当事人不服行政机关处理的,可以向人民法院提起民事诉讼,但不能以做出处理决定的环境保护行政主管部门为被告提起行政诉讼。可以看出,行政处理并非行政裁决,不能以之为由提起行政诉讼,也不具有强制约束力。

实践中环境保护行政主管部门面对环境侵权纠纷,仅作调解,不作单方处理。由于不可对行政处理提起行政诉讼,也不可强制执行,因此这种行政处理既无强制约束力,也无强制执行力。由于行政机关也不是法定的调解部门,因此行政调解也不同于可通过司法确认获得强制执行力的调解协议。在与诉讼的关系上,行政调解不是进入诉讼的必经途径,也不是纠纷解决的最终途径。

3. 自然资源纠纷的行政调解

与环境污染侵权方面的行政调解相比,自然资源纠纷的行政调解有其特殊性。自然资源纠纷的行政调解主要包括两方面:一是确权的纠纷,如土地确权纠纷,这种确权纠纷必须由行政机关先行裁决,由于行政机关有发放许可从而确权的行政职能,因此对行政机关确权不服应当提起行政诉讼,这种确权的行政处理与上述环境侵权纠纷的行政处理性质不同,是行政裁决;二是有关自然资源的侵权纠纷,双方自然资源权属没有争议,但对是否侵权、侵权后果、赔偿额大小有争议。若行政机关对此进行处理,效力与因环境污染侵权的行政调解效力相同,既无约束力,也无执行力。

4. 关联知识点

和解 调解 仲裁 非诉讼纠纷处理机制 诉讼

(二) **教辅资料**

1. 关联法规

(1)《中华人民共和国环境保护法》(全国人大常委会,2014年修订)第41条第2款。

(2)《中华人民共和国水污染防治法》(全国人大常委会,2017年修正)第97条。

(3)《中华人民共和国噪声污染防治法》(全国人大常委会,2021年)第86条。

(4)《中华人民共和国土壤污染防治法》(全国人大常委会,2018年)第96条。

(5)《关于环保部门能否就污染赔偿处理决定申请人民法院强制执行问题的复函》(国家环境保护局,1991年)。

(6)《全国人民代表大会常务委员会法制工作委员会关于正确理解和执行〈环境保护法〉第四十一条第二款的答复》(全国人大常委会法制工作委员会,1992年)。

2. 参考阅读文献

(1)汪劲:《环境法学》(第四版),北京大学出版社2018年版,第四章。

(2)金瑞林主编:《环境法学》(第四版),北京大学出版社2016年版,第七章。

3. 相关案例

栾树海、刘明炜等21人与康菲石油中国有限公司、中国海洋石油总公司海上污染损害责任纠纷案[①]

(撰稿人:胡静 徐忠麟)

五、核损害赔偿(一般)

【教学目的与要求】

识记:核损害赔偿责任的构成

领会:核损害救济的财务保障机制

应用:核损害赔偿的责任限额

(一) 教学要点

核损害赔偿责任是指发生民事核事故对人体生命、健康、财产及环境造成损害时,责任主体应当依法承担的赔偿责任。

1. 核损害的法律渊源

到目前为止,核领域的主要国际公约有20个左右,其中包括《关于核损害民事责任的维也纳公约》。我国并没有加入该公约,因此,核损害赔偿的法律渊源限于国内法,具体包括:《民法典》第1237条、《核安全法》第90条、《放射性污染

---

① (2016)津民终69号。

防治法》第 59 条。此外还有两个文件,分别是《国务院关于处理第三方核责任问题给核工业部、国家核安全局、国务院核电领导小组的批复》(国函〔1986〕44 号)《国务院关于核事故损害赔偿责任问题的批复》(国函〔2007〕64 号)。

2. 核损害的范围

关于核损害的范围,《民法典》第 1237 条和《放射性污染防治法》将损害限定为"他人损害"即私益损害,但《核安全法》第 90 条则界定为"人身伤亡、财产损失或者环境损害"。本书认为,环境损害属于环境公益救济,依循生态环境损害赔偿制度和环境公益诉讼。本部分内容讨论的核损害限于私益损害。

3. 核损害赔偿责任主体

根据《民法典》第 1237 条和《核安全法》第 90 条第 1 款的规定,核损害赔偿责任主体是核设施的营运单位,而且属于唯一责任,即核设施营运者以外的其他主体不承担核损害赔偿法律责任。唯一责任要求,发生核事故的核设施营运者,或在核材料或放射性废物运输期间发生事故的情况下发起运输的核设施的营运者,对造成的损害承担全部责任,其他当事方均不承担责任。根据《核安全法》第 90 条第 2 款,为核设施营运单位提供设备、工程以及服务等的单位不承担核损害赔偿责任;核设施营运单位与其有约定的,在承担赔偿责任后,可以按照约定追偿。

4. 核损害赔偿的无过错责任原则和免责事由

《民法典》《核安全法》和《放射性污染防治法》的相关条款均规定了无过错责任原则,这与核活动属于高度危险活动有关。一方面,这使得核事故受害者免除证明责任人具有主观过错的负担,有利于获得更妥善的保护;另一方面,也促使核设施营运者高度负责和审慎运营核设施,强化核设施运营安全。免责事由方面,《民法典》第 1237 条和《核安全法》第 90 条将战争、武装冲突、暴乱等情形或者受害人故意作为免责事由。

5. 责任限额

责任限额,即法律规定的营运者对于核事故的最高赔偿金额,"核事故造成的损失如超出该最高限额,超出的部分营运者可免于进行赔偿"。[1] 我国对核损害赔偿设定赔偿限额。按照《国务院关于核事故损害赔偿责任问题的批复》(国函〔2007〕64 号),核电站的营运者和乏燃料贮存、运输、后处理的营运者,对一次核事故所造成的核事故损害的最高赔偿额为 3 亿元人民币;其他营运者对一次核事故所造成的核事故损害的最高赔偿额为 1 亿元人民币。赔偿限额有利于保护核设施营运者,进而保证整个核能行业的长久稳定发展。从救济核事故受害者的角度,受害者还可以从国家获得补偿。该批复也规定,核事故损害的应赔总

---

[1] 汪劲主编:《核法概论》,北京大学出版社 2021 年版,第 183 页。

额超过规定的最高赔偿额的,国家提供最高限额为 8 亿元人民币的财政补偿。

6. 核损害救济的财务保障机制

核设施营运者作为唯一的责任主体需要具备足够的财务能力,才能支付核事故受害人的损失。核损害救济财务保障机制就是通过责任险、互助保险、国家补偿、国际公共基金等制度,保证有相应的资金赔偿受害人的损失。《核安全法》第 90 条第 3 款规定,核设施营运单位应当通过投保责任保险、参加互助机制等方式,作出适当的财务保证安排,确保能够及时、有效履行核损害赔偿责任。《国务院关于核事故损害赔偿责任问题的批复》(国函〔2007〕64 号)规定的核损害赔偿救济保障制度包括两个层级,一是核设施营运单位购买足以履行其责任限额的保险,目前,由中国核保险共同体为核设施营运单位承担第三者责任保险;二是国家补偿,核设施营运单位承担赔偿责任后,核事故损害的应赔总额超过规定的最高赔偿额的,国家提供最高限额为 8 亿元人民币的财政补偿。

7. 关联知识点

人身损害赔偿　生态环境损害赔偿　侵权责任构成要件　过错责任　公平责任　严格责任

(二) 教辅资料

1. 关联法规

(1)《中华人民共和国民法典》(全国人民代表大会,2020 年)第 1237 条。

(2)《中华人民共和国核安全法》(全国人大常委会,2017 年)第 90 条。

(3)《中华人民共和国放射性污染防治法》(全国人大常委会,2003 年)第 59 条。

(4)《国务院关于处理第三方核责任问题给核工业部、国家核安全局、国务院核电领导小组的批复》(国务院,1986 年)。

(5)《国务院关于核事故损害赔偿责任问题的批复》(国务院,2007 年)。

2. 参考阅读文献

(1) 汪劲主编:《核法概论》,北京大学出版社 2021 年版,第九章。

(2) 蔡先凤:《核电安全的法律规制》,北京大学出版社 2020 年版。

3. 教学案例示例

金苹果(宁波)汽车部件有限公司、浙江青山钢铁有限公司放射性污染责任纠纷案[①]

(撰稿人:胡静)

---

① (2020)浙 0282 民初 2108 号。

第六章 环境公益诉讼与生态环境损害赔偿诉讼

一、环境民事公益诉讼（重点）

【教学目的和要求】
识记：环境公益诉讼的概念和特征　责任承担方式
领会：环境公益诉讼的理论基础和类型
应用：环境民事公益诉讼的起诉资格　诉讼管辖　举证责任　检察环境民事公益诉讼的特殊规则

（一）教学要点

1. 环境公益诉讼的概念和特征

环境公益诉讼①是与案件争议标的无直接利害关系的相关主体作为原告，出于保护生态环境公益的目的，以行政机关或者环境利用行为人为被告，向法院提起的行政诉讼或者民事诉讼。② 一般认为，环境公益诉讼的主要特征如下：

第一，主体的特殊性。环境公益诉讼的发起者不一定是与案件争议标的有直接利害关系的人，可能是公民、社会团体、检察机关、行政机关和法律规定的其他机关等。

第二，目的的特殊性。环境公益诉讼的目的是维护生态环境公共利益，保护国家利益、公共利益、社会环境利益及不特定多数人的环境利益，追求社会公正、公平和可持续发展。

第三，兼具预防和补救功能。环境公益诉讼（现行法律规定的是环境民事公益诉讼）的提起及最终裁决并不要求一定有损害事实发生，只要根据有关情况合理判断出可能使社会公共利益受到侵害，即可提起诉讼，由违法行为人承担相应的法律责任。③

2. 环境公益诉讼的理论基础和类型

一般认为，政府（主要指行政机关）是公共利益的代表者，公民和法人是公共

---

① 参见敖双红：《公益诉讼概念辨析》，载《武汉大学学报（哲学社会科学版）》2007年第2期，第250—255页。
② 参见汪劲：《环境法学》（第四版），北京大学出版社2018年版，第298页。
③ 参见韩德培主编：《环境保护法教程》（第八版），法律出版社2018年版，第109页。

利益的最终享有者即公共利益法律关系的权利人。尽管常态下社会公共利益主要通过行政执行过程来实现,但是仍存在其他主体在特定情形下代表和维护公共利益的需要,这就是公益诉讼的空间。政府之外的主体代表公共利益更需要法律上的确认,包括个案层面的裁判确认。在司法领域,建立社会整体利益的补偿代表机制,有助于奠定公益诉讼的理论基础。

环境公益诉讼分为环境民事公益诉讼和环境行政公益诉讼。环境民事公益诉讼是以环境污染者或者生态破坏者为被告,请求其承担环境公共利益损害救济责任的诉讼。环境行政公益诉讼旨在解决行政主体违法行为或不作为对公共利益造成或者可能造成损害的问题。这有利于把潜在的大规模损害消灭在萌芽状态,实际上可以以较小的司法投入保护更大范围的社会公共利益,对于防止社会公共利益遭受无法弥补的损害具有重要的意义。

3. 环境民事公益诉讼的起诉资格

目前,我国立法确认的环境民事公益诉讼原告是社会组织和检察机关。

《民事诉讼法》赋予了有关组织提起公益诉讼的资格,我国《环境保护法》第58条明确了环保组织提起环境民事公益诉讼的具体条件:(1)依法在设区的市级以上人民政府民政部门登记;(2)专门从事环境保护公益活动连续五年以上且无违法记录。《最高人民法院关于审理环境民事公益诉讼案件适用法律若干问题的解释》(以下简称《环境民事公益诉讼解释》)进一步明确了"专门从事环境保护公益活动"和"无违法记录"的具体要求。

2015年7月1日,全国人大常委会授权最高人民检察院在部分地区开展公益诉讼试点。近2年后,于2017年6月27日修改《民事诉讼法》和《行政诉讼法》,正式赋权检察机关提起环境民事公益诉讼和行政公益诉讼。2018年3月,最高人民法院、最高人民检察院发布了《关于检察公益诉讼案件适用法律若干问题的解释》(以下简称《检察公益诉讼解释》),对检察机关提起公益诉讼的具体问题作出了比较全面的规定。

4. 环境民事公益诉讼的管辖

环境公益诉讼案件的管辖,是指在人民法院系统内,各级人民法院之间以及同级人民法院之间受理第一审环境公益诉讼案件的分工和权限。合理的管辖制度可以明确各级人民法院以及同级人民法院受理第一审案件的分工和权限,避免因管理不明出现推诿或者争抢案件的情况,同时可以使当事人明确案件的受理法院,方便当事人通过诉讼解决纠纷。

根据《环境民事公益诉讼解释》的规定,第一审环境民事公益诉讼案件由污染环境、破坏生态行为发生地、损害结果地或者被告住所地的中级以上人民法院管辖。中级人民法院认为确有必要的,可以在报请高级人民法院批准后,裁定将本院管辖的第一审环境民事公益诉讼案件交由基层人民法院审理。同一原告或者不同原告对同一污染环境、破坏生态行为分别向两个以上有管辖权的人民法院提起环境民事公益诉讼的,由最先立案的人民法院管辖,必要时由共同上级人民法院指定管辖。

环境民事公益诉讼案件可以集中管辖,即经最高人民法院批准,高级人民法院可以根据本辖区环境和生态保护的实际情况,在辖区内确定部分中级人民法院受理第一审环境民事公益诉讼案件。中级人民法院管辖环境民事公益诉讼案件的区域由高级人民法院确定。

5. 环境民事公益诉讼的举证责任

举证责任分配是环境民事公益诉讼中最具争议的问题之一,举证责任的合理分配是环境民事公益诉讼取得效果的关键。出于保护公共利益的需要,学者比较一致的看法是在传统民事举证责任的基础上,适当弱化原告的举证责任,把更多的举证责任分配给被告,适用举证责任倒置[①],但原告和被告都负有举证责任。

原告负有对污染事实等的举证责任。根据《环境民事公益诉讼解释》的规定,原告请求被告提供其排放的主要污染物名称、排放方式、排放浓度和总量、超标排放情况以及防治污染设施的建设和运行情况等环境信息,法律、法规、规章规定被告应当持有或者有证据证明被告持有而拒不提供,如果原告主张相关事实不利于被告的,人民法院可以推定该主张成立。由此可见,环境民事公益诉讼适用的是《民法典》第1230条规定的污染环境、破坏生态的举证责任规则,总体上体现了举证责任倒置的精神。但要特别注意的是,与环境民事公益诉讼具有共同诉讼目的的生态环境损害赔偿诉讼,却增加了原告证明被告污染环境、破坏生态的行为与生态环境损害之间具有关联性的举证责任,一定程度上又改变了同类诉讼的举证责任分配原则。原告在诉讼过程中承认的对己方不利的事实和认可的证据,人民法院认为损害社会公共利益的,应当不予确认。

人民法院负有一定的调查取证义务,即对于审理环境民事公益诉讼案件需要的证据,人民法院认为有必要的,应当依职权调查取证。

6. 环境民事公益诉讼的责任承担

环境民事公益诉讼在责任承担方面不同于环境侵权诉讼,其归责原则、责任构成要件、因果关系举证等不应直接套用环境侵权诉讼的相关规定,而应当考虑公共利益保护的必要性和可行性进行规则调整。在过错认定上应当考虑对公共利益损害的可预见性,在损害形态上承认造成社会公共利益的重大风险行为属于被诉对象。

---

① 参见史玉成:《环境公益诉讼制度构建若干问题探析》,载《现代法学》2004年第3期,第156—160页。

在赔偿责任的承担方式上,《关于审理环境民事公益诉讼案件适用法律若干问题的解释》规定了停止侵害、排除妨碍、消除危险、恢复原状、赔偿损失、赔礼道歉等民事责任方式。

停止侵害、排除妨碍、消除危险等预防性责任方式是环境民事公益诉讼的首选责任方式,这是环境法预防原则的体现。恢复原状是环境民事公益诉讼责任承担的重要方式,在生态环境损害发生后,被告应当采取措施修复生态环境以恢复生态环境的状态和功能;无法原地原样恢复的,准许采用替代性修复方式。赔偿损失是损害担责原则的直接体现,主要是赔偿直接的公共利益损失和生态服务功能损失。赔礼道歉是环境民事公益诉讼的特殊责任方式,主要目的在于救济社会公众享有美好生态环境的精神利益遭受的损失。

《民法典》进一步丰富和完善了环境民事公益诉讼的责任承担方式。第1232条规定了惩罚性赔偿,对造成严重后果的,被侵权人有权请求相应的惩罚性赔偿;第1234条正式规定了生态修复责任方式,对于能够修复的,侵权人在合理期限内承担修复责任;侵权人在合理期限内未修复的,原告可以自行或者委托他人进行修复,所需费用由侵权人承担;第1235条还规定了生态环境遭到损害时,国家规定的机关或者法律规定的组织有权请求侵权人赔偿损失和费用。

此外,《关于审理环境民事公益诉讼案件适用法律若干问题的解释》还对环境民事公益诉讼规定了禁止反诉、法院释明、和解调解等特殊规则,需要在环境司法实践中准确理解与适用。

7. 检察环境民事公益诉讼的特殊规则

一是诉前程序。人民检察院在履行职责中发现破坏生态环境和资源保护的行为,在没有法律规定的机关和组织或者法律规定的机关和组织不提起诉讼的情况下,可以向人民法院提起诉讼;法律规定的机关或者组织提起诉讼的,人民检察院可以支持起诉。《检察公益诉讼解释》进一步明确,人民检察院拟提起公益诉讼的,应当依法公告,公告期间为三十日。

二是调查取证权。调查取证权是检察机关提起公益诉讼的优势之一。《检察公益诉讼解释》第6条规定,人民检察院可以向有关行政机关以及其他组织、公民调查收集证据材料;有关行政机关以及其他组织、公民应当配合。

8. 关联知识点

环境损害(侵权)责任的构成　民事诉讼　环境行政公益诉讼　生态环境损害赔偿诉讼

(二)教辅资料

1. 关联法规标准

(1)《中华人民共和国民事诉讼法》(全国人大常委会,2021年修正)第

58 条。

（2）《中华人民共和国环境保护法》（全国人大常委会，2014 年修订）第 58 条。

（3）《中华人民共和国民法典》（全国人民代表大会，2020 年）第 1232、1234、1235 条。

（4）《最高人民法院关于审理环境民事公益诉讼案件适用法律若干问题的解释》（最高人民法院，2020 年修正）。

（5）《最高人民法院、最高人民检察院关于检察公益诉讼案件适用法律若干问题的解释》（最高人民法院、最高人民检察院，2020 年修正）。

2. 参考阅读文献

（1）韩德培主编：《环境保护法教程》（第八版），法律出版社 2018 年版，第四章。

（2）吕忠梅主编：《环境法》（第二版），高等教育出版社 2017 年版，第十章。

（3）汪劲：《环境法学》（第四版），北京大学出版社 2018 年版，第四章。

3. 相关案例

福建省泉州市人民检察院诉陈清河、晋江昌达塑料有限公司环境污染案[①]

（撰稿人：刘长兴　徐忠麟）

二、环境行政公益诉讼（一般）

【教学目的和要求】

识记：行政公益诉讼的含义

领会：证明责任

应用：检察环境行政公益诉讼的提起　执行程序

（一）教学要点

1. 行政公益诉讼的含义

行政公益诉讼是就行政机关的作为或不作为侵害社会公共利益而提起的诉讼，旨在解决行政主体违法行为或不作为对公共利益造成或者可能造成损害的问题。经全国人大常委会授权试点两年后，2017 年修改的《行政诉讼法》第 25 条规定由人民检察院提起行政公益诉讼。建立行政公益诉讼制度是保护环境公

---

① （2017）闽 05 民初 1 号。

共利益、资源公共利益和公共设施等公共财产利益的需要。① 监督行政权是行政公益诉讼的基本定位。司法权监督行政权的理论根据是人民主权理论、权力制约理论。由检察机关提起公益诉讼,符合检察机关在中国的宪法定位。检察机关具有人、财、物方面的优势,可以凭借专业化的、训练有素的检察队伍有效地开展监督工作,通过公益诉讼机制推进依法行政和严格执法,进而保护社会公共利益,并助推法治政府建设。②

2. 检察环境行政公益诉讼的提起和管辖

检察机关提起行政公益诉讼的资格已为《行政诉讼法》确认。但在理论上关于检察机关的起诉资格仍存不少争议,有学者明确提出我国检察机关在行政公益诉讼中不宜作为提起诉讼的原告③,也有不少学者主张检察机关应当是提起行政公益诉讼的唯一主体,赋予其他主体提起行政公益诉讼的权利并不可行,将会面临诸多难题④。我国法律目前也未赋予其他主体提起环境行政公益诉讼的资格。

环境行政公益诉讼的提起必须将"利害关系的非直接性"严格限定在公共利益方面,即起诉人所请求保护的只能是公共利益。在程序方面,环境行政公益诉讼的前置程序应当以督促行政主体参与环境保护事业的协商和协作机制为前置程序,以保持其作为环境行政执法的补充机制而非替代机制这一功能定位。⑤

《检察公益诉讼解释》规定了检察机关提起行政公益诉讼的前置程序,即检察建议程序。人民检察院在履行职责中发现生态环境和资源保护领域负有监督管理职责的行政机关违法行使职权或者不作为,致使国家利益或者社会公共利益受到侵害的,应当向行政机关提出检察建议,督促其依法履行职责。行政机关应当在收到检察建议书之日起两个月内依法履行职责,并书面回复人民检察院。出现国家利益或者社会公共利益损害继续扩大等紧急情形的,行政机关应当在十五日内书面回复。行政机关不依法履行职责的,人民检察院依法向人民法院提起诉讼。

检察行政公益诉讼的管辖根据原告的层级而定,市(分、州)人民检察院提起的第一审民事公益诉讼案件,由行为地或者被告住所地中级人民法院管辖;基层

---

① 参见解志勇:《论公益诉讼》,载《行政法学研究》2002 年第 2 期,第 40—48 页。
② 参见崔永东:《司法权监督行政权的路径试探》,载《首都师范大学学报(社会科学版)》2019 年第 4 期,第 35—41 页。
③ 参见易珍荣:《我国公益诉讼制度建立与检察权的行使》,载《第三届国家高级检察官论坛论文集》,2007 年 11 月 8 日于上海,第 494—500 页。
④ 参见姜涛:《检察机关提起行政公益诉讼制度:一个中国问题的思考》,载《政法论坛》2015 年第 6 期,第 15—29 页。
⑤ 参见高桂林、刘燚:《我国环境行政公益诉讼前置程序研究》,载《广西社会科学》2018 年第 1 期,第 98—105 页。

人民检察院提起的第一审行政公益诉讼案件,由被诉行政机关所在地基层人民法院管辖,但由于我国《行政诉讼法》规定人民法院可通过指定管辖程序跨行政区域审理行政案件,实践中大多数一审检察行政公益诉讼案件集中在少数基层法院管辖。

3. 检察环境行政公益诉讼的证明责任

《检察公益诉讼解释》规定了检察机关提起行政公益诉讼,须提交被告违法行使职权或者不作为,致使国家利益或者社会公共利益受到侵害的证明材料,并未对证明责任和证明标准作进一步明确。

行政公益诉讼是行政私益诉讼的一种补充,后者的证明责任及其分配规则不可当然平移到前者。行政公益诉讼证明责任宜适用"谁主张、谁举证"原则,但涉及行政机关不作为或者不依法履行职责的情形除外;进而应由法院在个案中裁量分配证明责任。①

行政公益诉讼证明标准的设定应综合考虑相关因素,通过各次划分和情境化处理技术,对各类待证事实分别设定不同的证明标准。具体而言,检察机关对存在行政违法事实、公共利益受损事实、已履行监督职责事实的证明,宜分别适用"合理的可能性"标准、"高度盖然性"标准和"确信无疑"标准;而行政机关对行政行为合法这一实体法事实与程序法争议事实的证明宜适用"清楚和有说服力"标准,对一般程序法请求事实宜适用"合理的可能性"标准;全案定案标准宜适用"清楚和有说服力"标准。②

4. 执行程序

《检察公益诉讼解释》第 12 条规定:"人民检察院提起公益诉讼案件判决、裁定发生法律效力,被告不履行的,人民法院应当移送执行。"环境行政公益诉讼的判决往往需要行政机关做出一定的行为,移送执行机制可以确保环境行政公益诉讼的判决得到执行。

《检察公益诉讼解释》第 25 条第 2 款规定:"人民法院可以将判决结果告知被诉行政机关所属的人民政府或者其他相关的职能部门。"环境行政公益诉讼是对环境行政机关的监督,判决的执行有赖于行政机关的适当作为。为保证环境行政公益诉讼胜诉判决的执行,应当强化对涉案行政机关及其工作人员的监督,拒不执行法院生效判决的,应当承担相应的法律责任。

5. 关联知识点

环境法的目的　预防原则　环境行政　行政诉讼　环境民事公益诉讼

---

① 参见章剑生:《论行政公益诉讼的证明责任及其分配》,载《浙江社会科学》2020 年第 1 期,第 52—58 页。

② 参见张硕:《论行政公益诉讼证明标准》,载《哈尔滨工业大学学报(社会科学版)》2018 年第 4 期,第 42—48 页。

(二) 教辅资料

1. 关联法规标准

(1)《中华人民共和国行政诉讼法》(全国人大常委会,2017 年修订)第 25 条。

(2)《最高人民法院、最高人民检察院关于检察公益诉讼案件适用法律若干问题的解释》(最高人民法院、最高人民检察院,2020 年修正)。

2. 参考阅读文献

汪劲:《环境法学》(第四版),北京大学出版社 2018 年版,第十四章。

3. 相关案例

大姚县人民检察院诉云南省大姚县林业局不履行法定职责案①

(撰稿人:刘长兴　徐忠麟)

三、生态环境损害赔偿诉讼(一般)

【教学目的和要求】

识记:生态环境损害赔偿诉讼的含义　责任形式　海洋生态环境损害赔偿诉讼的性质

领会:生态环境损害赔偿诉讼的特征　权利基础　定位

应用:生态环境损害赔偿的起诉主体　前置程序　审理顺位

(一) 教学要点

1. 生态环境损害赔偿诉讼的含义

生态环境损害专指属于生态环境本身的损害,与人身损害、财产损害并列。② 生态环境损害赔偿诉讼是赔偿权利人基于生态环境和自然资源国家所有权提起的财产损害赔偿诉讼,以修复和填补环境污染造成的生态环境损害为目的。③ 中共中央办公厅、国务院办公厅 2015 年发布《生态环境损害赔偿制度改革试点方案》(以下简称《试点方案》),在吉林等七省市试行生态环境损害赔偿制度两年后,2017 年 12 月正式发布《生态环境损害赔偿制度改革方案》(以下简称《改革方案》),并于 2018 年 1 月 1 日起施行。最高人民法院 2019 年 6 月 4 日发

---

① (2017)云 2328 行初 19 号。
② 参见吕忠梅:《"生态环境损害赔偿"的法律辨析》,载《法学论坛》2017 年第 3 期,第 5—13 页。
③ 参见汪劲:《环境法学》(第四版),北京大学出版社 2018 年版,第 307 页。

布《关于审理生态环境损害赔偿案件的若干规定(试行)》(以下简称《若干规定》),并于2020年进行了修订,为生态环境损害赔偿诉讼提供了直接的依据。

2. 生态环境损害赔偿诉讼的特征

第一,从诉讼结构看,赔偿权利人是省级、市地级人民政府及其指定的相关部门、机构,或者受国务院委托行使全民所有自然资源资产所有权的部门;赔偿义务人是造成生态环境损害的自然人、法人或者其他组织。

第二,从适用范围来看,是已经造成生态环境损害后果的事件。与环境民事公益诉讼相比,生态环境损害赔偿诉讼的适用范围,不包括损害生态环境公共利益重大风险的情形。

第三,从启动程序上看,生态环境损害赔偿诉讼设置了前置程序,即要先行开展磋商,只有经磋商未达成一致或者无法进行磋商,才能提起生态环境损害赔偿诉讼。

第四,从审理顺位上看,生态环境损害赔偿诉讼相比环境民事公益诉讼具有优先审理的顺位。

3. 生态环境损害赔偿的请求权基础

对生态环境损害赔偿请求权的基础,至今未形成共识,主要观点如下:第一,自然资源国家所有权是生态环境损害赔偿诉讼的权利基础。其中有学者主张,私法意义上的自然资源国家所有权是生态环境损害赔偿诉讼的权利基础[1],另有学者主张,公法意义上的自然资源国家所有权是生态环境损害赔偿诉讼的权利基础。[2] 第二,自然资源政府规制权是生态环境损害赔偿诉讼的权利基础。[3] 第三,环境权是生态环境损害赔偿诉讼的权利基础。[4] 第四,自然资源国家所有原则是生态环境损害赔偿诉讼的程序性权利来源;公共信托环境权益是生态环境损害赔偿诉讼的实体性权利诉求。[5]

4. 生态环境损害赔偿诉讼的制度定位

生态环境损害赔偿诉讼作为一个单独的诉讼类型,是一个"不断完善的新型

---

[1] 参见黄萍:《生态环境损害索赔主体适格性及其实现——以自然资源国家所有权为理论基础》,载《社会科学辑刊》2018年第3期,第123—130页。

[2] 参见张梓太、李晨光:《关于我国生态环境损害赔偿立法的几个问题》,载《南京社会科学》2018年第3期,第94—99页。

[3] 参见徐祥民、巩固:《环境损害中的损害及其防治研究——兼论环境法的特征》,载《社会科学战线》2007年第5期,第203—211页。

[4] 参见张露:《我国生态环境损害赔偿索赔权主体的完善》,载《新形势下环境法的发展和完善——2016年全国环境资源法学研讨会(年会)论文集》,第503—507页。

[5] 参见王小钢:《生态环境损害赔偿诉讼的公共信托理论阐释——自然资源国家所有和公共信托环境权的二维构造》,载《法学论坛》2018年第6期,第32—38页。

诉讼形态"①。但生态环境损害赔偿诉讼与民事公益诉讼具有更多的相似性,需要实现从私法到公法的转移②,而且作为诉讼之前置程序的生态环境损害赔偿磋商应当定位为"弱权行政"下的行政法律关系③,其中政府的赔偿请求权事实上具有行政权的属性。

生态环境损害赔偿诉讼与环境民事公益诉讼具有共同的诉因和目的、共同的法益和诸多共通性。《若干规定》明确了生态环境损害赔偿诉讼的优先审理顺位,解决了司法实践中的部分争议,但又挤压了环境民事公益诉讼的发展空间。④

5. 生态环境损害赔偿的责任形式

生态环境损害赔偿责任是一种不同于传统民事责任的新型环境法律责任,强调对生态环境的修复和对生态环境损害的赔偿。生态环境修复存在困难的情况下,生态环境损害应以金钱方式赔偿,赔偿范围主要包括清除污染费用、生态环境修复费用、生态环境修复期间服务功能的损失、生态环境功能永久性损害造成的损失、生态环境损害赔偿调查鉴定评估等合理费用、防止损害发生和扩大所支出的合理费用以及合理的律师费和其他为诉讼支出的合理费用等。

6. 海洋生态环境损害赔偿诉讼

《海洋环境保护法》第89条规定了政府针对海洋生态环境损害请求赔偿的权利,已形成一类依民事诉讼程序审理的特殊类型诉讼。海洋自然资源和环境破坏导致的国家损失的救济与公共利益救济具有重合和相似性,更多学者认为海洋环境监管部门提起的海洋环境损害赔偿诉讼属于环境公益诉讼。⑤

在生态环境损害赔偿诉讼作为一个单独的诉讼类型被提出后,海洋环境监管部门提起的损害赔偿诉讼更接近生态环境损害赔偿诉讼。

《海洋环境保护法》规定了海洋生态环境损害赔偿的起诉主体是海洋环境监管部门。司法解释明确海洋生态环境损害的赔偿范围包括预防措施费用、恢复费用、恢复期间损失、调查评估费用,涵盖了不同类型的公共利益损失。《民法

---

① 参见王旭光:《论生态环境损害赔偿诉讼的若干基本关系》,载《法律适用》2019年第21期,第11—22页。

② 参见侯佳儒:《生态环境损害的赔偿、移转与预防:从私法到公法》,载《法学论坛》2017年第3期,第22—27页。

③ 参见史玉成:《生态环境损害赔偿制度的学理反思与法律建构》,载《中州学刊》2019年第10期,第85—94页。

④ 参见徐忠麟、宋金华:《民法典视域下生态环境损害赔偿制度的内在冲突与完善》,载《法律适用》2020年第23期,第73页。

⑤ 有学者将海洋环境监管部门提起的损害赔偿诉讼称为"海洋环境公益诉讼",而且认为环境公益诉讼的原告资格在《环境保护法》中统一规定即可,《海洋环境保护法》等单行法无须分散规定。参见别涛:《环境公益诉讼立法的新起点——〈民诉法〉修改之评析与〈环保法〉修改之建议》,载《法学评论》2013年第1期,第101—106页。

典》《若干规定》有关生态环境损害赔偿范围的规定应当适用于海洋生态环境损害赔偿诉讼,《环境民事公益诉讼解释》也可以参照适用于海洋生态环境损害赔偿诉讼。

7. 关联知识点

环境损害(侵权)责任的构成　环境民事公益诉讼　环境行政公益诉讼

(二) 教辅资料

1. 关联法规标准

(1)《中华人民共和国海洋环境保护法》(全国人大常委会,2017年修正)第89条。

(2)《生态环境损害赔偿制度改革方案》(中共中央办公厅、国务院办公厅,2017年)。

(3)《最高人民法院关于审理生态环境损害赔偿案件的若干规定(试行)》(最高人民法院,2020年)。

(4)《最高人民法院关于审理海洋自然资源与生态环境损害赔偿纠纷案件若干问题的规定》(最高人民法院,2017年)。

2. 参考阅读文献

汪劲:《环境法学》(第四版),北京大学出版社2018年版,第十四章。

3. 相关案例

江苏省人民政府诉安徽海德化工科技有限公司生态环境损害赔偿案[①]

(撰稿人:刘长兴　徐忠麟)

---

① 最高人民法院指导案例129号。

第七章　环境刑事责任

环境刑事责任是刑事责任的一种,是指由环境刑事法律规定的,因实施违反环境法律法规,造成或可能造成环境严重污染或破坏的犯罪行为而产生的,由司法机关强制犯罪者承受的刑事惩罚或否定性法律评价。我国采取刑事责任法典化的立法模式,有关环境犯罪的规定主要由《中华人民共和国刑法》(以下简称《刑法》)在分则第六章"妨害社会管理秩序罪"第六节"破坏环境资源保护罪"中作出。此外,我国《刑法》还在分则的第三章"破坏社会主义市场经济秩序罪"和第九章"渎职罪"中规定了与危害环境相关的犯罪。

一、污染环境罪(重点)

【教学目的与要求】
识记:环境刑事责任　污染环境罪
领会:法益　单位犯罪　客体　主观方面　客观方面
应用:犯罪故意　违反国家规定　排放、倾倒或者处置　严重污染环境

(一) 教学要点

1. 污染环境罪的含义

污染环境罪,是指违反防治环境污染的法律规定,造成环境污染,后果严重,依照法律应受到刑事处罚的行为。污染环境罪沿革于1997年修订的《刑法》第338条确立的重大环境污染事故罪。

2011年,全国人大常委会通过的《刑法修正案(八)》对该条进行了修改,重大环境污染事故罪被修改为污染环境罪。2020年12月26日第十三届全国人大常委会第二十四次会议通过的《刑法修正案(十一)》对该罪的量刑标准进一步进行了修改。一是对第二档法定刑的入罪条件作出修改,将"后果特别严重的,处三年以上七年以下有期徒刑,并处罚金"修改为"情节严重的,处三年以上七年以下有期徒刑,并处罚金"。二是增加一档刑罚,规定了四种特别严重的犯罪情形,处七年以上有期徒刑,并处罚金,加大了污染环境罪的惩处力度。三是增加第二款,规定"有前款行为,同时构成其他犯罪的,依照处罚较重的规定定罪处

罚",明确了法条竞合时从一重罪处罚的规则。①

2. 污染环境罪的构成

根据《刑法》、2016年《最高人民法院、最高人民检察院关于办理环境污染刑事案件适用法律若干问题的解释》(以下简称《环境解释》)和2019年最高人民法院、最高人民检察院、公安部、司法部、生态环境部《关于办理环境污染刑事案件有关问题座谈会纪要》(以下简称《纪要》)的规定,污染环境罪的构成要件如下:

第一,主体。污染环境罪的犯罪主体包括自然人和单位。对单位犯《刑法》第338条和第339条规定之罪的,对单位判处罚金,并对其直接负责的主管人员和其他直接责任人员,依照《刑法》规定处罚。

第二,客体。污染环境罪的犯罪客体(指直接客体)是公民的环境权益和国家对环境的管理秩序,属于复杂客体。②

第三,主观方面。《刑法》并未对污染环境罪的主观方面作出明确规定。重大环境污染事故罪主要被认为是过失犯罪。《刑法修正案(八)》出台后,"事故"等过失犯罪的文理依据被删除,虽仍有学者坚持过失说,但不少学者转向故意说,同时也出现了有相当影响力的双重罪过说、模糊罪过说等诸多观点。司法实践中也观点不一,有同案不同判现象。③ 对此,《纪要》指出,判断犯罪嫌疑人、被告人是否具有环境污染犯罪的故意,应当依据犯罪嫌疑人、被告人的任职情况、职业经历、专业背景、培训经历、本人因同类行为受到行政处罚或者刑事追究情况以及污染物种类、污染方式、资金流向等证据,结合其供述,进行综合分析判断,并且就实践中的某些情形如何认定故意进行了列举。

第四,客观方面。污染环境罪的客观方面,一是非法排放、倾倒或者处置有害物质的行为。《环境解释》第16条明确了如何认定"非法处置危险废物"。关于非法排放、倾倒、处置行为的认定,《纪要》指出,司法实践中认定非法排放、倾倒、处置行为时,应当从其行为方式是否违反国家规定或者行业操作规范、污染物是否与外环境接触、是否造成环境污染的危险或者危害等方面进行综合分析判断。对名为运输、贮存、利用,实为排放、倾倒、处置的行为应当认定为非法排放、倾倒、处置行为,可以依法追究刑事责任。二是有毒物质、危险废物和其他有害物质。对于"有毒物质",根据《环境解释》第15条的规定,包括危险废物,即列入国家危险废物名录,或者根据国家规定的危险废物鉴别标准和鉴别方法认定的,具有危险特性的废物;《关于持久性有机污染物的斯德哥尔摩公约》附件所列物质;含重金属的污染物;其他具有毒性,可能污染环境的物质。对于"有害物

---

① 《刑法》第338条的历次修改情况,参见许永安主编:《中华人民共和国刑法修正案(十一)解读》,中国法制出版社2021年版,第371—372页。
② 参见韩德培主编:《环境保护法教程》(第八版),法律出版社2018年版,第325页。
③ 参见田国宝:《我国污染环境罪立法检讨》,载《法学评论》2019年第1期,第166页。

质"的认定,《纪要》对实践中常见的有害物质进行了列举。三是严重污染环境。"严重污染环境"是构成本罪的必备构成要件。《环境解释》对"严重污染环境"和危害后果作出了解释。

3. 涉及的法理和其他知识

解释污染环境罪的犯罪构成应当以保护法益为指导。所谓法益,是指刑法所保护的人的生活利益。① 关于环境犯罪的保护法益,国内外刑法理论主要存在纯粹人类中心的法益论与纯粹生态学的法益论以及折中说(生态学的人类中心的法益论)之争。

纯粹人类中心的法益论认为,环境只是因为给人类提供了基本的生活基础,才受到刑法保护,否则人类没有必要保护环境;所以,只能以人类为中心来理解环境犯罪的保护法益。环境自身不是保护法益,只是行为对象;环境刑法的目的与作用在于保护人的生命、身体、健康法益免受被污染的环境的危害,所以,只有人的生命、身体、健康才是环境犯罪的保护法益。根据这种观点,只有当污染环境的行为具有间接地侵害人的生命、身体、健康的危险时,才能成立环境犯罪;与生命、身体、健康没有关系的环境,即使是一种公共利益,也不是刑法所保护的法益。这种学说,也可谓对生命、身体、健康的间接保护说。

纯粹生态学的法益论(也称环境中心主义的法益论)认为,环境犯罪的保护法益就是生态学的环境本身(水、土壤、空气)以及其他环境利益(动物、植物)。

生态学的人类中心的法益论认为,水、空气、土壤、植物、动物作为独立的生态学的法益,应当得到认可,但是,只有当环境作为人的基本的生活基础而发挥机能时,才值得刑法保护。②

4. 关联知识点

投放危险物质罪　以危险方法危害公共安全罪　提供虚假证明文件罪　出具证明文件重大失实罪　环境监管失职罪

(二) 教学辅助资料

1. 关联法规标准

(1)《中华人民共和国刑法》(全国人民代表大会,1997年修订)第338条。

(2)《中华人民共和国刑法修正案(八)》(全国人大常委会,2011年)第46条。

(3)《中华人民共和国刑法修正案(十一)》(全国人大常委会,2020年)第40条。

---

① 参见张明楷:《法益初论》,中国政法大学出版社2003年版,第166页以下。
② 参见张明楷:《污染环境罪的争议问题》,载《法学评论》2018年第2期,第2—4页。

(4)《中华人民共和国传染病防治法》(全国人大常委会,2013 年修正)。

(5)《中华人民共和国环境保护法》(全国人大常委会,2014 年修订)第 2 条、第 69 条。

(6)《中华人民共和国水法》(全国人大常委会,2016 年修正)第 33 条。

(7)《中华人民共和国水污染防治法》(全国人大常委会,2017 年修正)第 13 条。

(8)《中华人民共和国土壤污染防治法》(全国人大常委会,2018 年)第 31 条、第 50 条。

(9)《中华人民共和国土地管理法》(全国人大常委会,2019 年修正)第 34 条。

(10)《中华人民共和国固体废物污染环境防治法》(全国人大常委会,2020 年修订)第 83 条。

(11)《最高人民法院、最高人民检察院关于办理环境污染刑事案件适用法律若干问题的解释》(最高人民法院、最高人民检察院,2016 年)。

(12)《最高人民法院、最高人民检察院、公安部、司法部、生态环境部关于办理环境污染刑事案件有关问题座谈会纪要》(最高人民法院、最高人民检察院、公安部、司法部、生态环境部,2019 年)。

2. 参考阅读文献

(1)汪劲:《环境法学》(第四版),北京大学出版社 2018 年版,第十五章。

(2)韩德培主编:《环境保护法教程》(第八版),法律出版社 2018 年版,第十九章。

(3)吕忠梅主编:《环境法学概要》,法律出版社 2016 年版,第六章。

(4)金瑞林主编:《环境法学》(第四版),北京大学出版社 2016 年版,第十章。

(5)曹明德主编:《环境与资源保护法》(第三版),人民大学出版社 2016 年版,第四章。

(6)喻海松:《环境资源犯罪实务精释》,法律出版社 2017 年版。

(7)许永安主编《中华人民共和国刑法修正案(十一)解读》,中国法制出版社 2021 年版。

(8)张明楷:《法益初论》,中国政法大学出版社 2003 年版。

3. 相关案例

贵州宏泰化工有限责任公司及被告人张正文、赵强污染环境案[①]

(撰稿人:张晏 鲁冰清)

[①] 两高三部联合发布 5 起污染环境刑事案件典型案例之四:贵州宏泰化工有限责任公司及被告人张正文、赵强污染环境案。

二、涉固体废物类罪（一般）

【教学目的与要求】
识记：非法处置进口的固体废物罪　擅自进口固体废物罪　走私废物罪
领会：固体废物　重大环境污染事故　致使公私财产遭受重大损失或者严重危害人体健康　逃避海关监管

（一）教学要点

1. 涉固体废物类罪的含义

涉固体废物类罪主要包括《刑法》第 339 条第 1 款规定的非法处置进口的固体废物罪、第 339 条第 2 款规定的擅自进口固体废物罪和第 152 条第 2 款规定的走私废物罪。非法处置进口的固体废物罪，是指自然人或单位违反国家规定，将境外的固体废物进境倾倒、堆放、处置的行为。擅自进口固体废物罪，是指自然人或单位未经国务院有关主管部门许可，擅自进口固体废物用作原料，造成重大环境污染事故，致使公私财产遭受重大损失或者严重危害人体健康的行为。走私废物罪，是指自然人或单位违反国家规定，将境外的固体废物、液态废物和气态废物运输进境，情节严重的行为。

2. 涉固体废物类罪的构成

第一，非法处置进口的固体废物罪。本罪侵害的客体是国家有关固体废物污染防治的管制制度。本罪的犯罪对象只能是进境的固体废物。也有学者认为本罪的客体是环境权益，国家对固体废物进行管理，目的就是保护环境权。[①] 本罪在客观上表现为，违反国家规定，将境外的固体废物进境倾倒、堆放、处置的行为。"违反国家规定"主要是指违反国家有关固体废物污染环境防治的规定。处置进境固体废物的方法多种多样，但对于本罪的认定来说，重要的是要查明该处置行为具备污染环境的危害性。自然人和单位均可成为本罪主体。本罪在主观上要求故意，即行为人明知将境外的固体废物进境倾倒、堆放、处置违反国家规定，并有可能污染环境，却故意为之。[②]

第二，擅自进口固体废物罪。本罪的犯罪客体是公民的环境权益，犯罪对象是国家禁止进口或者限制进口的固体废物。本罪的犯罪客观方面表现为，未经市级以上的环境保护行政管主管部门同意，擅自进口国家禁止、限制进口的固体废物用作原料的行为，并造成重大环境污染事故，致使公私财产遭受重大损失或

---

① 参见竺效主编：《环境法入门笔记》，法律出版社 2018 年版，第 283 页。
② 参见曹明德主编：《环境与资源保护法》（第三版），中国人民大学出版社 2016 年版，第 106 页。

者严重危害人体健康。本罪属于结果犯。本罪犯罪主观方面为间接故意。犯罪主体为一般主体。自然人和单位均可成为本罪主体。①

第三,走私废物罪。本罪侵犯的客体是国家对废物进出口的管理和海关对进出境货物、物品的监管。客观方面表现为行为人逃避海关监管将境外固体废物、液态废物和气态废物运输进境,情节严重的行为。主体既可以是自然人也可以是单位。主观方面是故意,而且是直接故意。②

3. 关联知识点

固体废物污染环境 走私罪

(二) 教学辅助资料

1. 关联法规标准

(1)《中华人民共和国刑法修正案(四)》(全国人大常委会,2002年)第3条。

(2)《最高人民法院、最高人民检察院关于办理环境污染刑事案件适用法律若干问题的解释》(最高人民法院、最高人民检察院,2016年)第8条。

(3)《最高人民法院、最高人民检察院关于办理走私刑事案件适用法律若干问题的解释》(最高人民法院、最高人民检察院,2014年)第14条。

(4)《中华人民共和国固体废物污染环境防治法》(全国人大常委会,2020年修订)第124条。

2. 参考阅读文献

(1) 汪劲:《环境法学》(第四版),北京大学出版社2018年版,第十五章。

(2) 韩德培主编:《环境保护法教程》(第八版),法律出版社2018年版,第十九章。

(3) 金瑞林主编:《环境法学》(第四版),北京大学出版社2016年版,第十章。

(4) 曹明德主编:《环境与资源保护法》(第三版),人民大学出版社2016年版,第四章。

(5) 竺效主编:《环境法入门笔记》,法律出版社2018年版,第八章。

(6) 王爱立主编:《中华人民共和国刑法释义》,法律出版社2021年版。

(7) 喻海松:《环境资源犯罪实务精释》,法律出版社2017年版。

3. 相关案例

刘某1、刘某2非法处置进口的固体废物一审刑事案③

(撰稿人:张晏 鲁冰清)

---

① 参见曹明德主编:《环境与资源保护法》(第三版),中国人民大学出版社2016年版,第106页。
② 参见竺效主编:《环境法入门笔记》,法律出版社2018年版,第285页。
③ (2015)汕陆法刑初字第54号。

三、破坏野生动物保护类罪(一般)

【教学目的与要求】

识记:危害珍贵、濒危野生动物罪　非法狩猎罪　非法猎捕、收购、运输、出售陆生野生动物罪　走私珍贵动物、珍贵动物制品罪

领会:国家重点保护的珍贵、濒危野生动物及其制品　以食用为目的　在野外环境自然生长繁殖的陆生野生动物

(一) 教学要点

1. 破坏野生动物保护类罪的含义

破坏野生动物保护类罪,是指违反国家关于野生动物保护与管理的法律法规,非法猎捕、收购、运输、出售、杀害、走私相关野生动物及其制品,触犯《刑法》构成犯罪的行为。

2. 破坏野生动物保护类罪的构成

第一,危害珍贵、濒危野生动物罪。本罪的犯罪客体是国家对重点保护的珍贵、濒危野生动物的生存权益和国家对其的管理秩序。犯罪对象是国家重点保护的珍贵、濒危的野生动物及其制品。犯罪客观方面表现为非法猎捕、杀害国家重点保护的珍贵、濒危野生动物以及收购、运输、出售国家重点保护的珍贵、濒危野生动物及其制品的行为。本罪的犯罪主观方面为故意。本罪的犯罪主体为一般主体。[①] 其中,"珍贵、濒危野生动物",包括列入《国家重点保护野生动物名录》的国家一、二级野生动物以及驯养繁殖的上述物种。制品是指珍贵、濒危野生动物的肉、皮、毛、骨制成品。[②] 最高人民法院《关于审理破坏野生动物资源刑事案件具体应用法律若干问题的解释》对"情节严重"作出了规定。

第二,非法狩猎罪。本罪的犯罪客体是野生动物的生存权和国家对其的管理秩序,犯罪对象为除国家重点保护的珍贵、濒危野生动物之外的其他野生动物。本罪的犯罪客观方面表现为实施了违反"四禁"中任何一种的行为进行猎捕,且情节严重的行为。本罪的犯罪主观方面为故意,犯罪主体为一般主体。[③]

第三,非法猎捕、收购、运输、出售陆生野生动物罪。本罪的构成要件应当重点关注主观方面和客观方面。本罪在主观方面表现为故意,且要求行为人在主观上具有食用的目的。若行为人不是基于食用的目的,而是基于科学研究、药

[①] 参见曹明德主编:《环境与资源保护法》(第三版),中国人民大学出版社 2016 年版,第 108 页。

[②] 参见王爱立主编:《中华人民共和国刑法释义与适用》,中国民主法制出版社 2021 年版,第 761—762 页。

[③] 参见韩德培主编:《环境保护法教程》(第八版),法律出版社 2018 年版,第 332 页。

用、饲养等其他目的实施前述行为的,不构成本罪。第二,客观方面表现为,行为人基于食用目的,非法猎捕、收购、运输、出售国家重点保护的珍贵、濒危野生动物以外的在野外环境自然生长繁殖的陆生野生动物,情节严重的行为。①

第四,走私珍贵动物、珍贵动物制品罪。本罪所侵犯的客体是国家对珍贵动物及其制品禁止进出口的制度,犯罪对象则是国家禁止进出口的珍贵动物及其制品。本罪在客观方面表现为违反海关法规,逃避海关监管,非法携带、运输、邮寄国家禁止进出口的珍贵动物及其制品,进出国(边)境的行为。本罪在主观方面只能出于故意,过失不能构成本罪。本罪的主体为一般主体。

3. 关联知识点

危害珍贵、濒危野生动物罪　非法狩猎罪　非法猎捕、收购、运输、出售陆生野生动物罪

(二) **教辅资料**

1. 关联法规标准

(1)《中华人民共和国刑法修正案(七)》(全国人大常委会,2009年)第1条。

(2)《中华人民共和国刑法修正案(十一)》(全国人大常委会,2020年)第41条。

(3)《全国人民代表大会常务委员会关于全面禁止非法野生动物交易、革除滥食野生动物陋习、切实保障人民群众生命健康安全的决定》(全国人大常委会,2020年)。

(4)《全国人大常委会关于〈中华人民共和国刑法〉第三百四十一条、第三百一十二条的解释》(全国人大常委会,2014年)。

(5)《最高人民法院、最高人民检察院关于办理破坏野生动物资源刑事案件具体应用法律若干问题的解释》(最高人民法院、最高人民检察院,2022年)。

(6)《关于依法惩治妨害新型冠状病毒感染肺炎疫情防控违法犯罪的意见》(最高人民法院、最高人民检察院、公安部、司法部,2020年)。

(7)《依法惩治长江流域非法捕捞等违法犯罪的意见》(最高人民法院、最高人民检察院、公安部、农业农村部,2020年)。

(8)《关于依法惩治非法野生动物交易犯罪的指导意见》(最高人民法院、最高人民检察院、公安部、司法部,2020年)。

(9)《最高人民法院 最高人民检察院关于执行〈中华人民共和国刑法〉确定

---

① 参见赵秉志主编:《〈刑法修正案(十一)〉理解与适用》,中国人民大学出版社2021年版,第298—299页。

罪名的补充规定(七)》(最高人民法院、最高人民检察院,2021年)。

2. 参考阅读文献

(1) 汪劲:《环境法学》(第四版),北京大学出版社 2018 年版,第十五章。

(2) 韩德培主编:《环境保护法教程》(第八版),法律出版社 2018 年版,第十九章。

(3) 金瑞林主编:《环境法学》(第四版),北京大学出版社 2016 年版,第十章。

(4) 曹明德主编:《环境与资源保护法》(第三版),人民大学出版社 2016 年版,第四章。

(5) 竺效主编:《环境法入门笔记》,法律出版社 2018 年版,第八章。

(6) 喻海松:《环境资源犯罪实务精释》,法律出版社 2017 年版。

3. 相关案例

王鹏非法收购、出售珍贵、濒危野生动物案[①]

(撰稿人:张晏　鲁冰清)

四、破坏森林类罪(一般)

【教学目的与要求】

识记:盗伐林木罪　滥伐林木罪

领会:非法收购、运输盗伐、滥伐的林木罪

(一) 教学要点

1. 破坏森林类罪的概念

破坏森林类罪,是指违反国家有关保护与管理森林的法律法规,破坏森林资源,情节严重,构成犯罪的行为。

2. 破坏森林类罪的构成

第一,盗伐林木罪的构成。本罪的犯罪客体是公民的森林环境保护权益和国家对森林资源的管理秩序,以及国家、集体或者个人对森林的所有权。犯罪对象为国家、集体或者他人的树木。本罪的犯罪客观方面表现为以秘密的方法砍伐大量不属于自己的树木并占为己有的行为。本罪的犯罪主观方面为直接故意,并具有将盗伐的林木占为己有的目的。本罪的犯罪主体为一般主体。[②]

---

① (2017)粤 03 刑终 1098 号。
② 参见韩德培主编:《环境保护法教程》(第八版),法律出版社 2018 年版,第 334 页。

第二,滥伐林木罪的构成。本罪的犯罪客体是公民的森林环境保护权益和国家对森林资源的管理秩序。犯罪对象是本单位所有、所管或者本人种植、管理的林木。本罪的犯罪客观方面表现为无采伐许可证或者未按照采伐许可证的规定、要求进行采伐,而且数量较大。本罪的犯罪主观方面为故意,犯罪主体为一般主体。①

第三,非法收购、运输盗伐、滥伐的林木罪的构成。本罪的犯罪客体是公民的森林环境保护权益和国家对森林资源的管理秩序。犯罪对象是他人盗伐、滥伐的林木。本罪的犯罪客观方面表现为实施了在林区内非法收购、运输他人盗伐、滥伐的林木,而且情节严重的行为。本罪的犯罪主观方面是故意,即明知所收购、运输的是他人盗伐、滥伐的林木,但为了牟取暴利而非法收购。本罪的犯罪主体为一般主体。②

第四,违法发放林木采伐许可证罪的构成。本罪的犯罪客体是国家对森林资源的管理秩序。本罪的客观方面表现为"超过批准的年采伐限额发放林木采伐许可证"和林业主管部门的工作人员利用职权,对符合采伐许可证发放条件的申请人,在年度木材生产计划之外,擅自发放给林木采伐申请人采伐许可证的行为。构成本罪的主体是林业主管部门的工作人员。本罪的犯罪主观方面是故意,即明知超越权限,仍违法发放林木采伐许可证。构成本罪必须具备"情节严重"和"致使森林遭受严重破坏"的要件。③

3. 关联知识点

故意毁坏公私财物罪　盗窃罪　危害国家重点保护植物罪

(二) 教辅资料

1. 关联法规标准

(1)《中华人民共和国刑法修正案(四)》(全国人大常委会,2002年)第7条。

(2)《中华人民共和国森林法》(全国人大常委会,2019年修订)第82条。

(3)《最高人民法院关于审理破坏林地资源刑事案件具体应用法律若干问题的解释》(最高人民法院,2005年)。

(4)《最高人民法院关于在林木采伐许可证规定的地点以外采伐本单位或者本人所有的森林或者其他林木的行为如何适用法律问题的批复》(最高人民法院,2004年)。

---

① 参见韩德培主编:《环境保护法教程》(第八版),法律出版社2018年版,第334页。
② 同上。
③ 参见王爱立主编:《中华人民共和国刑法释义》,法律出版社2021年版,第892页。

(5)《最高人民法院关于滥伐自己所有权的林木其林木应如何处理的问题的批复》(最高人民法院,1993年)。

(6)《最高人民检察院关于对林业主管部门工作人员在发放林木采伐许可证之外滥用职权玩忽职守致使森林遭受严重破坏的行为适用法律问题的批复》(最高人民检察院,2007年)。

(7)《人民检察院直接受理立案侦查的渎职侵权重特大案件标准(试行)》(最高人民检察院,2001年)。

(8)《最高人民检察院关于人民检察院直接受理立案侦查案件立案标准的规定(试行)》(最高人民检察院,1999年)。

(9)《最高人民检察院、公安部关于公安机关管辖的刑事案件立案追诉标准的规定(一)》(最高人民检察院、公安部,2008年)第72—74条。

(10)《国家林业局关于配合检察机关开展查办危害能源资源和生态环境渎职犯罪专项工作有关问题的通知》(国家林业局,2008年)。

(11)《国家林业局、公安部关于森林和陆生野生动物刑事案件管辖及立案标准》(国家林业局、公安部,2001年)。

2. 参考阅读文献

(1) 汪劲:《环境法学》(第四版),北京大学出版社2018年版,第十五章。

(2) 韩德培主编:《环境保护法教程》(第八版),法律出版社2018年版,第十九章。

(3) 竺效主编:《环境法入门笔记》,法律出版社2018年版,第八章。

(4) 金瑞林主编:《环境法学(第四版)》,北京大学出版社2016年版,第十章。

(5) 曹明德主编:《环境与资源保护法(第三版)》,人民大学出版社2016年版,第四章。

(6) 喻海松:《环境资源犯罪实务精释》,法律出版社2017年版,第一章。

(7) 王爱立主编:《中华人民共和国刑法释义》,法律出版社2021年版。

3. 相关案例

被告人甲波周盗伐林木刑事附带民事公益诉讼案[①]

(撰稿人:张晏 鲁冰清)

[①] 最高人民法院发布黄河流域生态环境司法保护十大典型案例之一:被告人甲波周盗伐林木刑事附带民事公益诉讼案。

第二编　污染防治法

第一章　污染防治法概述

一、环境污染防治法（一般）

【教学目的与要求】
识记：环境污染防治法　环境污染防治法律体系
领会：环境污染防治法的特征　环境污染防治法律体系的特征
应用：环境污染防治法律体系的构成

(一) 教学要点

1. 环境污染防治法的含义与特征

环境污染，是指在生产和生活中向自然环境排放的物质或能量，其种类、数量、浓度、速度等超过环境自净能力，导致环境的化学、物理或生物特征发生不良变化，危及人类健康，危害生命资源和生态系统，以及损害或者妨害舒适性和环境其他用途的现象。

环境污染防治法是以防治环境要素污染为立法对象的一类法律法规，主要是针对具体环境要素的污染行为开展的法律规制，是有关预防和治理环境污染和其他公害的法律规范的总称，是环境法体系内同一类法律的总称。也有教材将之归纳为"污染控制法"，有广义和狭义之分。广义上的"污染控制法"是所有与预防和减少污染物排放、恢复和治理生态环境有关的法律的总称；狭义上的"污染控制法"，特指以污染因子控制为目的的法律。

环境污染防治法的特征包括以下几个方面：一是从规范依据来看，污染防治法以环境要素的自然属性、生态学规律等作为制定规范的科学依据。二是从规范属性来看，污染防治法是针对某一环境要素的污染防治或者针对某类污染控制所实施的综合性立法。三是从规范系统来看，污染防治法既是整个环境法律体系中的子系统,同时也是由某一环境要素保护的专门单行法及其相关法规构成的系统性规范。四是从规范功能来看,污染防治法整体上追求源头治理,具有防止环境污染于未然的功能,在污染发生或者可能发生之前,通过采用法律规定的禁止、限制、许可、命令等行政行为,令开发利用行为人的行为满足法律和标准规定的要求,其性质属于基于法律对开发利用行为人的生产经营活动实施限制的警察行政。五是从规范体系来看,由于我国当前的污染防治法律体系是由多个环境要素保护的专门单行法及其相关法规构成的系统性规范,因此我国污染防治法律规范体系庞大、范围广泛、内容复杂;既有防治环境污染的一般规则,又有防治特种环境污染的特有规则;既有实体法规范,又有程序法规范;既有国家统一立法,又有地方性法律规范。

2. 环境污染防治法律体系

所谓环境污染防治法律体系,是指由不同效力等级、调整对象、适用领域的各种环境污染防治法律规范构成的整体。环境污染防治法律体系既是由多部环境污染防治法律、法规、规章、地方立法和环境标准构成的系统,又属于整体环境法律体系中的一个子系统。

我国环境污染防治法律体系具有如下特征。

(1) 体系庞大。我国当前的环境法律体系主要是根据环境要素分别针对污染防治和资源保护立法。我国《环境保护法》概括并列举了多种环境要素,这使得我国现行环境污染防治法律体系庞大,包括《水污染防治法》《大气污染防治法》《海洋环境保护法》《土壤污染防治法》等等。

(2) 内容复杂。我国现行的污染防治法律体系的构成较为复杂,既包括前述内容梳理的环境要素污染防治单行法,这属于污染防治法的"核心地带",同时又包括有毒有害物质污染防治法,如《固体废物污染环境防治法》《放射性污染防治法》等。

(3) 形式多样。污染防治法律体系既包括我国已经制定的涉及环境污染防治的单行法,也包括与环境污染防治有关的行政法规、部门规章。与此同时,还包括具有环境法领域特色的多种环境标准,尤其是环境质量标准和污染物排放标准这两类强制性环境标准。

3. 关联知识点

环境法学　环境标准制度　要素污染防治　环境权利　环境行政管理

(二) 教辅资料

1. 参考阅读文献

(1) 吕忠梅主编:《环境法学概要》,法律出版社 2016 年版,第五章。

(2) 汪劲:《环境法学》(第四版),北京大学出版社 2018 年版,第六章、第七章。

(3) 徐祥民主编:《环境与资源保护法学》(第二版),科学出版社 2013 年版,第八章。

(4) 黄锡生、史玉成主编:《环境与资源保护法学》(第四版),重庆大学出版社 2015 年版,第十章。

(撰稿人:刘超)

二、"三同时"制度(一般)

【教学目的与要求】

识记:"三同时"制度的含义

领会:"三同时"制度的特征 "三同时"制度的内容

应用:防治污染和其他公害的环境保护设施要与主体工程同时投产使用 "三同时"制度与环境影响评价制度的关系

(一) 教学要点

1. "三同时"制度的内容

"三同时"制度,是指一切新建、改建和扩建的基本建设项目(包括小型建设项目)、技术改造项目以及自然开发项目和可能对环境造成损害的工程建设中,防治污染和其他公害的设施及其他环境保护设施,必须与主体工程同时设计、同时施工、同时投产的法律规定。

"三同时"制度主要包含以下内容:

(1) 同时设计。同时设计是指建设项目在设计时,其防治污染和其他公害的环境保护设施要与主体工程同时设计。"三同时"制度同时要求,在建设项目设计阶段,建设单位必须向生态环境主管部门提交初步设计中的环境保护篇章,经审查批准后,才能纳入建设设计,否则,建设部门和其他有关部门不予办理施工执照,物资部门不予供应材料、设备,以此保证环境保护设施与主体工程同时设计。

(2) 同时施工。同时施工是指在建设项目施工时,其防治污染和其他公害的环境保护设施要同时施工。"三同时"制度同时要求,在建设项目施工阶段,应当保护施工现场周围的环境,防止对自然环境的破坏,防止或减轻粉尘、噪声、震动等对周围生活居住区的污染和危害。建设项目的主管部门负责监督施工中环境保护措施的落实。各级生态环境主管部门对建设项目的环境保护实施统一监督管理,负责建设施工的检查,以此来保证环境保护设施与主体工程同时施工。

(3)同时投产使用。同时投产使用是指建设项目在投入生产使用时,其防治污染或其他公害的环境保护设施也要同时投产使用。

2."三同时"制度的特征

要准确领会和掌握"三同时"制度,需要讲解该制度在我国污染防治制度体系中具有的地位与特征。"三同时"制度是最早规定于我国环境法律体系中的、由中国独创的特色环境管理制度。要理解"三同时"制度,需要从多个维度把握其特征:第一,从制度内容上看,"三同时"制度条款具有从个别条款发展到系统条款、法律责任日趋完善、适用范围日趋扩大的特点;第二,从制度特性上看,"三同时"制度是我国生态环境保护工作的一个创举,是源头控制和过程控制的有机结合,有利于推进清洁生产制度,是控制新污染源的产生、实现预防为主原则的重要途径;第三,从制度功能上看,"三同时"制度贯穿于建设项目的全过程,有利于控制新污染源的产生和贯彻预防为主、防治结合的原则,有利于保证项目建成后排放的污染物符合环境标准;第四,从制度衔接上看,"三同时"制度与环境影响评价制度相辅相成,共同构成防止环境污染和生态破坏的两大"法宝",是中国环境管理预防为主方针的具体化、制度化。

3. 三同时制度与环境影响评价制度关系

"三同时"制度与环境影响评价制度的关系主要表现在以下几个方面:

首先,编制环境影响报告书、环境影响报告表的建设项目竣工后,建设单位应当按照国务院生态环境主管部门规定的标准和程序,对配套建设的环境保护设施进行验收,编制验收报告。其次,编制环境影响报告书、环境影响报告表的建设项目,其配套建设的环境保护设施经验收合格,方可投入生产或者使用;未经验收或者验收不合格,不得投入生产或使用。最后,上述规定的建设项目投入生产或使用后,应当按照国务院生态环境主管部门的规定开展环境影响后评价。需要特别强调的是,建设项目的环境保护设施不再由生态环境主管部门进行验收,改为由建设单位自行组织验收。同时,生态环境主管部门加强对建设项目环境保护设施运行的监督管理。

4. 关联知识点

环境影响评价制度　行政许可　环境行政监管　环境污染防治　预防原则　风险预防

(二) 教辅资料

1. 关联法规标准

(1)《中华人民共和国环境保护法》(全国人大常委会,2014年修订);

(2)《中华人民共和国水污染防治法》(全国人大常委会,2017年修正);

(3)《中华人民共和国固体废物污染环境防治法》(全国人大常委会,2020年修订);

(4)《中华人民共和国噪声污染防治法》(全国人大常委会,2021年);

(5)《中华人民共和国海洋环境保护法》(全国人大常委会,2017年修正);

(6)《建设项目环境保护管理条例》(国务院,2017年修订)。

2. 参考阅读文献

(1) 吕忠梅主编:《环境法学概要》,法律出版社2016年版,第五章。

(2) 汪劲:《环境法学》(第四版),北京大学出版社2018年版,第五章。

(3) 周珂、莫菲、徐雅、林潇潇主编:《环境法》(第六版),中国人民大学出版社2021年版,第四章。

(4) 蔡守秋主编:《环境法案例教程》,复旦大学出版社2009年版,第四章。

(5) 徐祥民主编:《环境与资源保护法学》(第二版),科学出版社2013年版,第三章。

(6) 曹明德主编:《环境与资源保护法学》(第四版),中国人民大学出版社2020年版,第三章。

3. 相关案例

中国生物多样性保护与绿色发展基金会诉马鞍山国翔环保科技有限公司环境污染公益诉讼案[①]

(撰稿人:刘超)

三、总量控制制度(重点)

【教学目的与要求】

识记:总量控制制度的含义

领会:总量控制制度的特征 总量控制制度的内容

应用:违反总量控制制度的超标排放污染物行为认定

[①] (2018)皖民终826号。

(一) 教学要点

1. 总量控制制度的含义及发展历程

总量控制制度,是指在特定的时期内,综合经济、技术、社会等条件,通过向排污源分配污染物排放量的形式,将一定空间范围内排污源产生的污染物的数量控制在环境容许限度内的污染控制方式及其管理规范的总称。

污染物总量控制制度首次在中国国家文件中出现是 1986 年 11 月 22 日国务院环境保护委员会颁布的《关于防治水污染技术政策的规定》,该规定提出"应逐步实行污染物总量控制制度"的要求,污染物排放总量控制制度正式走上历史舞台。自"九五"计划起,污染物总量控制制度逐步发展成熟,提出污染物种类及减排目标。2005 年后,国家将主要污染物排放总量控制作为约束性指标,将总量控制指标逐级分解到地方各级人民政府,污染物总量控制制度成为主要环保制度。为完成减排目标任务,中国各地纷纷提出并实行了总量减排的具体措施。

2013 年 11 月 12 日,中国共产党第十八届中央委员会第三次全体会议通过了《中共中央关于全面深化改革若干重大问题的决定》,要求"完善污染物排放许可制,实行企事业单位污染物排放总量控制制度"。污染物排放总量控制制度改革初见端倪。2016 年 11 月 10 日,国务院办公厅印发的《控制污染物排放许可制实施方案》(国办发〔2016〕81 号)提出:要建立健全企事业单位污染物排放总量控制制度,改变单纯以行政区域为单元分解污染物排放总量指标的方式和总量减排核算考核办法。污染物总量控制制度开始进入改革调整阶段。

2. 总量控制制度的特征

准确领会与把握该制度,必须结合该制度的特征、演进脉络与矫正对象加以理解。第一,该制度的核心在于确定污染物的排放总量,具有很强的政策性和技术性;第二,该制度以公平合理的污染物排放指标分配作为制度实施的前提和基础;第三,该制度涉及的范围广、层级多,且与地方政府目标责任制、生态环境主管部门行政管理、排污企业事业单位利益直接相关。

3. 总量控制制度的现实价值

总量控制制度是针对污染物浓度控制(区域内各排放单位排放的污染只要达到国家或地方规定的浓度排放标准,就可以合法排放)存在的缺陷,即没有将污染源的控制和削减与当地的环境目标相联系,在污染源密集情况下无法保证环境质量的控制和改善提出的。因此,该制度是生态环境保护工作从控制污染物排放浓度转向保护和改善环境质量的重要措施,它比浓度控制方法更能满足环境质量的要求,对污染的综合防治、实现经济与环境相协调的可持续发展具有积极作用。

4. 总量控制制度的分类

污染物排放总量控制总体上有以下几种分类：

容量总量控制。由于有关确定环境容量的环境自净规律复杂，研究的周期长、工作量大，而且某些自净能力的因子难以确定，因此通过环境容量来确定排放总量面临着很大的困难。

目标总量控制。由于容量总量控制实施的困难性，目前通常使用的方法是将环境目标或相应的标准看作确定环境容量的基础，即一个区域的排污总量应以其保证环境质量达标条件下的最大排污量为限。一般应采用现场监测和相应的模型计算的方法，分析原有总量对环境的贡献以及新增总量对环境的影响，特别是要论证采取综合整治和总量控制措施后，排污总量是否满足环境质量要求。这部分内容与现有的环境影响评价过程基本相同。这种以环境目标值推算的总量就称为目标总量控制。

指令性总量控制，即国家和地方按照一定原则在一定时期内下达的主要污染物排放总量控制指标，所做的分析工作主要是如何在总指标范围内确定各小区域的合理分担率，一般要根据区域社会、经济、资源和面积等代表性指标的比例关系，采用对比分析和比例分配法综合确定。这种方法简便易行，可操作性强，见效快。目前多数城市运用这种方法，取得明显效果。

最佳技术经济条件下的总量控制，主要是分析排污单位是否在其经济承受能力范围内或是合理经济负担下，采用最先进的工艺技术和最佳污染控制措施达到最小排污总量，但要以其上限达到相应污染物排放标准为原则。它可把污染排放最少量化的原则应用于生产工艺过程中，体现出全过程控制原则。

5. 总量控制制度的内容

污染物排放总量控制制度主要包括两个方面的内容：重点污染物排放与主要污染物排放的总量控制。

具体而言，重点污染物排放总量控制包含以下的内容：

（1）重点污染物排放总量控制指标的下达。重点污染物排放总量控制指标，由国务院生态环境主管部门在征求国务院有关部门和各省、自治区、直辖市人民政府意见后，会同国务院经济综合宏观调控部门报国务院批准并下达实施。

（2）重点污染物排放总量控制指标的分解落实。省、自治区、直辖市人民政府应当按照国务院下达的总量控制目标，控制或者削减本行政区域的重点污染物排放总量。

（3）重点污染物排放总量控制指标的遵守。企业事业单位在执行国家和地方污染物排放标准的同时，应当遵守分解落实到本单位的重点污染物排放总量控制指标。

（4）新增重点污染物排放总量的建设项目环境影响评价文件暂停审批。对尚未达到环境质量标准的重点区域、流域,以及超过国家重点污染物排放总量控制约束性指标的地区,省级以上人民政府生态环境主管部门应当暂停审批新增重点污染物排放总量的建设项目环境影响评价文件。地方政府应当确定该重点区域、流域总量控制的污染物种类及控制指标,在规定期限内达到环境质量标准。

主要污染物排放的总量控制包含以下的内容:

污染物排放总量控制指标的分配原则是,在确保实现全国总量控制目标的前提下,综合考虑各地环境质量状况、环境容量、排放基数、经济发展水平和削减能力以及各污染防治专项规划的要求,对东、中、西部地区实行区别对待。

主要污染物总量减排的责任主体是地方各级人民政府。市、县人民政府根据本行政区域主要污染物排放总量控制指标的要求,将主要污染物排放总量控制指标分解落实到排污单位。

主要污染物总量减排情况考核由国务院生态环境主管部门会同有关部门,每年对各省、自治区、直辖市人民政府上一年度情况进行考核。考核结果未通过的,国务院生态环境主管部门暂停该地区所有新增主要污染物排放建设项目的环境影响评价文件审批。未通过年度考核的省、自治区、直辖市人民政府应在一个月内向国务院做出书面报告,提出限期整改工作措施,并抄送国务院生态环境主管部门。对未通过年度考核且整改不到位或因工作不力造成重大社会影响的,监察部门按照监察部、国家环境保护总局 2005 年通过的《环境保护违法违纪行为处分暂行规定》追究该地区有关责任人员的责任。对考核结果通过的,国务院生态环境主管部门会同发展改革部门、财政部门优先加大对该地区污染治理和环保能力建设的支持力度,并结合全国减排表彰活动进行表彰奖励。①

6. 违反总量控制制度的超标排放污染物行为认定

每年年初各省(自治区、直辖市)根据减排目标任务,遵循上年减排环境统计基数,分配当年的减排任务,即年度减排计划。减排计划上报给生态环境部后,生态环境部总量司会同专家进行审核反馈。减排计划将用于安排各地减排工作任务和年底总量考核工作。各减排企业按季度上报减排工作进展,由省级生态环境主管部门汇总已完成的减排工作清单数据,上报生态环境主管部门审核,最终数据将用于年度核查。

总量核查是我国总量控制制度的核心。目前,我国进行总量核查的方式是生态环境主管部门及区域督察中心组织相关专家每年对各省进行 2 次考核。考核分为现场核查和数据核算两部分。现场核查中,需要收集各省减排项目及减

---

① 参见中国大百科全书,https://www.zgbk.com/ecph/words? SiteID=1&ID=36696&SubID=48695,最后访问日期:2022 年 8 月 17 日。

排数据,查阅所有上报减排企业的生产及减排台账,对部分企业进行现场核查。数据核算则由环境保护部总量司会同专家进行审核。在操作层面上,确立"遵循基数、算清增量、核实减量"的核算原则,将污染物排放量与宏观经济、社会数据挂钩;在减排量的认定上,将减排量与具体的工程治理项目、结构关停项目等挂钩,对项目进行严格审核。

7. 关联知识点

排污许可制度　排污权交易　碳排放权交易制度　环境行政许可　环境标准制度

(二) 教辅资料

1. 关联法规标准

(1)《中华人民共和国环境保护法》(全国人大常委会,2014年修订);

(2)《中华人民共和国大气污染防治法》(全国人大常委会,2018年修正);

(3)《中华人民共和国水污染防治法》(全国人大常委会,2017年修正);

(4)《中华人民共和国土壤污染防治法》(全国人大常委会,2018年)。

2. 参考阅读文献

(1) 吕忠梅主编:《环境法学概要》,法律出版社2016年版,第五章。

(2) 汪劲:《环境法学》(第四版),北京大学出版社2018年版,第五章。

3. 相关案例

浙江润成合金材料科技有限公司诉嘉兴市生态环境局平湖分局环保行政处罚案[①]

(撰稿人:刘超　吕爽)

四、排污许可制度与排污权交易(重点)

【教学目的与要求】

识记:排污许可　排污许可证　排污权交易制度

领会:排污许可制度的内容

应用:排污许可证的内容　排污权交易的方法

[①] (2019)浙0421行初42号。

(一) 教学要点

1. 排污许可制度的含义

排污许可制度是指依照法律规定实行排污许可管理的企业事业单位和其他生产经营者,都必须事先向生态环境主管部门申请取得排污许可证,经生态环境主管部门批准获得排污许可证后方能向环境排放污染物的制度。未取得排污许可证的,不得排放污染物。与此同时,依照总量控制制度设定的环境容量特定化要求,也为实施排污许可制度创造了重要的基础条件。

排污许可制度是我国《环境保护法》《大气污染防治法》《水污染防治法》等法律法规规定的一项重要的污染防治法律制度,在知识点讲授中,也需要从该制度的体系定位与制度价值角度加以全面阐释。排污许可制度是世界上很多国家普遍实行并证明行之有效的点源管理制度,也是我国环境许可中一项点源排放管理的核心制度工具,是固定污染源监管制度体系中的核心制度,也是我国推进环境治理体系与治理能力现代化的改革重点。

2. 排污许可制度的内容

预期准确领会和掌握排污许可制度,必须体系化讲授排污许可管理的制度内容:

(1) 分类管理。根据污染物产生量、排放量、对环境的影响程度等因素,对排污单位实行排污许可分类管理,制定实行排污许可管理的排污单位范围、实施步骤和管理类别名录,由国务院生态环境主管部门拟订并报国务院批准后公布实施。

(2) 分级监管。国务院生态环境主管部门负责全国排污许可的统一监督管理,设区的市级以上地方人民政府生态环境主管部门负责本行政区域排污许可的监督管理。

(3) 排污许可证的申请与审批。第一,依照法律规定实行排污许可管理的企业事业单位和其他生产经营者申请取得排污许可证后,方可排放污染物,并根据污染物产生量、排放量、对环境的影响程度等因素,对排污单位实行分类管理,具体名录由国务院生态环境主管部门拟订并报国务院批准后公布实施;第二,排污单位可以通过全国排污许可证管理信息平台等途径,向其生产经营场所所在地设区的市级以上生态环境主管部门提出申请;第三,对于实行排污许可简化管理和重点管理的排污单位,审批期限分别为 20 日和 30 日。

(4) 加强排污管理。排污许可证是对排污单位开展生态环境监管的主要依据。排污单位污染物排放口位置和数量、污染物排放方式和排放去向应当与排污许可证规定相符。排污单位应当按照排污许可证规定和有关标准规范,依法开展自行监测,并保存原始监测记录。实行排污许可重点管理的排污单位,应当依法安装、使用、维护污染物排放自动监测设备。排污单位应当建立环境管理台账记录制度,如实记录主要生产设施、污染防治设施运行情况以及污染物排放浓度、排放量,并如实公开污染物排放信息。

(5) 全过程监管。排污许可制度是一个全过程监督管理制度,申请、审批与颁发排污许可证是对固定污染源的环境许可与源头控制,与此同时,排污许可证是对排污单位进行全过程监管的主要依据,生态环境主管部门应当依据排污许可证加强对排污许可的事中事后监管,将排污许可执法检查纳入生态环境执法年度计划,合理确定检查频次和检查方式。生态环境主管部门可以通过全国排污许可证管理信息平台监控、现场监测等方式对排污单位的污染物排放量、排放浓度是否符合排污许可证规定等开展监督检查。

3. 排污许可证的内容

预期准确应用排污许可制度,还必须具体讲授排污许可证的具体内容。根据2020年12月9日通过的《排污许可管理条例》(自2021年3月1日起施行)的规定:

(1) 排污单位应当按照生态环境部公布的固定污染源排污许可分类管理名录申请并取得排污许可证。生态环境主管部门对实施排污许可管理的排污单位及其生产设施、污染防治设施和排放口实行统一编码管理。

(2) 排污许可证应当记载下列信息:第一,排污单位名称、住所、法定代表人或者主要负责人、生产经营场所所在地等;第二,排污许可证有效期限、发证机关、发证日期、证书编号和二维码等;第三,产生和排放污染物环节、污染防治设施等;第四,污染物排放口位置和数量、污染物排放方式和排放去向等;第五,污染物排放种类、许可排放浓度、许可排放量等;第六,污染防治设施运行和维护要求、污染物排放口规范化建设要求等;第七,特殊时段禁止或者限制污染物排放的要求;第八,自行监测、环境管理台账记录、排污许可证执行报告的内容和频次等要求;第九,排污单位环境信息公开要求;第十,存在大气污染物无组织排放情形时的无组织排放控制要求;第十一,法律法规规定排污单位应当遵守的其他控制污染物排放的要求。

(3) 排污许可证有效期为5年。

(4) 排污许可证续期与变更。排污许可证有效期届满,排污单位需要继续排放污染物的,应当于排污许可证有效期届满60日前向审批部门提出申请。审批部门应当自受理申请之日起20日内完成审查;对符合条件的予以延续,对不符合条件的不予延续并书面说明理由。排污单位变更名称、住所、法定代表人或者主要负责人的,应当自变更之日起30日内,向审批部门申请办理排污许可证变更手续。排污单位适用的污染物排放标准、重点污染物总量控制要求发生变化,需要对排污许可证进行变更的,审批部门可以依法对排污许可证相应事项进行变更。

4. 排污权交易制度

排污权是一个狭义的概念,特指排污单位以从生态环境主管部门申请的排污许可证记载事项为限向大气和水体排放重点污染物和其他依法控制的污染物的权利。这里的排污权属于生态环境主管部门依法解除一般法律禁止行为所予赋权的结果,而非实质意义上的宪法权利。排污权交易(emissions right trading),是指在保持一定区域(水域)内污染物排放总量不变的条件下,该区域(水域)内的一方排污单位将其部分或者全部排污权出售给另一方排污单位的行为。

5. 排污权交易的方法

排污权交易具体的方法是:第一,按照国家确定的污染物(应为国家作为约束性指标而开展总量控制的污染物)减排要求,将污染物总量控制指标分解到基层;第二,由地方生态环境主管部门按污染源管理权限核定现有排污单位的排污权,以后原则上每5年核定一次;第三,排污单位在缴纳使用费后获得排污权或通过交易获得排污权,在规定期限内拥有对其使用、转让和抵押等权利;第四,试点地区可以采取定额出让、公开拍卖方式出让排污权;第五,排污权使用费由地方生态环境主管部门按照污染源管理权限收取,全额缴入地方国库,纳入地方财政预算管理。

6. 关联知识点

总量控制制度　行政许可　碳排放权交易制度　排污税　环境行政监管　大气污染防治法　水污染防治法

(二) 教辅资料

1. 关联法规标准

(1)《中华人民共和国环境保护法》(全国人大常委会,2014年修订);

(2)《中华人民共和国水污染防治法》(全国人大常委会,2017年修正);

(3)《中华人民共和国大气污染防治法》(全国人大常委会,2018年修正);

(4)《中华人民共和国固体废物污染环境防治法》(全国人大常委会,2020年修订);

(5)《排污许可管理条例》(国务院,2021年)。

2. 参考阅读文献

(1) 吕忠梅主编:《环境法学概要》,法律出版社2016年版,第五章。

(2) 汪劲:《环境法学》(第四版),北京大学出版社2018年版,第五章。

(3) 徐祥民主编:《环境与资源保护法学》(第二版),科学出版社2013年版,第六章。

3. 相关案例

重庆市人民政府、重庆两江志愿服务发展中心诉重庆藏金阁物业管理有限公司、重庆首旭环保科技有限公司环境污染责任纠纷案[①]

(撰稿人:刘超 吕爽)

五、按日连续处罚制度(重点)

【教学目的与要求】

识记:按日连续处罚制度

领会:按日连续处罚制度的特征 按日连续处罚制度的内容

应用:按日连续处罚的计罚方式 按日连续处罚的法律后果

(一)教学要点

1. 按日连续处罚制度的含义

按日连续处罚也称"按日计罚",主要针对持续性违法行为,以天为单位计算对违法单位或个人的经济处罚额度,是一种随时间积累而不断加总的动态罚款模式,能够有效弥补环境保护领域"违法成本低,守法成本高"的缺陷。按日连续处罚制度是指排污者违法排污受到罚款处罚,并被责令改正而拒不改正时,生态环境主管部门可自责令改正之日的次日起按日累计计算罚款数额进行连续处罚的制度。

在传统的行政处罚方式之外创设并实施"按日计罚"的原因有二:第一,连续不断的违法排污行为会造成环境污染的后果,如果只处罚违法排污行为本身并不能达到环境保护的目的;第二,受限于"一事不再罚"的处罚原则,如果法定处罚限额小于违法收益,开发利用行为人可以规避法律的漏洞,因为行政机关不能就同一违法行为实施第二次处罚。

2. 按日连续处罚制度的特征

按日连续处罚是一种比一般罚款更严重的行政处罚形式,通过按日连续处罚引导和督促排污者及时改正违法行为,体现了"教育与处罚相结合"的原则。该制度主要包括以下特征:

(1)过程性。按日连续处罚是一个包括行政处罚、责令改正、实施按日连续处罚三个具体阶段的行政过程。其中,阶段一为排污者违反法律之规定排放污染物,受到罚款处罚;阶段二为作出行政处罚的同时责令排污者改正违法行为;

---

① (2017)渝01民初773号。

阶段三为排污者被责令改正但拒不改正的,由作出处罚决定的行政机关自责令改正期限届满的次日起,对其依照原处罚数额按日连续处罚。

(2) 多功能性。与上述三个阶段相对应,按日连续处罚兼具行政处罚与执行罚的性质。第一阶段的行政处罚功能在于裁定按日计罚之数额依据,并惩罚排污者过往之违法行为;第二阶段之责令改正功能在于对排污者科以义务,责令其在合理限期内以作为或不作为的方式改正违法排污;第三阶段则可分为两种类型,其一为单纯的执行罚型,其功能仅在于督促排污者履行改正义务,其二为行政处罚兼执行罚型,其功能既在于督促改正义务履行,又包括对过程持续违法排污行为的惩戒。

3. 按日连续处罚制度的模式分类及我国的选择

各国(地区)的法律规定大致分为两种模式:一种是英美法系国家(地区)对持续环境违法行为规定直接按日连续处罚,另一种是大陆法系国家(地区)不论环境违法行为是否持续,先认定为"一次"违法进行处罚,并通知限期改正,届期仍未改正的再按日累计连续处罚。

我国《环境保护法》第59条第1款规定:"企业事业单位和其他生产经营者违法排放污染物,受到罚款处罚,被责令改正,拒不改正的,依法作出处罚决定的行政机关可以自责令改正之日的次日起,按照原处罚数额按日连续处罚。"为了彻底解决"违法成本低"的问题,《环境保护法》第59条第2款还规定:"前款规定的罚款处罚,依照有关法律法规按照防治污染设施的运行成本、违法行为造成的直接损失或者违法所得等因素确定的规定执行。"

4. 按日连续处罚制度的内容

按日连续处罚制度的主要内容包括以下几个方面:

(1) 主体。有权依法作出罚款处罚决定的主体是生态环境主管部门。

(2) 适用范围。按日连续处罚的重点是打击连续违法排污者,制度实施的条件为:排污者有违法行为,受到罚款处罚并被责令改正却拒不改正。排污者的违法行为包括:超过国家或者地方规定的污染物排放标准,或者超过重点污染物排放总量控制指标排放污染物;通过暗管、渗井、渗坑、灌注或者篡改、伪造监测数据,或者不正常运行防治污染设施等逃避监管的方式排放污染物;排放法律、法规规定禁止排放的污染物;违法倾倒危险废物;其他违法排放污染物行为。此外,地方性法规可以根据环境保护的实际需要,增加按日连续处罚的违法行为的种类。

(3) 实施程序。生态环境主管部门检查发现排污者违法排放污染物的行为后,应当进行调查取证并依法作出行政处罚决定;在取得环境监测报告后3个工作日内向违法排污者送达责令改正违法行为决定书,责令其立即停止违法排污行为;在送达决定书之日起30日内,以暗查方式组织对排污者违法排放污染物行为的改正情况实施复查。复查时发现排污者拒不改正违法排放污染物行为的,生态环境主管部门可以对其实施按日连续处罚;复查时发现排污者已经改正违法排放污染物行为或者已经停产、停业、关闭的,则不启动按日连续处罚。

5. 按日连续处罚的计罚方式

计罚日数的计算和每日处罚数额的确定是按日连续处罚制度的关键因素。《环境保护主管部门实施按日连续处罚办法》根据《环境保护法》第 59 条"按照原处罚数额按日连续处罚"的规定,规定按日连续处罚中每日的罚款数额为原处罚决定书确定的罚款数额;按日连续处罚的罚款数额,为原处罚决定书确定的罚款数额乘以计罚日数。按日计罚的计罚日数为责令改正违法行为决定书送达排污者之日的次日起,至生态环境主管部门复查发现违法排放污染物行为之日止。再次复查时违法排放污染物行为已经改正,生态环境主管部门在之后的检查中又发现排污者有该办法第五条规定的情形的,应当重新作出处罚决定,按日连续处罚的计罚周期重新起算。按日连续处罚次数不受限制。如果生态环境主管部门作出按日计罚决定后再次复查仍拒不改正的,计罚日数累计执行。

6. 法律后果

如排污者继续违法排污,经按日连续处罚仍不改正,为了遏制严重排污行为,生态环境主管部门可以根据《环境保护法》第 60 条的规定对其采取限制生产、停产整治等措施;情节严重的,可报经有批准权的人民政府批准,责令停业、关闭。此外,在《环境保护主管部门实施按日连续处罚办法》中还规定"环境主管部门针对违法排放污染物行为实施按日连续处罚的,可以同时适用责令排污者限制生产、停产整治或者查封、扣押等措施;因采取上述措施使排污者停止违法排污行为的,不再实施按日连续处罚。"

7. 关联知识点

排污许可制度　环境行政处罚　污染者负担原则　环境行政监管

(二) 教辅资料

1. 关联法规

(1)《中华人民共和国环境保护法》(全国人大常委会,2014 年修订)。

(2)《中华人民共和国固体废物污染环境防治法》(全国人大常委会,2020 年修订)。

(3)《中华人民共和国大气污染防治法》(全国人大常委会,2018 年修正)。

(4)《中华人民共和国海洋环境保护法》(全国人大常委会,2017 年修正)。

(5)《中华人民共和国水污染防治法》(全国人大常委会,2017 年修正)。

(6)《排污许可管理条例》(国务院,2021 年)。

(7)《环境保护主管部门实施按日连续处罚办法》(环境保护部,2014 年)。

2. 参考阅读文献

(1) 吕忠梅主编:《环境法学概要》,法律出版社 2016 年版,第六章。

(2) 韩德培主编:《环境保护法教程》(第八版),法律出版社 2018 年版,第四章、第十八章。

(3) 曹明德主编:《环境与资源保护法》(第四版),中国人民大学出版社 2020 年版,第四章、第五章。

3. 相关案例

蒙自银烁矿冶有限公司诉红河哈尼族彝族自治州环境保护局行政处罚纠纷案[①]

(撰稿人:刘超)

[①] (2017)云 2503 行初 30 号。

第二章 要素污染防治

一、水污染防治法(一般)

【教学目的和要求】
识记:水污染防治法立法理念和管理体制
领会:水污染的概念 水污染防治法立法沿革
应用:水污染防治的基本原则和职责分工

(一) 教学要点

1. 水污染的概念

水污染是指水体因某种物质的介入,而导致其化学、物理、生物或者放射性等方面特性的改变,从而影响水的有效利用,危害人体健康或者破坏生态环境,造成水质恶化的现象。① 简单来说,水污染就是因物质进入水体而导致水质发生不利于生产、生活所需的变化,该物质可称为水污染物。常见的水污染物包括无机有毒物质、有机有毒物质和病原体等。

2. 水污染防治法的立法沿革

1979 年颁布的《环境保护法(试行)》首次以法律的形式对水污染防治作出了原则性规定。1984 年全国人大常委会通过了《中华人民共和国水污染防治法》(以下简称《水污染防治法》),这是我国第一部水污染防治专门立法,该法对陆地水污染防治作出了系统规定。随后国务院于 1989 年批准实施了《中华人民共和国水污染防治法实施细则》(以下简称《水污染防治法实施细则》)。1988 年制定的《中华人民共和国水法》(以下简称《水法》)中也对防治水环境污染作出了规定。

1996 年《水污染防治法》修正,主要对水污染防治的流域管理、城市污水集中治理、强化饮用水源保护等作出了新的规定,并实行重点区域水污染物排放总量核定制度。2000 年国务院制定了新的《水污染防治法实施细则》(2018 年废止)。2008 年《水污染防治法》修订加强了对饮用水水源和其他特殊水体的保护,实行禁止超标排污和重点水污染物排放总量控制和许可制度。我国现行《水

---

① 参见《水污染防治法》第 102 条第 1 项的规定。

污染防治法》是 2017 年 6 月修正的,在河长制、农业农村水污染防治、饮用水保护、环保监测等方面作出了较大的修改,分为总则、水污染防治的标准和规划、水污染防治的监督管理、水污染防治措施、饮用水水源和其他特殊水体保护、水污染事故处置、法律责任以及附则等八章对水污染防治制度作出了全面规定。目前,我国已经形成了以该法为中心、相关法规和规章为辅助的水污染防治法律体系。

3. 立法理念

一是循环经济理念。循环经济强调资源利用的减量化、再利用和再循环,从循环经济角度探讨水污染防治的法律规定,无疑为水污染防治立法提供了新的思路。发展循环经济是推动水污染防治的重要战略举措,循环经济理念的实现以水污染防治法律机制、制度和措施的创新和完善为保障。

二是流域控制理念。流域控制理念是基于水污染的流域特性,尊重流域的自然生态属性、实行相对集中的控制是世界各国水污染防治立法的重要经验。对水污染的防治应当以实现流域整体管理为目标,建立相应的管理体制和监督管理制度,对流域水资源及其相关资源的开发、利用和保护进行统一规划与协调。①

三是综合决策理念。水污染控制的特征决定了水污染防治需要综合决策。一是水具有流动性,需要流域范围内的综合决策;二是水具有多种经济与社会功能,涉及的复杂利益关系需要综合决策机制来平衡和协调。环境与发展综合决策是缓解水资源利用矛盾的基本途径。② 进而,有学者提出要对水环境管理和水资源管理并行的双重体制实施改革,建立水环境与水资源流域综合管理体制。③

4. 管理体制及职责分工

环境保护监督管理体制,是指国家环境保护监督管理机构的设置以及这些机构之间环境保护监督管理权限的划分。④ 水污染防治的管理体制就是水污染防治领域的政府机构设置及其职权划分。

水污染防治的管理体制是《水污染防治法》的重要内容。《水污染防治法》第9条规定:"县级以上人民政府环境部门对水污染防治实施统一监督管理。交通主管部门的海事管理机构对船舶污染水域的防治实施监督管理。县级以上人民

---

① 参见柯坚、赵晨:《我国水污染防治立法理念、机制和制度的创新》,载《长江流域资源与环境》2006 年第 6 期,第 767—770 页。

② 参见吕忠梅、刘超:《论水污染防治立法的思维转换——以〈滇池保护条例〉修订为例》,载《河南师范大学学报(哲学社会科学版)》2007 年第 2 期,第 119—123 页。

③ 参见吴玉萍:《水环境与水资源流域综合管理体制研究》,载《河北法学》2007 年第 7 期,第 119—123 页。

④ 参见韩德培主编:《环境保护法教程》(第八版),法律出版社 2018 年版,第 29—30 页。

政府水行政、国土资源、卫生、建设、农业、渔业等部门以及重要江河、湖泊的流域水资源保护机构,在各自的职责范围内,对有关水污染防治实施监督管理。"

各级人民政府承担水污染防治的基本职责。《水污染防治法》明确了各级人民政府的几项水污染防治职责,包括将水环境保护工作纳入计划并对水环境质量负责,国家建立健全水环境生态保护补偿机制,实行水环境保护目标责任制和考核考评制度,按照流域或者区域开展水污染防治的统一规划,建立重要江河、湖泊流域的环境保护联合协调机制等。生态环境主管部门基于统一监管职责履行日常的水污染防治职责,即除了法律明确规定属于人民政府、相关主管部门之外的水污染防治职责,都应当由生态环境主管部门承担。

水污染防治涉及相关部门的职责,特别是水行政、自然资源、卫生、建设、农业、渔业等部门以及重要江河、湖泊的流域水资源管理机构的职责与水污染防治密切相关,因此《水污染防治法》规定各相关部门应当"在各自的职责范围内,对有关水污染防治实施监督管理"。水污染的多部门管理被认为是体制性问题,导致了水污染防治的协调性不足、效果不佳。但是无法否认水质管理涉及多个部门的职责,因此部门协作管理才是健全水污染防治管理机制的关键。相关行政部门应更加主动、积极地与环境主管部门密切配合,分工合作才能共同做好水污染防治的监督管理工作。[①]

5. 关联知识点

环境法的目的　预防原则　国家环境义务　环境行政　环境污染防治法

(二) 教辅资料

1. 关联法规标准

(1)《地表水环境质量标准》(GB 3838—2002)。

(2)《农田灌溉水质标准》(GB 5084—2021)。

(3)《生态环境部职能配置、内设机构和人员编制规定》(中共中央办公厅、国务院办公厅,2018年)。

2. 参考阅读文献

(1) 韩德培主编:《环境保护法教程》(第八版),法律出版社2018年版,第七章。

(2) 汪劲:《环境法学》(第四版),北京大学出版社2018年版,第七章。

3. 相关案例

吴冬青因鲴鱼苗种死亡诉盐城市丰杯精细化工有限公司等水污染损害赔偿

---

① 参见韩德培主编:《环境保护法教程》(第八版),法律出版社2018年版,第221—222页。

纠纷案①

(撰稿人:刘长兴)

二、水污染防治基本制度和措施(重点)

【教学目的和要求】
识记:水环境标准制度　水污染物总量控制制度　水污染防治的一般措施
领会:跨行政区域的水污染纠纷解决机制　河长制
应用:水污染防治规划制度　水污染物监测制度　特定水污染防治措施

(一) 教学要点

1. 水环境标准制度

水污染防治法中,环境标准是实施污染控制、追究违法行为的重要依据,主要包括水环境质量标准和水污染物排放标准。

《水污染防治法》第12条、第13条规定了水环境质量标准制度。在我国国家水环境标准体系中,《地表水环境质量标准》(GB 3838—2002)是水环境标准体系的核心。该标准依据地表水水域环境功能和保护目标,按功能高低依次将地表水水域划分为如下五类:Ⅰ类——主要适用于源头水、国家自然保护区;Ⅱ类——主要适用于集中式生活饮用水地表水源地一级保护区、珍稀水生生物栖息地、鱼虾类产卵场、仔稚幼鱼的索饵场等;Ⅲ类——主要适用于集中式生活饮用水地表水源地二级保护区、鱼虾类越冬场、洄游通道、水产养殖区等渔业水域及游泳区;Ⅳ类——主要适用于一般工业用水区及人体非直接接触的娱乐用水区;Ⅴ类——主要适用于农业用水区及一般景观要求水域。该标准主要对24种地表水环境质量标准基本项目规定了具体的标准限值。为对应上述五类水域功能,该标准将基本项目标准值也分为五类,不同功能类别分别执行相应类别的标准值。除综合性的《地表水环境质量标准》外,我国还分别对特定水域制定《渔业水质标准》《景观娱乐用水水质标准》《地下水质量标准》《农田灌溉水质标准》等水质标准。

《水污染防治法》第14条、第15条规定了水污染物排放标准制度。污染物排放标准对于污染程度的直接作用有限,但仍不失为污染排放控制的重要手段,在我国的入河排污口等点源污染控制中,污染物排放标准仍是最重要的控制措施之一。地方水污染物排放标准在实践中发挥着重要作用,地方水污染物项目

---

① (2013)苏民终字第0014号。

绝大多数为国家已规定的标准项目,在其基础上提高限值要求。同时要关注地方标准提高后带来的环境污染转移等负面效应。①

在水污染物排放标准方面,现行较为重要的是《污水综合排放标准》(GB 8978—1996)。该标准按照污水排放去向,分年限规定了69种水污染物最高允许排放浓度及部分行业最高允许排水量。

2. 水污染防治规划制度

《水污染防治法》第16条、第17条和第18条规定了水污染防治规划制度。包括水污染防治规划、限期达标规划、规划执行情况报告等三个方面。

2017年《水污染防治法》修改时对水污染防治规划制度进行了细化和完善。一是增加了市、县级人民政府按照水污染防治规划确定的水环境质量改善目标的要求,制定限期达标规划并采取措施按期达标的义务,确立了限期达标规划制度。二是增加了市、县级人民政府每年在向本级人民代表大会或者其常务委员会报告环境状况和环境保护目标完成情况时,报告水环境质量限期达标规划执行情况并向社会公开的义务。三是细化了跨省、跨县江河、湖泊流域水污染防治规划的编制、批准和备案程序,并强调了流域水污染防治规划对地方水污染防治规划的约束力。

3. 水污染物总量控制制度

《水污染防治法》第20条规定了重点水污染物的排放总量控制制度,包括重点水污染物排放总量控制指标的确定和下达、重点水污染物排放总量削减和控制、超过重点水污染物排放总量控制指标的约谈和暂停审批等。

污染物总量控制作为一项环境法调控手段日益得到重视,被认为是控制污染、改善环境质量的刚性措施,从历史发展角度对不同时期的法律文件进行规范性分析可见,总量控制的重要性日渐加强但控制范围却日渐缩小,监控对象逐渐由企业转向地方政府,实施路径逐步从"经济激励"向"命令控制"演化。②

4. 水污染物监测制度

《水污染防治法》第23条至第26条规定了水污染物监测制度,包括实行排污许可管理的企事业单位和其他生产经营者对所排放的水污染物的自行监测,以及生态环境主管部门、流域水资源保护工作机构等政府部门对水环境质量和水污染物排放的监测。

排污者自行监测是确保污染排放达标的重要措施,但实践中存在排污者自律性不足难以保证监测的实施或者数据真实性的问题。《水污染防治法》规定了

---

① 参见刘长兴:《国内环境污染转移的法律控制》,载《环境保护》2008年第22期,第12—14页。
② 参见赵绘宇、赵晶晶:《污染物总量控制的法律演进及趋势》,载《上海交通大学学报(哲学社会科学版)》2009年第1期,第28—34页。

重点排污单位的自动监测设备与生态环境主管部门的监控设备联网、环境主管部门对异常数据调查等规则。排污者的自行监测方案是自行监测的基础,应当从发布自行监测技术指南、加强对自行监测的监督和检查、建立自行监测数据信息报送平台等方面完善自行监测制度。①

5. 跨行政区域的水污染纠纷解决制度

《水污染防治法》第 31 条规定了跨行政区水污染纠纷的解决机制,"由有关地方人民政府协商解决,或者由其共同的上级人民政府协调解决"。这主要指政府间的水污染纠纷,表现在行政区界的断面水质不达标等。现实中,还存在企业和公众因为跨界水污染受到损失而导致的纠纷,如果污染者相对比较明确,则为民事纠纷;如果污染者不明,则表现为公民和企业对地方政府水污染监管的不满。涉及一地民众对另一地政府之间的水污染纠纷,政府间协商和协调机制如何发挥作用仍有待探讨。

《水污染防治法》规定的政府间协商和上级政府协调的跨行政区水污染纠纷解决机制,立足于对政府积极作为应对水污染的预期,但是政府间"协商机制"存在弱程序性以及效力不确定性等问题。② 虽然不少地方政府之间开展了协商解决跨行政区水污染纠纷的尝试,甚至签订了相关协议,但在应对跨行政区水污染纠纷的过程中,政府仍面临诸多困难,政府在纠纷处理中的角色定位也存在问题③,特别是缺乏有效的管理机构、依法处理程序和磋商解决机制。跨行政区水污染纠纷的解决机制仍有待完善。

6. 水污染防治的一般措施

《水污染防治法》第 33 条至第 40 条文规定了水污染防治的禁止性措施,包括禁止排放剧毒废液、禁止排放放射性物质、禁止向水体排放废渣等废弃物、禁止逃避监管排放水污染物等。

《水染防治法》规定了水污染物名录、含热废水排放限值、含病原体污水排放限值等限制性规则,对相关水污染物的排放行为加以规范。水污染防治的限制性规定是对排污行为的明确约束,通常需要结合环境标准来实现。水污染防治的限制性规定被违反的情形大量存在,但是,当前对限制性规定实施效果的研究仍显不足。

7. 特定水污染防治措施

一是工业水污染防治措施。污染物减排是防治水污染的关键,而通过提高

---

① 参见王军霞、唐桂刚、赵春丽:《企业污染物排放自行监测方案设计研究——以造纸行业为例》,载《环境保护》2016 年第 23 期,第 45—48 页。

② 参见肖爱:《整体性协作:区域环境纠纷解决机制的新视野》,载《中南大学学报(社会科学版)》2019 年第 5 期。

③ 参见幸红:《政府在跨界水污染纠纷处理中协同治理机制探析》,载《广西民族大学学报(哲学社会科学版)》2014 年第 2 期,第 146—150 页。

工业废水处理效率可以释放的工业废水减排潜力巨大。《水污染防治法》规定的工业水污染物减排措施包括技术改造、企业废水收集处理、采用清洁工艺等。但在操作层面,对于企业技术的评价制度仍然缺失,"科学和经济问题没有以可靠的方法予以解决",水污染物减排也只能要么完全依赖粗糙的监管,要么完全没有任何规制。

二是城镇水污染防治措施。城镇污水集中处理是减轻水污染的重要措施之一,《水污染防治法》明确城镇污水应当集中处理,并且规定了相应的政府职责、污水排放者的责任。我国的污水集中处理中政府责任的承担仍有改进的余地,污水处理收费制度也应当引入激励性定价方法,以"按质计征"为原则重构收费标准。《水污染防治法》规定了城镇污水集中处理设施运营单位责任等规则,但是污水集中处理设施运营中的具体问题仍有待进一步研究和规范,包括运营中污水处理厂的监督权、污水处理设施运营的政府监管、污水处理厂出水超标的法律责任等。

三是农业和农村水污染防治措施。《水污染防治法》第52条原则性地规定了推进农村污水、垃圾集中处理,以及地方各级人民政府的相应职责,构成了农村污水集中处理的法律依据,但具体措施的细化和完善仍需要国家层面的配套法规规章予以规定。农业污染既是水污染的重要来源,农业本身又深受水污染的危害。《水污染防治法》规定了化肥农药使用限制、畜禽养殖污染防治、水产养殖污染防治等措施防治农业源水污染,并且规定了农业灌溉用水限制以防止污染土壤、地下水和农产品。

四是船舶水污染防治措施。船舶污水和垃圾排放是水污染的重要来源,《水污染防治法》规定了禁止船舶倾倒垃圾、禁止排放残油废油、限制排放污水和压舱水的规则,并且规定船舶应当配置防污设备和器材,以防止船舶源造成水污染。《水污染防治法》对船舶拆解作业、港口作业等可能造成水污染的行为规定了限制措施。船舶相关作业可能导致水污染,但在管理方式上,船舶污染港区水域作业审批等已经改为备案项目,法律应当强化海事部门的日常监管,形成高效的船舶防污染监管机制。

8. 河长制

河长制是河湖管理工作的一项制度创新。一直以来,河流污染治理由于涉及领域、部门比较多,难以形成合力。《水污染防治法》(2017年修正)第5条明确规定,省、市、县、乡建立河长制,分级分段组织领导本行政区域内江河、湖泊的水资源保护、水域岸线管理、水污染防治、水环境治理等工作。2016年12月,中共中央办公厅、国务院办公厅印发了《关于全面推行河长制的意见》,其中要求全面推行河长制,以保护水资源、防治水污染、改善水环境、修复水生态为主要任务,全面建立省、市、县、乡四级河长体系,构建责任明确、协调有序、监管严格、保护有力的河湖管理保护机制,为维护河湖健康生命、实现河湖功能永续利用提供制度保障。

9. 关联知识点

环境规划制度　环境标准制度　重点污染物排放总量控制制度　排污许可管理制度　水污染防治的管理体制　公众参与原则　环境行政

(二) 教辅资料

1. 关联法规标准

(1)《重点流域水污染防治规划(2016—2020年)》(环境保护部、国家发展和改革委员会、水利部,2017年)。

(2)《环境保护部关于预防与处置跨省界水污染纠纷的指导意见》(环境保护部,2008年)。

(3) 水环境质量标准,包括《地表水环境质量标准》(GB 3838—2002)《农田灌溉水质标准》(GB 5084—2021)等。

(4) 水污染物排放标准,包括《污水综合排放标准》(GB 8978—1996)《制浆造纸工业水污染物排放标准》(GB 3544—2008)《合成氨工业水污染物排放标准》(GB 13458—2013)等。

(5)《有毒有害水污染物名录(第一批)》(生态环境部、国家卫生健康委员会,2019年)。

(6)《化学工业污水处理与回用设计规范》(GB 50684—2011)。

2. 参考阅读文献

胡静:《流域跨界污染纠纷调处机制研究》,中国法制出版社2017年版,第四章、第五章。

3. 相关案例

陈德龙诉成都市成华区环境保护局环境行政处罚案[①]

(撰稿人:刘长兴　吕爽)

三、饮用水源和其他特殊水体保护制度(一般)

【教学目的和要求】

识记:饮用水水源保护区制度

领会:饮用水水源保护区管理制度　其他特殊水体保护制度

---

① 最高人民法院指导案例138号。

应用：饮用水水源保护区划定的争议解决

(一) 教学要点

1. 饮用水水源保护区制度

生活饮用水的安全事关公众健康和工农业生产，因此在经济技术上还不能全面控制水污染的情况下，强化对生活饮用水水源地的保护已成为保障生活饮用水安全的重要途径。饮用水水源保护区分为一级保护区和二级保护区，必要时，可以在饮用水水源保护区外围划定一定的区域作为准保护区。在饮用水源保护区内，禁止设置排污口，禁止新建、扩建对水体污染严重的建设项目和改建建设项目，不得增加排污量。

在饮用水水源一级保护区内，禁止新建、改建、扩建与供水设施和保护水源无关的建设项目；已建成的与供水设施和保护水源无关的建设项目，由县级以上人民政府责令拆除或者关闭。禁止从事网箱养殖、旅游、游泳、垂钓或者其他可能污染饮用水水体的活动。

在饮用水水源二级保护区内，禁止新建、改建、扩建排放污染物的建设项目；已建成的排放污染物的建设项目，由县级以上人民政府责令拆除或者关闭。在饮用水水源二级保护区内从事网箱养殖、旅游等活动的，应当按照规定采取措施，防止污染饮用水水体。

2. 饮用水水源保护区管理制度

划定饮用水水源保护区的意义在于通过实施严格管理防治水污染、保障饮用水安全，《水污染防治法》明确了禁止设置排污口、禁止重污染项目等规定。饮用水水源保护区的禁止性规定具有更高的正当性，也是执法相对比较严格的领域。对饮用水水源保护区内行为的限制包括养殖和旅游限制、改建项目限制、临时排污限制等，其目的在于建立饮用水水源保护的层级体系，在禁止性规定之外允许按规范开展对饮用水水源影响较小的活动。在理论层面还有必要加强对限制性规定范围和程度的研究，并完善具体限制性规则。

3. 其他特殊水体保护制度

风景名胜区水体、重要渔业水体和其他具有特殊经济文化价值的水体也是水污染防治的重点对象，《水污染防治法》规定了相应的保护区制度以及新建排污口禁止制度等，提升了特殊水体的水污染防治要求。开展水体保护工作的首要任务是科学划定各级水体保护范围，水体保护线的划定应当从蓝线走向"三线"（蓝线、滨水绿线和灰线）[①]，建立多层次的水体保护区制度。

[①] 参见郑段雅、周星宇：《区域尺度水体保护线划定的技术方法探索与创新——基于武汉市"三线"概念的基础》，载《规划师》2016 年第 6 期，第 118—123 页。

4. 关联知识点

环境规划制度　水污染防治的制度和措施　生态保护红线　排污许可制度

(二) 教辅资料

1. 关联法规标准

(1)《饮用水水源保护区污染防治管理规定》(环境保护部,2010年修正)。

(2)《饮用水水源保护区划分技术规范》(HJ 338—2018)。

(3)《入河排污口监督管理办法》(水利部,2015年修正)。

2. 参考阅读文献

汪劲:《环境法学》(第四版),北京大学出版社2018年版,第七章。

3. 相关案例

山西省岚县人民检察院诉岚县水利局未履行环境保护和污染防治法定职责行政公益诉讼案[①]

（撰稿人：刘长兴　吕爽）

四、大气污染防治立法(一般)

【教学目的和要求】

识记：大气污染防治法的立法沿革

领会：大气污染防治法的立法目的

应用：大气污染防治法的管理体制

(一) 教学要点

1. 大气污染防治法的立法沿革

大气污染防治法是指有关防治大气污染的法律规范或法律表现形式的总称。我国对大气污染作出专门性规定始于20世纪五六十年代。1956年国务院公布的《关于防止厂、矿企业中矽尘危害的决定》,主要是对防止企业内部空气矽尘对职工危害作出了规定。20世纪70年代,国家有关部委发布了《工业"三废"排放试行标准》《工业企业设计卫生标准》,规定了污染物排放标准,要求对超标排放污染物的锅炉加以改造,开展了以消烟除尘为主要内容的大气污染防治。

---

① 载中国法院网,https://www.chinacourt.org/article/detail/2020/06/id/5283594.shtml,最后访问日期:2022年8月17日。

《大气污染防治法》(2018年修正)是现行防治大气污染的单行法,《环境保护法》等法律中也散见有防治大气污染的规定。除此之外,还有一些防治大气染的行政法规、部门规章、地方性法规、地方规章和标准,如《消耗臭氧层物质管理条例》(2018年修订)、《环境空气质量标准》(GB 3095—2012)、《大气污染物综合排放标准》(GB 16297—1996)、《锅炉大气污染物排放标准》(GB 13271—2014)、《饮食业油烟排放标准》(GB 18483—2001)。

2013年,国务院发布《大气污染防治行动计划》("大气十条"),国务院办公厅印发《大气污染防治行动计划实施情况考核办法(试行)》,环境保护部等六部门印发《大气污染防治行动计划实施情况考核办法(试行)实施细则》。到2017年,"大气十条"确定的目标如期实现,全国空气质量总体改善,京津冀、长三角、珠三角等重点区域改善明显,也有力推动了产业、能源和交通运输等重点领域结构优化,大气污染防治的新机制基本形成。尽管取得了一些成就,但大气污染形势仍然不容乐观,个别地区污染仍然较重。2018年6月27日,国务院发布《打赢蓝天保卫战三年行动计划》,提出要经过3年努力,大幅减少主要大气污染物排放总量,协同减少温室气体排放,进一步明显降低细颗粒物(PM2.5)浓度,明显减少重污染天数,明显改善环境空气质量,明显增强人民的蓝天幸福感。

2. 大气污染防治立法目的与原则性要求

我国大气污染防治立法的目的保护和改善环境,防治大气污染,保障公众健康,推进生态文明建设,促进经济社会可持续发展。

《大气污染防治法》提出了大气污染防治的原则性要求,明确以改善大气环境质量为目标[1],坚持源头治理,规划先行,转变经济发展方式,优化产业结构和布局,调整能源结构。防治大气污染,应当加强对燃煤、工业、机动车船、扬尘、农业等大气污染的综合防治,推行区域大气污染联合防治,对颗粒物、二氧化硫、氮氧化物、挥发性有机物、氨等大气污染物和温室气体实施协同控制。

这一规定也表明,我国大气污染主要来源于燃煤、工业、机动车船、扬尘、农业等活动;主要污染物为颗粒物、二氧化硫、氮氧化物、挥发性有机物、氨等大气污染物。

3. 大气污染防治的管理体制

《大气污染防治法》规定,地方各级人民政府应当对本行政区域的大气环境质量负责,制定规划,采取措施,控制或者逐步削减大气污染物的排放量,使大气环境质量达到规定标准并逐步改善;企业事业单位和其他生产经营者应当采取有效措施,防止、减少大气污染,对所造成的损害依法承担责任;公民应

---

[1] 《大气污染防治法》36次提及"大气环境质量"。

当增强大气环境保护意识,采取低碳、节俭的生活方式,自觉履行大气环境保护义务。

根据《环境保护法》和《大气污染防治法》的规定,我国大气污染防治实行统一监督管理与分级、分部门管理相结合的管理体制。由县级以上人民政府环境主管部门对大气污染防治实施统一监督管理;县级以上人民政府其他有关部门在各自职责范围内对大气污染防治实施监督管理。《大气污染防治法》规定的"其他有关部门"包括经济综合、交通运输、公安、工商、住房城乡建设、农业、水、卫生、国土资源、气象、海事、市容环境卫生、出入境检验检疫机构、机动车生产主管部门和由县级以上地方人民政府确定的监督管理部门等有关部门。

《大气污染防治法》规定了有关大气污染防治目标和任务的考核。要求国务院生态环境主管部门会同国务院有关部门,按照国务院的规定,对省、自治区、直辖市大气环境质量改善目标、大气污染防治重点任务完成情况开展考核。省、自治区、直辖市人民政府制定考核办法,对本行政区域内地方大气环境质量改善目标、大气污染防治重点任务完成情况实施考核。考核结果应当向社会公开。

(二)教辅资料

1. 关联法规标准

(1)《中华人民共和国大气污染防治法》(全国人大常委会,2018 年修正)。

(2)《国务院关于印发大气污染防治行动计划的通知》(国务院,2013 年)。

(3)《国务院关于印发打赢蓝天保卫战三年行动计划的通知》(国务院,2018 年)。

(4)《大气污染物综合排放标准》(GB 16297—1996)。

2. 参考阅读文献

(1)信春鹰主编:《中华人民共和国大气污染防治法释义》,法律出版社 2015 年版,第四章。

(2)汪劲编著:《日本环境法概论》,武汉大学出版社 1994 年版,第二章。

3. 相关案例

陕西省凤翔县检察院诉凤翔县环保局未履行职责行政公益诉讼案[①]

(撰稿人:罗吉)

[①] 《检察机关对宝鸡市环境保护局凤翔分局未依法履行职责提起公益诉讼》,载最高人民检察院官网,https://www.spp.gov.cn/xwfbh/wsfbh/201605/t20160511_117686.shtml,最后访问日期:2022 年 8 月 17 日。

五、大气污染防治基本制度和措施(重点)

【教学目的和要求】
识记:大气污染防治标准　重点大气污染物排放总量控制
领会:大气污染防治规划　大气污染源控制措施
应用:大气污染监测

(一) 教学要点

除环境影响评价制度、"三同时"制度、环境税费制度、许可证制度、突发环境事件应急制度、淘汰落后工艺与设备制度、清洁生产制度、现场检查制度等防治环境污染的制度外,《大气污染防治法》还对大气污染防治的制度和措施还作出了专门规定。

1. 大气污染防治的标准

大气环境质量标准和针对大气污染物排放标准的制定和实施的一般规定的内容主要包括:标准制定和实施的主管部门和基本要求,大气环境质量标准、大气污染物排放标准和这三者之间的关系,标准制定的公众参与,标准信息的公布和公众获取,标准的评估与修订,大气环境质量和大气污染源的监测和评价,大气污染损害评估,排放大气污染物的监管措施等。凡向大气排放污染物的,应当符合大气污染物排放标准,遵守重点大气污染物排放总量控制要求。企业事业单位和其他生产经营者应当依法对其排放的大气污染物实施监测,并保存原始监测记录。

在我国国家大气环境标准体系中,《环境空气质量标准》(GB 3095—2012)是大气环境标准体系的核心。除此之外,《大气污染物综合排放标准》(GB 16297—1996)是国家大气污染物排放标准中较为重要的综合性排放标准。该标准主要依据《环境空气质量标准》制定,对33种大气污染物的排放限值即最高允许排放浓度、最高允许排放速率和无组织排放监控浓度限值作出了具体规定。依照该标准的解释,在控制大气污染物排放方面,除该标准为国家综合性排放标准外,还有若干行业性排放标准共同存在。即除若干行业执行各自的行业性国家大气污染物排放标准外,其余均执行该标准。

2. 大气污染防治的规划

《大气污染防治法》明确规定:县级以上人民政府应当将大气污染防治工作纳入国民经济和社会发展规划,加大对大气污染防治的财政投入;地方各级人民政府应当制定规划,采取措施,使大气环境质量达到规定标准并逐步改善。《大气污染防治法》还规定了大气环境质量限期达标规划的编制与实施,要求未达到国家大气环境质量标准城市的人民政府应当及时编制大气环境质量限期达标规划,采取措施,按照国务院或者省级人民政府规定的期限达到大气环境质量标准。

3. 重点大气污染物排放总量控制

《大气污染防治法》规定对重点大气污染物排放实行总量控制,逐步推行重点大气污染物排污权交易。确定总量控制目标和分解总量控制指标的具体办法,由国务院生态环境主管部门会同国务院有关部门规定。对超过国家重点大气污染物排放总量控制指标的地区,省级以上人民政府生态环境主管部门应当会同有关部门约谈该地区人民政府的主要负责人,并暂停审批该地区新增重点大气污染物排放总量的建设项目环境影响评价文件。2014 年 12 月,原环境保护部印发《建设项目主要污染物排放总量指标审核及管理暂行办法》,以规范建设项目主要污染物排放总量指标审核及管理工作,严格控制新增污染物排放量。

4. 有毒有害大气污染物名录

《大气污染防治法》规定对有毒有害大气污染物实行风险管理。[1]国务院生态环境主管部门应当会同国务院卫生行政部门,根据大气污染物对公众健康和生态环境的危害和影响程度,公布有毒有害大气污染物名录。排放名录中所列有毒有害大气污染物的企业事业单位,应当按照国家有关规定建设环境风险预警体系,对排放口和周边环境进行定期监测,评估环境风险,排查环境安全隐患,并采取有效措施防范环境风险。2019 年 1 月,生态环境部会同国家卫生健康委员会制定了《有毒有害大气污染物名录(2018 年)》。

5. 大气污染监测

根据《大气污染防治法》的规定,国务院生态环境主管部门负责制定大气环境质量和大气污染源的监测和评价规范,组织建设与管理全国大气环境质量和大气污染源监测网,组织开展大气环境质量和大气污染源监测,统一发布全国大气环境质量状况信息;县级以上地方人民政府生态环境主管部门负责组织建设与管理本行政区域大气环境质量和大气污染源监测网,开展大气环境质量和大气污染源监测,统一发布本行政区域大气环境质量状况信息。

企业事业单位和其他生产经营者应当按照国家有关规定和监测规范,对其排放的工业废气和有毒有害大气污染物名录中所列污染物进行监测,并保存原始监测记录。其中,重点排污单位应当安装、使用大气污染物排放自动监测设备,与生态环境主管部门的监控设备联网,保证监测设备正常运行并依法公开排放信息。国务院生态环境主管部门规定监测的具体办法和重点排污单位的条件。

---

[1] 《大气污染防治法》第 78 条。

6. 大气污染源控制措施

(1) 燃煤和其他能源污染防治。《大气污染防治法》设专节规定了燃煤和其他能源污染防治的措施,主要包括如下内容:

第一,国务院有关部门和地方各级人民政府应当采取措施,调整能源结构,推广清洁能源的生产和使用;优化煤炭使用方式,推广煤炭清洁高效利用,逐步降低煤炭在一次能源消费中的比重,减少煤炭生产、使用、转化过程中的大气污染物排放。

第二,国家推行煤炭洗选加工,降低煤炭的硫分和灰分,限制高硫分、高灰分煤炭的开采。禁止开采含放射性和砷等有毒有害物质超过规定标准的煤炭。

第三,国家采取有利于煤炭清洁高效利用的经济、技术政策和措施,鼓励和支持洁净煤技术的开发和推广。禁止进口、销售和燃用不符合质量标准的煤炭,鼓励燃用优质煤炭。

第四,加强民用散煤的管理,推广节能环保型炉灶。

第五,石油炼制企业应当按照燃油质量标准生产燃油。禁止进口、销售和燃用不符合质量标准的石油焦。电力调度应当优先安排清洁能源发电上网。

第六,划定并公布高污染燃料禁燃区,并根据大气环境质量改善要求,逐步扩大高污染燃料禁燃区范围。在禁燃区内,禁止销售、燃用高污染燃料。

第七,在燃煤供热地区,推进热电联产和集中供热。

第八,对锅炉生产、进口、销售和使用环节执行环境保护标准或者要求的情况进行监督检查;不符合环境保护标准或者要求的,不得生产、进口、销售和使用。

(2) 工业污染防治。《大气污染防治法》设专节规定了工业污染防治的措施,主要包括如下内容:

第一,钢铁、建材、有色金属、石油、化工等企业生产过程中排放粉尘、硫化物和氮氧化物的,应当采用清洁生产工艺,配套建设除尘、脱硫、脱硝等装置,或者采取技术改造等其他控制大气污染物排放的措施。

第二,生产、进口、销售和使用含挥发性有机物的原材料和产品的,其挥发性有机物含量应当符合质量标准或者要求。国家鼓励生产、进口、销售和使用低毒、低挥发性有机溶剂。产生含挥发性有机物废气的生产和服务活动,应当在密闭空间或者设备中进行,无法密闭的,应当采取措施减少废气排放。

第三,石油、化工以及其他生产和使用有机溶剂的企业,应当采取措施减少物料泄漏,对泄漏的物料应当及时收集处理。储油储气库、加油加气站、原油成品油码头、原油成品油运输船舶和油罐车、气罐车等,应当按照国家有关规定安装油气回收装置并保持正常使用。

第四,工业生产企业应当采取措施,严格控制和减少粉尘和气态污染物的排放。工业生产、垃圾填埋或者其他活动产生的可燃性气体应当回收利用,不具备回收利用条件的,应当进行污染防治处理。

(3) 机动车船等污染防治。《大气污染防治法》设专节规定了机动车船等污染防治的措施,主要包括如下内容:

第一,国家采取财政、税收、政府采购等措施推广应用节能环保型和新能源机动车船、非道路移动机械,减少化石能源的消耗。机动车船、非道路移动机械不得超过标准排放大气污染物。限制高油耗、高排放机动车船、非道路移动机械的发展。

第二,防治机动车、非道路移动机械产生的大气污染。加强并改善城市交通管理,优化道路设置,保障人行道和非机动车道的连续、畅通;国家倡导低碳、环保出行,环保驾驶,提高公共交通出行比例;城市人民政府可以根据大气环境质量状况,划定并公布禁止使用高排放非道路移动机械的区域。机动车、非道路移动机械生产企业应当对新生产的机动车和非道路移动机械进行排放检验,经检验合格,方可出厂销售,检验信息应当向社会公开;有关部门依法对在用机动车进行排放检验;对排放大气污染物超过标准的机动车和非道路移动机械,依法建立机动车环境保护召回制度。

第三,国家积极推进船舶的大气污染防治。船舶检验机构对船舶发动机及有关设备进行排放检验;内河和江海直达船舶应当使用符合标准的普通柴油,远洋船舶靠港后应当使用符合大气污染物控制要求的船舶用燃油;国务院交通运输主管部门可以在沿海海域划定船舶大气污染物排放控制区,进入排放控制区的船舶应当符合船舶相关排放要求。

第四,国家积极推进民用航空器的大气污染防治。鼓励在设计、生产、使用过程中采取有效措施减少大气污染物排放;民用航空器应当符合国家规定的适航标准中的有关发动机排出物要求。

(4) 扬尘污染防治。《大气污染防治法》设专节用 6 条规定了扬尘污染防治的措施,主要包括如下内容:

第一,地方各级人民政府应当加强对建设施工和运输的管理,保持道路清洁,控制料堆和渣土堆放,扩大绿地、水面、湿地和地面铺装面积,防治扬尘污染;城市人民政府应当加强道路、广场、停车场和其他公共场所的清扫保洁管理,推行清洁动力机械化清扫等低尘作业方式,防治扬尘污染。

第二,建设单位应当将防治扬尘污染的费用列入工程造价,并在施工承包合同中明确施工单位扬尘污染防治责任,施工单位应当制定具体的施工扬尘污染防治实施方案。对建筑土方、工程渣土、建筑垃圾应当及时清运,进行资源化处理。对于暂时不能开工的建设用地,建设单位应当对裸露地面进行覆盖;超过 3 个月的,应当加以绿化、铺装或者遮盖。

第三,运输煤炭、垃圾、渣土等散装、流体物料的车辆应当采取密闭或者其他措施防止物料遗撒造成扬尘污染,并按照规定路线行驶。贮存煤炭、煤矸石、煤渣、煤灰、水泥、石灰、石膏、砂土等易产生扬尘的物料应当密闭;不能密闭的,应当采取有效围挡、覆盖措施防治扬尘污染。

(5)农业和其他污染防治。《大气污染防治法》设专节规定了农业和其他污染防治的措施,主要包括如下内容:

第一,地方各级人民政府应当推动转变农业生产方式,发展农业循环经济,加大对废弃物综合处理的支持力度,加强对农业生产经营活动排放大气污染物的控制。

第二,省、自治区、直辖市人民政府应当划定区域,禁止露天焚烧秸秆、落叶等产生烟尘污染的物质。禁止在人口集中地区和其他依法需要特殊保护的区域内焚烧沥青、油毡、橡胶、塑料、皮革、垃圾以及其他产生有毒有害烟尘和恶臭气体的物质。禁止在人口集中地区对树木、花草喷洒剧毒、高毒农药。任何单位和个人不得在城市人民政府禁止的时段和区域内燃放烟花爆竹。禁止生产、销售和燃放不符合质量标准的烟花爆竹。任何单位和个人不得在当地人民政府禁止的区域内露天烧烤食品或者为露天烧烤食品提供场地。

第三,向大气排放持久性有机污染物的企业事业单位和其他生产经营者以及废弃物焚烧设施的运营单位,应当依法采取有利于减少持久性有机污染物排放的技术方法和工艺,实现达标排放。企业事业单位和其他生产经营者在生产经营活动中产生恶臭气体的,应当依法防止排放恶臭气体。

第四,农业生产经营者应当科学合理施用化肥并按照国家有关规定使用农药,减少氨、挥发性有机物等大气污染物的排放。畜禽养殖场、养殖小区应当及时对污水、畜禽粪便和尸体等进行收集、贮存、清运和无害化处理,防止排放恶臭气体。

第五,国家鼓励、支持消耗臭氧层物质替代品的生产和使用,逐步减少直至停止消耗臭氧层物质的生产和使用。国家对消耗臭氧层物质的生产、使用、进出口实行总量控制和配额管理。①

7. 关联知识点

环境影响评价制度 "三同时"制度 环境税费制度 许可证制度 突发环境事件应急制度 淘汰落后工艺与设备制度 清洁生产制度 现场检查制度

(二)教辅资料

1. 关联法规标准

(1)《中华人民共和国大气污染防治法》(全国人大常委会,2018年修正)。

---

① 我国已先后参加、批准了《保护臭氧层维也纳公约》和《关于消耗臭氧层物质的蒙特利尔议定书》,有义务履行其所规定的有关保护臭氧层条款和淘汰生产、使用破坏臭氧层物质期限的规定。国家有关部门还发布了《消耗臭氧层物质进出口管理办法》《中国进出口受控消耗臭氧层物质名录》《关于生产和使用消耗臭氧层物质建设项目管理有关工作的通知》(已失效)等,以加强对破坏臭氧层物质的控制和监督管理。

(2)《污染源自动监控设施现场监督检查办法》(环境保护部,2012年)。

(3)《环境保护部关于印发〈建设项目主要污染物排放总量指标审核及管理暂行办法〉的通知》(环境保护部,2014年)。

(4)《关于发布〈有毒有害大气污染物名录(2018年)〉的公告》(生态环境部、国家卫生健康委员会,2019年)。

(5)《环境空气质量标准》(GB 3095—2012)。

(6)《乘用车内空气质量评价指南》(GB/T 27630—2011)。

(7)《室内空气质量标准》(GB/T 18883—2002)。

(8)《大气污染物综合排放标准》(GB 16297—1996)。

2. 参考阅读文献

(1)高桂林、于钧泓、罗晨煜编著:《大气污染防治法理论与实务》,中国政法大学出版社2014年版,第四章、第五章、第六章。

(2)戈华清、唐瑭:《大气污染防治法律制度的变革与创新——以我国〈大气污染防治法〉的修订为轴线》,气象出版社2017年版,第四章。

(3)姜渊:《〈大气污染防治法〉规制目标研究:从不法惩罚到环境质量目标》,中国政法大学出版社2020年版。

(4)中国标准出版社编:《大气污染防治标准汇编》(第三版),中国标准出版社2017年版。

3. 相关案例

北京市朝阳区自然之友环境研究所诉山东金岭化工股份有限公司大气污染民事公益诉讼案[①]

(撰稿人:罗吉 吕爽)

六、重点区域大气污染联合防治(一般)

【教学目的和要求】

识记:重点区域大气污染联防联控机制

领会:重点区域大气污染防治规划

应用:大气污染防治重点区域

---

① 载中国法院网,https://www.chinacourt.org/article/detail/2017/03/id/2574741.shtml,最后访问日期:2022年8月17日。

(一) 教学要点

1. 大气污染防治重点区域

大气污染防治重点区域是根据主体功能区划、区域大气环境质量状况和大气污染传输扩散规律,依法划定的实行大气污染联合防治的区域。根据《大气污染防治法》第五章关于重点区域大气污染联合防治的规定,重点区域分为:(1)国家大气污染防治重点区域。由国务院生态环境主管部门划定,报国务院批准;(2)地方大气污染防治重点区域。省、自治区、直辖市可以依法划定本行政区域的大气污染防治重点区域。

我国大气环境形势仍然十分严峻,在传统煤烟型污染尚未得到控制的情况下,以臭氧、细颗粒物(PM 2.5)和酸雨为特征的区域性复合型大气污染日益突出,区域内空气重污染现象大范围同时出现的频次日益增多,严重制约社会经济的可持续发展,威胁人民群众身体健康。区域性复合型的大气环境问题给现行环境管理模式带来了巨大的挑战,仅从行政区划的角度考虑单个城市大气污染防治的管理模式已经难以有效解决当前愈加严重的大气污染问题,因此,亟待探索建立一套全新的区域大气污染防治管理体系。

2. 重点区域大气污染联防联控机制

《大气污染防治法》第86条规定:国家建立重点区域大气污染联防联控机制,统筹协调重点区域内大气污染防治工作。重点区域内有关省、自治区、直辖市人民政府应当确定牵头的地方人民政府,定期召开联席会议,按照统一规划、统一标准、统一监测、统一的防治措施的要求,开展大气污染联合防治,落实大气污染防治目标责任。国务院生态环境主管部门应当加强指导、督促。

《重点区域大气污染防治"十二五"规划》规定重点区域大气污染防治实行联防联控与属地管理相结合。建立健全区域大气污染联防联控管理机制,实现区域"统一规划、统一监测、统一监管、统一评估、统一协调";根据区域内不同城市社会经济发展水平与环境污染状况,划分重点控制区与一般控制区,实施差异性管理,按照属地管理的原则,明确区域内污染减排的责任与主体。

3. 重点区域大气污染防治规划

重点区域内,国务院生态环境主管部门会同国务院有关部门、国家大气污染防治重点区域内有关省、自治区、直辖市人民政府,根据重点区域经济社会发展和大气环境承载力,制定重点区域大气污染联合防治行动计划,明确控制目标,优化区域经济布局,统筹交通管理,发展清洁能源,提出重点防治任务和措施,促进重点区域大气环境质量改善。

2012年9月27日,国务院批复了《重点区域大气污染防治"十二五"规划》,这是我国第一部综合性大气污染防治的规划。2019年9月和11月,生态环境部等部委与有关省级人民政府联合发布了《京津冀及周边地区2019—2020年秋冬季大气污染综合治理攻坚行动方案》《长三角地区2019—2020年秋冬季大气污染综合治理攻坚行动方案》《汾渭平原2019—2020年秋冬季大气污染综合治理攻坚行动方案》,对三大重点区域开展大气环境整治制定了行动方案。

重点区域内,编制有关工业园区、开发区、区域产业和发展等规划,应当依法开展环境影响评价;应该进一步提高环境保护、能耗、安全、质量等要求,实施更严格的机动车大气污染物排放标准;新建、改建、扩建用煤项目的,应当实行煤炭的等量或者减量替代;建设可能对相邻省、自治区、直辖市大气环境质量产生重大影响的项目,应当及时通报有关信息,进行会商;应当组织建立国家大气污染防治重点区域的大气环境质量监测、大气污染源监测等相关信息共享机制。国务院生态环境主管部门和国家大气污染防治重点区域内有关省、自治区、直辖市人民政府可以组织有关部门开展联合执法、跨区域执法、交叉执法。

4. 关联知识点

环境监测制度　大气污染防治法　环境规划制度　环境标准制度

(二) 教辅资料

1. 关联法规标准

(1)《生态环境部、发展改革委、工业和信息化部等关于印发〈京津冀及周边地区2019—2020年秋冬季大气污染综合治理攻坚行动方案〉》(生态环境部、发展改革委、工业和信息化部、公安部、财政部、住房城乡建设部、交通运输部、商务部、市场监管总局、能源局等,2019年)。

(2)《生态环境部、发展改革委、工业和信息化部等关于印发〈长三角地区2019—2020年秋冬季大气污染综合治理攻坚行动方案〉》(生态环境部、发展改革委、工业和信息化部、公安部、财政部、住房城乡建设部、交通运输部、商务部、市场监管总局、能源局等,2019年)。

(3)《生态环境部、发展改革委、工业和信息化部等关于印发〈汾渭平原2019—2020年秋冬季大气污染综合治理攻坚行动方案〉》(生态环境部、发展改革委、工业和信息化部、公安部、财政部、住房城乡建设部、交通运输部、商务部、市场监管总局、能源局等,2019年)。

2. 参考阅读文献

高桂林、陈云俊、于钧泓:《大气污染联防联控法制研究》,中国政法大学出版社2016年版,第六章。

(撰稿人:罗吉)

七、重污染天气应对(一般)

【教学目的和要求】
识记:重污染天气
领会:重污染天气监测预警体系
应用:重污染天气应急管理

(一) 教学要点

1. 重污染天气

我国空气质量指数(Air Quality Index,简称 AQI)共分六级:一级优、二级良、三级轻度污染、四级中度污染、五级重度污染、六级严重污染。监测的污染物包括二氧化硫、二氧化氮、一氧化碳、臭氧、PM10 和 PM2.5 共 6 个种类。空气污染气象条件预报等级标准和空气质量指数(AQI)等级标准相一致,分为六级。重污染天气是指四级以上污染的天气,其预警信号分为三级,以黄色、橙色和红色表示,分别对应预报等级的中度污染天气、重度污染天气和严重污染天气。

2013 年以后,我国不同地区出现了长时间、大范围、高浓度的重污染天气,造成了不利社会影响。重污染天气成为全社会最关注、也是最迫切希望解决的环境问题之一,特别是在秋冬季,重污染天气应对是大气污染防治工作的重中之重。[1]《大气污染防治行动计划》提出了经过五年努力,全国空气质量总体改善,重污染天气较大幅度减少,京津冀、长三角、珠三角等区域空气质量明显好转的奋斗目标。

2. 重污染天气应对的主要规定

2013 年 11 月,环境保护部办公厅印发《关于加强重污染天气应急管理工作的指导意见》,要求采取强有力的应急管理措施,减缓重污染程度,保护公众身体健康。该指导意见要求将重污染天气应急响应纳入地方政府突发事件应急管理体系,实行政府主要负责人负责制;规定地方各级人民政府要通过完善体制、健全机制,加强能力建设,形成政府组织实施、有关部门和单位具体落实、全民共同参与的重污染天气应急管理体系;并从加强组织领导,强化应急准备,做好预警和响应工作,依法信息公开和加强舆论引导工作,以及严格责任追究等五方面对重污染天气应急管理工作加以规定。目前,我国许多省市已经制定和完善了重污染天气应急预案。

---

[1] 《关于加强重污染天气应急管理工作的指导意见》(环境保护部办公厅文件,环办〔2013〕106 号),载生态环境部官网,https://www.mee.gov.cn/gkml/hbb/bgt/201401/t20140123_266836.htm,最后访问日期:2022 年 8 月 17 日。

《大气污染防治法》设专章对"重污染天气应对"作出了规定，要求建立重污染天气监测预警体系，建立重点区域重污染天气监测预警机制，统一预警分级标准。2017年7月，环境保护部印发《重污染天气预警分级标准和应急减排措施修订工作方案》[①]，规定重污染天气预警分级标准统一采用空气质量指数（AQI）指标，AQI日均值按连续24小时（可以跨自然日）均值计算；根据不同地区环境空气质量状况、大气污染和气候气象特征，不同地区可根据当地实际情况采用更严格的预警启动条件。2019年7月，生态环境部印发《关于加强重污染天气应对夯实应急减排措施的指导意见》，以保障空气质量，打赢蓝天保卫战。

重污染天气应对制度主要包括如下内容：

（1）国家建立重污染天气监测预警体系。一是依法建立重点区域重污染天气监测预警机制，统一预警分级标准，及时向重点区域内有关省、自治区、直辖市人民政府通报可能发生的区域重污染天气。二是省、自治区、直辖市、设区的市人民政府依法建立本行政区域重污染天气监测预警机制。

（2）县级以上地方人民政府应当将重污染天气应对纳入突发事件应急管理体系，制定重污染天气应急预案，并向社会公布。

（3）省、自治区、直辖市、设区的市人民政府环境主管部门应当会同气象主管机构建立会商机制，实施大气环境质量预报。省、自治区、直辖市、设区的市人民政府依据重污染天气预报信息，加以综合研判，确定预警等级并及时发出预警。

（4）发生造成大气污染的突发环境事件，人民政府及其有关部门和相关企业事业单位，应当依照《突发事件应对法》《环境保护法》的规定，做好应急处置工作。环境主管部门应当及时对突发环境事件产生的大气污染物实施监测，并向社会公布监测信息。

3. 关联知识点

突发环境事件应急制度　环境信息公开　环境行政管理　大气污染防治法　环境标准制度

（二）教辅资料

1. 关联法规标准

（1）《环境保护部办公厅关于加强重污染天气应急管理工作的指导意见》（环境保护部，2013年）。

---

① 《关于印发〈重污染天气预警分级标准和应急减排措施修订工作方案〉的通知》（环境保护部，环大气〔2017〕86号）。

（2）《重污染天气预警分级标准和应急减排措施修订工作方案》（环境保护部，2017年）。

（3）《关于加强重污染天气应对夯实应急减排措施的指导意见》（生态环境部，2019年）。

（4）《最高人民法院、最高人民检察院关于办理环境污染刑事案件适用法律若干问题的解释》。

2. 参考阅读文献

汪劲：《环境法学》（第四版），北京大学出版社2018年版，第七章。

（撰稿人：罗吉）

八、机动车和非道路移动机械排放污染防治制度（重点）

【教学目的和要求】

识记：机动车大气污染物排放标准

领会：机动车和非道路移动机械环境保护召回制度

应用：机动车和非道路移动机械环保信息公开

（一）教学要点

1. 机动车和非道路移动机械排放污染防治

机动车和非道路移动机械排放污染，是指由机动车和非道路移动机械排气管、曲轴箱和燃油燃气系统蒸发、排放污染物所造成的污染。《中国机动车环境管理年报（2017）》显示，我国已连续八年成为世界机动车产销第一大国，机动车污染已成为我国空气污染的重要来源，是造成细颗粒物、光化学烟雾污染的重要原因，机动车污染防治的紧迫性日益凸显。

《环境保护法》《大气污染防治法》对机动车和非道路移动机械排气污染防治均作出了规定。《打赢蓝天保卫战三年行动计划》《关于进一步规范排放检验加强机动车环境监督管理工作的通知》（2016年）、《关于开展机动车和非道路移动机械环保信息公开工作的公告》（2016年）等，对机动车和非道路移动机械排气污染防治等提出了具体要求，规定了具体措施。一些省市也制定了关于机动车和非道路移动机械排气污染防治的专门性法规、规章。[1]

---

[1] 《北京市机动车和非道路移动机械排放污染防治条例》（北京市人大，2020年）、《河北省机动车和非道路移动机械排放污染防治条例》（河北省人大，2020年）、《武汉市机动车和非道路移动机械排气污染防治条例》（武汉市人大常委会，2020年）等。

2. 机动车和非道路移动机械排气污染防治的主要规定

(1) 机动车大气污染物排放标准及实施。省、自治区、直辖市人民政府可以在条件具备的地区,提前执行国家机动车大气污染物排放标准中相应阶段排放限值,并报国务院生态环境主管部门备案。

重点区域内有关省、自治区、直辖市人民政府应当实施更严格的机动车大气污染物排放标准,统一在用机动车检验方法和排放限值,并配套供应合格的车用燃油。制定燃油质量标准,应当符合国家大气污染物控制要求,并与国家机动车船、非道路移动机械大气污染物排放标准相互衔接,同步实施。

机动车、非道路移动机械不得超过标准排放大气污染物。禁止生产、进口或者销售大气污染物排放超过标准的机动车、非道路移动机械。

(2) 机动车和非道路移动机械环境保护召回制度。生产、进口企业获知机动车、非道路移动机械排放大气污染物超过标准,属于设计、生产缺陷或者不符合规定的环境保护耐久性要求的,应当召回;未召回的,由国务院市场监督管理部门会同国务院生态环境主管部门责令其召回。

(3) 机动车和非道路移动机械使用、检验和维护。在用机动车排放大气污染物超过标准的,应当进行维修;经维修或者采用污染控制技术后,大气污染物排放仍不符合国家在用机动车排放标准的,应当强制报废。其所有人应当将机动车交售给报废机动车回收拆解企业,由报废机动车回收拆解企业按照国家有关规定进行登记、拆解、销毁等处理。

在用机动车应当按照国家或者地方的有关规定,由机动车排放检验机构定期对其进行排放检验。经检验合格的,方可上道路行驶。未经检验合格的,公安机关交通管理部门不得核发安全技术检验合格标志。

(4) 机动车和非道路移动机械环保信息公开。机动车和非道路移动机械生产、进口企业,应当向社会公开其生产、进口机动车和非道路移动机械的环保信息,包括排放检验信息和污染控制技术信息等,并对信息公开的真实性、准确性、及时性、完整性负责。

生态环境部《关于开展机动车和非道路移动机械环保信息公开工作的公告》对信息公开内容作了具体规定,包括机动车和非道路移动机械生产、进口企业基本信息;机动车和非道路移动机械污染控制技术信息;机动车和非道路移动机械排放检验信息;型式检验、生产一致性检验、在用符合性检验和出厂检验信息,包括检测结果、检验条件、仪器设备、检测机构信息等。

3. 关联知识点

环境标准制度　大气污染防治法　环境信息公开　环境监测　环境行政监管

（二）教辅资料

1. 关联法规标准

（1）《中华人民共和国环境保护法》（全国人大常委会，2014 年修订）。

（2）《中华人民共和国大气污染防治法》（全国人大常委会，2018 年修正）。

（3）《环境保护部、公安部、国家认监委关于进一步规范排放检验加强机动车环境监督管理工作的通知》（环境保护部、公安部、国家认监委，2016 年）。

（4）《环境保护部关于开展机动车和非道路移动机械环保信息公开工作的公告》（环境保护部，2016 年）。

（5）《国务院关于印发打赢蓝天保卫战三年行动计划的通知》（国务院，2018 年）。

2. 参考阅读文献

李姗姗：《中国城市交通节能减排法律机制研究》，法律出版社 2013 年版，第五章。

3. 相关案例

自然之友诉现代汽车尾气污染达成公益信托协议案[①]

（撰稿人：罗吉）

九、土壤污染防治法（一般）

【教学目的与要求】

识记：土壤污染防治法的概念、特征

领会：土壤污染防治法的立法目的及理念

应用：土壤污染防治法各项制度的具体内容

（一）教学要点

1. 土壤污染及土壤污染防治法的含义

《土壤污染防治法》第 2 条第 2 款规定，"土壤污染，是指因人为因素导致某种物质进入陆地表层土壤，引起土壤化学、物理、生物等方面特性的改变，影响土壤功能和有效利用，危害公众健康或者破坏生态环境的现象。"

土壤污染防治法，是指调整因土壤污染物排放、土壤污染防控和修复等行为

[①] 2019 年度人民法院环境资源典型案例，载北京市第四中级人民法院官网，http://bj4zy.chinacourt.gov.cn/article/detail/2020/05/id/5220474.shtml，最后访问日期：2022 年 8 月 17 日。

而产生的法律关系的所有法律规范的总称。

2. 特征

土壤污染防治法因土壤污染所具有的不均匀性、积累性、难逆转性、滞后性与隐蔽性等特征,表现出与其他污染防治法不同的特征,在法律制度设计上更强调对风险的防控、对被污染土壤的修复。

3. 立法目的

《土壤污染防治法》的立法目的包括三点:一是保障人类生存基础,即保护和改善生态环境,防治土壤污染;二是保障公众健康,以维护人类社会生产力;三是维持人类社会的可持续性基础,即推动土壤资源的永续利用。

4. 立法理念

《土壤污染防治法》立法的首要理念是风险预防。基于土壤资源的重要性、土壤污染的严重性和长期性,《土壤污染防治法》必须以风险预防为第一要务,以应对日益增长的土壤污染风险。《土壤污染防治法》强调污染担责,但不止步于污染担责。为了实现污染的有效预防和治理,《土壤污染防治法》必须加重土壤利用相关主体的注意义务。

5. 法律基本原则

基于土壤污染及其防治的特征,《土壤污染防治法》确立了预防为主、保护优先、分类管理、风险管控、污染担责、公众参与的原则。预防为主、保护优先和风险管控强调要建立健全的土壤污染预防和监控机制,防患于未然。分类管理原则指出,土壤污染防治法律制度的建设和运行要与我国类型化的土地所有权属、利用机制等制度背景相协调。污染担责是土壤污染责任制度的基本原则。公众参与原则是确保土壤污染防治工作有效开展的基础性原则。

6. 关联知识点

土壤污染分类　土壤污染特征　环境污染防治法　环境法基本原则

(二) 教辅资料

1. 关联法规标准

(1)《中华人民共和国环境保护法》(全国人大常委会,2014年修订)。

(2)《中华人民共和国土壤污染防治法》(全国人大常委会,2018年)。

(3)《国家生态文明试验区(海南)实施方案》(中共中央办公厅、国务院办公厅,2019年)。

2. 参考阅读文献

(1) 汪劲:《环境法学》(第四版),北京大学出版社2018年版,第七章。

(2) 赵小波:《日本土壤污染防治立法研究》,法律出版社2018年版,第一章。

(3) 李静云:《土壤污染防治立法国际经验与中国探索》,中国环境出版社2013年版,第七章。

（撰稿人：方堃）

十、土壤污染风险管控标准制度（重点）

【教学目的与要求】
识记：土壤污染风险管控标准的概念
领会：土壤污染风险管控标准设立的基本理念
应用：土壤污染风险管控标准的基本内容

（一）教学要点

1. 土壤污染风险管控标准的概念

土壤污染风险管控标准源于土壤污染所具有的风险特征,主要是由法定机关依法对土壤污染物的种类、浓度和总量,以及风险的类型、等级及其控制和防范的技术规程所作的规定。该项标准的制定依据包括土壤污染状况、公众健康风险、生态风险和科学技术水平、土地用途,标准的性质属强制性标准。

2016年5月,《土壤污染防治行动计划》("土十条")发布,明确要求土壤污染防治坚持预防为主、保护优先、风险管控。生态环境部2018年7月印发《土壤环境质量 农用地土壤污染风险管控标准（试行）》(GB 15618—2018,以下简称《农用地标准》),充分考虑我国土壤环境的特点和土壤污染的基本特征,以确保农产品质量安全为主要目标,为农用地分类管理服务。《土壤环境质量 建设用地土壤污染风险管控标准（试行）》(GB 36600—2018,以下简称《建设用地标准》)落实"土十条"关于保障人居环境安全的要求,以保护人体健康为目标制定标准。

遵循风险管控的思路,上述的《农用地标准》和《建设用地标准》提出了风险筛选值和风险管制值的概念,不再是简单类似于水、空气环境质量标准的达标判定,而是用于风险筛查和分类。这更符合土壤环境管理的内在规律,更能科学合理地指导农用地、建设用地安全利用。

应注意,自2021年起实施的《生态环境标准管理办法》对我国生态环境标准的体系构成作出了规定。该办法规定,生态环境标准可分为生态环境质量标准、风险管控标准、污染物排放标准、监测标准等。土壤污染风险管控标准属于其中的风险管控标准类型。

2. 土壤污染风险管控标准分类

国务院生态环境主管部门制定国家标准,加强土壤污染防治标准体系建设。

现行标准有生态环境部会同国家市场监管总局批准的《农用地标准》《建设用地标准》。省级人民政府可以规定国家标准中未作规定的项目或者制定严于国家的标准，地方标准应当报国务院生态环境主管部门备案。

国家支持土壤环境背景值和土壤环境基准的研究，为各专业部门和学术团体开展土壤环境背景值和土壤环境基准研究提供法制保障。

3. 土壤状况调查的要求

《土壤污染防治法》规定，国务院有关部门每十年至少组织开展一次全国土壤污染状况普查。为了弥补普查时间跨度较大的不足，还规定了国务院有关部门、设区的市级以上地方人民政府可以根据实际情况组织开展部分地区土壤污染状况普查。

土壤污染风险管控和修复，包括土壤污染状况调查和土壤污染风险评估、风险管控、修复、风险管控效果评估、修复效果评估、后期管理等活动。实施土壤污染状况调查活动，应当编制土壤污染状况调查报告。土壤污染状况调查报告应当主要包括地块基本信息、污染物含量是否超过土壤污染风险管控标准等内容。污染物含量超过土壤污染风险管控标准的，土壤污染状况调查报告还应当包括污染类型、污染来源以及地下水是否受到污染等内容。

4. 主要制度和措施

根据不同类型土地的特点，《土壤污染防治法》分设专节规定了农用地和建设用地的土壤污染风险管控和修复，设置了不同的制度和措施。

一是对农用地建立了分类管理制度，规定按照土壤污染程度和相关标准，将农用地划分为优先保护类、安全利用类和严格管控类，分别规定不同的管理措施，明确相应的风险管控和修复要求；将符合条件的优先保护类耕地划为永久基本农田，实行严格保护；对安全利用类农用地，结合主要作物品种和种植习惯等情况，制定并实施安全利用方案；对严格管控类农用地，应当划定特定农产品禁止生产区域，开展土壤和农产品协同监测与评价，并鼓励采取调整种植结构、退耕还林还草、退耕还湿、轮作休耕、轮牧休牧等风险管控措施。

二是对建设用地建立土壤污染风险管控和修复名录制度，规定进出名录管理地块的条件、程序以及应当采取的风险管控和修复措施与禁止行为要求。

5. 相关程序规定

民主程序：标准制定应当组织专家开展审查和论证，并征求有关部门、行业协会、企业事业单位和公众等方面的意见。省级以上人民政府生态环境主管部门应当在其网站上公布标准，供公众免费查阅、下载。

监督程序：标准的执行情况应当定期评估，并根据评估结果对标准适时修订。

6. 土壤污染风险防控标准的基本内容及效力

土壤污染风险防控标准的基本内容包括适用范围、土壤污染风险筛选值和管制值、标准适用方法。其中，土壤污染风险筛选值和管制值①是标准的核心内容，其决定了相关主体是否可以忽略地块的土壤污染，又或是应对其实施监测，又或是应立即采取措施修复土壤污染。

7. 土壤污染风险管控标准设立的法理分析

风险管控涉及风险等级和类型的划分，决定被污染土壤的治理、修复和后续利用以及责任的分担，也影响土壤的生态环境价值、经济和社会价值的评估。因而土壤污染风险管控标准的设立是一个自然科学实证性分析和社会科学规范性评价共同发挥作用的过程。自然科学的研究成果能够发现土壤污染的现状及其影响，但只有社会科学的规范性评价才能回答不同土壤污染风险应如何处置的问题。

首先应明确的是，同其他环境标准一样，土壤污染风险防控标准的设立必然是多种利益权衡的结果。其原因在于现代社会中纯粹的零污染是不可能，也不可欲的，只有完全放弃现代文明，才能完全消除土壤污染对人体健康的风险。因此，在多大程度上保障健康、多大程度上保障经济发展是土壤污染风险防控标准必须要做出的选择。而这一选择的权利并不能被"行政权"所涵盖，其根本上应归属于人民本身。这也是标准制定强调公众参与的根本原因。

8. 关联知识点

土壤污染监测　土壤污染风险　土壤污染风险管控　环境标准制度　预防原则

(二) **教辅资料**

1. 关联法规标准

(1)《中华人民共和国土壤污染防治法》(全国人大常委会，2018年)。

(2)《天津市土壤污染防治条例》(天津市人大常委会，2019年)。

(3)《土壤环境质量农用地土壤污染风险管控标准(试行)》(GB 15618—2018)。

(4)《土壤环境质量建设用地土壤污染风险管控标准(试行)》(GB 36600—2018)。

---

① 以建设用地为例，建设用地土壤污染风险筛选值是指，在特定土地利用方式下，建设用地土壤中污染物含量等于或者低于该值的，对人体健康的风险可以忽略；超过该值的，对人体健康可能存在风险，应当开展进一步的详细调查和风险评估，确定具体污染范围和风险水平。土壤污染管制值是指，在特定土地利用方式下，建设用地土壤中污染物含量超过该值的，对人体健康通常存在不可接受风险，应当采取风险管控或修复措施。

(5)《生态环境标准管理办法》(生态环境部,2020年)。

(6)《建设用地土壤污染状况调查、风险评估、风险管控及修复效果评估报告评审指南》(生态环境部、自然资源部,2019年)。

2. 参考阅读文献

(1)汪劲:《环境法学》(第四版),北京大学出版社2018年版,第七章。

(2)赵小波:《日本土壤污染防治立法研究》,法律出版社2018年版,第二章。

(3)李静云:《土壤污染防治立法国际经验与中国探索》,中国环境出版社2013年版,第七章。

3. 相关案例

北京市朝阳区自然之友环境研究所、中国生物多样性保护与绿色发展基金会与江苏常隆化工有限公司、常州市常宇化工有限公司环境民事公益诉讼案[①]

(撰稿人:方堃 吕爽)

十一、土壤有毒有害物质名录制度(一般)

【教学目的与要求】

识记:土壤有毒有害物质概念

领会:土壤有毒有害物质名录设立的法理分析

应用:土壤有毒有害物质名录特征、分类

(一)教学要点

1. 土壤有毒有害物质名录含义

重点控制的土壤有毒有害物质及优先控制化学品等名录,是基于风险评估方法,考虑化学物质的固有危害和暴露情况,筛选出的存在或者可能存在较高环境与健康风险的化学物质。国家根据污染物对公众健康和生态环境的危害和影响程度,公布有毒有害土壤污染物名录,实行风险管理。

2. 土壤有毒有害物质名录特征

一是土壤有毒有害物质名录本着"能管则管"的原则,从优先控制化学品名录中,筛选出具有国家排放标准和监测方法,且可以实施有效管控的固定源排放的化学物质。二是适时更新,具有动态性。三是分国家名录和省级名录。四是向社会公开。

---

① (2017)苏民终232号。

3. 有毒有害物质名录分类

国务院生态环境主管部门会同国务院卫生健康等主管部门,根据对公众健康、生态环境的危害和影响程度,对土壤中有毒有害物质实施筛查评估,公布重点控制的土壤有毒有害物质名录,并适时更新。

设区的市级以上地方人民政府生态环境主管部门按照国务院生态环境主管部门的规定,根据有毒有害物质排放等情况,制定本行政区域土壤污染重点监管单位名录,向社会公开并适时更新。建设用地土壤污染风险管控和修复名录由省级人民政府生态环境主管部门会同自然资源等主管部门制定,按照规定向社会公开,并根据风险管控、修复情况适时更新。

4. 有毒有害物质名录设立法理

在土壤污染防治工作中,通过名录制度将可能污染土壤的物质纳入名单中,能更好地利用有限的行政资源对土壤污染防治工作加以有效管理。对有毒有害物质的管理和治理应当体现风险预防理念,依据风险评估结果改善环境质量以及实际环境管理能力。通过强化对该类物质生产过程的全程监管和治理、选择更具安全性的替代品或从产业调整角度消减对这些物质的需求才是最有效的解决办法。

5. 关联知识点

土壤污染防治法　有毒有害物质　土壤污染风险管控

(二) 教辅资料

1. 关联法规标准

(1)《中华人民共和国土壤污染防治法》(全国人大常委会,2018年)。

(2)《天津市土壤污染防治条例》(天津市人大常委会,2019年)。

(3)《中华人民共和国刑法》(全国人民代表大会,2020年修正)。

(4)《住房和城乡建设部、环境保护部关于规范城市生活垃圾跨界清运处理的通知》(住房和城乡建设部、原环境保护部,2017年)。

2. 参考阅读文献

(1) 汪劲:《环境法学》(第四版),北京大学出版社2018年版,第七章。

(2) 赵小波:《日本土壤污染防治立法研究》,法律出版社2018年版,第一章、第二章。

(3) 李静云:《土壤污染防治立法国际经验与中国探索》,中国环境出版社2013年版,第七章。

3. 相关案例

谭晓军、秦智德、李纪华、谭为胜、陈其成污染环境罪案[①]

(撰稿人：方堃)

十二、农用地的风险管控和修复义务及责任(重点)

【教学目的与要求】
识记：农用地的风险管控和修复义务及责任含义
领会：农用地的风险管控和修复义务及责任的法理分析
应用：农用地的风险管控和修复义务及责任的基本内容

(一) 教学要点

1. 农用地的风险管控和修复义务及责任的含义

国家对农用地实施分类管理制度。按照污染程度和相关标准，将农用地划分为优先保护类、安全利用类和严格管控类。农用地的风险管控和修复义务，是指为防止污染物对食用农产品和人体健康造成直接影响，按照"污染者担责"的原则，由法定组织依法承担对已经存在的农用地土壤污染实施管理、控制、修复的义务。当法定组织没有依法实施风险管控和修复行动时，其要承担另外的法律责任。

与传统"造成污染—承担修复责任"的"污染者担责"模式不同，在《土壤污染防治法》中，风险管控和修复首先表现为一种应尽的法律义务，而该义务，也并非仅由"污染"所致。相关主体若违反了风险管控和修复的义务，还要另外承担相应的法律责任。这一系列规定实际上加重了相关主体的法律义务和责任。

2. 农用地的风险管控和修复义务及责任的内容和特征

第一，风险管控的义务主体包括行政机关和土壤污染责任人。依据"污染担责"原则，土壤污染责任人应当对已经存在的农用地土壤污染采取控制措施，并定期向地方人民政府的农业农村、林业草原主管部门报告；编制的修复方案应报地方人民政府农业农村、林业草原主管部门备案并实施。因为修复活动具有很强的专业性，对农用地规定由政府及其有关部门组织采取污染状况调查、风险评估和风险管控等措施。农业农村主管部门应组织实施、加强监管，确保修复质量和效果。另外，农村集体经济组织及其成员、农民专业合作社及其他农业生产经

[①] (2019)湘 10 刑终 130 号。

营主体等负有协助实施的义务。

土壤污染责任人的风险管控义务内容与土壤污染风险评估报告密切相关。土壤污染风险评估报告包括风险评估、修复的目标和基本要求等。土壤污染责任人除采取风险管控措施之外,还应定期向地方人民政府农业农村、林业草原主管部门报告。

第二,在风险管控方面,国家建立农用地分类管理制度。对于不同类别的农用地,风险管控义务的具体内容有所不同。优先保护类耕地应划为基本农田,实施最严格的保护。安全利用类农用地的利用方案需要由地方人民政府农业农村、林业草原主管部门,结合主要作物品种和种植习惯等情况制定实施。严格管控类农用地应依法律规定适当限制生产农产品,实施监测,对经营主体开展培训等。

在修复方面,《土壤污染防治法》还规定产出农产品污染物含量超标的需要修复。

3. 农用地的风险管控与修复效果评估

风险管控和修复的目的是实现土壤污染风险评估报告确定的目标。因此,需要设置风险管控和修复效果的评估环节。实施风险管控效果评估、修复效果评估活动,应当编制效果评估报告。效果评估报告应当主要包括土壤污染风险评估报告确定的风险管控、修复目标等内容。

风险管控、修复活动完成后,土壤污染责任人应当另行委托有关单位对风险管控效果、修复效果加以评估,并将效果评估报告报地方人民政府农业农村、林业草原主管部门备案。

综上所述,在农用地的风险管控和修复责任方面,行政机关承担的义务包括土壤污染状况调查,土壤污染风险评估,对安全利用类地块制定并实施安全利用方案,对严格管控类地块采取风险管控措施,对土壤污染影响或者可能影响地下水、饮用水水源安全的安全利用类和严格管控类地块制定防治污染方案并采取措施。污染责任人则承担如下义务:按照土壤污染风险评估报告的要求采取风险管控措施并报告行政机关,编制、备案和实施修复方案,对风险管控效果、修复效果加以评估并备案。

4. 农用地风险管控和修复义务及责任的法理分析

农用地风险管控和修复的目的是防止污染物对食用农产品和人体健康造成直接影响,这与粮食安全和维护公众健康权直接相关;修复活动应当优先采取不影响农业生产、不降低土壤生产功能的生物修复措施,阻断或者减少污染物进入农作物食用部分,确保农产品质量安全。土壤污染风险管控和修复具有不确定性,农用地风险管控和修复制度的设立是法律对风险社会的回应,该制度以维护公共健康安全为首要目的,同时也考虑到促进农用地的可持续利用和发展。

为了实现上述目的,农用地的风险管控和修复义务及责任的法律规范,对特定类别农用地的利用做了限制。在安全利用和严格管控类的农用地管控中,经营主体的经营自主权和相关的物权要以"利用方案"等形式,受到行政权积极、广泛的干预。

4. 关联知识点

农用地与耕地　农用地的风险　土壤污染风险管控制度　土壤污染防治法

(二) 教辅资料

1. 关联法规标准

(1)《中华人民共和国土壤污染防治法》(全国人大常委会,2018 年)。

(2)《中共中央、国务院关于全面加强生态环境保护坚决打好污染防治攻坚战的意见》(中共中央、国务院,2018 年)。

(3)《农业农村部办公厅、生态环境部办公厅关于进一步做好受污染耕地安全利用工作的通知》(农业农村部、生态环境部,2019 年)。

(4)《土壤环境质量农用地土壤污染风险管控标准(试行)》(GB 15618—2018)。

(5)《土壤环境质量建设用地土壤污染风险管控标准(试行)》(GB 36600—2018)。

2. 参考阅读文献

(1) 赵小波:《日本土壤污染防治立法研究》,法律出版社 2018 年版,第六章。

(2) 李静云:《土壤污染防治立法国际经验与中国探索》,中国环境出版社 2013 年版,第七章。

(3) 王伟:《农产品产地土壤污染防治立法研究》,中国法制出版社 2015 年版,第二章、第五章、第六章、第七章。

3. 相关案例

谢赶上与河南省焦作市武陟县小董乡新李庄村民委员会土地承包经营权互换合同纠纷案[①]

(撰稿人:刘继琛　方堃)

---

① (2020)豫 0823 民初 3337 号。

十三、建设用地的风险管控和修复义务及责任(一般)

【教学目的与要求】
识记:建设用地的风险管控和修复责任含义
领会:建设用地的风险管控和修复责任的法理分析
应用:建设用地的风险管控和修复责任的特征

(一) 教学要点

1. 建设用地的风险管控和修复义务及责任的含义

建设用地土壤污染防治是长流程管理,涉及土壤污染状况调查、风险评估、风险管控及修复、效果评估等环节,后一环节的工作往往需要以前一环节为基础和依据。建设用地风险管控和修复义务,是指法定主体在建设用地污染状况调查和土壤污染风险评估、风险管控、修复、风险管控效果评估、修复效果评估、后期管理等活动中应当承担的法律义务。当相关主体未能履行风险管控和修复的法律义务时,其应承担相应的法律责任。

建设用地的风险管控和修复实行名录制度,只有纳入名录中的地块才需要实施风险管控或修复。农用地实行风险管控或修复地块的确定未实行名录管理,而是通过分类加以确定,只有划为安全利用类和严格管控类的才有可能需要风险管控或修复。

2. 建设用地的风险管控和修复义务及责任的特征

(1) 责任主体主要是土地使用权人或土壤污染责任人。土壤污染责任人应当按照土壤污染风险评估报告的要求,采取相应的风险管控措施,并定期向地方人民政府生态环境主管部门报告。法律规定的土壤污染责任人对建设用地的修复义务包括:编制修复方案、将修复方案报地方人民政府生态环境主管部门备案、实施修复方案。修复方案的编制自然需要遵循土壤污染风险评估报告中的修复目标、基本要求等,而且还要结合土地利用总体规划和城乡规划。地块的修复目标取决于修复完成后地块的用途,如果修复后用于原用途,可能修复成本会过于高昂,因此在必要时可以通过规划的调整对用途进行适当变更。

(2) 每一个环节都伴随行政机关的监管。地方人民政府生态环境主管部门可以根据实际情况采取下列风险管控措施:一是提出划定隔离区域的建议,报本级人民政府批准后实施;二是实施土壤及地下水污染状况监测;三是其他风险管控措施。政府采取的风险管控措施旨在运用公权力为防止人畜进入污染地块遭受损害、污染责任人实施风险管控和修复措施提供保障。

3. 建设用地的风险管控和修复责任的评估、移除名录

风险管控、修复活动完成后,土壤污染责任人应当另行委托有关单位对风险管控效果、修复效果加以评估,并将效果评估报告报地方人民政府生态环境主管部门备案。省级人民政府生态环境主管部门应当会同自然资源等主管部门对风险管控效果评估报告、修复效果评估报告组织评审,及时将达到土壤污染风险评估报告确定的风险管控、修复目标且可以安全利用的地块移出建设用地土壤污染风险管控和修复名录。未达到土壤污染风险评估报告确定的风险管控、修复目标的建设用地地块,禁止开工建设任何与风险管控、修复无关的项目。

4. 建设用地的风险管控和修复责任的法理分析

土壤污染风险管控和修复具有不确定性。与农用地不同,建设用地风险管控和修复制度更加强调土壤的合理利用,以使其价值利用最优,从而实现环境效益、经济效益与社会效益的统一。另外,法律为建设用地土壤污染责任人设定了更加严格的义务和责任。

5. 关联知识点

建设用地　建设用地的风险　土壤污染风险管控与修复　农用地的风险管控和修复

(二) 教辅资料

1. 关联法规标准

(1)《中华人民共和国土壤污染防治法》(全国人大常委会,2018 年)。

(2)《中共中央、国务院关于全面加强生态环境保护坚决打好污染防治攻坚战的意见》(中共中央、国务院,2018 年)。

(3)《农业农村部办公厅、生态环境部办公厅关于进一步做好受污染耕地安全利用工作的通知》(农业农村部、生态环境部,2019 年)。

(4)《土壤环境质量农用地土壤污染风险管控标准(试行)》(GB 15618—2018)。

(5)《土壤环境质量建设用地土壤污染风险管控标准(试行)》(GB 36600—2018)。

2. 参考阅读文献

(1) 汪劲:《环境法学》(第四版),北京大学出版社 2018 年版,第七章。

(2) 赵小波:《日本土壤污染防治立法研究》,法律出版社 2018 年版,第六章。

(3) 李静云:《土壤污染防治立法国际经验与中国探索》,中国环境出版社 2013 年版,第七章。

(撰稿人:方堃)

十四、海洋污染防治法（一般）

【教学目的与要求】

识记：海洋污染　海洋污染防治监督管理体制
领会：《海洋环境保护法》的适用范围
应用：《海洋环境保护法》的域外效力

（一）教学要点

1. "海洋污染"的含义

《中华人民共和国海洋环境保护法》（2017年修正）（以下简称《海洋环境保护法》）并未直接定义"海洋污染"，而是定义了"海洋环境污染损害"。"海洋环境污染损害"是指"直接或者间接地把物质或者能量引入海洋环境，产生损害海洋生物资源、危害人体健康、妨害渔业和海上其他合法活动、损害海水使用素质和减损环境质量等有害影响。"

2. 海洋污染防治立法的沿革

1974年国务院批准试行了《防止沿海水域污染暂行规定》，这是我国防治海洋环境污染的第一个规范性法律文件。1979年《环境保护法（试行）》对海洋环境污染防治作出了原则性规定。1982年8月，全国人大常委会通过了《海洋环境保护法》，对海洋污染防治加以明确规定，并于1999年实施了修订，又于2013年、2016年、2017年分别加以修正。

3. 《海洋环境保护法》的适用范围和域外效力

《海洋环境保护法》第2条规定：本法适用于中华人民共和国内水、领海、毗连区、专属经济区、大陆架以及中华人民共和国管辖的其他海域。在中华人民共和国管辖海域以外，造成中华人民共和国管辖海域污染的，也适用本法。

《海洋环境保护法》的域外效力，是指在中华人民共和国内水、领海、毗连区、专属经济区、大陆架以及中华人民共和国管辖的其他海域之外——例如在公海或者在其他国家管辖的海域内——造成中华人民共和国管辖海域污染的，也可以适用《海洋环境保护法》的相关规定，对行为人追责。

《海洋环境保护法》是唯一一部明确规定了域外效力的环境保护单行法。之所以规定域外效力，是因为海洋水体是流动的整体且交换频繁，尽管某些排放、倾倒污染物质的行为不发生在我国管辖海域内，但该行为产生的损害后果却直接及于我国的管辖海域，对我国海洋环境权益造成危害。[1]

---

[1] 韩德培主编：《环境保护法教程》（第八版），法律出版社2018年版，第235页。

4. 海洋污染防治监督管理体制

根据《海洋环境保护法》第 5 条的规定,我国海洋污染防治实施环境保护行政主管部门统一监督管理,其他部门分工负责的监督管理体制。

2018 年 3 月,全国人大通过的国务院机构改革方案,将国家海洋局的海洋环境保护职责转移给生态环境部,国家海洋局的其他职责划归自然资源部。2018 年 6 月,全国人民代表大会常务委员会制定了《关于中国海警局行使海上维权执法职权的决定》,授权中国海警局执行海洋生态环境保护等方面的执法任务。

5. 防治海洋污染的主要制度

我国《海洋环境保护法》规定的防治海洋污染的主要制度包括:(1)海洋环境标准制度;(2)重点海域排污总量控制制度;(3)海洋功能区划和海洋环境保护规划制度;(4)海洋环境影响评价制度;(5)海洋环境监测和监视信息管理制度;(6)海上重大污染事故应急制度;(7)海洋生态环境损害赔偿制度。

(二) 教辅资料

1. 关联法规和标准

(1)《中华人民共和国海洋环境保护法》(全国人大常委会,2017 年修正)。

(2)《中华人民共和国领海及毗连区法》(全国人大常委会,1992 年)。

(3)《中华人民共和国专属经济区和大陆架法》(全国人大常委会,1998 年)。

(4)《海洋石油勘探开发环境保护管理条例》(国务院,1983 年)。

(5)《海洋倾废管理条例》(国务院,2017 年修订)。

(6)《防止拆船污染环境管理条例》(国务院,2017 年修订)。

(7)《防治陆源污染物污染损害海洋环境管理条例》(国务院,1990 年)。

(8)《防治海岸工程建设项目污染损害海洋环境管理条例》(国务院,2018 年修订)。

(9)《防治海洋工程建设项目污染损害海洋环境管理条例》(国务院,2018 年修订)。

(10)《防治船舶污染海洋环境管理条例》(国务院,2018 年修订)。

(11)《全国人民代表大会常务委员会关于中国海警局行使海上维权执法职权的决定》(全国人大常委会,2018 年)。

(12)《全国人民代表大会常务委员会关于国务院机构改革涉及法律规定的行政机关职责调整问题的决定》(全国人大常委会,2018 年)。

(13)《国务院关于国务院机构改革涉及行政法规规定的行政机关职责调整问题的决定》(国务院,2018 年)。

(14)《海水水质标准》(GB 3097—1997)。

2. 参考阅读文献

汪劲:《环境法学》(第四版),北京大学出版社2018年版,第七章。

3. 相关案例

日本政府决定将福岛核废水排入太平洋,是否可能触发《海洋环境保护法》的域外效力?[1]

(撰稿人:严厚福)

十五、防治陆源污染物对海洋环境的污染损害(重点)

【教学目的与要求】

识记:陆源污染物的定义

领会:防治陆源污染物对海洋环境的污染损害的相关措施

应用:我国防治陆源污染物对海洋环境的污染损害的相关措施

(一) 教学要点

1. 陆源污染物的定义

陆地污染源简称陆源,是指从陆地向海域排放污染物,造成或者可能造成海洋环境污染损害的场所、设施等。陆源污染物是指由陆源排放的污染物。污染物具有毒性、扩散性、积累性、活性、持久性和生物可降解性等特征,多种污染物之间还有拮抗和协同作用。陆源污染物的种类多、排放数量大,对近岸海域环境会造成很大的有害影响。

2. 防治陆源污染物污染海洋环境的意义

防治陆源污染物污染海洋环境具有特别重要的意义。因为在排入海洋的各种污染物质中,有80%以上来自陆源。[2] 做好防治陆源污染物工作,就相当于抓住了海洋污染防治的关键。

3. 防治陆源污染物污染海洋环境的主要规定

陆源污染物的防治是需要多项环境保护法律制度共同规制的过程,如排污许可、总量控制等。除却此类共通性的污染防治法律制度,陆源污染防治的特殊性规范有以下几种:

---

[1] 《外交部发言人就日本政府决定以海洋排放方式处置福岛核电站事故核废水发表谈话》,载中国政府网,http://www.gov.cn/xinwen/2021-04/13/content_5599262.htm,最后访问日期:2022年8月19日。

[2] 韩德培主编:《环境保护法教程》(第八版),法律出版社2018年版,第237页。

一、入海排污口控制。《海洋环境保护法》第 30 条规定,入海排污口位置的选择,应当根据海洋功能区划、海水动力条件和有关规定,经科学论证后,报设区的市级以上人民政府环境保护行政主管部门备案。备案后应及时通报,且重点区域不得新建排污口。另外,应尽量设置深海离岸排污口。设置入海排污口的批准部门是环境保护行政主管部门。由于设置入海排污口涉及海域使用、养殖业和船舶航行安全,所以环境行政主管部门在批准设置入海排污口之前,必须征求海洋、海事、渔业行政主管部门和军队环境主管部门的意见。

二、防治河流入海污染。入海河流的管理部门是沿海省、自治区、直辖市人民政府环境保护行政主管部门和水行政主管部门,其职责是按照水污染防治有关法律的规定,加强入海河流的管理,防治污染,使入海口处的水质处于良好的状态。"按照水污染防治有关法律的规定",是指《水污染防治法》及其实施细则等的规定。"使入海口处的水质处于良好状态",是指使该水质符合《地表水环境质量标准(GB 3838—2002)》。

三、排污申报制度,与排污许可制度相衔接协调。主要包括了三项重要内容:(1)申报内容。排放陆源污染物的单位,必须向环境保护行政主管部门申报拥有的陆源污染物排放设施、处理设施和在正常作业条件下排放陆源污染物的种类、数量和浓度,并提供防治海洋环境污染方面的有关技术和资料。(2)变更申报。排放陆源污染物的种类、数量和浓度有重大改变的,必须及时申报。(3)事先同意。拆除或者闲置陆源污染物处理设施的,必须事先征得海洋行政主管部门的同意。

四、排放种类的具体限制。完全禁止排放的有:油类,酸液,碱液,剧毒废液和高、中水平放射性废水,含有不易降解的有机物和重金属的废水,未经处理不符合标准的含病原体的医疗污水、生活污水和工业废水,未经处理的热废水。特定区域严格控制排放的有:含有机物和营养物质的工业废水、生活污水。一律严格控制的有低水平放射性废水。

五、禁止经我国内水、邻海转移危废,经其他海域转移的,必须取得国务院环境保护行政主管部门的书面同意。

4. 陆源污染防治的国际区域合作机制

自 1974 年以来,联合国环境规划署(UNEP)发起的区域海洋项目(Regional Seas Programme)为世界上 140 多个沿海国家和地区提供了极好的区域内合作契机,并为区域治理构建了许多有代表性的治理机制。这些机制虽然体现在不同的区域治理模式中,但具有机制共性,是海洋区域污染治理中的重要制度。自 20 世纪 80 年代以来,东亚海国家陆续成立了多个区域性组织来保护海洋环境。中国加入了三个相关政府间区域性海洋环境保护组织,分别是西北太平洋行动计划(Northwest Pacific Action Plan,简称 NOWPAP),东亚海共同体(Coordinating Body on the Seas of East Asia,简称 COBSEA),东亚海环境管理合作伙伴(Partnerships in Environmental Management for the Seas of East Asia,简称 PEMSEA)。

NOWPAP 于 1995 年开始生效,目前确立的 6 项优先行动项目包括:设立区域监控和评估体系;开发对公众实施环保教育的网络;针对石油以及化学物品溢漏的应急计划;筹备区域战略计划,消除陆基污染;设立保护海洋以及海岸生物多样性的区域项目;依据生态系统方法发起可持续管理海洋生物资源的项目。①

COBSEA 与 PEMSEA 推动了区域内沿海国家地区(特别是发展中国家地区)的海洋环境保护工作,也为这些国家或地区海洋环境保护制度的发展提供了参考与借鉴。自区域性陆源污染行动计划实施以来,东亚海区域行动对这一区域的海洋陆源污染防治工作产生了积极的影响与作用,为东亚海区域一些国家行动计划的接纳、制订、实施等提供了交流平台与制度保障。②

5. 当前防治陆源污染物法律制度运行中存在的问题

我国陆源污染物防治存在政策导向性明显、以被动的末端监管及点源污染防治为主、陆源污染物防治成本负担的非均衡性等问题。③

在制度运行层面,《海洋环境保护法》第 30 条对入海排污口的设置与管理提出了明确要求,但全国人大常委会执法检查组发现,入海排污口设置不规范、监管不严等问题较为突出。一是入海排污口底数不清,相关职能部门对入海排污口认定不一致,入海排污口监管较为混乱。海南、上海等多地上报的入海排污口数量与国家海洋督察中排查出的入海污染源数量存在较大差距,大量入海污染源未纳入监管。二是入海排污口审批把关不严,非法设置和不合理设置排污口问题比较突出。不少地方违规下放排污口审批,一些排污口设置在保护区,有的未按环境影响评价(以下简称"环评")要求深海排放。三是事中事后监管不到位,达标排放率较低。④

2019 年,生态环境部对环渤海 3600 千米岸线及沿岸 2 千米区域的入河、入海排污口开展了全面排查。2020 年 1 月 17 日,在生态环境部例行新闻发布会

---

① 张相君:《西北太平洋区域海洋环境保护法律制度的构建》,载《大连海事大学学报(社会科学版)》,2011 年第 3 期,第 71—75、84 页。
② 戈华清:《论中国在东亚海陆源污染防治区域合作中的角色》,载《区域环境资源综合整治和合作治理法律问题研究——2017 年全国环境资源法学研讨会(年会)论文集》,第 21—29 页。
③ 戈华清、蓝楠:《我国海洋陆源污染的产生原因与防治模式》,载《中国软科学》2014 年第 2 期,第 22—31 页。
④ 沈跃跃:《全国人民代表大会常务委员会执法检查组关于检查〈中华人民共和国海洋环境保护法〉实施情况的报告——2018 年 12 月 24 日在第十三届全国人民代表大会常务委员会第七次会议上》,载《中国人大》2019 年第 1 期,第 14 页。

上,生态环境部总工程师兼水生态环境司司长张波表示,此次全面排查共发现渤海入海排污口近 1.9 万个,与之前地方掌握的排污口数量相比增加约 25 倍。①

6. 关联知识点

环境污染防治法　排污许可制度　环境标准制度　《联合国海洋法公约》总量控制制度

(二) 教辅资料

1. 关联法规标准

(1)《防治陆源污染物污染损害海洋环境管理条例》(国务院,1990 年)。

(2)《陆源入海排污口及邻近海域环境监测与评价技术规程(试行)》(国家海洋局,2015 年)。

2. 参考阅读文献

汪劲:《环境法学》(第四版),北京大学出版社 2018 年版,第七章。

3. 相关案例

石斑鱼养殖场违法设置入海排污口行政处罚争议案②

(撰稿人:刘继琛　严厚福)

十六、防治海洋工程建设项目对海洋环境的污染损害(一般)

【教学目的与要求】

识记:海洋工程建设项目的定义

领会:我国防治海洋工程建设项目对海洋环境的污染损害的相关制度措施

应用:违反海洋工程建设项目的环境保护要求的法律后果

(一) 教学要点

1. 海洋工程建设项目的定义

海洋工程建设项目是指在海岸线以下施工兴建的各类海洋工程建设项目。根据《防治海洋工程建设项目污染损害海洋环境管理条例》的规定,海洋工程的具体内容和范围又包括以下几类工程:(一) 围填海、海上堤坝工程;(二) 人工

---

① 《生态环境部:长江排查出 6 万多排污口比地方掌握的多 30 倍》,载百家号,https://baijiahao.baidu.com/s?id=1655955445897784190&wfr=spider&for=pc,最后访问日期:2020 年 3 月 2 日。

② (2018)琼 0271 行初 155 号。

岛、海上和海底物资储藏设施、跨海桥梁、海底隧道工程；（三）海底管道、海底电（光）缆工程；（四）海洋矿产资源勘探开发及其附属工程；（五）海上潮汐电站、波浪电站、温差电站等海洋能源开发利用工程；（六）大型海水养殖场、人工鱼礁工程；（七）盐田、海水淡化等海水综合利用工程；（八）海上娱乐及运动、景观开发工程；（九）国家海洋主管部门会同国务院环境保护主管部门规定的其他海洋工程。

2. 防治海洋工程建设项目污染海洋环境的意义

一般而言，离海岸线越远，造成海洋污染损害之后，污染所造成的损害后果就越难以消除，或者需要付出更大的成本。因此，相对于陆源污染物以及海岸工程造成的污染，防治海洋工程建设项目造成污染是更具"性价比"的工作。防治海洋工程建设项目造成污染应当更为严格地贯彻"预防原则"。

3. 防治海洋工程建设项目污染海洋环境的重点工作

在海洋环境污染中，由海上石油开发导致的溢油污染以及填海造地是最常见、最受关注的污染类型。所以，防治海洋工程建设项目污染海洋环境的重点工作就是防治海上石油开发导致的溢油污染和填海造地等海洋工程造成的海洋污染和生态破坏。

针对海洋工程，建设单位在选用材料时必须实行"预防原则"，对可能含有超标放射性和易溶出有害有毒物质的材料进行检验，确保海洋工程建设项目所使用材料的放射性物质或有毒有害物质的含量符合国家相关规定。

针对海洋溢油污染，建设单位必须在技术和管理上采取有效措施，防止溢油事故的发生。技术改进是防止溢油事故的重要预防措施之一，例如采用先进钻井技术，可减少井喷事故的发生。在防止溢油事故的管理中，除了严格操作程序，明确岗位责任，强化防范意识外，海上石油开发单位必须编制溢油污染应急计划，配备与开发规模相适应的设备和器材。

4. 防治海洋工程建设项目污染海洋环境的制度措施

防治海洋工程建设项目对海洋环境污染损害的主要措施包括：第一，海洋工程建设项目应当符合各类海洋环境保护规划，遵守环评制度和"三同时"制度。第二，海洋工程建设项目建设不得使用含超标准放射性物质或者易溶出有毒有害物质的材料。第三，海洋石油勘探开发及输油过程中，必须采取有效措施，避免溢油事故的发生。勘探开发海洋石油，必须按有关规定编制溢油应急计划，报国家海洋行政主管部门的海区派出机构备案。

5. 关联知识点

海洋污染防治法　环境影响评价制度　总量控制制度　预防原则　三同时制度

(二) 教辅资料

1. 关联法规标准

(1)《中华人民共和国海洋环境保护法》(全国人大常委会,2017 年修正)。

(2)《中华人民共和国环境影响评价法》(全国人大常委会,2018 年修正)。

(3)《建设项目环境保护管理条例》(国务院,2017 年)。

(4)《防治海洋工程建设项目污染损害海洋环境管理条例》(国务院,2018 年修订)。

(5)《海洋石油勘探开发环境保护管理条例》(国务院,1983 年)。

(6)《对外合作开采海洋石油资源条例》(国务院,2013 年修订)。

(7)《海洋石油勘探开发环境保护管理条例实施办法》(国土资源部,2016 年修正)。

(8)《国家海洋局关于印发〈海洋工程环境影响评价管理规定〉的通知》(国家海洋局,2008 年)。

(9)《国家海洋局关于印发〈国家海洋局海洋工程环境影响报告书核准程序(暂行)办法〉的通知》(国家海洋局,2006 年)。

2. 参考阅读文献

汪劲:《环境法学》(第四版),北京大学出版社 2018 年版,第七章。

3. 相关案例

三亚新机场投资建设有限公司填海造地未批先建被责令恢复原状案[1]

(撰稿人:严厚福)

十七、防治倾倒废弃物对海洋环境的污染损害(一般)

【教学目的与要求】

识记:海洋倾废区的定义

领会:我国防治倾倒废弃物对海洋环境的污染损害的相关措施

应用:海洋倾废区的类型

(一) 教学要点

1. 向海洋倾倒废弃物的定义

向海洋倾倒废弃物,是指通过船舶、航空器、平台或者其他载运工具,向海洋

---

[1] 琼环罚决字〔2020〕3 号。

处置废弃物和其他有害物质的行为,包括弃置船舶、航空器、平台及其辅助设施和其他浮动工具的行为。

倾倒以处置废弃物为目的,包括以下四个方面的内容:(1) 通过船舶、航空器、平台或其他载运工具将废弃物或其他物质在海洋中进行的任何故意处置;(2) 将船舶、航空器、平台及其辅助设施或其他载运工具在海洋中进行的任何故意处置;(3) 通过船舶、航空器、平台或其他载运工具将废弃物或其他物质在海床及其底土中进行的任何贮藏;(4) 为了达到故意处置的目的在现场对平台或其他海上人工构造物进行的任意弃置或任意贮藏,如海上开采油气的平台在海上的弃置。但是,倾倒不包括以下三种情况:(1) 将船舶、航空器、平台及其他载运工具和设施在正常操作过程中所产生或伴生的废弃物或其他物质在海洋中处置,如机舱污水、平台采出水等的排放(本法其他章的条款对这些废弃物的排放作了相应规定);(2) 在海洋中并非为单纯的物质处置而放置物质,如电缆、管道和海洋科研调查装置等;(3) 处置或贮藏直接产生于海床矿物资源的勘探、开发和相关近海加工或与此有关的废物或其他物质。

2. 可以向海洋倾倒的废物的类型

根据《海洋倾废管理条例实施办法》(2017 年修订,以下简称《条例实施办法》)第 5 条的规定,废弃物依据其性质可分为一、二、三类废弃物。一类废弃物是指列入《海洋倾废管理条例》(2017 年修订,以下简称《条例》)附件一的物质,该类废弃物禁止向海洋倾倒。除非在陆地处置会严重危及人类健康,而海洋倾倒是防止威胁的唯一办法时可以例外。二类废弃物是指列入《条例》附件二的物质和附件一第一、三款属"痕量沾污"或能够"迅速无害化"的物质。三类废弃物是指未列入《条例》附件一、附件二的低毒、无害的物质和附件二第一款,其含量小于"显著量"的物质。未列入《条例》附件一、附件二的物质,在不能肯定其海上倾倒无害时,须事先开展评价,确定该物质类别。

3. 海洋倾废区的类型

根据《条例实施办法》第 7 条的规定,海洋倾倒区分为一、二、三类倾倒区,试验倾倒区和临时倾倒区。一、二、三类倾倒区是为处置一、二、三类废弃物而相应确定的,其中一类倾倒区是为紧急处置一类废弃物而确定的。试验倾倒区是为倾倒试验而确定的(使用期不超过两年)。临时倾倒区是因工程需要等特殊原因而划定的一次性专用倾倒区。

4. 防治倾倒废弃物对海洋环境的污染损害的法律规定

防治倾倒废弃物对海洋环境的污染损害的主要措施包括:第一,需要倾倒废弃物的单位,应根据其倾倒废弃物的具体情况申领许可证,获得许可证后方可按照许可证规定的条件倾倒,并向批准部门报告倾倒情况。第二,禁止中华人民共和国境外的废弃物在中华人民共和国管辖海域倾倒。第三,禁止在海上焚烧废弃物。第四,禁止在海上处置放射性废弃物或者其他放射性物质。

5. 关联知识点

海洋污染防治法　环境许可　环境影响评价制度　环境规划　环境监测制度

(二) 教辅资料

1. 关联法规标准

(1)《中华人民共和国海洋环境保护法》(全国人大常委会,2017年修正)。

(2)《防止倾倒废物及其他物质污染海洋的公约》(1985年生效)。

(3)《〈防止倾倒废物及其他物质污染海洋的公约〉1996年议定书》(2006年生效)。

(4)《海洋倾废管理条例》(国务院,2017年修订)。

(5)《海洋倾废管理条例实施办法》(国土资源部,2017年修正)。

(6)《海洋倾倒区监测技术规程》(国家海洋局,2002年)。

(7)《国家海洋局关于印发〈海洋倾废记录仪管理规定〉的通知》(国家海洋局,2011年)。

(8)《国家海洋局关于印发〈倾倒区管理暂行规定〉的通知》(国家海洋局,2003年)。

(9)《海洋倾倒区选划技术导则》(HY/T 122—2009)。

2. 参考阅读文献:

汪劲:《环境法学》(第四版),北京大学出版社2018年版,第七章。

3. 相关案例

广州市宏鸿土石方工程有限公司向海洋非法倾倒废弃物案[①]

(撰稿人:严厚福)

十八、防治船舶及有关作业活动对海洋环境的污染损害(一般)

【教学目的与要求】

了解: 我国防治船舶及有关作业活动对海洋环境的污染损害的相关措施

识记: 防治船舶及有关作业活动对海洋环境的污染损害的相关措施

---

① (2017)粤72行初2号。

(一) 教学要点

1. 船舶及有关作业活动可能对海洋环境造成的污染

随着我国船舶数量和吨位大大增加,船舶营运中产生的船舶垃圾、生活污水、含油污水等船舶污染物也越来越多,这些污染物可能对海洋环境造成严重污染。据统计,自 1998 年至 2008 年,在我国管辖海域共发生 733 起船舶污染事故,这些污染事故给我国海洋环境造成了巨大的损害。[①] 因此,需要对船舶及有关作业活动实行严格控制,防止其对海洋环境造成污染。在加强对船舶向海洋排放污染物的监管的同时,还要加强对船舶污染物接收单位接收船舶污染物之后的监管,避免造成二次污染。

2. 当前防治船舶及有关作业活动对海洋环境的污染损害存在的问题

全国人大常委会执法检查组指出:目前我国防治船舶及其有关作业活动污染海洋环境领域还存在一些不足。部分地方与港口相连的市政排污管网建设滞后,港口污染物接收设施与城市公共转运、处置设施衔接不畅,船舶含危险化学品污染物及生活污水的接收设施不完善,岸线溢油应急清除能力和回收处置能力建设相对滞后。一些港口陆上污染物接收处置费用偏高,船舶违法排放污染物追究不力,偷排超排现象较为普遍。[②]

3. 防治船舶及有关作业活动对海洋环境的污染损害的法律规定

防治船舶及有关作业活动对海洋环境的污染损害的主要规定包括:(1)禁止违反规定排放污染物。(2)船舶必须配置相应的防污设备和器材。(3)船舶必须按照有关规定持有防治海洋环境污染的证书与文书。(4)船舶申报、评估和核准制度。(5)船舶油污保险、油污损害赔偿基金制度。(6)港口、码头、装卸站和船舶修造厂的污染防治义务。(7)海难事故应急制度和海上污染报告制度。

4. 船舶油污损害民事责任保险制度和船舶油污损害赔偿基金制度

责任保险、责任赔偿基金能够有效实现损害赔偿责任的社会化承担。在一旦发生损害,损害赔偿金额普遍较为高昂的行业中,责任保险和责任赔偿基金制度能起到及时赔偿、避免责任人赔偿负担无限扩大的作用。《防治船舶污染海洋环境管理条例》第 51 条规定,除 1000 总吨以下载运非油类物质的船舶无须投保外,航行于中国管辖海域内的其他船舶均需投保船舶油污损害民事责任保险或

[①] 《法制办就〈防治船舶污染海洋环境管理条例〉答问》,载中国新闻网,https://www.chinanews.com/gn/news/2009/09-16/1869996.shtml,最后访问日期:2021 年 5 月 28 日。

[②] 沈跃跃:《全国人民代表大会常务委员会执法检查组关于检查〈中华人民共和国海洋环境保护法〉实施情况的报告—2018 年 12 月 24 日在第十三届全国人民代表大会常务委员会第七次会议上》,载《中国人大》2019 年第 1 期,第 14 页。

取得相应的财务担保,不论其是国际航行船舶还是国内航行船舶。第 54 条规定,在中国管辖水域接收海上运输的持久性油类物质(包括原油、燃料油、重柴油、润滑油等持久性烃类矿物油)货物的货物所有人或者代理人应当缴纳船舶油污损害赔偿基金。

5. 关联知识点

海洋污染防治法　防治倾倒废弃物污染海洋环境　环境责任保险制度　环境行政处罚

(二) 教辅资料

1. 关联法规和标准

(1)《防治船舶污染海洋环境管理条例》(国务院,2018 年修订)。

(2)《最高人民法院关于审理船舶油污损害赔偿纠纷案件若干问题的规定》(最高人民法院,2020 年修正)。

(3)《船舶油污损害民事责任保险实施办法》(交通运输部,2013 年修正)。

(4)《财政部、交通运输部关于印发〈船舶油污损害赔偿基金征收使用管理办法〉的通知》(财政部、交通运输部,2012 年)。

(5)《交通运输部、财政部关于印发〈船舶油污损害赔偿基金征收使用管理办法实施细则〉的通知》(交通运输部、财政部,2014 年)。

(6)《船舶水污染物排放控制标准》(GB 3552—2018)。

(7)《国际油污损害民事责任公约》及其 1992 年议定书(该公约于 1980 年生效,议定书于 2000 年生效)。

(8)《国际防止船舶造成污染公约》及其 1978 年议定书(1983 年生效)。

(9)《国际油污防备、反应和合作公约》(1998 年生效)。

2. 参考阅读文献

汪劲:《环境法学》(第四版),北京大学出版社 2018 年版,第七章。

3. 相关案例

洋山港海事局、普罗旺斯船东 2008-1 有限公司海难救助合同纠纷[①]

（撰稿人：严厚福）

[①] (2018)最高法民再 369 号。

第三章 有毒有害物质环境管理

一、固体废物污染环境防治法(一般)

【教学目的与要求】

了解:固体废物的含义 《中华人民共和国固体废物污染环境防治法》的立法沿革、法律原则和监管体制

识记:固体废物 防治固体废物污染环境的原则 我国防治固体废物污染环境的监督管理体制

(一) 教学要点

1. "固体废物"和"固体废物污染"的含义

根据《中华人民共和国固体废物污染环境防治法》(以下简称《固体废物污染环境防治法》)第124条的规定,固体废物是指在生产、生活和其他活动中产生的丧失原有利用价值或者虽未丧失利用价值但被抛弃或者放弃的固态、半固态和置于容器中的气态的物品、物质以及法律、行政法规规定纳入固体废物管理的物品、物质。经无害化加工处理,并且符合强制性国家产品质量标准,不会危害公众健康和生态安全,或者根据固体废物鉴别标准和鉴别程序认定为不属于固体废物的除外。我国《固体废物污染环境防治法》所要控制和防治的固体废物,主要包括工业固体废物、生活垃圾、建筑垃圾、农业固体废物以及危险废物五大类。

固体废物污染是指因对固体废物处置不当而使其进入环境,从而导致危害人体健康或财产安全,以及破坏自然生态系统、造成环境质量恶化的现象。

2.《固体废物污染环境防治法》名称的由来

固体废物污染与大气污染、水污染有所不同,大气污染、水污染中的大气和水是指环境要素,而固体废物自身便是污染物,所以一般称之为"固体废物污染环境防治法",而不是"固体废物污染防治法"。

3.《固体废物污染环境防治法》的历史沿革

1979年的《环境保护法(试行)》,除了对矿产资源的综合利用作出规定外,还规定要防治工矿企业和城市生活产生的废渣、粉尘、垃圾等对环境造成的污染和危害。

1995年10月全国人大常委会通过了《固体废物污染环境防治法》。2004年

全国人大常委会又对《固体废物污染环境防治法》开展了修订,并于 2013 年、2015 年和 2016 年实施了三次修正,在 2020 年 4 月又开展了第二次修订工作。第二次修订后的《固体废物污染环境防治法》的条文从 91 条增加到 126 条。

4. 防治固体废物污染环境的原则

2020 年修订的《固体废物污染环境防治法》第 4 条规定:固体废物污染环境防治坚持减量化、资源化和无害化的原则。第 5 条规定:固体废物污染环境防治坚持污染担责的原则。由此可见,防治固体废物污染环境的原则包括:(1)减量化、资源化和无害化原则;(2)污染担责原则。

5. 我国防治固体废物污染环境的监督管理体制

2020 年修订的《固体废物污染环境防治法》第 9 条规定了固体废物污染环境防治监督管理体制:(1)国务院生态环境主管部门对全国固体废物污染环境防治工作实施统一监督管理。(2)国务院发展改革、工业和信息化、自然资源、住房城乡建设、交通运输、农业农村、商务、卫生健康、海关等主管部门在各自职责范围内负责固体废物污染环境防治的监督管理工作。(3)地方人民政府生态环境主管部门对本行政区域固体废物污染环境防治工作实施统一监督管理。(4)地方人民政府发展改革、工业和信息化、自然资源、住房城乡建设、交通运输、农业农村、商务、卫生健康等主管部门在各自职责范围内负责固体废物污染环境防治的监督管理工作。

6. 关联知识点

固体废物污染环境防治法　减量化、再利用和资源化　环境监督管理体制

(二) 教辅资料

1. 关联法规标准

(1)《中华人民共和国固体废物污染环境防治法》(全国人大常委会,2020 年修订)。

(2)《城市市容和环境卫生管理条例》(国务院,2017 年修订)。

(3)《危险废物经营许可证管理办法》(国务院,2016 年修订)。

(4)《医疗废物管理条例》(国务院,2011 年修订)。

(5)《废弃电器电子产品回收处理管理条例》(国务院,2019 年修订)。

(6)《报废机动车回收管理办法》(国务院,2019 年)。

(7)《畜禽规模养殖污染防治条例》(国务院,2013 年)。

(8)《城市建筑垃圾管理规定》(建设部,2005 年)。

(9)《再生资源回收管理办法》(商务部,2019 年修正)。

(10)《城市生活垃圾管理办法》(住房和城乡建设部,2015 年修正)。

(11)《粉煤灰综合利用管理办法》(国家发改委等,2013 年修订)。

（12）《废弃电器电子产品处理资格许可管理办法》（环境保护部,2010年）。
（13）《废弃电器电子产品处理基金征收使用管理办法》（财政部等,2012年）。
（14）《废弃电器电子产品处理目录（2014年版）》（国家发改委等,2015年）。
（15）《国务院办公厅关于印发〈"无废城市"建设试点工作方案〉的通知》（国务院办公厅,2018年）。

2. 参考阅读文献

汪劲：《环境法学》（第四版），北京大学出版社2018年版，第八章。

3. 相关案例

上海永玺环境科技有限公司启东分公司诉江苏启东市环境保护局行政处罚争议案[①]

（撰稿人：严厚福）

二、防治工业固体废物污染环境（重点）

【教学目的与要求】

了解：我国防治工业固体废物污染环境的相关法律规定

识记：工业固体废物的概念

领会：产生工业固体废物的单位变更 终止后污染防治责任的承担

（一）教学要点

1. 工业固体废物的含义

工业固体废物，是指在工业生产活动中产生的固体废物。参照《一般工业固体废物贮存、处置场污染控制标准》（GB 18599—2001），一般工业固体废物是指未被列入《国家危险废物名录》或者根据国家规定的GB5085鉴别标准和GB5086及GB/T15555鉴别方法判定不具有危险特性的工业固体废物。工业固体废物包括冶炼废渣、粉煤灰、炉渣、煤矸石、尾矿、脱硫石膏、污泥等主要类别以及其他废物。

2. 我国工业固体废物防治存在的问题

我国工业固体废物防治存在的突出问题包括：一是工业固体废物减量化、资源化利用相对滞后。二是废物利用过程风险控制标准缺失。三是扶持政策协同

---

① (2015)通中环行终字第0002号。

性、系统性不够。四是固体废物非法进口和加工利用环节违法问题突出。①

3. 治理工业固体废物的根本途径

治理工业固体废物的根本途径是推进资源节约集约循环利用,推动资源利用方式根本转变:一是加快推动传统产业改造升级;二是大力推动循环发展;三是强化技术标准引领;四是加强行业规范管理;五是推动绿色矿山建设;六是严格落实固体废物进口管理制度改革精神要求,严厉打击固体废物进口和加工利用过程中的环境违法行为,加大国内再生资源回收利用行业清理整顿力度,全面提升固体废物综合利用水平。②

4. 防治工业固体废物污染环境的法律规定

根据《固体废物污染环境防治法》的规定,宏观政策层面,淘汰落后工艺,采用先进工艺,推动工业固体废物综合利用。国务院工业和信息化主管部门会同相关部门发布综合利用的导向目录。地方政府应制定工业固体废物污染防治规划,组织建设集中处置设施。

在工业固体废物污染预防环节,实行落后工艺、设备的限期淘汰名录制度。名录、淘汰期限由国务院工业和信息化主管部门会同有关部门公布。名录中的设备不得转让。

我国的工业固体废物污染,很大程度上是由于落后的生产工艺和设备造成的。这些落后的生产工艺和设备的大量使用,使我国的工业固体废物产生量和排放量居高不下,其危害性也很难通过源头控制,并加大了末端处置的压力。在工业固体废物处置环节,工业固体废物产生者建立健全工业固体废物产生、收集、贮存、运输、利用、处置全过程的污染环境防治责任制度,建立工业固体废物管理台账;委托他人运输、利用、处置工业固体废物的,应当对受托方的主体资格和技术能力加以核实,依法签订书面合同,在合同中约定污染防治要求;应当取得工业固体废物排污许可证;对暂时不利用或者不能利用的,应当建设贮存设施、场所,安全分类存放,或者采取无害化处置措施。

固体废物污染环境防治的减量化、资源化和无害化原则(简称"三化"原则),首先是减量化,即尽可能减少固体废物的产生。而要做到这一点,就需要企业事业单位积极推行清洁生产,采取改进设计、使用清洁的能源和原料、采用先进的工艺技术和设备、改善管理等措施,从源头削减污染,提高资源利用效率,减少或者避免生产过程中工业固体废物的产生和排放,减轻或消除对人类健康和环境

---

① 张德江:《全国人民代表大会常务委员会执法检查组关于检查〈中华人民共和国固体废物污染环境防治法〉实施情况的报告——2017 年 11 月 1 日在第十二届全国人民代表大会常务委员会第三十次会议上》,载中国人大网,http://npc.people.com.cn/n1/2017/1102/c14576-29622406.html,最后访问日期:2022 年 8 月 17 日。

② 同上。

的影响。

企业事业单位应当合理选择和利用原材料、能源和其他资源,采用先进的生产工艺和设备,减少工业固体废物产生量,降低工业固体废物的危害性。采用什么样的原材料、能源和生产工艺,在市场经济条件下,原本是由企业事业单位自己决定的。但国家出于保护环境和资源、实现经济和社会可持续发展的需要,往往通过法律等手段对企业事业单位加以适当限制,引导和要求企业事业单位走清洁生产和循环经济之路。

实践证明,企业事业单位实行清洁生产,不仅可以减少工业固体废物的产生量,还可以为其带来很大的经济效益,比如节约原材料和能源的消耗,提高生产率,降低运行成本,提高产品竞争力,降低工业固体废物末端处置的费用等等。因此,企业事业单位应当充分认识到这一点,采取措施积极予以实施。

《固体废物污染环境防治法》对矿山开采中的污染防治工作作出了特别规定:一是规定了国家应对先进工艺和综合利用采取鼓励措施;二是特别指出开采结束后,矿山企业具有封场等环境保护义务。

按照污染者依法负责的原则和相关规定,矿山企业负有以下具体污染防治义务:

第一,减少尾矿、煤矸石、废石等矿业固体废物的产生量和贮存量。

要防止矿业固体废物污染环境,一个根本的原则是贯彻固体废物减量化的原则,减少废物的产生量和贮存量。为此,矿山企业应当采取措施,消除或减少开采和洗选过程中产生的各种矿业固体废物。这一要求有两层含义:(1)矿山企业在矿山开采和矿物洗选的过程中,应当采取科学的开采方法和先进的选矿工艺,尽可能多地将矿业固体废物转变为可利用的矿产资源,减少废物的产生量。比如,有很多铅、锌、铜、镍等矿是共生的,可以采用综合冶炼工艺,避免其中某些有色金属矿物成为固体废物。(2)矿山企业还应当加强矿业固体废物的综合回收利用,尤其是要大力推行清洁生产和循环经济,采用科学的工艺和技术,减少废物的贮存量,实现固体废物的资源化。从我国目前的实际情况看,对矿业固体废物的处置以贮存和填埋为主,这不仅占用了大量土地,而且容易造成二次污染。

第二,矿业固体废物贮存设施停止使用后应当按规定封场。

我国矿业废物综合利用的程度还比较低,造成矿业废物贮存量常年居高不下。按照有关规定,贮存固体废物必须建设符合标准的贮存设施。一旦由于种种原因,这些贮存设施停止使用了,矿山企业应当进行封场。所谓封场,是指将矿业固体废物的贮存设施予以封闭,停止其使用,并禁止人员等随意进入。封场要遵守国家有关环境保护的规定,采取相应的污染防治措施,不得造成环境污染或生态破坏。矿山企业应设置标志物,注明关闭或封场时间以及有关注意事项。部分矿业固体废物贮存设施关闭时,表面还应当覆盖一层天然土壤。封场后,渗滤液及其处理后的排放水的监测系统应继续维持正常运转,直至水质稳定为止。

5. 产生工业固体废物的单位变更、终止后污染防治义务与责任的承担

工业固体废物污染防治相关法律义务的履行,不受排放单位变更、存废的影响。《固体废物污染环境防治法》建立了完善的义务、责任承担制度。

产生工业固体废物的单位终止的,应当在终止前对工业固体废物的贮存、处置的设施、场所采取污染防治措施,并对未处置的工业固体废物作出妥善处置,防止污染环境。

产生工业固体废物的单位发生变更的,变更后的单位应当按照国家有关环境保护的规定对未处置的工业固体废物及其贮存、处置的设施、场所实施安全处置或者采取有效措施保证该设施、场所安全运行。变更前当事人对工业固体废物及其贮存、处置的设施、场所的污染防治责任另有约定的,从其约定;但是,不得免除当事人的污染防治义务。

另外,为解决环境法律规范不断变动背景下法律溯及力的问题,《固体废物污染环境防治法》一方面规定由政府承担2005年4月1日前已经终止的单位的相关固体废物治理费用,另一方面也加重了土地相关权利人的法律义务。即规定中,通过合法转让途径获取土地使用权的受让人也应相应负有土地污染防治的义务和责任。《土壤污染防治法》同样规定,在土壤污染责任人无法认定时,由土地使用权人承担风险管控和修复的义务及相关责任。以上规范均体现了对土壤污染的严格管控,提升土地利用相关主体应尽的注意义务程度。

6. 关联知识点

环境标准制度　减量化、再利用和资源化　固体废弃物污染环境防治法

(二) 教辅资料

1. 关联法规标准

(1)《中华人民共和国固体废物污染环境防治法》(全国人大常委会,2020年修订)。

(2)《工业固体废物资源综合利用评价管理暂行办法》(工信部,2018年)。

(3)《粉煤灰综合利用管理办法》(国家发改委等,2013年修订)。

2. 参考阅读文献

汪劲:《环境法学》(第四版),北京大学出版社2018年版,第八章。

3. 相关案例

庆堂工业(大连)有限公司违法堆放固体废物案[①]

(撰稿人:严厚福　吕爽)

---

① (2019)辽02行终465号。

三、防治生活垃圾污染环境(一般)

【教学目的与要求】

了解:我国防治生活垃圾污染环境的相关法律规定

识记:生活垃圾分类制度

(一) 教学要点

1. 生活垃圾的含义

生活垃圾具有产生量大,成分复杂,含有大量有机质,容易滋生大量细菌及散发恶臭等特点。生活垃圾处理行业分析指出,生活垃圾的主要组成成分包括煤灰、厨渣、果皮、塑料、落叶、织物、木材、玻璃、陶瓷、皮革和纸张以及少量的电池、药用包装材料铝箔、SP 复合膜/袋、橡胶等。

生活垃圾处理行业定义及分类指出,生活垃圾处理专指日常生活或者为日常生活提供服务的活动所产生的固体废弃物以及法律法规所规定的视为生活垃圾的固体废物的处理,包括生活垃圾的源头减量、清扫、分类收集、储存、运输、处理、处置及相关管理活动。[①]

2. 我国生活垃圾污染防治存在的问题

我国人口数量多,密度大,经济发展水平不高且不均衡,基础设施建设薄弱。因此,尽管我国人均生活垃圾产生量比发达国家少,但总量很大,减量化、资源化、无害化水平比较低,垃圾危害严重。经过多年努力,我国基本实现了城市生活垃圾统一收集处理,但城乡接合部的"垃圾围城"现象还比较突出,大部分垃圾没有固定消纳场所,存在无序乱倒现象。生活垃圾分类探索了多年,尚未取得实质性突破,公众参与分类意识薄弱,一些居民区的垃圾分类设施形同虚设,基本上还是"混合倾倒、混合清运、混合堆放、混合处理"的状况。垃圾焚烧、填埋设施在布局和选址上普遍遭遇"邻避"困境,易引发群体性事件。相比城市环境,农村更是薄弱环节,环保基础设施严重不足,全国只有43%的村庄实现了生活垃圾集中收运,一些地方还出现城市垃圾"上山下乡",使农村成为垃圾集聚地。[②]

3. 生活垃圾分类制度

《固体废物污染环境防治法》第 6 条规定明确规定国家推行生活垃圾分类制

[①] 参见《生活垃圾处理行业定义及分类》,载中国报告大厅,http://www.chinabgao.com/k/shljcl/54458.html,最后访问日期:2022 年 8 月 17 日。

[②] 张德江:《全国人民代表大会常务委员会执法检查组关于检查〈中华人民共和国固体废物污染环境防治法〉实施情况的报告——2017 年 11 月 1 日在第十二届全国人民代表大会常务委员会第三十次会议上》,载中国人大网,http://npc.people.com.cn/n1/2017/1102/c14576-29622406.html,最后访问日期:2020 年 4 月 2 日。

度。为了推进生活垃圾分类,2017年3月,国务院办公厅转发了《生活垃圾分类制度实施方案》,2019年11月住房和城乡建设部发布了新版《生活垃圾分类标志》(GB/T 19095—2019),将生活垃圾分为可回收物、有害垃圾、厨余垃圾和其他垃圾四个大类,又细分为纸类、塑料、金属等十一个小类。上海、北京、广州等地方也制定了本地的垃圾分类条例。

4. 防治生活垃圾污染环境的法律规定

防治生活垃圾污染环境的法律规定主要涉及减量化、分类收集、运输、处置等环节。

在减量化环节,《固体废物污染环境防治法》规定了如下措施:发展清洁能源,减少燃料废渣等固体废物的产生量。加强产品生产和流通过程管理,避免过度包装,组织净菜上市。鼓励农村生活垃圾源头减量。产生生活垃圾的单位、家庭和个人应当依法履行生活垃圾源头减量义务。开展厨余垃圾资源化、无害化处理。

在分类收集、运输、处置环节,规定了如下措施:建立生活垃圾分类投放、分类收集、分类运输、分类处理的管理系统,禁止随意倾倒、抛撒、堆放或者焚烧生活垃圾。建立生活垃圾处理收费制度。统筹安排建设城乡生活垃圾收集、运输、处理设施,确定设施厂址,提高生活垃圾的综合利用和无害化处置水平。合理安排回收、分拣、打包网点,促进生活垃圾的回收利用工作。禁止擅自关闭、闲置或者拆除生活垃圾处理设施、场所;确有必要关闭、闲置或者拆除的,应当经所在地的市、县级人民政府环境卫生主管部门商所在地生态环境主管部门同意后核准,并采取防止污染环境的措施。生活垃圾处理单位应当按照国家有关规定,安装使用监测设备,实时监测污染物的排放情况,将污染排放数据实时公开。监测设备应当与所在地生态环境主管部门的监控设备联网。

5. 关联知识点

环境标准制度　环境监督管理　环境规划制度　无害化处理

(二) 教辅资料

1. 关联法规标准

(1)《中华人民共和国固体废物污染环境防治法》(全国人大常委会,2020年修订)。

(2)《城市市容和环境卫生管理条例》(国务院,2017年修订)。

(3)《城市生活垃圾管理办法》(住房和城乡建设部,2015年修正)。

(4)《生活垃圾分类制度实施方案》(国家发展改革委、住房和城乡建设部,2017年)。

(5)《生活垃圾填埋场污染控制标准》(GB 16889—2008)。

（6）《生活垃圾焚烧污染控制标准》（GB 18485—2014）。

2. 参考阅读文献

汪劲：《环境法学》（第四版），北京大学出版社2018年版，第八章。

（撰稿人：严厚福）

四、防治建筑垃圾、农业固体废物等污染环境（一般）

【教学目的与要求】

了解：我国防治建筑垃圾、农业固体废物等污染环境的相关法律规定

识记：建筑垃圾、农业固体废物的概念、限塑令

领会：电器电子、铅蓄电池、车用动力电池等产品的生产者责任延伸制度

（一）教学要点

1. 建筑垃圾、农业固体废物的含义

建筑垃圾，是指建设单位、施工单位新建、改建、扩建和拆除各类建筑物、构筑物、管网等，以及居民装饰装修房屋过程中产生的弃土、弃料和其他固体废物。

根据《农业固体废物污染控制技术导则（HJ588—2010）》，农业固体废物，是指在农业生产活动中产生的固体废物，主要来自植物种植业、动物养殖业及农用塑料残膜等。

2. 我国建筑垃圾、农业固体废物等污染防治中存在的问题

目前我国建筑垃圾主要采取外运、填埋和露天堆放等方式处理，不但占用大量土地资源，还产生有害成分和气体，造成地下水、土壤和空气污染，危害生态环境和人民健康。[①] 在农业固体废物污染方面，当前，我国有近40%的畜禽粪污没有得到有效处理和利用，局部地区"白色污染"问题严重，废弃农药包装物缺乏收集处理渠道，成为农业面源污染、黑臭水体和农村环境问题的重要源头。[②]

与此同时，我国废弃电子电器、废弃机动车船、产品包装物、不可降解塑料袋、酒店一次性清洁用品、城镇污水处理设施产生的污泥、实验室固体废物等固体废物导致的环境污染问题也比较严重，需要从法律制度上作出回应。

[①] 《抓好建筑垃圾源头减量 推进城乡建设绿色发展——部工程质量安全监管司、城市建设司负责人解读〈意见〉和〈手册〉》，载住建部官网，http://www.mohurd.gov.cn/zxydt/202005/t20200515_245447.html，最后访问日期：2022年8月20日。

[②] 张德江：《全国人民代表大会常务委员会执法检查组关于检查〈中华人民共和国固体废物污染环境防治法〉实施情况的报告——2017年11月1日在第十二届全国人民代表大会常务委员会第三十次会议上》，载中国人大网，http://npc.people.com.cn/n1/2017/1102/c14576-29622406.html，最后访问日期：2022年8月20日。

3. 防治建筑垃圾、农业固体废物等污染环境的法律规定

2020年新修订的《固体废物污染环境防治法》新增了第五章"建筑垃圾、农业固体废物等"。

对于建筑垃圾，规定了政府应当建立建筑垃圾分类处理制度，推进建筑垃圾源头减量，建立建筑垃圾回收利用体系，推动建筑垃圾综合利用产品应用，建立建筑垃圾全过程管理制度。

对于农业固体废物，规定产生秸秆、废弃农用薄膜、农药包装废弃物等农业固体废物的单位和其他生产经营者，应当采取回收利用和其他防止污染环境的措施。从事畜禽规模养殖应当及时收集、贮存、利用或者处置养殖过程中产生的畜禽粪污等固体废物。

对于废弃电子电器、废弃机动车船，规定国家建立电器电子、铅蓄电池、车用动力电池等产品的生产者责任延伸制度。

对于产品包装物，规定产品和包装物的设计、制造，应当遵守国家有关清洁生产的规定。生产经营者应当遵守限制商品过度包装的强制性标准，避免过度包装。生产、销售、进口依法被列入强制回收目录的产品和包装物的企业，应当按照国家有关规定对该产品和包装物实施回收。电子商务、快递、外卖等行业应当优先采用可重复使用、易回收利用的包装物，优化物品包装，减少包装物的使用，并积极回收利用包装物。

4. 关联知识点

生产者责任延伸制度　固体废物污染环境防治法　环境标准制度　环境行政处罚

(二) 教辅资料

1. 关联法规标准

(1)《中华人民共和国固体废物污染环境防治法》(全国人大常委会,2020年修订)。

(2)《废弃电器电子产品回收处理管理条例》(国务院,2019年修订)。

(3)《报废机动车回收管理办法》(国务院,2019年)。

(4)《废弃电器电子产品处理资格许可管理办法》(环境保护部,2010年)。

(5)《废弃电器电子产品处理目录(2014年版)》(国家发改委等,2015年)。

(6)《城市建筑垃圾管理规定》(建设部,2005年)。

(7)《住房和城乡建设部关于推进建筑垃圾减量化的指导意见》(住房和城乡建设部,2020年)。

(8)《国务院办公厅关于限制生产销售使用塑料购物袋的通知》(国务院办公厅,2007年)。

（9）《国家发展改革委、生态环境部关于进一步加强塑料污染治理的意见》（国家发展改革委、生态环境部，2020年）。

（10）《废弃电器电子产品处理基金征收使用管理办法》（财政部等，2012年）。

（11）《建筑垃圾处理技术标准》（CJJ/T 134—2019）。

2. 参考阅读文献

汪劲：《环境法学》（第四版），北京大学出版社2018年版，第八章。

3. 相关案例

污水处理设施产生的污泥污染如何防治？[①]

（撰稿人：严厚福）

五、防治危险废物污染环境（重点）

【教学目的与要求】

了解：我国防治危险废物污染环境的相关法律规定

识记：危险废物的含义

领会：危险废物转移联单制度

（一）教学要点

1. 危险废物的含义及概况

危险废物，是指列入国家危险废物名录或者根据国家规定的危险废物鉴别标准和鉴别方法认定的具有危险特性的固体废物。工业危险废物产生于99个行业，重点有20个行业，其中化学原料及化学制造业产生的危险废物占总量的40%。另外，社会生活中也产生了大量废弃的含有镉、汞、铅、镍等的废电池和日光灯管等危险废物。危险废物对人体健康和环境有着严重的危害，必须将其作为防治的重点，比一般固体废物污染防治采取更为严格的管理措施。通过立法对危险废物污染环境防治作出严格规定，是各国控制危险废物污染环境的基本措施和固体废物污染防治立法的共同经验和通行惯例，也是有关国际公约的主要内容。

2. 对危险废物实施更严格管理的法理依据

危险废物的所谓危险特性，主要是指毒性、腐蚀性、易燃性、反应性、感染性、

[①] 参见《全国每年3000万吨污泥恐将产生二次污染》，载人民网，http://env.people.com.cn/n1/2018/0213/c1010-29823111.html，最后访问日期：2022年8月20日。

放射性等。因此,危险废物对人体健康和生态环境可能造成的危害明显要比一般的固体废物更严重。因此需要对危险废物实施更严格的管理,以避免或减少危险废物对人体健康和生态环境造成的危害。

3. 我国危险废物污染防治中存在的问题

当前,我国危险废物管理工作中还存在不少薄弱环节,亟待加以改进。一是危险废物底数不清。二是现有危险废物管理制度不完善。三是地方政府治理和监管责任落实不到位。[①]

4. 危险废物名录制度

危险废物名录管理是指对危险废物按危害性质加以分类并按种类、名称汇集,制定目录(或称一览表、清单),予以公布实施的管理措施,凡列入名录的废物,即属于应予以严格控制和重点管理的危险废物,亦被称为"废物清单"或"危险废物黑名单"。对危险废物实行重点控制与管理,既要严格,也应合理,必须要有一定的合理的管制范围。

2021年,生态环境部、国家发改委、公安部等部门公布了最新版的《国家危险废物名录》。

5. 防治危险废物污染环境的法律规定

危险废物污染环境防治属于固体废物污染环境防治的一部分,其他特殊的法律规定体现在以下几个方面:

第一,政府的法定职责方面,国务院生态环境主管部门应当会同国务院有关部门制定国家危险废物名录,规定统一的危险废物鉴别标准、鉴别方法、识别标志和鉴别单位管理要求。省级人民政府应当合理布局危险废物集中处置设施、场所,确保本行政区域的危险废物得到妥善处置。县级以上地方人民政府应当组织建设危险废物集中处置设施、场所。

第二,对于生产者而言,危险废物污染环境防治的特殊法律义务主要是危险废物管理台账和报告制度。此外,危险废物处置责任遵循"产生者处置"的原则,产生者应当承担对其所产生的危险废物加以适当处置的义务,这是产生者的产生危险废物行为所导致的直接的必然的法律后果(法定义务)。

第三,危险废物经营者的义务。从事收集、贮存、利用、处置危险废物经营活动的单位,应当按照国家有关规定申请取得许可证。收集、贮存危险废物,应当按照危险废物特性分类实施。贮存危险废物必须采取符合国家环境保护标准的防护措施,贮存危险废物不得超过一年。禁止将危险废物混入非危险废物中贮

---

① 张德江:《全国人民代表大会常务委员会执法检查组关于检查〈中华人民共和国固体废物污染环境防治法〉实施情况的报告——2017年11月1日在第十二届全国人民代表大会常务委员会第三十次会议上》,载中国人大网,http://npc.people.com.cn/n1/2017/1102/c14576-29622406.html,最后访问日期:2020年4月2日。

存。收集、贮存、运输、利用、处置危险废物的单位,应当按照国家有关规定,投保环境污染责任保险。

第四,危险废物转移者的义务。转移危险废物的,应当按照国家有关规定填写、运行危险废物电子或者纸质转移联单。跨省、自治区、直辖市转移危险废物的,应当向危险废物移出地省、自治区、直辖市人民政府生态环境主管部门申请。未经批准的,不得转移。运输危险废物,应当采取防止污染环境的措施,并遵守国家有关危险货物运输管理的规定。禁止将危险废物与旅客在同一运输工具上载运。

第五,危险废物应急制度。产生、收集、贮存、运输、利用、处置危险废物的单位,应当依法制定意外事故的防范措施和应急预案,并向所在地生态环境主管部门和其他负有固体废物污染环境防治监督管理职责的部门备案。在发生事故或突发性事件时,造成污染的单位应立即采取措施并向居民通报,向有关部门报告。

第六,禁止危险废物越境转移的规定。禁止经中华人民共和国过境转移危险废物。危险废物过境转移是指一国途经我国境内或管辖的其他区域向第三国转移危险废物的活动。

第七,医疗废物污染环境防治制度。医疗废物按照国家危险废物名录管理。发生重大传染病疫情等突发性事件时,医疗危险废物的收集、贮存等工作由县级以上人民政府负责协调保障。

第八,危险废物识别标志。危险废物识别标志制度是指用文字、图像、色彩等综合形式,表明危险废物的危险特性,以便于识别和分类管制的制度。设置统一的危险废物识别标志有利于方便和严格管制危险废物,这也是国际通行的做法,我国已加入的《控制危险废物越境转移及其处置巴塞尔公约》(简称《巴塞尔公约》)中就明确要求设置危险废物识别标志。

6. 关联知识点

环境许可　环境标准制度　排污许可制度　环境侵权责任　环境行政处罚

(二) 教辅资料

1. 关联法规标准

(1)《中华人民共和国固体废物污染环境防治法》(全国人大常委会,2020年修订),第99条。

(2)《国家危险废物名录(2021年版)》(生态环境部等,2020年)。

(3)《危险废物经营许可证管理办法》(国务院,2016年修订)。

(4)《全国人民代表大会常务委员会关于批准〈控制危险废物越境转移及其处置巴塞尔公约〉的决定》(全国人大常委会,1991年)。

(5)《危险废物焚烧污染控制标准》(GB 18484—2020)。
(6)《危险废物填埋污染控制标准》(GB 18598—2019)。
(7)《危险废物鉴别标准通则》(GB 5085.7—2019)。

2. 参考阅读文献

汪劲:《环境法学》(第四版),北京大学出版社 2018 年版,第八章。

3. 相关案例

山东中天金属科技有限公司未经批准擅自转移危险废物案[①]

(撰稿人:严厚福　吕爽)

六、生产者责任延伸制度(一般)

【教学目的与要求】

了解:"生产者责任延伸制度"的含义

领会:我国"生产者责任延伸制度"的适用对象

(一) 教学要点

1. 生产者责任延伸制度的含义

根据国务院办公厅印发的《生产者责任延伸制度推行方案》(国办发〔2016〕99号)的规定,生产者责任延伸制度是指将生产者对其产品承担的资源环境责任从生产环节延伸到产品设计、流通消费、回收利用、废物处置等全生命周期的制度。实施生产者责任延伸制度,是加快生态文明建设和绿色循环低碳发展的内在要求,对推进供给侧结构性改革和制造业转型升级具有积极意义。

2. 生产者责任延伸制度的法理依据

生产者责任延伸制度最早确立于德国的《包装物法令》之中,被认为是"污染者负担原则"的具体体现。就产品在其整个生命周期对于环境的影响而言,生产者居于核心地位。让生产者承担其产品的整个生命周期的主要责任,可以从源头上改变产品在其整个生命周期对环境的影响能力,并且在经济上、技术上更容易判断。更重要的是,与人数众多、踪迹难觅的消费者相比,由产品的生产者承担责任,在规制上具有可操作性。[②]

3. 生产者责任延伸制度的适用对象

《固体废物污染环境防治法》第66条规定:国家建立电器电子、铅蓄电池、车

---

① (2019)鲁0306行初18号。
② 马洪:《论社会法的实现机制——以生产者延伸责任立法为视角》,载《学术月刊》2014年第11期,第83页。

用动力电池等产品的生产者责任延伸制度。电器电子、铅蓄电池、车用动力电池等产品的生产者应当按照规定以自建或者委托等方式建立与产品销售量相匹配的废旧产品回收体系,并向社会公开,实现有效回收和利用。

国务院办公厅印发的《生产者责任延伸制度推行方案》提出:综合考虑产品市场规模、环境危害和资源化价值等因素,率先确定对电器电子、汽车、铅酸蓄电池和包装物等4类产品实施生产者责任延伸制度。

根据上述法律和政策规定,目前我国生产者责任延伸制度的适用对象包括电器电子、铅蓄电池、车用动力电池、汽车、包装物等产品。

4. 生产者责任延伸制度的责任范围

根据《生产者责任延伸制度推行方案》的要求,生产者责任延伸制度的责任范围主要包括:(1)开展生态设计,(2)使用再生原料,(3)规范回收利用,(4)加强信息公开。

5. 违反生产者责任延伸制度的法律后果

《固体废物污染环境防治法》并未明确规定违反生产者责任延伸制度的法律后果。《废弃电器电子产品回收处理管理条例》《报废机动车回收管理办法》也只对回收者的法律责任加以规定。缺少其他主体法律责任的规定,可能使得生产者责任延伸制度缺乏制度保障。为了更好地促进生产者责任延伸制度的实施,我国应当尽快在法律层面上规定违反生产者责任延伸制度的法律后果。

6. 关联知识点

损害担责原则　减量化、再利用和资源化　《民法典》企业旧物回收义务

(二) 教辅资料

1. 关联法规标准

(1)《中华人民共和国固体废物污染环境防治法》(全国人大常委会,2020年修订)。

(2)《废弃电器电子产品回收处理管理条例》(国务院,2019年修订)。

(3)《报废机动车回收管理办法》(国务院,2019年)。

(4)《再生资源回收管理办法》(商务部等,2019年修正)。

(5)《废弃电器电子产品处理资格许可管理办法》(环境保护部,2010年)。

(6)《废弃电器电子产品处理目录(2014年版)》(国家发改委等,2015年)。

(7)《国务院办公厅关于印发〈生产者责任延伸制度推行方案〉的通知》(国务院办公厅,2016年)。

(8)《废弃电器电子产品处理基金征收使用管理办法》(财政部等,2012年)。

(9)《生态环境部办公厅、发展改革委办公厅、工业和信息化部办公厅等关

于印发〈废铅蓄电池污染防治行动方案〉的通知》(生态环境部等,2019年)。

2. 参考阅读文献

唐绍均:《生产者责任延伸制度研究》,中国政法大学出版社2011年版,第四章。

3. 相关案例

我国铅蓄电池生产者责任延伸制度如何落实?[①]

(撰稿人:严厚福)

七、化学物质监管法(重点)

【教学目的与要求】

识记:化学物质(化学品)　农药、化学品监管立法　危险化学品监管体制　农药监管体制

领会:化学品风险规制　危险化学品监管原则　农药管理的基本原则

应用:危险化学品监管过程　农药监管过程

(一) 教学要点

1. 基本概念

化学品(化学物质),是指天然或者通过化学反应过程获得的化学元素及其化合物。地球上的化学物质千千万,且随着科学技术发展而不断有新物质产生,因此,不可能巨细靡遗一一介绍,而只就应用广泛、影响显著的两类物质做重点介绍:危险化学品和农药。

危险化学品是指具有毒害、腐蚀、爆炸、燃烧、助燃等性质,对人体、设施、环境具有危害的剧毒化学品和其他化学品。

农药是指用于预防、消灭或者控制危害农业、林业的病、虫、草和其他有害生物以及有目的地调节植物、昆虫生长的化学合成或者来源于生物、其他天然物质的一种物质或者几种物质的混合物及其制剂。

2. 相关法律规范

我国当前关于化学品监管的法律规范众多,分散在十多部行政法规和规章之中,还有一些政策性和指导性文件,如《关于全面加强危险化学品安全生产工作的意见》《重点环境管理危险化学品环境风险防控管理计划》《危险化学品安全

---

① 参见《生态环境部2019年3月例行新闻发布会实录》,载生态环境部官网,https://www.mee.gov.cn/xxgk2018/xxgk/xxgk15/201903/t20190329_697819.html,最后访问日期:2022年8月20日。

综合治理方案》等。

我国是农药生产与使用的大国,因而我国在20世纪50年代就颁布了关于农药管理的规定。历经70年的发展,现行关于农药的法律主要有《中华人民共和国农业法》与《中华人民共和国农产品质量安全法》,两部法律从合理、安全使用农药的角度做了基本要求。关于农药监管的详尽规范是《农药管理条例》,同时,还有各种配套规定和标准。

我国关于化学品监管的立法显现出两大特点:一是法律相当分散。这可能源于将化学品做了众多的分类,包括危险化学品、易制毒化学品、监控化学品、消耗臭氧层物质、新化学物质等,然后针对每一类化学品来立法。二是法律效力层级不高,没有统一立法,体现为大量的行政法规和规章。

3. 化学品监管的理念

现代社会是风险社会,其特点在很大程度上由化学品所塑造。因此,化学品的监管理念也应从传统行政调控或警察规制理念转向风险规制理念。首先,在风险主体上,既要强调政府的风险管理,又要关注公众风险防范能力的提高;其次,在防控过程上,应将风险评估、风险沟通和风险决策贯彻于全过程;最后,在风险管制手段上可以采取信息规制、激励型规制等非禁令手段,既可实现意欲达到的规制目标,同时也能降低行政管理成本和减少对经济活动的过度干预。

4. 化学品监管的原则

《关于全面加强危险化学品安全生产工作的意见》提出危险化学品监管的原则为"管行业必须管安全、管业务必须管安全、管生产经营必须管安全"和"谁主管谁负责"原则。这一原则旨在严格落实相关部门在危险化学品各环节安全监管上的责任,实现全主体、全品种、全链条安全监管。

农药管理的基本原则是鼓励和支持研制、生产、使用安全、高效、经济的农药。实行这一原则旨在科学、合理、安全使用农药,避免不计后果地大量盲目施药,充分发挥农药的有益效能,减少副作用,使农药使用最终既在经济上有效,又能符合人体健康和生态保护的要求。

5. 化学品监管体制

化学品没有统一的监管部门,而是按照化学品的市场运行过程来分部门监管。按照《危险化学品安全管理条例》第6条的规定,负有危险化学品安全监管职责的部门有十个之多。中共中央办公厅、国务院办公厅于2020年2月印发的《关于全面加强危险化学品安全生产工作的意见》提出,"应急管理部门承担危险化学品安全综合监督管理兜底责任"。

我国农药监管采用农业部门主管、其他有关部门在各自职责范围分管的体制。2018年机构改革之后,农业部门的面源污染治理职责划归生态环境部。

6. 化学品监管的基本内容

按照市场运行过程,危险化学品监管包括以下内容:项目控制、目录管理、生产经营许可、贮存管理、经营管理、运输和装卸管理以及化学品污染事故应急等。

为从源头上优化化工企业布局,预防和减少事故发生,有关部门在编制危险化学品生产、贮存的行业规划、产业规划和区域布局时,应当开展安全评估,对产业定位、规划布局、经济规模、企业准入条件等提出建议。设立化工园区应当符合有关人民政府产业规划和国土空间规划等要求,并按照管理权限报经省级人民政府或者国务院批准。

危险化学品生产、贮存企业应建立安全风险研判与承诺公告制度,不得使用应当淘汰的危及安全生产的工艺、技术及设备设施,并进一步严格落实危险化学品生产、贮存、销售、运输、研发的安全管理。

农药监管基本遵循产品生命周期来做全过程的监管,包括试验阶段的登记,生产、经营、使用的登记,农药生产许可,农药产品质量监管,农药经营监管,农药安全使用监管,农药使用安全事故应急等阶段。

7. 关联知识点

生态环境监管体制 放射性物质全过程监管制度 环境行政许可 突发事件应急制度

(二)教辅资料

1. 关联法规标准

(1)《中华人民共和国农业法》(全国人大常委会,2012年修正)。

(2)《中华人民共和国农产品质量安全法》(全国人大常委会,2018年修正)。

(3)《消耗臭氧层物质管理条例》(国务院,2018年修订)。

(4)《易制毒化学品管理条例》(国务院,2018年修订)。

(5)《危险化学品安全管理条例》(国务院,2013年修订)。

(6)《监控化学品管理条例》(国务院,2011年修订)。

(7)《农药管理条例》(国务院,2022年修订)。

(8)《新化学物质环境管理登记办法》(生态环境部,2020年)。

(9)《易制爆危险化学品治安管理办法》(公安部,2019年)。

(10)《〈监控化学品管理条例〉实施细则》(工业和信息化部,2018年)。

(11)《消耗臭氧层物质进出口管理办法》(生态环境部,2019年修正)。

(12)《农药登记管理办法》(农业农村部,2022年修订)。

(13)《农药生产许可管理办法》(农业农村部,2018年修正)。

(14)《农药经营许可管理办法》(农业农村部,2018年修正)。

(15)《农药标签和说明书管理办法》(农业部,2017年)。

(16)《农药登记试验管理办法》(农业农村部,2022 年修订)。

(17)《农药使用安全事故应急预案》(农业部,2012 年)。

(18)《危险化学品生产企业安全生产许可证实施办法》(国家安全生产监督管理总局,2017 年修正)。

(19)《危险化学品安全使用许可证实施办法》(国家安全生产监督管理总局,2017 年修正)。

(20)《危险化学品输送管道安全管理规定》(国家安全生产监督管理总局,2015 年修正)。

(21)《危险化学品重大危险源监督管理暂行规定》(国家安全生产监督管理总局,2015 年修正)。

(22)《危险化学品建设项目安全监督管理办法》(国家安全生产监督管理总局,2015 年修正)。

(23)《危险化学品登记管理办法》(国家安全生产监督管理总局,2012 年)。

(24)《危险化学品经营许可证管理办法》(国家安全生产监督管理总局,2015 年修正)。

(25)《中国受控消耗臭氧层物质清单》(生态环境部等,2021 年修订)。

(26)《危险化学品目录(2015 版)》(国家安全生产监督管理总局等,2015 年)。

(27)《危险化学品目录(2015 版)实施指南(试行)》(国家安全生产监督管理总局等,2015 年)。

(28)《生态环境部办公厅、农业农村部办公厅关于印发〈农业面源污染治理与监督指导实施方案(试行)〉的通知》(生态环境部、农业农村部,2021 年)。

(29)《农药合理使用准则》(1—10)(GB/T 8321.1—10,2000—2018)。

2. 参考阅读文献

汪劲:《环境法学》(第四版),北京大学出版社 2018 年版,第八章。

3. 相关案例

天津港"8·12"特别重大火灾爆炸事故[①]

(撰稿人:汪再祥)

八、电磁辐射防治法(一般)

【教学目的与要求】

识记:电磁辐射污染　电磁辐射监管体制

[①] 《天津港"8·12"瑞海公司危险品仓库特别重大火灾爆炸事故调查报告》,载中国政府网,http://www.gov.cn/foot/2016-02/05/5039788/files/460731d8cb4c4488be3bb0c218f8b527.pdf,最后访问日期:2022 年 8 月 20 日。

领会：电磁环境控制限值

（一）教学要点

1. 基本概念

电磁辐射是指以电磁波形式通过空间传播的能量流，且限于非电离辐射，包括信息传递中的电磁波发射，工业、科学、医学应用中的电磁辐射，高压送变电中产生的电磁辐射。

电磁辐射污染是指人类发射或者应用电磁辐射，造成改变环境电磁辐射水平，使环境质量恶化，危害人体健康或者破坏生态环境的现象。电磁辐射污染源主要有五大类：一是广播电视系统发射设备；二是通讯、雷达及导航系统无线发射设备；三是工业、科学和医疗系统射频设备；四是高压电力系统设备；五是交通系统电磁辐射设备。

电磁辐射污染主要有6大危害：是造成儿童白血病的原因之一；能够诱发癌症并加速人体的癌细胞增殖；影响人的生殖系统，主要表现为男子精子质量降低，孕妇发生自然流产，胎儿容易畸形；可导致儿童智力残缺；影响人的心血管系统；对人的视觉系统有不良影响。

电磁辐射与电离辐射的性质完全不同，前者没有放射性，对环境的影响是物理量，不积累、不扩散，影响范围、大小和后果明确，防止超标的措施明确（主要在于如何控制距离）。

2. 相关法律规范

在国家立法层面，我国将电离和电磁辐射分开立法。1997年，国家环保总局针对电磁辐射污染防治专门制定了《电磁辐射环境保护管理办法》。在《环境保护法》《环境影响评价法》都先后修订，《无线电管理条例》等业已制定之后，该办法为2019年通过的《生态环境部关于废止、修改部分规章的决定》所废止。

关于电磁辐射污染防治的现行有效的专门规范主要是《电磁环境控制限值》（GB 8702—2014）。该标准是对《电磁辐射防护规定》（GB 8702—88）和《环境电磁波卫生标准》（GB 9175—88）的整合修订。

值得注意的是，在地方立法层面，各省纷纷颁布"辐射污染防治条例"，将电磁辐射和电离辐射作了一体化的规定。例如，2007年制定的《江苏省辐射污染防治条例》（2018年修正），2011年制定的《黑龙江省辐射污染防治条例》（2018年修正），2014年制定的《山东省辐射污染防治条例》等。

3. 电磁辐射监管体制

生态环境主管部门依照《环境保护法》《环境影响评价法》对电磁辐射污染防治工作实施监督管理。同时，由于电磁应用分布于不同行业，各行业主管部门对所管行业中的电磁应用实施业务监管。

电磁辐射监管不免涉及监管权限重叠问题,除了通过议事协调机制或报共同上级部门来解决外,还有一个解决办法是联合发布标准。例如,《电磁环境控制限值》就是由当时的环境保护部和国家质量监督检验检疫总局联合发布。

4. 电磁环境控制限值

电磁环境控制限值是指电磁环境中控制公众曝露的电场、磁场、电磁场(1 Hz~300 GHz)的场量限值。《电磁环境控制限值》规定了公众曝露控制限值及其评价方法和相关设施(设备)的豁免范围。同时,《电磁环境控制限值》鼓励产生电场、磁场、电磁场设施(设备)的所有者遵循预防原则,在满足标准限值的前提下,积极采取有效措施,降低公众曝露程度。

5. 关联知识点

放射性污染防治法　核安全法　环境标准制度　环境影响评价制度

(二) 教辅资料

1. 关联法规标准

《电磁环境控制限值》(GB 8702—2014)。

2. 参考阅读文献

汪劲:《环境法学》(第四版),北京大学出版社2018年版,第八章。

3. 相关案例

通信基站辐射案[①]

(撰稿人:汪再祥)

---

① (2018)苏0214民初2851号。

第四章 物质循环促进法

一、循环经济促进法（一般）

【教学目的与要求】
识记：循环经济的含义 《循环经济促进法》的立法沿革
领会：《循环经济促进法》的指导思想 违反《循环经济促进法》的法律后果

（一）教学要点

1. 循环经济的含义

根据《中华人民共和国循环经济促进法》（以下简称《循环经济促进法》）第2条的规定，循环经济是指在生产、流通和消费等过程中进行的减量化、再利用、资源化活动的总称。减量化是指在生产、流通和消费等过程中减少资源消耗和废物产生。再利用是指将废物直接作为产品或者经修复、翻新、再制造后继续作为产品使用，或者将废物的全部或者部分作为其他产品的部件予以使用。资源化是指将废物直接作为原料进行利用或者对废物进行再生利用。

循环经济的本质，是通过资源的循环利用，最大限度地减少终端污染物。对于污染防治而言，循环经济是一种更加有效的"治本"之道。

在治理环境污染的过程中，人们逐渐意识到：末端治理无论从经济成本上还是环境保护上来说都是不合算的，因此逐渐接受并开始践行源头治理和全过程治理的理念。"源头治理"在实践中的体现就是清洁生产，"全过程治理"在实践中的体现就是循环经济。

循环经济和清洁生产的目标都是尽量减少污染物的产生，清洁生产实现这一目标的手段主要是源头治理，而循环经济实现这一目标的手段是通过循环利用的方式把原本属于"废物"的物质转换为"原料"，从而最大限度地减少终端污染物。在这个意义上，可以说清洁生产是循环经济的初级阶段，是实现循环经济的基础，而循环经济是清洁生产的高级阶段。[①]

2. 《循环经济促进法》的立法沿革

2005年3月，胡锦涛主席在中央人口资源环境工作会议上指出，要"大力宣

---

① 参见周珂等主编：《环境与资源保护法》（第四版），中国人民大学出版社2019年版，第55—56页。

传循环经济理念,加快制定《循环经济促进法》"。2005 年 7 月,国务院发布了《关于加快发展循环经济的若干意见》。2005 年 12 月,全国人大常委会决定将制定循环经济法纳入第十届全国人大常委会立法计划。2008 年 8 月 29 日,第十一届全国人大常委会第四次会议通过了《循环经济促进法》。2018 年 10 月 26 日第十三届全国人大常委会第六次会议对《循环经济促进法》加以修改,主要是根据国务院机构改革方案修改了一些行政主管部门的名称。

3. 《循环经济促进法》的指导思想

《循环经济促进法》的指导思想主要体现在如下几个方面:一是坚持减量化优先的原则。二是突出重点,着力解决能耗高、污染重等影响我国循环经济发展的重大问题。三是法律规范要有力度,对高消耗、高排放的行为要有硬约束。同时,通过制定一系列的激励政策,为企业或个人按照循环经济的要求进行生产和生活的活动提供指导规范,支持和推动企业等有关主体大力发展循环经济。四是在生产、流通和消费的各个环节,注重发挥政府、企业和公众以及行业协会等主体在发展循环经济中的积极性,形成推进循环经济发展的整体合力。①

4. 违反《循环经济促进法》的法律后果

作为"促进法",《循环经济促进法》规定的大多数都是鼓励性的措施,因此并没有相应的法律责任。但《循环经济促进法》也规定了一些强制性的义务,例如《循环经济促进法》第 23 条和第 54 条规定:在国务院或者省、自治区、直辖市人民政府规定的期限和区域内,禁止生产、销售和使用粘土砖。违反该禁令的,由县级以上地方人民政府指定的部门责令限期改正;有违法所得的,没收违法所得;逾期继续生产、销售的,由地方人民政府市场监督管理部门依法吊销营业执照。

(二) 教辅资料

1. 关联法规标准

(1)《中华人民共和国循环经济促进法》(全国人大常委会,2018 年修正)。

(2)《中华人民共和国清洁生产促进法》(全国人大常委会,2012 年修正)。

(3)《废弃电器电子产品回收处理管理条例》(国务院,2019 年修订)。

(4)《再生资源回收管理办法》(商务部,2019 年修正)。

(5)《粉煤灰综合利用管理办法》(国家发改委、科技部等,2013 年修订)。

(6)《煤矸石综合利用管理办法》(国家发改委、科技部等,2014 年修订)。

---

① 孙佑海:《推动循环经济促进科学发展——〈中华人民共和国循环经济促进法〉解读》,载《求是》2009 年第 6 期,第 54 页。

(7)《国家发展改革委、财政部、环境保护部、国家统计局关于印发〈循环经济发展评价指标体系(2017年版)〉的通知》(国家发展改革委、财政部等,2016年)。

(8)《国务院关于印发循环经济发展战略及近期行动计划的通知》(国务院,2013年)。

2. 参考阅读文献

(1)孙佑海等:《〈循环经济促进法〉及其实施问题研究》,中国社会科学出版社2015年版,第二章。

(2)孙佑海、张蕾等编著:《中国循环经济法论》,科学出版社2008年版,第一章。

(撰稿人:严厚福)

二、促进清洁生产和循环经济的制度措施(重点)

【教学目的与要求】

识记:促进清洁生产和循环经济的制度措施的含义　促进清洁生产和循环经济的制度措施的特征

领会:促进清洁生产和循环经济的制度措施的实施

应用:违反促进清洁生产和循环经济的制度措施的法律后果

(一) 教学要点

1. 促进清洁生产和循环经济的制度措施的背景及含义

改革开放以来,我国的经济实现了高速发展,但是也带来了严重的环境污染和生态破坏。我国环境污染严重的根本原因在于多数企业尚未从根本上摆脱粗放经营方式,结构不合理,技术装备落后,能源原材料消耗高、浪费大,资源利用率低。为了预防污染和减轻污染对环境和公众健康的危害,国家也已经制定了多部环保方面的法律与行政法规,要求企业采取各种预防和污染治理措施,要求按照排放标准对产生的污染物加以处理后再排放。这种处理方式虽然能够取得一定的效果,但是也存在着明显的缺陷与不足:一是治理代价高,影响企业竞争力和经济效益,致使企业缺乏治理污染的主动性和积极性;二是治理技术难度大,并存在污染转移的风险;三是无助于减少生产过程中的资源浪费;四是政府行政监督管理的成本过高。

因此,为了促使保护环境与经济发展取得双赢的效果,应当促进从生产的源头实行清洁生产。大量的试点及经验证明,实施清洁生产可以节约资源,减少污染,降低污染治理设施的建设和运行费用,提高企业的经济效益和竞争能力。将污染物消除在源头和生产过程中,可以有效解决污染转移问题,从根本上减轻因经济快速发展给环境造成的巨大压力,降低生产和服务活动对环境的破坏。在我国已加入WTO的新形势下,推动实施清洁生产具有更为紧迫的意义。

为了促进清洁生产和循环经济的实施,《清洁生产促进法》第二章和《循环经济促进法》第二章分别规定了"清洁生产的推行"和"基本管理制度",即促进清洁生产和循环经济的制度措施。

《中华人民共和国清洁生产促进法》(以下简称《清洁生产促进法》)中规定的推行清洁生产的制度措施主要包括:(1)推行有利于实施清洁生产的财税政策和产业政策制度;(2)清洁生产推行规划制度;(3)落后生产技术、工艺、设备和产品限期淘汰制度;(4)政府绿色采购制度。

《循环经济促进法》的"基本管理制度"包括:(1)循环经济发展规划制度;(2)循环经济评价及考核制度;(3)强制回收名录制度;(4)重点企业能耗、水耗监督管理制度等。

2. 促进清洁生产和循环经济的制度措施的特征

由以上具体的制度类型可以看出,促进清洁生产和循环经济的制度措施的可以分为两类:由政府直接实施的制度措施,主要是宏观层面上的规划、政策、评价考核、绿色采购制度,属于战略性、引导性的制度措施;由企业直接实施的制度措施,主要是针对特定企业或者行业的带有强制性的要求,例如落后技术工艺设备产品限期淘汰、强制回收某些产品和包装物、遵守强制性能耗水耗标准等。

3. 促进清洁生产和循环经济的制度措施的实施障碍

在推行清洁生产和循环经济发展的过程中,主要存在以下障碍:

一是思想观念障碍。由于清洁生产是一个比较新的概念,因此不少单位和个人对这一概念普遍缺乏了解。大多数人只了解传统的生产和污染物处置模式,不知道存在清洁生产这样一种可以兼顾经济效益和环境效益的生产模式;有的人只将清洁生产视为单纯的环保措施,没有将其作为整个生产体系加以考虑,结果是采取消极、被动的态度对待清洁生产,将清洁生产当成企业负担;还有的人认为清洁生产是环境达标之后的目标,现阶段推行清洁生产超越国情。

二是管理障碍。管理方面的障碍体现在政府管理和企业管理两个方面。政府方面,清洁生产没有在政府的各项经济发展管理工作中得到体现,协作、推动力度不够。在政府的环境管理方面,生产建设与环境保护管理分离,许多监督管理制度偏重于末端控制。企业方面,清洁生产活动基本局限于环保部门,没有成为企业管理者的重要工作内容,致使有关管理制度难以实施,企业职工参与程度不高。

三是政策障碍。主要体现在政府鼓励、推行清洁生产的政策措施少而且力度不够。在财政、税收方面,对充分利用资源、节约资源以及废物回收利用生产的产品,几乎没有优惠措施,相反,单位产品所负担的增值税还会增加;投资建设与生产设施整合为一体的清洁生产设施无法享受财税优惠,而投资末端治理的设施却可以享受有关政策优惠等。

四是技术障碍。技术障碍主要表现在很多情况下缺乏适用的清洁生产技术,特别是对中小型企业和老企业而言,其设备陈旧、技术工艺落后,而自主开发能力又很弱,采用高新技术的能力也很弱。此外,缺乏相应的技术人才、与清洁生产相配套的监控技术不过关、科研机构对清洁生产技术和清洁产品开发能力不足等都是推行清洁生产工作中的技术障碍。

五是资金障碍。由于清洁生产未被社会各界所认识,因此企业在开展清洁生产活动时往往面临资金筹措上的困难,特别是一些中小型企业和效益不好的企业,问题更为突出。目前清洁生产的投资来源基本局限于政府技术改造项目和国际援助项目,根本无法满足企业实施清洁生产的实际需要。

六是信息障碍。信息障碍主要指企业无法全面了解有关清洁生产技术、清洁产品和废物供求的信息,从而缺乏选择采用清洁生产和生产清洁产品的机会。

4. 促进清洁生产和循环经济的主要措施

为了促进清洁生产和循环经济的发展,我国政府出台了一系列制度措施。

例如,在清洁生产和循环经济规划制度领域,工信部等制定了《工业清洁生产推行"十二五"规划》《工业绿色发展规划(2016—2020年)》,国务院制定了《循环经济发展战略及近期行动计划》。在落后生产技术、工艺、设备和产品限期淘汰制度方面,工信部发布了多批《部分工业行业淘汰落后生产工艺装备和产品指导目录》。在政府绿色采购制度方面,财政部等发布了《关于调整优化节能产品、环境标志产品政府采购执行机制的通知》。在循环经济评价及考核制度方面,国家发改委、财政部、环境保护部和国家统计局发布了《循环经济发展评价指标体系(2017年版)》。在重点企业能耗、水耗监督管理制度方面,国家质检总局制定了《高耗能特种设备节能监督管理办法》(2009年制定,国家市场监督管理总局2020年修订),国家发改委、水利部制定了《国家节水行动方案》(2019年),水利部公布了《国家级重点监控用水单位名录》(2020年)。

5. 关联知识点

强制性清洁生产审核　环境规划制度　可持续发展原则　环境标准制度　减量化、再利用和资源化

(二) 教辅资料

1. 关联法规标准

(1)《中华人民共和国循环经济促进法》(全国人大常委会,2018年修正)。

(2)《中华人民共和国清洁生产促进法》(全国人大常委会,2012年修正)。

(3)《国家发展改革委、财政部、原环境保护部、国家统计局关于印发〈循环经济发展评价指标体系(2017年版)〉的通知》(国家发改委、财政部等,2016年)。

(4)《工业和信息化部关于印发〈工业绿色发展规划(2016—2020年)〉的通知》(工业和信息化部,2016年)。

(5)《国务院关于印发循环经济发展战略及近期行动计划的通知》(国务院,2013年)。

(6)《关于调整优化节能产品、环境标志产品政府采购执行机制的通知》(财政部,2019年)。

(7)《高耗能特种设备节能监督管理办法》(国家市场监督管理总局,2020年)。

(8)《国家发展改革委、水利部关于印发〈国家节水行动方案〉的通知》(国家发改委、水利部,2019年)。

(9)《水利部关于公布国家级重点监控用水单位名录的通知》(水利部,2020年)。

(10)《国务院关于加快建立健全绿色低碳循环发展经济体系的指导意见》(国务院,2021年)。

2. 参考阅读文献

王明远:《清洁生产法论》,清华大学出版社2004年版,第三章、第四章。

(撰稿人:严厚福　吕爽)

三、强制性清洁生产审核(一般)

【教学目的与要求】

识记:清洁生产审核的含义　实施强制性清洁生产审核的企业范围

领会:强制性清洁生产审核中企业的信息公开义务

应用:违反强制性清洁生产审核义务的法律责任

(一)教学要点

1. 清洁生产审核的含义

清洁生产审核也称清洁生产审计(Cleaner Production Audit),是一套对正在运行的生产过程加以系统分析和评价的程序,通过对一家公司(工厂)的具体生产工艺、设备和操作的诊断,找出能耗高、物耗高、污染重的原因,掌握废物的种类、数量以及产生原因的详尽资料,提出如何减少有毒和有害物料的使用、产生以及废物产生的方案,经过对备选方案的技术、经济及环境可行性分析,选定可供实施的清洁生产方案的分析、评估过程。

清洁生产审核是企业实施清洁生产的一种主要技术方法,自从我国开展清洁生产工作以来,清洁生产审核就一直是这项工作的核心之一。许多清洁生产项目都是首先从清洁生产审核入手,找出污染、浪费的原因,制定相应的对策。

2. 清洁生产审核的法律法规依据

2004年,国家发改委、国家环保总局制定了《清洁生产审核暂行办法》。2016年,国家发改委、环境保护部制定了《清洁生产审核办法》,对清洁生产审核的范围、实施、组织和管理、奖励和处罚作出了更为细致的规定。

为深入开展清洁生产审核工作,国家环保总局/环境保护部分别于2005年、2008年发布了两批《需重点审核的有毒有害物质名录》,又于2010年发布了《重点企业清洁生产行业分类管理名录》;此外,环境保护部还组织编写了钢铁、化工、水泥等多个行业清洁生产审核指南,强化了清洁生产审核的可操作性。

3. 实施强制性清洁生产审核的企业范围

清洁生产审核分为自愿性审核和强制性审核。《清洁生产促进法》第27条规定:有下列情形之一的企业,应当实施强制性清洁生产审核:(一)污染物排放超过国家或者地方规定的排放标准,或者虽未超过国家或者地方规定的排放标准,但超过重点污染物排放总量控制指标的;(二)超过单位产品能源消耗限额标准构成高耗能的;(三)使用有毒、有害原料进行生产或者在生产中排放有毒、有害物质的。《清洁生产审核办法》第8条明确了上述有毒有害原料或物质的范围。

另外,实施强制性清洁生产审核的企业,应当在名单公布之日起1年内,完成本轮清洁生产审核。

4. 强制性清洁生产审核中企业的信息公开义务

根据《清洁生产审核办法》第11条的规定,实施强制性清洁生产审核的企业,应当在名单公布后1个月内,在当地主要媒体、企业官方网站或采取其他便于公众知晓的方式公布企业相关信息。此外,还规定了三类实施强制性清洁生产审核的企业应当公开的环境信息的范围。

5. 关联知识点

促进清洁生产和循环经济的制度　环境信息公开　环境标准制度　可持续发展原则

(二) 教辅资料

1. 关联法规和标准

(1)《中华人民共和国清洁生产促进法》(全国人大常委会,2012年修正)。

(2)《清洁生产审核办法》(国家发改委、环境保护部,2016年修订)。

(3)《生态环境部办公厅、国家发展和改革委员会办公厅〈关于深入推进重点行业清洁生产审核工作〉的通知》(生态环境部办公厅、发展改革委办公厅,2020年)。

(4)《生态环境部办公厅、发展改革委办公厅关于印发〈清洁生产审核评估与验收指南〉的通知》(生态环境部办公厅、发展改革委办公厅,2018年)。

(5)《工业和信息化部关于印发〈工业清洁生产审核规范〉和〈工业清洁生产实施效果评估规范〉的通知》(工业和信息化部,2015年)。

(7)《清洁生产评价指标体系编制通则(试行稿)》(国家发改委、环境保护部、工业和信息化部,2013年)。

(8)《财政部、工业和信息化部关于印发〈中央财政清洁生产专项资金管理暂行办法〉的通知》(财政部、工业和信息化部,2009年)。

(9)《需重点审核的有毒有害物质名录》(环境保护部,2008年)。

(10)《重点企业清洁生产审核评估、验收实施指南(试行)》(环境保护部,2008年)。

(11)《重点企业清洁生产行业分类管理名录》(环境保护部,2010年)。

2. 参考阅读文献

汪劲:《环境法学》(第四版),北京大学出版社2018年版,第八章。

3. 相关案例

宿迁市城东污水处理厂违反清洁生产审核义务案[①]

(撰稿人:严厚福)

四、减量化、再利用和资源化的制度措施(一般)

【教学目的与要求】

识记:减量化、再利用和资源化的含义

领会:减量化、再利用和资源化的优先顺序

应用:减量化、再利用和资源化制度措施的主要内容

(一) 教学要点

1. 减量化、再利用和资源化的含义

循环经济,是指在生产、流通和消费等过程中进行的减量化、再利用、资源化

---

① (2016)苏1302行审165号。

活动的总称。循环经济是推进可持续发展战略的一种优选模式,它强调以循环发展模式替代传统的线性增长模式,表现为以"资源—产品—再生资源"和"生产—消费—再循环"的模式有效地利用资源和保护环境,最终达到以较小发展成本获取较大的经济效益、社会效益和环境效益的效果。

2. 减量化、再利用和资源化的意义

减量化原则意在减少生产源头的资源投入,要求用尽可能少的原料与能源达到既定的生产目标或消费目的。再利用原则旨在延长产品或服务的使用时间。资源化(再循环)原则要求生产出来的产品在完成其使用功能后能重新变成可以利用的资源而不是无用的垃圾,也就是说废弃物可以再次变成资源为人所用。[①]

3. 减量化、再利用和资源化的优先顺序

我国《循环经济促进法》第 4 条规定:"发展循环经济应当在技术可行、经济合理和有利于节约资源、保护环境的前提下,按照减量化优先的原则实施。在废物再利用和资源化过程中,应当保障生产安全,保证产品质量符合国家规定的标准,并防止产生再次污染。"

4. 减量化、再利用和资源化的具体落实

《循环经济促进法》规定了落后设备、材料和产品淘汰制度,确立了产品的生态设计制度。《循环经济促进法》对服务业提出了节能、节水、节材的要求。再利用和资源化方面,对于生产过程,《循环经济促进法》规定了各类产业园区发展区域循环经济、工业固体废物综合利用、工业用水循环利用、工业余热余压等综合利用、建筑废物综合利用、农业综合利用以及对产业废物交换的要求。对于流通和消费过程,《循环经济促进法》规定了建立健全再生资源回收体系等具体要求。[②]

减量化的主要内容包括:

1. 禁止生产、进口、销售、使用淘汰的设备、材料、产品或者技术、工艺。

2. 包装设计的减量化要求。从事工艺、设备、产品及包装物设计,应当符合有关国家标准的强制性要求,并按照减少资源消耗和废物产生的要求,优先选择采用易回收、易拆解、易降解、无毒无害或者低毒低害的材料和设计方案。

3. 工业企业用油的减量化要求。国家鼓励和支持企业使用高效节油产品。内燃机和机动车制造企业应当按照国家规定的内燃机和机动车燃油经济性标准,采用节油技术,减少石油产品消耗量。

4. 开采矿产资源的减量化要求。开采矿产资源,应当统筹规划,制定合理的开发利用方案,采用合理的开采顺序、方法和选矿工艺。采矿许可证颁发机关应当对申请人提交的开发利用方案中的开采回采率、采矿贫化率、选矿回收率、

---

① 周珂等主编:《环境与资源保护法》(第四版),中国人民大学出版社 2019 年版,第 54—55 页。
② 汪劲:《环境法学》(第四版),北京大学出版社 2018 年版,第 194 页。

矿山水循环利用率和土地复垦率等指标依法开展审查;审查不合格的,不予颁发采矿许可证。

5. 建筑设计、建设、施工的减量化要求。建筑设计、建设、施工等单位应当按照国家有关规定和标准,采用节能、节水、节地、节材的技术工艺和小型、轻型、再生产品。国家鼓励利用无毒无害的固体废物生产建筑材料,鼓励使用散装水泥,推广使用预拌混凝土和预拌砂浆。

再利用和资源化的主要内容包括:

1. 各类产业园区再利用和资源化的要求:(1)县级以上人民政府应当统筹规划区域经济布局,合理调整产业结构,促进企业在资源综合利用等领域进行合作,实现资源的高效利用和循环使用。(2)各类产业园区应当组织区内的企业进行资源综合利用,促进循环经济发展。(3)国家鼓励各类产业园区的企业进行废物交换利用、能量梯级利用、土地集约利用和水的分类、循环使用,共同使用基础设施和其他有关设施。

2. 企业余热、余压的综合利用要求,企业应当采用先进或者适用的回收技术、工艺和设备,对生产过程中产生的余热、余压等进行综合利用。

3. 废物的回收与利用,包括:(1)国家支持生产经营者建立产业废物交换信息系统,促进企业交流产业废物信息。(2)国家鼓励和推进废物回收体系建设。(3)县级以上人民政府应当统筹规划建设城乡生活垃圾分类收集和资源化利用设施,建立和完善分类收集和资源化利用体系,提高生活垃圾资源化率。(4)县级以上人民政府应当支持企业建设污泥资源化利用和处置设施,提高污泥综合利用水平,防止产生再次污染。

4. 对再利用、再制造和翻新产品的要求。对废电器电子产品、报废机动车船、废轮胎、废铅酸电池等特定产品进行拆解或者再利用,应当符合有关法律、行政法规的规定。

此外,《循环经济促进法》还对工业废物的综合利用、企业用水的循环利用和再生利用、建筑废物的综合利用、农业和林业废物的综合利用提出了原则要求。

5. 违反减量化、再利用和资源化的法律后果

《循环经济促进法》对于违反减量化、再利用和资源化的行为均规定了相应的法律责任。

例如,对于违反减量化,生产、销售、使用、进口列入淘汰名录的产品、设备、技术、工艺、材料的违法行为,《循环经济促进法》第50条规定了相应的法律责任。对于违反再利用和资源化,电网企业拒不收购企业利用余热、余压、煤层气以及煤矸石、煤泥、垃圾等低热值燃料生产的电力的违法行为,第55条规定了相应的法律责任。

6. 关联知识点

总量控制制度　环境规划制度　生产者责任延伸制度　环境行政监管

(二) 教辅资料

1. 关联法规和标准

(1)《中华人民共和国循环经济促进法》(全国人大常委会,2018年修正)。

(2)《废弃电器电子产品回收处理管理条例》(国务院,2019年修订)。

(3)《再生资源回收管理办法》(商务部、国家发改委等,2019年修订)。

(4)《粉煤灰综合利用管理办法》(国家发改委、科技部等,2013年修订)。

(5)《煤矸石综合利用管理办法》(国家发改委、科技部等,2014年修订)。

(6)《国家发展改革委、财政部、环境保护部、国家统计局关于印发〈循环经济发展评价指标体系(2017年版)〉的通知》(国家发改委、财政部等,2016年)。

(7)《国家发展改革委、财政部关于印发国家循环经济试点示范典型经验的通知》(国家发改委、财政部,2016年)。

(8)《国务院关于印发循环经济发展战略及近期行动计划的通知》(国务院,2013年)。

2. 参考阅读文献

汪劲:《环境法学》(第四版),北京大学出版社2018年版,第八章。

3. 相关案例

攸县鸿发墙体材料厂因生产、销售粘土砖被关闭诉湖南省攸县人民政府行政补偿案[①]

(撰稿人:严厚福　吕爽)

---

① (2017)最高法行申6608号。

第五章 能量污染防治法

一、噪声污染防治法(一般)

【教学目的与要求】
识记:噪声污染防治法的概念
领会:噪声污染防治法的特征 噪声污染防治法的立法目的

(一) 教学要点

1. 含义

《中华人民共和国噪声污染防治法》(以下简称《噪声污染防治法》)第2条第2款规定:"本法所称噪声污染,是指超过噪声排放标准或者未依法采取防控措施产生噪声,并干扰他人正常生活、工作和学习的现象。"

噪声污染防治法,是指调整因噪声污染防治而产生的社会关系的法律规范的总称。1989年,国务院公布了专门的《中华人民共和国环境噪声污染防治条例》。在全面总结环境噪声污染防治工作经验的基础上,1996年我国制定了《中华人民共和国环境噪声污染防治法》(以下简称《环境噪声污染防治法》)。为配合机构改革的实施,2018年我国对《环境噪声污染防治法》的个别条文进行了修改。2021年,根据近年严峻的噪声污染形势,及党和国家对噪声污染防治的新要求,重新制定了《噪声污染防治法》。

2. 特征

因噪声污染所具有的无形性和多发性、局限性和暂时性、危害性及其不易评估性等特征,噪声污染防治法表现出与其他污染防治法不同的特征,在法律制度设计上更强调对该类污染的防控、对损害的救济。

3. 立法目的

依据《噪声污染防治法》第1条的规定,《噪声污染防治法》的立法目的如下:一是防治噪声污染;二是保障公众健康,以维护人类社会生产力;三是保护和改善生活环境,维护社会和谐;四是推进生态文明建设,促进经济社会可持续发展。

4. 《噪声污染防治法》的修改

一是着眼于维护最广大人民群众的根本利益,增加防治对象,扩大法律适用范围。重新界定噪声污染的内涵;将"超标并扰民"和"未依法采取防控措施并干扰他人正常生活、工作和学习"作为判断标准;将工业噪声的范围从工业设备扩大到工业生产活动中;将城市轨道交通噪声纳入到交通运输噪声防治对象中;将噪声污染防治范围由城市拓宽到涵盖农村地区。

二是着眼于满足人民群众对高质量公共服务的新需要,完善政府及其相关部门职责。如建立噪声污染防治工作协调联动机制;编制、实施声环境质量改善规划及实施方案;将噪声污染防治工作纳入县级以上国民经济和社会发展规划,纳入本级政府预算,纳入考核评价内容。

三是着眼于实现人民群众对美好生活的向往与追求,加强源头防控。如划定声环境质量标准适用区域及噪声敏感建筑物集中区域,制定、修改规划时进行环境影响评价,完善产品噪声限值制度。

四是着眼于提高人民群众的满意度,针对突出问题,加强噪声分类管理。如对工业噪声实行排污许可管理;对建筑施工噪声要求优先使用低噪声施工工艺和设备,并实施噪声自动监测。对交通运输噪声,加严达标控制要求,对造成严重污染的交通运输噪声制定噪声污染综合治理方案等。

五是着眼于充分发挥公众参与的积极作用,强化社会共治。如开展噪声污染防治法律法规和知识的宣传,鼓励宁静区域创建,新增自治管理规定。

六是着眼于回应人民群众对公平正义的新期待,强化法律责任,加大处罚力度。如完善噪声污染处罚机制,增设查封、扣押排放噪声的场所、设施、设备、工具和物品的强制措施,增加约谈主要负责人。①

5. 关联知识点

环境污染防治法　环境侵权责任　环境标准制度

(二) 教辅资料

1. 关联法规标准

(1)《中华人民共和国噪声污染防治法》(全国人大常委会,2021年)。

(2)《环境影响评价技术导则声环境》(HJ 24—2020)。

(3)《声环境质量标准》(GB 3096—2008)。

---

① 郄建荣:《生态环境部正研究起草噪声污染防治法修订草案建议稿》,载中国法院网,https://www.chinacourt.org/index.php/article/detail/2020/07/id/5336000.shtml,最后访问日期:2021年6月20日。

(4)《社会生活环境噪声排放标准》(GB 22337—2008)。

2. 参考阅读文献

(1)韩德培主编：《环境保护法教程》(第八版)，法律出版社2018年版，第十五章。

(2)张璐主编：《环境与资源保护法学》(第三版)，北京大学出版社2018年版，第十章。

(3)吕忠梅主编：《环境法》(第二版)，高等教育出版社2017年版，第七章。

3. 相关案例

周某与某公路管理处噪声污染责任纠纷案[①]

（撰稿人：方堃　吕爽）

二、工业噪声污染防治制度（一般）

【教学目的与要求】

识记：工业噪声污染防治制度的含义

领会：工业噪声排放标准　工业噪声排放申报登记制度　工业设备噪声限值

(一) 教学要点

1. 工业噪声污染防治制度的含义

工业噪声，指在工业生产活动中产生的干扰周围生活环境的声音。工业噪声污染防治制度，是指依据国家有关噪声排放的相关标准，对向工业企业周围生活环境排放噪声的行为以及对排放噪声的设备开展管理和治理规范的总称。《噪声污染防治法》主要对工业企业选址、噪声排污申报、工业设备噪声限制等内容加以了规定。

2. 工业企业选址噪声污染防治

工业企业选址应当符合国土空间规划以及相关规划要求，防止工业噪声污染。在噪声敏感建筑物集中区域，禁止新建排放噪声的工业企业；改建、扩建工业企业的，应当采取有效措施防止工业噪声污染。

3. 工业噪声排放的许可、登记管理

排放工业噪声的企业事业单位和其他生产经营者，应当采取有效措施，减少

---

① 载中国法院网，http://jsyczy.chinacourt.gov.cn/article/detail/2021/06/id/6080713.shtml，最后访问日期：2021年6月20日。

振动、降低噪声,依法取得排污许可证或者填报排污登记表。

实行排污许可管理的单位,不得无排污许可证排放工业噪声,并应当按照排污许可证的要求进行噪声污染防治;按照规定,对工业噪声开展自行监测,保存原始监测记录,向社会公开监测结果,对监测数据的真实性和准确性负责。噪声重点排污单位应当按照国家规定,安装、使用、维护噪声自动监测设备,与生态环境主管部门的监控设备联网。

设区的市级以上地方人民政府生态环境主管部门根据噪声排放、声环境质量改善要求等情况,制定本行政区域噪声重点排污单位名录,向社会公开并适时更新。

4. 关联知识点

环境污染防治法　环境标准制度　排污许可制度　总量控制制度

(二) 教辅资料

1. 关联法规标准

(1)《中华人民共和国噪声污染防治法》(全国人大常委会,2021年)。

(2)《贵州省环境噪声污染防治条例》(贵州省人大常委会,2017年)。

(3)《深圳经济特区环境噪声污染防治条例》(深圳市人大常委会,2020年修正)。

2. 参考阅读文献

(1) 韩德培主编:《环境保护法教程》(第八版),法律出版社2018年版,第十五章。

(2) 张璐主编:《环境与资源保护法学》(第三版),北京大学出版社2018年版,第十章。

(3) 吕忠梅主编:《环境法》(第二版),高等教育出版社2017年版,第七章。

3. 相关案例

周千与中国石油化工股份有限公司东北油气分公司噪声污染责任纠纷案[①]

(撰稿人:方堃)

三、建筑施工噪声污染防治制度(重点)

【教学目的与要求】

识记:建筑施工噪声污染防治制度的含义

[①] (2014)吉民一终字第8号。

领会:建筑施工噪声排放标准　建筑施工噪声排放申报制度
应用:夜间施工管理制度

(一) 教学要点

1. 建筑施工噪声的含义

建筑施工噪声,指在建筑施工过程中产生的干扰周围生活环境的声音。为防治建筑施工噪声污染,《噪声污染防治法》主要对建筑施工单位建筑施工噪声污染防治义务进行了规定。

脱贫战略的推行、新型城镇化以及产业结构调整使得我国建筑施工的规模愈来愈大,由此产生的建筑噪声污染防治任务的压力也随之增大。新的城镇化要求立法从长计议,从法律的预防功能和环境法预防原则出发,考虑噪声污染向市郊、农村地区的扩张,考虑这些地区居民受噪声污染损害的法律救济需求。

2. 建设单位噪声污染防治的义务

建设单位应当按照规定将噪声污染防治费用列入工程造价,在施工合同中明确施工单位的噪声污染防治责任。建设单位应当监督施工单位落实噪声污染防治实施方案。

在噪声敏感建筑物集中区域施工作业,建设单位应当按照国家规定,设置噪声自动监测系统,与监督管理部门联网,保存原始监测记录,对监测数据的真实性和准确性负责。

3. 施工单位噪声污染防治的义务

施工单位应当按照规定制定噪声污染防治实施方案,采取有效措施,减少振动、降低噪声。

在噪声敏感建筑物集中区域施工作业,应当优先使用低噪声施工工艺和设备;禁止夜间进行产生噪声的建筑施工作业,但抢修、抢险施工作业,因生产工艺要求或者其他特殊需要必须连续施工作业的除外;因特殊需要必须连续施工作业的,应当取得地方人民政府住房和城乡建设、生态环境主管部门或者地方人民政府指定的部门的证明,并在施工现场显著位置公示或者以其他方式公告附近居民。

4. 关联知识点

预防原则　环境标准制度　排污许可制度　环境污染防治法

(二) 教辅资料

1. 关联法规标准

(1)《广东省实施〈中华人民共和国环境噪声污染防治法〉办法》(广东省人大常委会,2018年修正)。

(2)《深圳经济特区环境噪声污染防治条例》(深圳市人大常委会,2020年修正)。

(3)《重庆市环境噪声污染防治办法》(重庆市人民政府,2019年修订)。

(4)《上海市生态环境局、上海市住房和城乡建设管理委员会、上海市交通委员会、上海市公安局、上海市城市管理行政执法局关于印发〈上海市建设工程夜间施工许可和备案审查管理办法〉的通知》(上海市生态环境局等,2021年)。

(5)《滁州市人民政府办公室关于印发〈滁城建筑施工环境噪声管理办法〉的通知》(滁州市人民政府,2013年)。

(6)《三亚市人民政府关于印发〈三亚市夜间施工管理办法〉的通知》(三亚市人民政府,2013年)。

2. 参考阅读文献

(1)韩德培主编:《环境保护法教程》(第八版),法律出版社2018年版,第十五章。

(2)吕忠梅主编:《环境法》(第二版),高等教育出版社2017年版,第七章。

(3)王灿发、常纪文主编:《环境法案例教程》,清华大学出版社、北京交通大学出版社2008年版,第七章。

3. 相关案例

李宏晨与承德市住房和城乡建设局城乡建设行政管理纠纷案[①]

(撰稿人:方堃 王社坤)

四、交通运输噪声污染防治制度(一般)

【教学目的与要求】

识记:交通运输噪声污染防治制度的含义

领会:汽车噪声限值 声响装置管制措施 铁路噪声污染控制措施 航空噪声污染控制措施

应用:道路与建筑物建设中的噪声污染控制措施

(一) 教学要点

1. 交通运输噪声的含义

交通运输噪声,指机动车、铁路机车车辆、城市轨道交通车辆、机动船舶、航空器等交通运输工具在运行时产生的干扰周围生活环境的声音。为防治交通运

[①] (2019)冀0802行初154号。

输噪声污染，《噪声污染防治法》主要对机动车船声响装置的使用、道路建设以及航空器的使用等内容进行规定。

2. 交通运输建设的规定

政府及其有关部门制定、修改国土空间规划和交通运输等相关规划，应当综合考虑各类线、路对周围声环境的影响。

对于噪声敏感建筑物集中区域，新建公路、铁路线路选线设计应当尽量避开；新建民用机场选址与其的距离应当符合标准要求；新建、改建、扩建经过该类区域的高速公路、城市高架、铁路和城市轨道交通线路等的，建设单位应当在可能造成噪声污染的重点路段设置声屏障或者采取其他减少振动、降低噪声的措施，符合有关交通基础设施工程技术规范以及标准要求。建设单位违反前述规定的，由县级以上政府指定的部门责令制定、实施治理方案。

3. 声响装置管理措施

机动车的消声器和喇叭应当符合国家规定。地方人民政府生态环境主管部门会同公安机关根据声环境保护的需要，可以划定禁止机动车行驶和使用喇叭等声响装置的路段和时间，向社会公告，并由公安机关交通管理部门依法设置相关标志、标线。

使用机动车音响器材，应当控制音量，防止噪声污染。交通运输工具运行时，应当按照规定使用喇叭等声响装置。车站、铁路站场、港口等地指挥作业时使用广播喇叭的，应当控制音量，减轻噪声污染。警车、消防救援车、工程救险车、救护车等机动车安装、使用警报器，应当符合国务院公安部等部门的规定；非执行紧急任务，不得使用警报器。禁止驾驶拆除或者损坏消声器、加装排气管等擅自改装的机动车以轰鸣、疾驶等方式造成噪声污染。

4. 相关养护、维修、运营单位的义务

公路养护管理单位、城市道路养护维修单位应当加强对公路、城市道路的维护和保养，保持减少振动、降低噪声设施正常运行。

城市轨道交通运营单位、铁路运输企业应当加强对城市轨道交通线路和城市轨道交通车辆、铁路线路和铁路机车车辆的维护和保养，保持减少振动、降低噪声设施正常运行，并按照国家规定进行监测，保存原始监测记录，对监测数据的真实性和准确性负责。

5. 民用航空噪声的控制

民用机场所在地人民政府，应当根据环境影响评价以及监测结果确定的民用航空器噪声对机场周围生活环境产生影响的范围和程度，划定噪声敏感建筑物禁止建设区域和限制建设区域，并实施控制。

民用机场管理机构负责机场起降航空器噪声的管理，会同航空运输企业、通用航空企业、空中交通管理部门等单位，采取降噪等措施，防止、减轻民用航空器噪声污染;按照国家规定,对机场周围民用航空器噪声进行监测,保存原始监测记录,对监测数据的真实性和准确性负责,监测结果定期向民用航空、生态环境主管部门报送。

民用航空器应当符合国务院民用航空主管部门规定的适航标准中的有关噪声要求。

6. 噪声排放造成严重污染的处理

致因:公路、城市道路和城市轨道交通运行;铁路运行;民用航空器起降。

涉及责任主体:设区的市、县级人民政府;噪声污染责任单位。

义务及责任分配:对噪声污染情况进行调查评估和责任认定,制定噪声污染综合治理方案;噪声污染责任单位应当按照噪声污染综合治理方案的要求采取管理或者工程措施,减轻噪声污染。

7. 关联知识点

噪声污染防治法　总量控制制度　环境行政处罚　环境标准制度

(二) 教辅资料

1. 关联法规标准

(1)《中华人民共和国噪声污染防治法》(全国人大常委会,2021年)。

(2)《深圳经济特区环境噪声污染防治条例》(深圳市人大常委会,2020年修正)。

(3)《重庆市人民政府关于修改环境噪声标准适用区域划分规定的决定》(重庆市人民政府,1994年)。

(4)《南昌市机动车交通噪声污染防治办法》(南昌市人民政府,2017年修订)。

2. 参考阅读文献

(1)韩德培主编:《环境保护法教程》(第八版),法律出版社2018年版,第十五章。

(2)吕忠梅主编:《环境法》(第二版),高等教育出版社2017年版,第七章。

(3)王灿发、常纪文主编:《环境法案例教程》,清华大学出版社、北京交通大学出版社2008年版,第七章。

3. 相关案例

张河清与海南铁路有限公司噪声污染责任纠纷案[①]

(撰稿人:方堃)

---

① (2018)琼民终527号。

五、社会生活噪声污染防治制度(重点)

【教学目的与要求】

识记:社会生活噪声污染防治制度的含义

领会:社会生活噪声排放标准　社会生活噪声排放申报登记制度　音响器材使用控制措施　家庭活动噪声污染控制措施

(一) 教学要点

1. 社会生活噪声的含义

社会生活噪声,指人为活动所产生的除工业噪声、建筑施工噪声和交通运输噪声之外的干扰周围生活环境的声音。为防治社会生活噪声污染,我国《噪声污染防治法》主要对商业经营活动、营业性文化娱乐场所、体育餐饮服务业、住宅楼室内装修等行为产生的噪声作出了控制性规定。

2. 商业性活动的噪声控制

文化娱乐、体育、餐饮等场所的经营管理者应当采取有效措施,防止、减轻噪声污染。禁止在商业经营活动中使用高音广播喇叭或者采用其他持续反复发出高噪声的方法进行广告宣传。对商业经营活动中产生的其他噪声,经营者应当采取有效措施,防止噪声污染。

新建居民住房的房地产开发经营者,在销售场所公示住房可能受到噪声影响的情况以及采取或者拟采取的防治措施,并纳入买卖合同;在买卖合同中明确住房的共用设施设备位置和建筑隔声情况。

居民住宅区安装电梯、水泵、变压器等共用设施设备的,建设单位应当合理设置,采取减少振动、降低噪声的措施,符合民用建筑隔声设计相关标准要求。已建成使用的居民住宅区电梯、水泵、变压器等共用设施设备由专业运营单位负责维护管理,符合民用建筑隔声设计相关标准要求。

使用空调器、冷却塔、水泵、油烟净化器、风机、发电机、变压器、锅炉、装卸设备等可能产生社会生活噪声污染的设备、设施的企业事业单位和其他经营管理者等,应当采取优化布局、集中排放等措施,防止、减轻噪声污染。

3. 公共娱乐、健身活动噪声控制

禁止在噪声敏感建筑物集中区域使用高音广播喇叭,但紧急情况以及地方人民政府规定的特殊情形除外。

在街道、广场、公园等公共场所组织或者开展娱乐、健身等活动,应当遵守公共场所管理者有关活动区域、时段、音量等规定,采取有效措施,防止噪声污染;不得违反规定使用音响器材产生过大音量。公共场所管理者应当合理规定娱乐、健身等活动的区域、时段、音量,可以采取设置噪声自动监测和显示设施等措施加强管理。

4. 室内装修的噪声控制

对已竣工交付使用的住宅楼、商铺、办公楼等建筑物进行室内装修活动,应当按照规定限定作业时间,采取有效措施,防止、减轻噪声污染。

5. 家庭在噪声污染防治中的义务

家庭及其成员应当培养形成减少噪声产生的良好习惯,乘坐公共交通工具、饲养宠物和其他日常活动尽量避免产生噪声对周围人员造成干扰,互谅互让解决噪声纠纷,共同维护声环境质量。使用家用电器、乐器或者进行其他家庭场所活动,应当控制音量或者采取其他有效措施,防止噪声污染。

6. 基层群众性自治组织在噪声污染防治中的权利

基层群众性自治组织指导业主委员会、物业服务人、业主通过制定管理规约或者其他形式,约定本物业管理区域噪声污染防治要求,由业主共同遵守。

对噪声敏感建筑物集中区域的社会生活噪声扰民行为,基层群众性自治组织、业主委员会、物业服务人应当及时劝阻、调解;劝阻、调解无效的,可以向负有社会生活噪声污染防治监督管理职责的部门或者地方人民政府指定的部门报告或者投诉,接到报告或者投诉的部门应当依法处理。

7. 关联知识点

噪声污染防治法　环境标准制度　环境行政许可　公众参与原则

(二) 教辅资料

1. 关联法规标准

(1)《中华人民共和国噪声污染防治法》(全国人大常委会,2021年)。

(2)《广东省实施〈中华人民共和国环境噪声污染防治法〉办法》(广东省人大常委会,2018年修正)。

(3)《重庆市环境噪声污染防治办法》(重庆市人民政府,2019年修订)。

(4)《上海市社会生活噪声污染防治办法》(上海市人民政府,2012年)。

2. 参考阅读文献

(1) 韩德培、陈汉光主编:《环境保护法教程》(第八版),法律出版社2018年版,第十五章。

(2) 吕忠梅主编:《环境法》(第二版),高等教育出版社2017年版,第七章。

(3) 王灿发、常纪文主编:《环境法案例教程》,清华大学出版社、北京交通大学出版社2008年版,第七章。

3. 相关案例

齐某与韶关市公安局武某分局西河派出所公安行政管理纠纷案[1]

(撰稿人:方堃 王社坤)

六、放射性污染防治法(一般)

【教学目的与要求】

识记:放射性污染的概念 放射性污染防治监管体制

领会:放射性污染防治法的基本原则 放射性污染防治监管的基本内容

(一) 教学要点

1. 放射性污染的基本概念

在日常生活中,组成大部分物质的原子都十分稳定,若没有受到外在能量扰动,基本上会维持原本状态。但也存在一些不稳定的元素,能自动发生衰变,放射出肉眼看不见的射线,并释放出能量,因此被称为放射性元素。放射性物质就是指能够产生放射性和辐射的元素及其化合物。放射性物质应用过程中相关的基本概念有:(1)放射性同位素,是指某种发生放射性衰变的元素中具有相同原子序数但质量不同的核素。(2)放射源,是指除研究堆和动力堆核燃料循环范畴的材料以外,永久密封在容器中或者有严密包层并呈固态的放射性材料。(3)伴生放射性矿,是指含有较高水平天然放射性核素浓度的非铀矿(如稀土矿和磷酸盐矿等)。(4)核技术利用,是指密封放射源、非密封放射源和射线装置在医疗、工业、农业、地质调查、科学研究和教学等领域中的使用。(5)射线装置,是指 X 线机、加速器、中子发生器以及含放射源的装置。

放射性污染,是指由于人类活动造成物料、人体、场所、环境介质表面或者内部出现超过国家标准的放射性物质或者射线。

2. 放射性污染的特点

20 世纪 50 年代以来,人类活动使得人工辐射和人工放射性物质大大增加,环境中射线强度随之增强,危及生物生存,从而引发了对放射性污染的关注。

放射性污染危害大,无形地遍布于污染区域,却处理困难且要求严格。(1)放射性污染很难消除,常规的物理、化学和生物手段并不能减少放射性物质的量,而仅能使其衰变至消失。(2)废物中的放射性物质会使废物温度升高,处理时需采取屏蔽、封闭、冷却等措施。(3)放射性物质由于内照射、外照射会

---

[1] (2018)粤 0203 行初 322 号。

对人体产生危害,需远距离操作。因此,就放射性污染而言,预防更胜于治理。

3. 放射性污染防治的立法沿革

我国对放射性污染防治十分重视,较早制定了大量的法律法规防治放射性污染,如 1974 年的《放射性防护规定》、1984 年的《核电站基本建设环境保护管理办法》、1987 年的《城市放射性废物管理办法》等。这些规定零散且层级不高。2003 年,我国第一部防治放射性污染的法律《中华人民共和国放射性污染防治法》(以下简称《放射性污染防治法》)获得通过,对防治放射性污染作了全面规定。在这一综合性法律之下,我国又颁布了一些具体的法规、规章,修改和废除了一些旧有的规定(参见附列的关联法规标准)。

4. 放射性污染防治立法的基本原则

根据《放射性污染防治法》的规定,其基本原则是"预防为主、防治结合、严格管理、安全第一"。与其他污染防治法的基本原则相比,该法更注重管理的严格性和安全的首要性,可以说其宗旨就是极力避免放射性污染。

5. 放射性污染防治的监管体制

放射性物质的监管体制也是统一监管与分部门监管相结合。具体来说,生态环境部门统一监督管理,卫生行政部门和其他有关部门各依职责对有关的放射性污染防治工作依法实施监督管理。

6. 放射性污染防治监管的基本内容

放射性污染防治监管包括四个方面:(1) 核设施的放射性污染防治,包括核设施选址、建造、装料、运行、退役、进口的许可、"三同时"、规划限制区、监测、安全保卫、核事故应急等监管内容;(2) 核技术利用的放射性污染防治,包括放射性同位素、放射源和射线装置在生产、销售、使用、贮存等方面的监管;(3) 铀(钍)矿和伴生放射性矿开发利用的放射性污染防治,包括铀(钍)矿和伴生放射性矿开发利用活动中的许可、"三同时"、监测、尾矿处理、退役等方面的监管;(4) 放射性废物的监管,包括减量原则、排放标准、排放审批、贮存、处置和排放的规范、禁止输入等监管内容。

7. 关联知识点

核安全法　电磁辐射防治法　环境污染防治法　预防原则　环境行政监管

(二) 教辅资料

1. 关联法规标准

(1)《中华人民共和国放射性污染防治法》(全国人大常委会,2003 年)。

(2)《中华人民共和国核安全法》(全国人大常委会,2017 年)。

2. 参考阅读文献

汪劲:《环境法学》(第四版),北京大学出版社 2018 年版,第七章。

3. 相关案例

倪恩纯诉天津市生态环境局不履行环境保护监督管理职责案[①]

(撰稿人:汪再祥)

七、放射性污染全过程监管制度(一般)

【教学目的与要求】
识记:放射性污染全过程监管的概念
领会:放射性污染全过程监管的基本内容　放射源分类身份管理

(一) 教学要点

1. 基本概念

就放射性污染而言,预防更胜于治理。因此,对于放射性污染的监管就有了从"摇篮到坟墓"的全过程要求。所谓放射性污染全过程监管,是指对放射性污染活动的监督管理涵盖其选址、建造、生产、销售、使用、转让、进出口、运输、贮存、处理和处置等各个环节。

现代产品的制造流程复杂,每个环节都可能产生有毒有害物质,因此需要详细的评估与管理办法。1969 年有人提出产品"生命周期评估"的概念,即从原料取得、生产、使用到最后处置(回收或废弃),评估出整个产品生命周期可能造成的环境影响。2002 年联合国环境规划总署(United Nations Environment Programme, UNEP)与环境毒理化学协会(Society of Environmental Toxicology and Chemistry, SETAC)共同合作,将其实际应用至产业生产及政府决策之中,以"生命周期评估"为基础的全过程监管制度开始形成,其也适用于放射性物质的监管。

2. 放射性污染全过程监管的基本内容

放射性污染全过程监管的基本内容包括对放射性设施、放射技术应用、铀矿和伴生矿开发、放射性废物处理等可能造成放射性污染的活动实施严格的全过程监管。具体包括生产、销售、使用、贮存和处置放射性物质的许可、放射防护设施与主体工程"三同时"、放射性标识和中文警示、放射性污染防治标准、放射性废物减量、放射性废物分类处置、放射性事故应急等各项制度。

3. 放射源分类身份管理

最具特色也集中体现全过程监管的制度是放射源分类身份管理。我国参照国际原子能机构的有关规定,按照放射源对人体健康和环境的潜在危害程度,从

[①] (2016)津 8601 行初 13 号;(2019)京 04 行终 4 号。

高到低将放射源分为Ⅰ（极高危险源）、Ⅱ（高危险源）、Ⅲ（危险源）、Ⅳ（低危险源）、Ⅴ（极低危险源）五类,然后对放射源实行身份管理,每枚生产或进口的放射源将按规则分配与标号相对应的唯一的放射源编码,与之终生相随。

4．关联知识点

核设施安全监管制度　核材料和放射性废物安全监管制度　三同时制度　环境标准制度

（二）教辅资料

1．关联法规标准

(1)《中华人民共和国放射性污染防治法》(全国人大常委会,2003年)。

(2)《中华人民共和国核安全法》(全国人大常委会,2017年)。

(3)《放射性药品管理办法》(国务院,2022年修订)。

(4)《放射性同位素与射线装置安全和防护条例》(国务院,2019年修订)。

(5)《放射性物品运输安全管理条例》(国务院,2009年)。

(6)《放射性废物安全管理条例》(国务院,2011年)。

(7)《放射性同位素与射线装置安全许可管理办法》(生态环境部,2021年修改)。

(8)《放射性物品道路运输管理规定》(交通运输部,2016年修正)。

(9)《放射性固体废物贮存和处置许可管理办法》(生态环境部,2019年修改)。

(10)《放射性物品运输安全监督管理办法》(环境保护部,2016年)。

(11)《电离辐射监测质量保证通用要求》(GB 8999—2021)。

2．参考阅读文献

汪劲主编:《核法概论》,北京大学出版社2021年版。

3．相关案例

我国台湾地区民生社区辐射屋公害事件。

（撰稿人：汪再祥）

八、核安全法（一般）

【教学目的与要求】

识记：核安全的基本概念　核安全监管体制

领会：核安全3S协同体系　《核安全法》的基本原则　核安全监管的基本内容

（一）教学要点

1. 基本概念

核安全，是指对核设施、核活动、核材料和放射性物质采取必要和充分的监控、保护、预防和缓解等安全措施，防止由于任何技术原因、人为原因或自然灾害造成事故发生，并最大限度减少事故情况下的放射性后果，从而保护工作人员、公众和环境免受不当辐射危害。

与核安全相关的基本概念有：（1）核设施，是指核电厂、核热电厂、核供汽供热厂等核动力厂及装置，核动力厂以外的研究堆、实验堆、临界装置等其他反应堆，核燃料生产、加工、贮存和后处理设施等核燃料循环设施，放射性废物的处理、贮存、处置设施。（2）核设施营运单位，是指在中华人民共和国境内，申请或者持有核设施安全许可证，可以经营和运行核设施的单位。

2. 相关法律规范

2015年通过的《中华人民共和国国家安全法》（以下简称《国家安全法》）将"核安全"作为国家安全的一个重要组成部分。2017年9月全国人大常委会通过《中华人民共和国核安全法》（以下简称《核安全法》），把有关核安全的基本方针、原则、主要制度、监督管理体制等重大问题上升为法律，对"依法治核"、完善我国涉核法律体系具有里程碑意义。迄今为止，我国建立了以2部法律、7部行政法规、27项部门规章、95项导则构成的层次清晰、科学有效、合理可行的核与辐射安全法规标准体系，为确保核与辐射安全、保护公众和从业人员的安全健康奠定了坚实的法治基础。此外，我国的"原子能法"也在紧锣密鼓的起草之中。

3. 核安全3S协同体系

所谓3S，是指狭义核安全（nuclear safety）、核安保（nuclear security）和核保障（nuclear safeguard）。3S协同体系即三个方面协同配合，共同形成保证核安全的有机体系。其中，狭义核安全是指在核设施的设计、建造、运行和退役期间，为保护人员、社会和环境免受可能的放射性危害的所采取的技术和组织上的措施的综合，重在核设施的安全管理。核安保是指防止、侦查和应对涉及核材料和其他放射性物质或相关设施的偷窃、蓄意破坏、未经授权的接触、非法转让或其他恶意行为。核安保主要是从防范破坏的角度来谈核安全。核保障是指国际原子能机构与一个或多个成员国缔结的载有该国或多个成员国承诺不利用某些物质推进任何军事目的和授权原子能机构监督履行这种承诺的协定。核保障主要是一种国际承诺。

3S协同体系体现了国际社会在核不扩散、核能安全以及核材料与核设施安全等方面的承诺和责任。

4.《核安全法》的基本原则

《核安全法》的基本原则是"安全第一、预防为主、责任明确、严格管理、纵深防御、独立监管、全面保障"。与其他能量危害防除法相比,该法更注重安全的首要性和管理的独立性与严格性,可以说其宗旨就是最大限度避免和减轻核事故。该法另一个特点是"纵深防御"。所谓纵深防御,是指通过设定一系列递进并且独立的防护、缓解措施或者实物屏障,防止核事故发生,减轻核事故后果。纵深防御原则由放射性污染的特点所决定。

5. 核安全监管体制

《核安全法》架构了核安全监管体制。

(1) 核设施的安全运营由核设施营运单位负全面责任,为核设施营运单位提供设备、工程以及服务等的单位负相应责任。

(2) 在行政监督管理方面,民用核设施的监管由国家核安全局负责,核电行业监管由国家能源局负责,核电以外的核工业行业监管由国家国防科技工业局负责。当各负责部门需要协调行动时,由国家核安全工作协调机制统筹协调。

(3) 在对外核保障方面,由国家国防科技工业局以国家原子能机构的名义负责。

6. 核安全监管的基本内容

核安全监管主要包括以下六个方面的制度:(1) 审批管理制度;(2) 常规运行管理制度;(3) 风险监测和风险评估制度;(4) 核安全信息发布制度;(5) 核事故应急制度;(6) 核安全事故责任承担制度。

7. 关联知识点

放射性污染防治法　突发环境事件应急　环境行政监管　环境信息公开　公众参与原则

(二) 教辅资料

1. 关联法规标准

(1)《中华人民共和国核安全法》(全国人大常委会,2017年)。

(2)《中华人民共和国核两用品及相关技术出口管制条例》(国务院,2007年修订)。

(3)《中华人民共和国核出口管制条例》(国务院,2006年修订)。

(4)《核安全信息公开办法》(生态环境部,2020年)。

2. 参考阅读文献

胡帮达:《核法中的安全原则研究》,法律出版社2019年版,第五章。

3. 相关案例

福岛核污染水排放事件[①]

(撰稿人:汪再祥)

九、核设施安全监管制度(一般)

【教学目的与要求】

识记:核设施安全监管制度的概念

领会:核设施安全监管的基本内容 核设施安全监管制度的特点

(一) 教学要点

1. 基本概念

核设施安全监管制度,是指对核设施的选址、建造、运行、进口、退役实施全过程监管的制度。核设施和核设施营运单位两个概念在上节已有定义,与之相关的还有一个基本概念——核安全设备,即在核设施中使用的执行核安全功能的设备,包括核安全机械设备和核安全电气设备。

2. 相关法律规范

《核安全法》第二章专门规定了核设施安全监管的基本要求,而《民用核设施安全监督管理条例》《民用核安全设备监督管理条例(2019年修订)》作了更为具体的规范,其他还有《核动力厂管理体系安全规定》等规范性文件。

3. 核设施安全监管的基本内容

民用核设施的安全监管以安全许可、技术评审、现场监督为手段,依照中央直管的模式,对核设施的选址、设计、建造、调试、运行、进口和退役实现全生命周期的过程监管,以确保核设施的安全。

4. 核设施安全监管制度的特点

与核设施的安全风险特点相适应,核设施安全监管有四个方面的特殊制度设计:

(1)中央直管。我国对核设施的监管与对其他工业设施的监管不同,是由中央直接监管,各级地方政府不设立相应的监管机构。生态环境部(国家核安全局)及其所属派出机构对全国的核设施直接开展监管。这种做法是由核设施安全的极端重要性所决定的,也是国际核设施安全监管的普遍实践。

[①] 侯隽:《福岛核事故污染废水为何选择排入海中?》,载《中国经济周刊》2021年第8期;连俊:《处理福岛核污水不能让世界埋单》,载《经济日报》2021年4月13日。

(2)驻厂监管。国家核安全局在所有核设施现场都派驻现场监督员,24小时常驻现场,对核设施开展全天候监督。对核设施实施驻厂监督,有利于随时发现企业违规等不安全行为,及时制止,一旦出现紧急情况,能够在第一时间了解真实情况,便于国家决策。

(3)全方位监管。国家核安全局对核设施全方位监管,即全面考虑与安全有关的各项因素,确保核设施安全:既考虑非恶意因素引发的核安全风险,也考虑恶意因素引起的核安全问题;既对人员实施监督,也对核安全设备、核材料、质保体系等加以监督。

(4)全过程监管、分阶段许可。国家核安全局对核设施的监管覆盖"从摇篮到坟墓"整个过程,同时,根据主要节点实施分阶段许可,主要包括:厂址选择审查意见书、核设施建造许可证、装料批准书、核设施运行许可证、退役批准书。核设施只有在取得相应阶段的许可证件后,方可开展相关工作。

5.关联知识点

放射性物质全过程监管制度 核损害赔偿责任 核安全法 环境行政监管

(二)教辅资料

1.关联法规标准

(1)《中华人民共和国核安全法》(全国人大常委会,2017年)。

(2)《中华人民共和国民用核设施安全监督管理条例》(国务院,1986年)。

(3)《民用核安全设备监督管理条例》(国务院,2019年修订)。

(4)《民用核设施操作人员资格管理规定》(生态环境部、国家发改委,2021年)。

(5)《核动力厂管理体系安全规定》(生态环境部,2020年)。

(6)《核动力厂营运单位核安全报告规定》(生态环境部,2020年)。

(7)《民用核安全设备设计制造安装和无损检验监督管理规定》(生态环境部,2019年)。

(8)《民用核安全设备焊接人员资格管理规定》(生态环境部,2019年)。

(9)《进口民用核安全设备监督管理规定》(生态环境部,2019年修改)。

(10)《核动力厂、研究堆、核燃料循环设施安全许可程序规定》(生态环境部,2019年)。

(11)《乏燃料后处理设施安全要求(试行)》(生态环境部,2018)。

(12)《核动力厂实物保护视频监控系统》(HAD501/08-2020)。

(13)《核动力厂抗震设计与鉴定》(HAD102/02-2019)。

(14)《核动力厂内部危险(火灾和爆炸除外)的防护设计》(HAD102/04-2019)。

(15)《核动力厂防火与防爆设计》(HAD102/11-2019)。

(16)《核动力厂辐射防护设计》(HAD102/12-2019)。
(17)《核动力厂设计安全规定》(HAF102-2016)。
(18)《研究堆安全许可证件的申请和颁发规定》(HAF001/03-2006)。
(19)《核动力厂运行安全规定》(HAF103-2004)。
(20)《研究堆设计安全规定》(HAF201-1995)。
(21)《研究堆运行安全规定》(HAF202-1995)。
(22)《核设施的安全监督》(HAF001/02-1995)。
(23)《民用核燃料循环设施安全规定》(HAF301-1993)。
(24)《核电厂质量保证安全规定》(HAF003-1991)。
(25)《核电厂厂址选择安全规定》(HAF101-1991)。

2. 参考阅读文献

汪劲主编:《核法概论》,北京大学出版社2021年版。

3. 相关案例

新峰管业公司核级管配件制造过程违法违规案[①]

(撰稿人:汪再祥)

十、核材料和放射性废物安全监管制度(一般)

【教学目的与要求】

识记:核材料的概念　放射性废物的概念

领会:核材料安全监管的基本内容　放射性废物安全监管的基本内容

(一) 教学要点

1. 基本概念

任何源材料或特种可裂变材料都称为核材料。在我国核安全法上,核材料包括铀-235材料及其制品、铀-233材料及其制品、钚-239材料及其制品以及法律、行政法规规定的其他需要管制的核材料。与之相关的一个概念是乏燃料,指在反应堆堆芯内受过辐照并从堆芯永久卸出的核燃料。

放射性废物,是指含有放射性核素或者被放射性核素污染,其浓度或者比活度大于国家确定的清洁解控水平,预期不再使用的废弃物。

2. 相关法律规范

《核安全法》第三章专门对核材料和放射性废物的安全监管作了基本规范,

[①] 《核安全行政处罚决定书》(环法〔2020〕1号)。

《放射性污染防治法》第六章也对放射性废物管理作了专门规定。在行政法规层面有《核材料管制条例》《放射性废物安全管理条例》《放射性物品运输安全管理条例》等,部门规章则有《放射性物品运输安全许可管理办法》(2019年修改)、《放射性固体废物贮存和处置许可管理办法》(2019年修改)等。此外,还有核安全局发布的众多核安全导则。

3. 核材料安全监管的基本内容

(1) 许可证管理。持有核材料的数量达到一定限额的单位,必须申请核材料许可证。对于累计调入或生产核材料数量小于限额者,可免予办理许可证,但必须办理核材料登记手续。对不致危害国家和人民群众安全的少量核材料制品可免予登记。

(2) 核材料衡算。对一个核材料平衡区而言,核材料不断地有正常的进料和出料。在这一过程中,可能会出现在正常核材料活动掩护下的非法转移以及内外勾结的少量多次的转移和偷盗。为了解决此问题,许可证持有单位必须建立核材料衡算制度,在持有核材料期间,实施衡算工作。

(3) 核材料实物保护。持有核材料的单位必须有保护核材料的措施,建立安全防范系统。根据核材料的质量、数量及危害性程度,划分为三个保护等级,实行分级管理。保护等级以下的核材料也应严格管理。

4. 放射性废物安全监管的基本内容

(1) 分级、分类管理制度。放射性废物应当根据其性状、衰变期、危害程度等分类收集、存放、处理和处置。例如,根据放射性废物与人类社会所需的隔离期不同,低、中水平放射性废物实行近地表或中等深度处置,高水平放射性废物实行集中深地质处置。

(2) 全过程监督与重点控制。放射性废物的处理、排放、贮存、运输和处置等各个环节都应当遵守国家有关核安全监管和污染防治的法规和标准。在全过程监管的前提下,重点控制放射性废物的处理和处置,包括处理、处置设施选址、建造和运行许可制度;处理、处置单位日常处理、处置活动管理、运行监测和辐射环境监测方面的要求;处置设施关闭后应当按要求实施安全监护。

(3) 贮存、处置、运输等各环节的许可。从事放射性废物的贮存、处置、运输等活动的单位必须事先向相关监管部门提出申请,提交资质文件,经过批准,取得许可证后方可从事放射性废物营运活动。

5. 关联知识点

放射性物质全过程监管制度　化学物质管理法　环境标准制度　核安全法　放射性污染防治法

(二) 教辅资料

1. 关联法规标准

(1)《中华人民共和国核安全法》(全国人大常委会,2017年)。

(2)《中华人民共和国放射性污染防治法》(全国人大常委会,2003年)。

(3)《中华人民共和国核材料管制条例》(国务院,1987年)。

(4)《放射性物品运输安全管理条例》(国务院,2009年)。

(5)《放射性固体废物贮存和处置许可管理办法》(生态环境部,2019年修正)。

(6)《放射性物品运输安全许可管理办法》(生态环境部,2021年修改)。

(7)《乏燃料后处理设施安全要求(试行)》(生态环境部,2018年)。

(8)《放射性物品运输安全监督管理办法》(环境保护部,2016年)。

(9)《放射性物品道路运输管理规定》(交通运输部,2016年修正)。

(10)《核材料管制条例实施细则》(国家核安全局、能源部、国防科学技术工业委员会,1990年)。

(11)《放射性废物地质处置设施》(HAD 401/10—2020)。

(12)《放射性废物处置设施的监测和检查》(HAD 401/09—2019)。

(13)《放射性废物安全监督管理规定》(HAF401—1997)。

2. 参考阅读文献

汪劲主编:《核法概论》,北京大学出版社2021年版。

3. 相关案例

德彦兴业公司诉北京市交委放射性物品道路运输经营许可案[①]

(撰稿人:汪再祥)

十一、核事故应急制度(一般)

【教学目的与要求】

识记:核事故应急的概念

领会:核事故应急管理体制 核事故应急管理过程

[①] (2017)京0102行初921号;(2018)京02行终1202号。

(一) 教学要点

1. 基本概念

核事故,是指核设施内的核燃料、放射性产物、放射性废物或者运入运出核设施的核材料所发生的放射性、毒害性、爆炸性或者其他危害性事故,或者一系列事故。国际核事故分级体现为国际原子能机构 1990 年颁布的国际核事故分级标准(International Nuclear Event Scale, INES)旨在设定通用标准以及方便国际核事故交流通信。该分级表把核事故分为 7 级,其中对安全没有影响的事故为 0 级(也称偏差),影响最大的事故评定为 7 级。根据是否有辐射对公众产生影响,核事故又被划分为两个不同的阶段,其中 1—3 级被称为核事件,而 4—7 级才被称为核事故。

核事故应急,是指为了控制或者缓解核事故、减轻核事故后果而采取的不同于正常秩序和正常工作程序的紧急行动,而核事故应急管理则是指应对核事故所采取的对策、应急准备、应急措施及事故后恢复行动的管理活动。核事故应急管理围绕核事故从预防到事后恢复的全过程展开。

2. 相关法律规范

《中华人民共和国突发事件应对法》对各种突发事件应对制定了框架规范,《放射性污染防治法》第 26 条对核事故应急管理作了一般要求,而《核安全法》第四章则专门规定了核事故应急制度,《核电厂核事故应急管理条例》则对核电厂核事故应急管理作了具体规范。在应急预案方面,《国家突发公共事件总体应急预案》是全国应急预案体系的总纲,《国家核应急预案》(2013 年修订)则对核事故应急预案作了具体要求。此外,国家核安全局发布了众多核应急管理导则。

3. 核事故应急管理体制

我国核事故应急管理体制由国家、地方(省级)及核设施营运单位三级管理构成。

在国家层面,国家核事故应急协调委员会统一组织、协调全国核事故应急准备和应急处置工作。其日常工作由国家国防科技工业局承担。

省级人民政府根据有关规定和工作需要成立省(自治区、直辖市)核应急委员会,负责本行政区域核事故应急准备与应急处置工作,统一指挥本行政区域核事故场外应急响应行动。

核设施营运单位核应急指挥部负责组织场内核应急准备与应急处置工作,统一指挥本单位的核应急响应行动。

4. 核事故应急管理过程

核事故应急管理过程包括:制定应急预案、应急演练、应急准备金、分级应急行动、应急救援、应急信息通报、核事故调查与处理。

在应急管理过程中,核事故应急协调委员会的职责主要包括:制定预案、普及应急知识,组织核事故应急演练,组织协调国务院有关部门、地方人民政府、核设施营运单位实施核事故应急救援工作,通报核事故应急信息。

核设施营运单位的应急义务主要包括:制定场内核事故应急预案;应急演练;发生核事故时,开展应急响应,立即向监管部门报告核设施状况,提出场外应急响应行动建议;按照应急救援要求,实施应急响应支援。

5. 关联知识点

突发环境事件应急制度　突发环境事件分级　核安全法　环境信息公开

(二) 教辅资料

1. 关联法规标准

(1)《中华人民共和国核安全法》(全国人大常委会,2017年)。

(2)《中华人民共和国突发事件应对法》(全国人大常委会,2007年)。

(3)《中华人民共和国放射性污染防治法》(全国人大常委会,2003年)。

(4)《国家核应急预案》(国务院,2013年修订)。

(5)《核电厂核事故应急管理条例》(国务院,2011年修订)。

(6)《国家突发公共事件总体应急预案》(国务院,2006年)。

(7)《核安全信息公开办法》(生态环境部,2020年)。

(8)《核电厂营运单位的应急准备和应急响应》(HAF002/01—1998)。

(9)《核动力厂营运单位核安全报告规定》(生态环境部,2020年)。

(10)《核燃料循环设施的报告制度》(HAF001/02/03—1995)。

(11)《研究堆营运单位报告制度》(HAF001/02/02—1995)。

(12)《核电厂换料、修改和事故停堆管理》(HAF103/01—1994)。

2. 参考阅读文献

汪劲主编:《核法概论》,北京大学出版社2021年版。

3. 相关案例

大亚湾核电站核运行事件[①]

(撰稿人:汪再祥)

[①] 詹铃:"'核泄漏'旧闻追问:谁的知情权与透明度?",载《21世纪经济报道》2010年6月18日;方骏:"'核焦虑'传染香港",载《世界博览》2011年第8期。

第三编 生态保护法

第一章 生态保护法概述

一、生态保护法(重点)

【教学目的与要求】
识记: 生态保护法的定义
领会: 生态保护法的特征　生态保护法的原则　生态保护法的保护对象
应用: 生态保护法律体系的构成

(一) 教学要点

1. 定义

生态保护法,是以保护生态系统平衡、维持生物多样性、确保生态功能持续及生态环境安全为目的,对一定自然区域或流域、野生生物及其生境实现特殊保护并禁止或限制环境利用行为而制定的法律规范的总称。生态保护法有其独特的调整对象,全面丰富的体系内容,与污染防治法、自然资源法虽有联系,但亦有所区别。

2. 特征

(1) 综合性。生态保护法综合运用了自然科学和社会科学的研究成果,既要反映社会经济规律的要求,又要反映自然生态规律的要求。从立法体系来讲,生态法不仅包括大量的单行的生态立法,还包括宪法、民法、行政法、刑法、诉讼法和国际法等法律部门中有关生态环境保护的法律规范。

(2) 科学技术性。生态保护法的产生和发展是与科学技术的发展紧密相连的。随着经济学、生态学以及计算机技术的发展应用,需要采取更科学、更先进的措施,保护管理各种自然资源和生态环境。

(3) 社会公益性。生态保护法旨在解决人与生态环境之间的冲突,从而促进两者之间协调与和谐,因此生态保护法反映了社会公众的意志和愿望,服务于社会共同利益。为了当代人和后代人的利益,保护生态系统,已成为全人类的共同利益所在。

(4)国际共同性。生态问题是没有国界的,它是人类共同面临的重大问题,需要国际社会的密切合作和共同努力才有可能加以解决[①]。

3. 基本原则

生态保护法的基本原则是指能够反映生态保护法特征的、具有普遍指导作用的基本准则。生态保护法的基本原则具体如下:

(1)保持和保存生态的原生状况原则。生态资源与生态系统具有脆弱性、敏感性,并非所有的生态资源与生态系统均具有再生或自然恢复能力,一些自然生境或生态系统一旦遭受污染或破坏,便再难恢复。因此,"保持和保存生态的原生状况"保护理念的提出,要求生态保护法必须遵循生态规律,针对不同生态环境要素与生态系统,应因地制宜,确立相适应的保护规则。如针对一般性的自然保护区域,可确立一般性的"保持规则",确保自然资源与生态环境利用维持在生态环境承载能力以内;而针对特殊性的自然保护区域、濒危物种等,则要确立严格的"保存规则",确保各类生态资源、生物资源或生态系统的永久性保存[②]。

(2)生态整体主义原则。自然界中的一切生命物质、非生命物质,如陆生野生动物、植物/作物、无脊椎动物、微生物、动物栖息地等,都是生态系统的组成部分,各生态要素之间相互联系、相互作用。这就要求生态保护立法必须摒弃传统的机械论和人类中心论,必须从有机论和系统论的角度出发,将自然世界看作"一个具有内在关联的活的生态系统,是由事物间动态的、非线性的、永无止境的相互作用组成的复杂关系网络,呈现为一个不可机械分割的有机整体"[③]。

4. 保护对象

在法律上,对生态系统保护的关键在于对生态系统服务功能的保护。联合国"千年生态系统评估"(Millennium Ecosystem Assessment, MA)项目组在《生态系统与人类福祉:评估框架》指出,生态系统的服务功能是指作为大自然的生态系统及其生态过程所形成的、有利于人类生存与发展的生态环境条件及其效用,即人类从生态系统中获得的各种直接或间接的效益。具体包括以下四种功能:一是产品供给功能(如供给林木、水产、矿产、野生动植物产品等);二是人居支持功能(提供洁净空气、清洁水源、美丽景观等)、生态调节功能(如调节气

[①] 参见吕忠梅、高利红、余耀军编著:《环境资源法学》,科学出版社2004年版,第219页;曹明德著:《生态法新探》,人民出版社2007年版,第193页。

[②] 参见汪劲:《环境法学》(第四版),北京大学出版社2019年版,第229页。

[③] 参见余正荣:《生态世界观与现代科学的发展》,载《科学技术与辩证法》1996年第6期,第5—10页。

候、纳污净化、涵养水源、水土保持、防风固沙等);三是文化承载功能(如精神宗教、故土情怀、文化遗产、灵感启发等);四是生态支持功能(对前述其他功能的支持,如空气产生、物质迁移、能量传输、土壤形成、初级生产等)[①]。生态系统服务功能的变化通过影响人类的安全、维持高质量生活的基本物质需求、健康,以及社会文化关系等而对人类福利产生深远的影响。因此,从法学视角观之,生态保护法,其实质表现为对生态系统各项服务功能的法律保护。

5. 体系内容

生态保护立法的体系内容,主要包括国家公园、自然保护区、风景名胜区、自然和文化遗产、生物多样性、生态保育、生态安全以及生态修复与改善等。生态保护法之所以独立于污染控制法和自然资源法,是因为后两者都不能替代生态保护法对上述对象予以保护。比如自然资源法中也包含生态保护法律规范,但其调整范围无法延伸至生境、特殊自然环境以及整体生态功能。目前对生态保护法的体系结构还存在不同认识,但归纳起来,以下几方面均可纳入生态保护法的体系结构:"野生动物保护法""野生植物保护法""湿地保护法""生物安全法""生物多样性法""生态保育法""生态修复与生态改善法""动物福利法""自然保护地法""国家公园法""自然遗迹和人文遗迹保护法""水土保持法""防沙治沙法""防治荒漠化法""防洪法""抗震法""城乡规划建设法"等[②]。

6. 比较解析

生态保护法与污染控制法、自然资源法的异同,主要体现在以下两方面:

一方面,与污染控制法主要采取消极控制对策和措施相比,生态保护法更侧重于积极管理,依据自然环境或生态资源的不同利用类型分别予以规划、管理和保护。比如,针对特定自然保护区域,政府基于保护优先、风险预防原则,通过规划制度,生态红线制度,生态补偿制度,生态状况监测,评估与预警制度,对该区域内的开发利用行为予以控制,明确所有者及使用者开发权限、行政规制措施、损害补偿等基本内容,并针对受损生态环境,建立生态修复与改善法律制度。

另一方面,与自然资源法重视单个自然资源的效用利益相比,生态保护法则强调生态系统的完整性,强调生态系统的整体平衡与生态环境的系统改善。生态保护法不仅要保护生态系统中的各个要素,而且要保护各要素之间的结构和生态系统的服务功能。自然资源保护侧重于对以物的形式存在的自然资源的经济价值保护,宪法及相关立法也主要从保护经济利益角度确立了自然资源国家所有权制度、有偿使用制度等。生态保护则侧重于对生态系统及其各要素的生

---

① 参见联合国千年生态系统评估项目组:《生态系统与人类福祉:评估框架》,张永民译,中国环境科学出版社 2007 年版,第 56—60 页。

② 参见孟庆瑜、徐以祥主编:《环境资源法概论》,高等教育出版社 2016 年版,第 231 页。

态价值的保护。

7. 关联知识点

环境保护　自然资源保护　污染防治法　自然资源法

(二) 教辅资料

1. 关联法规和标准

(1)《中华人民共和国水法》(全国人大常委会,2016 年修正)。

(2)《中华人民共和国防洪法》(全国人大常委会,2016 年修正)。

(3)《中华人民共和国防沙治沙法》(全国人大常委会,2018 年修正)。

(4)《中华人民共和国森林法》(全国人大常委会,2019 年修订)。

(5)《中华人民共和国野生动物保护法》(全国人大常委会,2018 年修正)。

(6)《中华人民共和国生物安全法》(全国人大常委会,2020 年)。

(7)《中华人民共和国长江保护法》(全国人大常委会,2020 年)。

(8)《中华人民共和国野生植物保护条例》(国务院,2017 年修订)。

(9)《中华人民共和国自然保护区条例》(国务院,2017 年修订)。

(10)《全国生态环境保护纲要》(国务院,2000 年)。

(11)《全国主体功能区规划》(国务院,2010 年)。

(12)《全国国土规划纲要(2016—2030 年)》(国务院,2017 年)。

(13)《关于健全生态保护补偿机制的意见》(国务院,2016 年)。

(14)《生态文明体制改革总体方案》(中共中央、国务院,2015 年)。

(15)《关于加快推进生态文明建设的意见》(中共中央、国务院,2015 年)。

(16)《全国生态脆弱区保护规划纲要》(环境保护部,2008 年)。

(17)《关于进一步加强生态保护工作的意见》(国家环境保护总局,2007 年)。

(18)《关于加强生态保护监管工作的意见》(生态环境部,2020 年)。

2. 参考阅读文献

(1) 韩德培主编:《环境保护法教程》,法律出版社 2018 年版,第六章。

(2) 蔡守秋主编:《环境资源法教程》,高等教育出版社 2010 年版,第九章。

(3) 汪劲:《环境法学》(第四版),北京大学出版社 2018 年版,第十章。

(4) 曹明德:《生态法新探》,人民出版社 2007 年版。

(5) 孟庆瑜、徐以祥主编:《环境资源法概论》,高等教育出版社 2016 年版,第一章

(6) 邓海峰:《生态整体主义视域中的法治问题》,法律出版社 2015 年版。

3. 教学案例示例

北京市朝阳区自然之友环境研究所诉中回来水电顾问集团新平开发有限公

司、中国电建集团昆明勘测设计研究院有限公司生态环境保护民事公益诉讼案①。

（撰稿人：李兴宇）

二、生态保护红线制度（重点）

【教学目的与要求】
识记：生态保护红线制度的定义
领会：生态保护红线制度的特征
应用：生态保护红线制度与国土空间规划制度　生态规划制度的关系

（一）教学要点

1. 生态红线制度的含义

生态保护红线是指在生态空间范围内具有特殊重要生态功能，必须实行严格保护的国土生态空间，是保障和维护国家生态安全的底线和生命线。生态保护红线法律制度是生态保护优先原则的具体贯彻和落实，是指依法在重点生态功能区、生态环境敏感区和脆弱区等区域划定严格管控边界的相关法律制度的总称。

2. 生态红线制度的特征

（1）生态保护红线制度具有整体性。生态保护红线的划定与监管是一项综合性很强的系统工程，涉及生态保护、环境管理、资源开发利用等多个领域，需要在国家层面统筹考虑，有序实施。从生态保护红线的内容来看，其所包含的"生态要素"表明划线的目标是为了保护线内由土地、水、森林、动植物等要素构成的生态系统的功能，保障其能持续地提供水源涵养等生态服务。总而言之，生态保护红线区内采取对各种生态要素的整体保护措施，而非仅对某种单一的生态要素进行保护。

（2）生态保护红线制度具有协调性和动态性。生态保护红线的划定与监管立足我国资源环境和生态保护现状，与国家和区域重大区划或规划相协调，与经济社会发展需求和当前环境管理制度与能力相适应，与人口资源环境相均衡，与经济社会生态效益相统一。生态保护红线划定后并非一成不变，为不断优化和完善国土生态安全格局，生态保护红线可进行适当调整，尤其要随着经济社会发展和生态文明建设的进程不断优化和增强，确保空间面积不减少、保护性质不改

---

① 最高人民法院指导性案例173号。

变、生态功能不退化。

（3）生态保护红线制度具有差异性和可操作性。基于我国资源环境禀赋与经济社会发展水平的区域差异性，生态保护红线划定与管理因地制宜，切合实际，在生态空间保护、环境质量控制与资源利用管理等方面制定和执行与区域特点相适宜的政策制度，提出分类、分区及分级管理要求。生态保护红线划定遵循自然规律与经济社会发展规律，确保红线本身科学合理；配套的管理制度和政策应具有可操作性；划定的红线目标应充分考虑各有关因素，具备可实现性。

（4）生态保护红线制度具有强制性和约束性。红线即底线。一方面，生态保护红线是地方根据国家的要求必须划定的，具有国家强制性。已经确立为国家级的生态保护红线区的区域，地方必须加以保护，不得作出与国家划线相违的地方划线；同时，地方在国家保护区划之外，自行确立的地方性重点生态功能区、敏感区、脆弱区及其他特定生态保护区域内，按照统一的技术规范划定的红线区，也要与国家确定的红线区采取相同的管护制度。另一方面，对于资源利用者、污染排放者、环境监管机构而言，生态保护红线又具有义务性、禁止性的特点。

（5）生态保护红线制度具有补强性。在生态保护红线制度确立之前，我国的环境规划、环境技术标准由政府主导制定，以许可、限制为主要内容。在政府的环境规划中，行政许可、行政审批是针对环境资源利用者而赋予政府部门的权力，且政府主导制定了一系列环境标准，一旦环境利用者违反规划标准，就会受到处罚。而生态保护红线划定与实施之后，我国的环境规划、技术标准的规制对象就要逐渐转变为环境部门，红线的划定对环境部门的许可权、审批权形成制约，补强权力者义务缺位而带来法治增量，为权力者设义务、立责任。

3. 关联知识点

国土空间规划制度　　生态环境规划制度

（二）教辅资料

1. 关联法规和标准

（1）《中华人民共和国自然保护区条例》（国务院，2017年修订）。

（2）《关于划定并严守生态保护红线的若干意见》（中共中央办公厅、国务院办公厅，2017年）。

（3）《生态文明体制改革总体方案》（中共中央办公厅、国务院办公厅，2015年）。

2. 参考阅读文献

生态保护红线与生物多样性保护论文集编委会编著：《生态保护红线与生物

多样性保护论文集》,中国环境出版社 2017 年版。

(撰稿人:郭武)

三、生态保护补偿制度(重点)

【教学目的与要求】
识记: 生态保护补偿制度的含义
领会: 生态保护补偿制度的特征
应用: 生态保护补偿制度与生态环境损害赔偿制度的区别

(一)教学要点

1. 生态保护补偿制度的含义

生态保护补偿,是指在综合考虑生态保护成本、发展机会成本和生态服务价值的基础上,采用行政、市场等方式,由生态保护受益者或生态损害的加害者通过向生态保护者或因生态损害而受损者以支付金钱、物质或提供其他非物质利益等方式,弥补其成本支出以及其他相关损失的行为。生态保护补偿制度是政府通过宏观调控的管理政策和法律手段来调整环境利益相关者之间的关系,从而促进环境外部成本内部化,通过环境资源的有偿使用来保护生态环境的创新制度。究其实质,生态保护补偿制度是在综合考虑生态保护成本、发展机会成本和生态服务价值的基础上,采取财政转移支付或市场交易等方式,对生态保护者给予合理补偿的激励性制度安排。

2. 生态保护补偿制度的特征

(1)生态保护补偿制度具有很强的技术性。生态补偿可被视为一种外部化的生态环境成本的负担机制,是一种促进环境保护的利益驱动机制、激励机制和协调机制。它是一种经济调节手段,通过生态补偿,平均分配环境成本及费用,提高人们建设和保护生态环境的积极性以及抑制破坏生态平衡的行为,使外部经济性内部化。它涉及生态学、经济学、法学等多个学科的知识,因此具有很强的科学技术性。

(2)生态保护补偿制度的表现形式具有多样性。生态保护补偿制度,主要通过与生态补偿有关的各种法律条文来表现,但又不仅限于这些法律条文。我国还存在很多与生态补偿有关的政策,这些政策也是生态补偿制度的体现,比如退耕还林,森林生态效益补偿基金,天然保护林工程等环境保护政策。这些政策虽然没有明确表明用于生态补偿,但从其制定的目的和作用来看,属于典型的生态补偿。

（3）生态保护补偿的实现路径较为多元。生态保护补偿法律制度的实现方式包括但不限于行政手段、经济手段和社会手段，具有多元化的特点。行政手段主要表现为政府的财政转移支付、各种政策优惠和补贴等。经济手段主要表现为市场主体自主开展生态补偿交易。社会手段则是各种环境学会、公益组织自行筹集经费，开展生态补偿活动等。

（4）生态保护补偿的对象具有广泛性。生态补偿，不仅指对生态建设者在恢复、重建生态系统中所付出的成本费用进行的补偿，还包括对预防生态环境恶化的费用的补偿，以及对因建设生态环境而遭受损失和丧失发展机会者的补偿。

（5）生态保护补偿法律制度的补偿方式具有多样性。生态保护补偿法律制度的补偿方式主要分为纵向生态补偿方式和横向生态补偿方式。纵向生态补偿方式是我国目前生态补偿实践的主要表现形式，而横向生态补偿方式将是未来生态补偿发展的主要方向，包括流域上下游之间、不同主体功能区之间、自然保护区内外同级别地方政府之间的补偿。当前，我国的生态补偿，一方面是加强行政手段的运用，由政府通过财政转移支付等手段，推动生态补偿；另一方面是加强市场手段的运用，达到生态补偿的目的。具体方式有资金补偿、实物补偿、政策补偿和智力技术补偿等。

3. 关联知识点

生态环境损害赔偿制度

（二）教辅资料

1. 关联法规标准

（1）《国务院办公厅关于健全生态保护补偿机制的意见》（国务院办公厅，2016年）。

（2）《关于构建现代环境治理体系的指导意见》（中共中央办公厅、国务院办公厅，2020年）。

2. 参考阅读文献

（1）吕忠梅主编：《环境法学概要》，法律出版社2016年版，第二章。

（2）汪劲：《环境法学》（第四版），北京大学出版社2018年版，第四章。

3. 教学案例示例

福建省汀江—韩江跨省流域生态保护补偿试点案例[①]。

（撰稿人：梅宏　郭武）

[①] 参见《下好"一盘棋" 共护一江水》，载《中国环境报》2021年2月26日，第03版。

四、生态治理和修复制度(重点)

【教学目的与要求】
识记:生态治理和修复制度的含义
领会:生态治理和修复制度的特征
应用:生态治理和修复的责任主体

(一) 教学要点

1. 生态治理和修复制度的含义

生态治理和修复制度是规范生态治理和生态修复行为和过程的相关法律制度之总称。其中,生态治理制度是指造成环境污染和生态破坏的主体按照治理方案,依法完成治理事项并实现治理目标的法律措施;而生态修复制度则是指为了保障生态修复工程的顺利实施以及实现生态整体性和功能完整性目标而形成的一系列法律制度的总称。

2. 生态治理和修复制度的特征

(1) 生态治理与修复制度是现代环境法治日益成熟的重要标志。现代环境法形成和发展之初,环境法治的主要手段是以行政命令模式对环境污染行业和行为的行政监管。随着环境问题的日益复杂化,单一的行政命令模式暴露出了越来越多的不足和弊端,市场机制、社会化机制等环境法治的新型模式开始出现,并极大地弥补了行政命令模式的不足。而这一过程也是环境法治手段从以管理为中心到以综合治理为中心的转型发展过程,标志着现代环境法逐渐成熟和完善。而生态修复制度是近年来中国环境法律制度走向精致化发展的具体体现,标志着中国现代环境法治的日益成熟和健全。

(2) 生态治理与修复制度强调生态环境功能的实现。以行政命令模式为主的传统环境法治手段的目的主要是实现现代行政法意义上的规范效果,而生态治理和修复制度更侧重于生态环境(服务)自身功能的实现。特别是生态修复制度以生态整体性和生态功能完整性为制度规范目的,是其成为一项重要环境法律制度的重要标志。

(3) 生态治理和修复制度的实施具有很强的科学技术性要求。生态治理和修复制度是因环境污染和生态破坏的整治需要而确立的法律制度。由于环境污染和生态破坏过程的复杂性、长期性,以及生态环境自身的系统复杂性,全面的生态治理和基于生态功能完整性的生态修复必须要建立在现代环境科学等相关领域研究和日益成熟、完善的技术应用的基础上。

3. 生态治理和修复的责任主体

明确生态治理和修复的责任主体是建立生态治理和修复制度的前提。

国家是各种自然生态资源的所有者和管理者,也是开发、利用、保护自然生态资源的最大受益者;政府代表国家负责生态环境损害的治理、赔偿和补偿,以及生态修复工作,故为生态治理和修复的责任主体。详言之,国家是生态修复工作的"领头羊",带领其他修复主体共同完成修复任务。首先,国家应当围绕生态修复制定一系列具体的法律规范,完善生态修复法律体系,明确各方修复主体的职责与任务,确定生态修复相关事项的具体标准。其次,国家应当提供专项财政资金进行生态修复,建立专门的管理机构领导生态修复工作的开展、推进、完成、保持,对事后的跟踪监督负责,以及对因生态修复而合法利益受损者进行国家补偿。最后,国家需要审慎用权,积极履行义务,推动政府生态环境相关信息公开工作的铺开,以保障人民群众的生态环境信息知情权和生态保护参与权,为人民监督国家生态修复工作提供制度保障。[①]

开发利用自然资源者以及污染破坏生态环境行为人,因其获取了相当的利益或者存在某种程度上的过错并且与之有一定联系,而成为生态治理和修复责任的主体。我国《环境保护法》规定环境民事责任实行无过错责任原则以及污染者负担原则。当污染破坏生态环境行为人的行为造成生态环境损害时,无论其主观状态如何,污染破坏生态环境行为人都有义务承担生态治理和修复责任。

我国《环境保护法》第 65 条明确规定了环境专业中介机构(包括环境影响评价机构、环境监测机构以及从事环境监测设备和防治污染设施维护、运营的机构)应当与造成环境污染和生态破坏的其他责任者承担连带责任。当环境专业中介机构为了追求商业利益而出现信用风险时,必须通过强而有效的法律责任机制来进行治理,在造成不良的生态影响时,企业需要承担起生态治理和修复责任。

生态破坏、环境污染不乏无法确定具体责任人的情形,政府的专项财政投入对于需要巨额花费的生态系统修复来说远远不够,而公众参与生态治理和修复工作有助于解决部分生态修复资金问题。不过,我国法律尚未明确规定社会公众的生态治理和修复责任,亦未对社会公众参与生态修复工作作出详细规定。

4. 关联知识点

生态环境损害赔偿制度

---

① 参见任洪涛、敬冰:《我国生态修复法律责任主体研究》,载《理论研究》2016 年第 4 期,第 53—59 页。

(二) 教辅资料

1. 关联法规标准

（1）《最高人民法院关于审理生态环境损害赔偿案件的若干规定（试行）》（最高人民法院，2020年修正）。

（2）《最高人民法院关于审理海洋自然资源与生态环境损害赔偿纠纷案件若干问题的规定》（最高人民法院，2017年）。

（3）《最高人民法院、最高人民检察院关于办理环境污染刑事案件适用法律若干问题的解释》（最高人民法院，最高人民检察院，2016年）。

（4）《最高人民法院关于审理环境民事公益诉讼案件适用法律若干问题的解释》（最高人民法院，2020年修正）。

2. 参考阅读文献

汪劲：《环境法学》（第四版），北京大学出版社2018年版，第十章。

3. 教学案例示例

丁某某非法捕捞水产品案[①]

（撰稿人：郭武　梅宏）

五、长江保护法（一般）

【教学目的与要求】

识记：长江保护法的含义和特征

领会：长江保护法的主要制度

应用：长江保护法的基本原则　长江保护法的特色性制度

(一) 教学要点

1. 长江保护法的含义

长江保护法是规范长江流域的生态环境保护和修复以及长江流域各类生产生活、开发建设活动的流域性的综合性法律，是以《中华人民共和国长江保护法》为龙头的法律规范的总称。

2. 长江保护法的特征

以《长江保护法》为核心的专门保护长江的法律规范具有以下特点：

[①] 参见王珊珊：《被告人家属在淀山湖放生鱼苗 | 增殖放流》，载澎湃新闻网，https://www.thepaper.cn/newsDetail_forward_6921206，最后访问日期：2021年11月01日。

第一,《长江保护法》是流域性法律。《长江保护法》是我国第一部流域性的立法,以长江流域为适用的空间范围,以解决长江流域的问题为法律的目标,其包含了明确流域协调机制、设置流域标准体系、规定流域生态流量、提出流域生态完整性指数、流域生态修复等具有针对性的规范。

第二,《长江保护法》是综合性法律。《长江保护法》是一部超越部门和地方的特别的综合性法律,其对整个长江流域的生态环境资源和绿色发展进行整体性、综合性的规范,包含了规划和管控制度、资源保护制度、水污染防治制度、生态修复制度、绿色发展制度、保障和监督制度、法律责任制度等,采用了环境、资源和生态三位一体的整体性、系统性的规范路径。

第三,《长江保护法》是特别性的专门立法。《长江保护法》是适用于长江流域的特别性的专门的法律规范,其他针对污染防治、资源保护、生态保护、绿色发展等方面的一般性的法律规范在长江流域也要进行适用。

3. 长江保护法的基本原则

《长江保护法》第 3 条明确规定,长江流域经济社会发展,应当坚持生态优先、绿色发展,共抓大保护、不搞大开发;长江保护应当坚持统筹协调、科学规划、创新驱动、系统治理。根据这一条的规定,《长江保护法》确立了"生态优先、绿色发展"原则和"统筹协调、系统治理"原则。

4. 长江保护法的主要制度

《长江保护法》确立了以下几项通用性基本制度与机制:(1)长江流域协调制度:国家长江流域的协调机制统一指导、统筹协调长江保护工作,国务院有关部门和长江流域省级人民政府负责落实国家长江流域协调机制的决策,按照职责分工负责长江保护相关工作;(2)长江流域生态标准体系和制度:标准体系内容涵盖水环境质量和污染物排放、生态环境修复、水资源节约集约利用、生态流量、生物多样性保护、水产养殖、防灾减灾等;(3)长江流域生态环境资源调查和生态环境承载力评估制度;(4)长江流域生态环境、资源、水文、气象、航运、自然灾害等的监测网络体系和监测信息共享、生态环境风险报告和预警机制;(4)长江流域的突发环境事件应急机制;(5)长江流域生态环境资源的信息共享机制。

从生态整体性和流域系统性出发,按照山水林田湖草是一个生命共同体的理念,针对特定区域、特定问题,《长江保护法》分别设计了六章,就六个方面规定了具体制度:(1)规划和管控制度;(2)资源保护制度;(3)水污染防治制度;(4)生态环境修复制度;(5)绿色发展制度;(6)保障与监督制度。

5.《长江保护法》的特色性制度

(1)长江流域协调制度。《长江保护法》在第一章总则中明确建立流域协调机制,将"九龙治水"变为"一龙管江",促进长江流域协调发展。具体包括:第一,明确流域协调机制的职责;第二,明确流域协调机制的组成;第三,建立流域信息共享机制;第四,建立地方协作机制;第五,建立专家咨询委员会。

(2) 空间规划和管控制度。长江流域规划体系以国家发展规划为统领,以空间规划为基础,以区域规划为支撑。长江流域的发展规划由国务院批准后实施,国土空间规划统筹安排长江流域生态、农业、城镇等功能空间,划定生态保护红线、永久基本农田、城镇开发边界三条边界,涉及长江流域国土空间使用的其他规划必须与国土空间规划相协调。《长江保护法》所确立的以国土空间规划为基础的规划体系,解决了困扰我国多年的多规不统一的问题,并且以法律的方式明确了生态保护红线、永久基本农田、城镇开发边界三条线的法律效力。

(3) 岸线管控制度。

(4) 采砂管控制度。

(二) 教辅资料

1. 关联法规和标准

(1)《中华人民共和国长江保护法》(全国人大常委会,2020 年)。

(2)《中华人民共和国河道管理条例》(国务院,2018 年修订)。

2. 参考阅读文献

汪劲:《环境法学》(第四版),北京大学出版社 2018 年版。

(撰稿人:徐以祥)

第二章 自然保护地法

一、自然保护地法(一般)

【教学目的与要求】
识记:自然保护地的含义
领会:自然保护地的特征　自然保护地的分类　设立自然保护地的目的

(一) 教学要点

1. 自然保护地的含义

我国尚未制定有关自然保护地的专门法律。世界范围内,自然保护地通常"被公认为确保自然和生物多样性的长期保育及其相关生态系统服务和文化价值的主要工具",[①]又简称为保护地(protected area),通常包含两个层面上的含义:一是地理空间层面,指划定以保护自然价值作为主要目标的地理区域,包括该区域内的陆地、海洋及其空间范围等;二是制度和技术政策层面,指采用划定一定地理空间区域对其中的生态系统各要素与生物多样性的原真性、完整性实施特别保护的制度措施。

根据 1992 年联合国《生物多样性公约》第 2 条规定,保护地"是指一个划定地理界限、为达到特定保护目标而指定或实行管制和管理的地区"。[②] 目前在国际学术界得到较普遍接受和援引的定义,是世界自然保护联盟(International Union for Conservation of Nature,IUCN)世界保护地委员会(World Commission on Protected Areas,IUCN-WCPA)于 2008 年提出的定义:保护地是指"一个明确划定的地理空间,通过法律或者其他有效方式获得承认、专用和管理,以实现长期自然保育及与之相关的生态系统服务和文化价值"。[③]

[①] 参见〔美〕巴巴拉·劳瑙:《保护地立法指南》,王曦、卢锟、唐瑭译,法律出版社 2016 年版,第 169 页。

[②] 参见联合国发布:《生物多样性公约》,载联合国官网,https://www.un.org/zh/documents/treaty/files/cbd.shtml,最后访问日期:2020 年 2 月 12 日。

[③] Dudley, N. (Editor), *Guidelines for Applying Protected Area Management Categories*, Gland, Switzerland; IUCN, available at: https://portals.iucn.org/library/sites/library/files/documents/PAG-021.pdf, last visited 12 February 2020.

2019年6月,中共中央办公厅、国务院办公厅印发《关于建立以国家公园为主体的自然保护地体系的指导意见》(以下简称《指导意见》),将自然保护地定义为"由各级政府依法划定或确认,对重要的自然生态系统、自然遗迹、自然景观及其所承载的自然资源、生态功能和文化价值实施长期保护的陆域或海域"。①

2. 自然保护地的特征

自然保护地的特征主要体现在其独特的自然价值和文化价值。自然价值方面,要突出"保育"和"生态系统服务"两个方面。"保育"在保护地语境下是指对生态系统和自然/半自然栖息地,以及自然生态环境中存活的物种种群的就地维护。对人工驯化或者栽培的物种而言,"保育"还指对其发展出独特特性的环境的就地维护。"自然"主要是指基因、物种和生态系统层面的生物多样性,也包括地质多样性、地貌和更广泛的自然价值。

"生态系统服务"的意思是与自然保育目标相关联但是不干扰保育目标的生态产品和生态功能,包括供给服务,例如提供食物和水源;调节服务,例如调节洪水、干旱、土地退化和对抗疾病;支持服务,例如土壤的形成和养分循环;文化服务,例如游憩、精神、宗教及其他非物质惠益。

文化价值方面,则强调排除不当人为干扰,对保育物种和生态系统所依赖的传统知识和传统管理实践的保护。

3. 自然保护地的分类

根据《指导意见》,按照自然生态系统原真性、整体性、系统性及其内在规律,依据管理目标与效能并借鉴国际经验,将自然保护地按生态价值和保护强度高低依次分为国家公园、自然保护区和自然公园三大类。

其中,中国的国家公园,根据中共中央办公厅、国务院办公厅印发的《建立国家公园体制总体方案》(以下简称《总体方案》),是指"由国家批准设立并主导管理,边界清晰,以保护具有国家代表性的大面积自然生态系统为主要目的,实现自然资源科学保护和合理利用的特定陆地或海洋区域"。② 根据《指导意见》,国家公园"是指以保护具有国家代表性的自然生态系统为主要目的,实现自然资源科学保护和合理利用的特定陆域或海域,是我国自然生态系统中最重要、自然景观最独特、自然遗产最精华、生物多样性最富集的部分,保护范围大,生态过程完整,具有全球价值、国家象征,国民认同度高"。③

自然保护区,根据《自然保护区条例》第 2 条的规定,是指"对有代表性的自

---

① 中共中央办公厅、国务院办公厅发布:《关于建立以国家公园为主体的自然保护地体系的指导意见》,2019年6月26日。
② 中共中央办公厅、国务院办公厅印发:《建立国家公园体制总体方案》,2017年9月26日。
③ 中共中央办公厅、国务院办公厅发布:《关于建立以国家公园为主体的自然保护地体系的指导意见》,2019年6月26日。

然生态系统、珍稀濒危野生动植物物种的天然集中分布区、有特殊意义的自然遗迹等保护对象所在的陆地、陆地水体或者海域,依法划出一定面积予以特殊保护和管理的区域"。根据《指导意见》,自然保护区是指保护典型的自然生态系统、珍稀濒危野生动植物物种的天然集中分布区、有特殊意义的自然遗迹的区域,具有较大面积,确保主要保护对象安全,维持和恢复珍稀濒危野生动植物种群数量及赖以生存的栖息环境。

《环境保护法》《森林法》《草原法》《海洋环境保护法》《野生动物保护法》等10多部相关法律明确要求对自然保护区进行保护。国务院1994年颁布的《自然保护区条例》是规范自然保护区建设与管理的主要法律渊源于2011年、2017年两次修订。此外,有关部门先后发布了《森林和野生动物类型自然保护区管理办法》《海洋自然保护区管理办法》《国家级自然保护区监督检查办法》等规章。

按照保护对象的不同,自然保护区分为自然生态系统类、野生生物类、自然遗迹类等三个类别以及九个类型。[①] 按照保护价值的不同,中国自然保护区分为国家级自然保护区和地方级自然保护区两级。自1956年建立第一处自然保护区(广东鼎湖山自然保护区)以来,截至2017年底,全国共建立各种类型、不同级别的自然保护区2750个,总面积147.17万平方千米。其中,自然保护区陆域面积142.70万平方千米,占陆域国土面积的14.86%。国家级自然保护区463个,总面积约97.45万平方千米。2018年国家级自然保护区增至474个。[②]

自然公园是2019年以来新出现的概念。根据《指导意见》,自然公园是指保护重要的自然生态系统、自然遗迹和自然景观,具有生态、观赏、文化和科学价值,可持续利用的区域。确保森林、海洋、湿地、水域、冰川、草原、生物等珍贵自然资源,以及所承载的景观、地质地貌和文化多样性得到有效保护。包括森林公园、地质公园、海洋公园、湿地公园等各类自然公园。[③] 其中森林公园、地质公园、湿地公园的现行相关法律政策比较完善,总体保护面积也相对较大。

4. 设立自然保护地的目的

我国设立自然保护地的目的主要包括:保育自然资源,保护生物多样性和景观多样性,提供稳定的生态系统服务和社会公共服务,促进人与自然可持续

---

① 参见国家环境保护总局批准:《自然保护区类型与级别划分原则》(GB/T 14529—93),1993年7月19日。

② 参见生态环境部发布:《2018中国生态环境状况公报》,2019年5月29日。

③ 参见张希武:《建立以国家公园为主体的自然保护地体系》,载《林业建设》2018年第5期,第38—46页;参见唐小平、栾晓峰:《构建以国家公园为主体的自然保护地体系》,载《林业资源管理》2017年第6期,第1—8页。

发展。

根据《IUCN 自然保护地管理分类应用指南(2013)》,IUCN-WCPA 认为各种类型自然保护地所应当共同具有的目的包括:(1)保育生物多样性的组成、结构、功能和进化潜力;(2)致力于区域化的保育策略(作为核心保护区、缓冲区,以及迁徙物种的生态廊道、生态跳岛等);(3)保持景观或栖息地的多样性以及相关物种与生态系统的多样性;(4)有足够的规模以保证具体保育目标得以完整的和长期的维护,或者保护地面积能够不断得到扩大以实现这一目的;(5)永久维护其所被赋予的价值;(6)在管理计划和支持自适应管理的监测评估规划的指导下运行;(7)具有清晰、有效和公平的治理体系。[①]

5. 关联知识点

栖息地　荒野　自然资本　生态系统服务　基于自然的解决方案

(二)教辅资料

1. 关联法规和标准

(1)《中华人民共和国自然保护区条例》(国务院,2017 年修订)。

(2)《风景名胜区条例》(国务院,2016 年修订)。

(3)《关于建立以国家公园为主体的自然保护地体系的指导意见》(中共中央办公厅、国务院办公厅,2019 年)。

(4)《建立国家公园体制总体方案》(中共中央办公厅、国务院办公厅,2017 年)。

(5)《自然资源领域中央与地方财政事权和支出责任划分改革方案》(国务院办公厅,2020 年)。

2. 参考阅读文献

(1)〔美〕巴巴拉·劳瑙:《保护地立法指南》,王曦、卢锟、唐瑭译,法律出版社 2016 年版。

(2)杜群等:《中国国家公园立法研究》,中国环境出版社 2018 年版。

(3)苏杨、张玉钧、何昉主编:《中国国家公园体制建设报告(2019—2020)》,社会科学文献出版社 2020 年版。

(撰稿人:舒旻　吴凯杰)

[①] WITH Stolton, S., P. Shadie and N. Dudley, *IUCN WCPA Best Practice Guidance on Recognising Protected Areas and Assigning Management Categories and Governance Types*, Best Practice ProtectedArea Guidelines Series No. 21, Gland, Switzerland: IUCN, available at: https://portals.iucn.org/library/sites/library/files/documents/PAG-021.pdf, last visited 28 August 2013.

二、自然保护地法的基本制度和措施(重点)

【教学目的与要求】
识记:自然保护地的概念
领会:自然保护地的设立　自然保护地的管理体制
应用:自然保护地的保护与管理

(一) 教学要点

1. 自然保护地的设立

从国际实践来看,设立自然保护地的主要方式是立法承认,即由国家立法机关制定或者颁布的国内法明确规定保护地的设立条件、方式和确认的程序等,或者直接规定自然保护地名录。例如美国国家公园体系中,每一个国家公园的设立均由国会颁布专门立法,对国家公园的名称、范围、边界四至(经纬度)和保护对象等作出明确规定。又如,加拿大《国家公园法》[①]《国家海洋保护区法》[②]等通过附录的方法具体列明了加拿大国内各个国家级保护地的名称、坐落(经纬度)、地图对标位置、边界线等确切信息。在法律缺位或者规定不尽详细的地方,也可以由公权力机关或者其他参与者通过其他有效方式予以认定。例如,按照习惯法、国际公约,或者由政府或者非政府组织与有关社区签订保护协议实施管理等方法确定自然保护地。

我国目前对国家公园的设立还没有明确的法律规定。《总体方案》对设立国家公园作出了导向性的政策指引。我国《自然保护区条例》对自然保护区的设立条件和程序作出了明确规定。自然保护区的本质决定了对其的调整,包括撤销和变更,应当受到严格控制。变更调整包括自然保护区范围调整和功能区调整。撤销自然保护区指的是解除自然保护区的法律地位的行为。

《自然保护区条例》第 15 条规定"自然保护区的撤销及其性质、范围、界线的调整或者改变,应当经原批准建立自然保护区的人民政府批准"。这只是一个授权性规定,至于因何种原因、何种情况、何种条件可以撤销自然保护区或者变更其性质、范围、界限则没有明确规定。2013 年《国家级自然保护区调整管理规定》规定"对国家级自然保护区不得随意调整",确因国家重大工程建设需要调整保护区的,需满足以下条件:原则上不得调出核心区、缓冲区;建设单位应当开展

[①] Canada National Parks Act (S.C. 2000, c. 32), available at: https://laws-lois.justice.gc.ca/eng/acts/N-14.01/, last visited 13 February 2020.

[②] Canada National Marine Conservation Areas Act, S.C. 2002, c. 18, available at: https://laws-lois.justice.gc.ca/eng/acts/C%2D7.3/page-1.html, last visited 13 February 2020.

工程建设生态风险评估,并将有关情况向社会公示;除国防重大建设工程外,国家级自然保护区因重大工程建设调整后,原则上不得再次调整。

2. 自然保护地的管理体制

《指导意见》提出"结合自然资源资产管理体制改革,构建自然保护地分级管理体制。按照生态系统重要程度,将国家公园等自然保护地分为中央直接管理、中央地方共同管理和地方管理3类,实行分级设立、分级管理。中央直接管理和中央地方共同管理的自然保护地由国家批准设立;地方管理的自然保护地由省级政府批准设立,管理主体由省级政府确定。探索公益治理、社区治理、共同治理等保护方式"。也就是说,按照《指导意见》,中国自然保护地的管理体制主要包括中央直接管理、中央地方共同管理以及(省级)地方管理三种模式。从各国管理实践来看,国家公园也主要按照这三种模式进行管理。

中央直管模式,是由一国的立法机关授权中央政府或者其指定的机构直接行使监督管理权。美国和加拿大主要采用这种模式。美国由内政部下设国家公园管理局负责全国各主要国家公园的管理事务。加拿大则设立了直接对环境部长负责的国家公园管理局。中央直管型国家公园中,中央或者联邦政府直接行使国家公园土地的所有权,或者通过设立保护地役权等方式,取得土地的管理权或者用途控制权。

属地管理模式,类似于我们的地方管理,是由地方政府及其有关机构行使国家公园监督管理权。德国、澳大利亚以及亚洲、非洲的一些国家和地区的国家公园采用这一模式。德国宪法规定,自然保护立法工作由联邦政府负责,具体开展和执行则由州政府负责。因此,德国国家公园的设立由州议会决定,并设置与州林业部门下属林业站平行的独立管理机构。国家公园管理机构分为三级:(1)州立环境部;(2)地区国家公园管理办事处;(3)县(市)国家公园管理办事处。

中央和地方共同管理模式主要由英国、日本等国家采用。中央和地方政府在国家公园内都有直接管理的土地,因此按照土地权属的不同采取中央—地方共同管理模式,既保证了中央政府部门参与国家公园的管理,又赋予地方政府一定的自主权。

按照《总体方案》,我国国家公园建立统一事权、分级管理体制。一是,建立统一管理机构。整合相关自然保护地管理职能,结合生态环境保护管理体制、自然资源资产管理体制、自然资源监管体制改革,由一个部门统一行使国家公园自然保护地管理职责。二是,分级行使所有权。统筹考虑生态系统功能重要程度、生态系统效应外溢性、是否跨省级行政区和管理效率等因素,国家公园内全民所有自然资源资产所有权由中央政府和省级政府分级行使。其中,部分国家公园的全民所有自然资源资产所有权由中央政府直接行使,其他的委托省级政府代理行使。条件成熟时,逐步过渡到国家公园内全民所有自然资源资产所有权由中央政府直接行使。三是,按照自然资源统一确权登记办法,国家公园可作为独立自然资源登记单元,依法对区域内水流、森林、山岭、草原、荒地、滩涂等所有自然生态空间统一进行确权登记。划清全民所有和集体所有之间的边界,划清不同集体所有者的边界,实现归属清晰、权责明确。四是,在上述管理体制基础上,构建协同管理机制。合理划分中央和地方事权,构建主体明确、责任清晰、相互配合的国家公园中央和地方协同管理机制。

在自然保护区的管理体制方面,国家对自然保护区实行综合管理与分部门管理相结合的管理体制。在自然保护区管理机构的设置与职责方面,《自然保护区条例》第 21 条规定,有关自然保护区行政主管部门应当在自然保护区内设立专门的管理机构,配备专业技术人员,负责自然保护区的具体管理工作。

自然保护区管理机构主要职责是:第一,贯彻执行国家有关自然保护的法律、法规和方针、政策;第二,制定自然保护区的各项管理制度,统一管理自然保护区;第三,调查自然资源并建立档案,组织环境监测,保护自然保护区内的自然环境和自然资源;第四,组织或者协助有关部门开展自然保护区的科学研究工作;第五,进行自然保护的宣传教育;第六,在不影响保护自然保护区的自然环境和自然资源的前提下,组织开展参观、旅游等活动。自然保护区所在地的公安机关,可以根据需要在自然保护区设置公安派出机构,维护自然保护区内的治安秩序。

3. 自然保护地的保护与管理

自然保护地保护与管理的核心制度是分区管控制度。自然保护地的分区管控是指根据保护对象及其周围环境的特点,以及自然保护和其他需要,区分具有不同保护管理重点的区域,采取不同的禁止和限制措施。自然保护地的分区管控具有如下意义:一方面,根据保护对象的具体情况合理确定不同的保护重点和要求,提高保护质量和效率;另一方面,兼顾科学实验以及当地群众生产生活等合理需要,有助于协调保护与其他需要之间的矛盾[①]。

《指导意见》提出根据各类自然保护地功能定位,对自然保护地实行差别化管控。国家公园和自然保护区实行分区管控,划分为核心保护区和一般控制区。原则上核心保护区内禁止人为活动,一般控制区内限制人为活动。自然公园原则上按一般控制区管理,限制人为活动。根据《自然保护区条例》第 18 条的规定,自然保护区可以分为核心区、缓冲区和实验区。

除了分区管控措施,现行立法还对自然保护区的保护规定了其他禁止与限

---

① 参见国家林业局野生动植物保护司、国家林业局政策法规司编:《中国自然保护区立法研究》,中国林业出版社 2007 年版,第 148 页。

制措施。

4. 关联知识点

国家公园的制度措施　自然保护区的制度措施　风景名胜区的制度措施　自然公园的制度措施

(二) 教辅资料

1. 关联法规和标准

(1)《中华人民共和国自然保护区条例》(国务院,2017年修订)。

(2)《风景名胜区条例》(国务院,2016年修订)。

(3)《国家级自然保护区调整管理规定》(国务院,2013年)。

(4)《森林和野生动物类型自然保护区管理办法》(林业部,1985年)。

(5)《海洋自然保护区管理办法》(国家海洋局,1995年)。

(6)《国家级自然保护区总体规划审批管理办法》(国家林业局,2015年)。

(7)《国家级风景名胜区规划编制审批办法》(住房和城乡建设部,2015年)。

(8)《国家级风景名胜区管理评估和监督检查办法》(住房和城乡建设部,2015年)。

(9)《关于建立以国家公园为主体的自然保护地体系的指导意见》(中共中央办公厅、国务院办公厅,2019年)。

(10)《建立国家公园体制总体方案》(中共中央办公厅、国务院办公厅,2017年)。

(11)《风景名胜区总体规划标准》(GB/T 50298—2018)。

2. 参考阅读文献

(1) Grazia Borrini-Feyerabend, Nigel Dudley, Tilman Jaeger 等编著：《IUCN自然保护地治理——从理解到行动》,朱春全、李叶、赵云涛等译,中国林业出版社2016年版。

(2) Jon C. Day, Nigel Dudley, (eds), *Guidelines for Applying the IUCN Protected Area Management Categories to Marine Protected Areas*, IUCN, Gland, Switzerland, available at: https://portals.iucn.org/library/sites/library/files/documents/PAG-019-2nd%20ed.-En.pdf, last visited: 12 February 2020.

(3)〔新西兰〕安迪·汤普森(Andy Thompson)等：《自然保护地旅游特许经营管理指南》,吴承照、陈涵子译,科学出版社2018年版。

(4) 国家林业局野生动植物保护司、国家林业局政策法规司编：《中国自然保护区立法研究》,中国林业出版社2007年版。

(5) 李明华主编:《自然保护区法律问题研究》,吉林人民出版社2005年版。

3. 教学案例示例

岳西县国合美丽水电站与岳西县环境保护局自然保护区保护行政诉讼案[①]

(撰稿人:吴凯杰　舒旻)

三、公共地役权(一般)

【教学目的与要求】

识记:公共地役权的含义

领会:公共地役权的特征与构成　公共地役权的分类

应用:自然保护地役权

(一) 教学要点

1. 公共地役权的含义

地役权是指以他人土地供自己土地的方便和利益之用的权利。[②] 公共地役权是在公法上对民法地役权概念的借鉴和引入,主要是公法上的一项管制措施。公共地役权是行政机关为实施公共管理或者实现公共利益,而对与其管理的公共设施、土地或者其他不动产相邻接或者毗连的土地或者其他不动产的利用方式及财产权利施以限制或者设定义务的权利。

2. 公共地役权的特征与构成

公共地役权是从民法地役权中延伸出来的一个概念。因此,一方面,公共地役权具有民法上地役权的部分特征。设立公共地役权也是为了提高不动产的利用效率或便宜程度。公共地役权也属于物对物的权利,表现为物对物的利用。其中的物,又主要是指土地及其上的建筑物、构筑物或者附着的其他不动产。另一方面,公共地役权具有公共属性。设立公共地役权往往以实现公共利益作为目的,即为了不特定多数人取得效率或便宜。

公共地役权的设立多由法律直接规定。在有的国家,公共地役权的设立无需需役地的存在,仅为法定的公共利益事项,就可以对供役地实施法律规定的限制。例如,《法国民法典》第649条规定:"法律规定的役权,得为公共的或地方的便宜,亦得为私人的便宜而设立。"其第650条规定:"为公共的或地方的便宜而设立的役权,得以沿通航河川的通道,公共或地方道路的建筑或修缮,以及公共

---

① (2018)皖08行终11号。
② 参见梁慧星、陈华彬:《物权法》(第四版),法律出版社2007年版,第285页。

或地方其他工事的建筑或修缮为客体。一切有关此种役权的事项,由特别法令规定之。"法国学者将这种由法律直接规定的地役权又称为行政地役权。后来逐渐发展为基于通信、交通、国防、城市规划、森林保护、文物保护等公共利益的需要,而根据行政法的规定特别设立的地役权。设立行政地役权的方式,主要有行政管制、订立行政合同和捐赠。

我国法律中没有明确的公共地役权概念。在我国,《民法典》对地役权仅作出了狭义上的规定,强调地役权属于私人之间的不动产利益安排和协调机制,因此我国绝大多数现行法律中,没有针对公共地役权的明确规定。但是,也不能就此认为公共地役权在我国法律中完全无迹可寻。例如《石油天然气管道保护法》第 30 条至第 33 条对于石油天然气管道周边特定区域内构筑设施、开展活动的限制性规定,就具有比较典型的公共地役权的特征。《公路法》设立了"建筑控制区"的概念,并规定除公路防护、养护需要的以外,禁止在公路两侧的建筑控制区内修建建筑物和地面构筑物;需要在建筑控制区内埋设管线、电缆等设施的,应当事先经县级以上地方人民政府交通主管部门批准。这也属于对交通主管部门所享有的对公路两侧建筑控制区的公共地役权的规定。

3. 公共地役权的分类

按照公共地役权所保护的利益分类,又可以将公共地役权分为狭义和广义的概念。狭义的公共地役权主要是指行政机关为了实现公共财产或者其他公共设施的利益,而对与之相连接或者邻近的土地及其他不动产所设定的限制性义务。广义的公共地役权则是指为了维护公共利益而对土地或者其他不动产的所有权人、使用权人的利用方式所施加的限制。由此可见,广义的公共地役权不再仅仅是民法上所规定的地役权的那种"物对物的便利"。因此,许多民法学者不承认公共地役权属于真正的地役权。①

4. 自然保护地役权

在自然保护地相关法律法规的范畴中,公共地役权又被称为自然保护地役权,是指不动产所有权人为了保护不动产的自然、风景或开放空间价值,确保不动产在农业、森林、娱乐或开放空间使用、保护自然资源、保持或提高空气质量或水质,及其自然生态、审美或者历史文化等方面的价值,而对不动产施加限制和义务的非占有性权益。在不同的国家,自然保护地役权的运用有些微差别,但综合起来看,都具有下列共同点:

第一,自然保护地役权属于非占有性的财产利益,具有永久性、公益性和自愿性的特征;第二,自然保护地役权通常由当事人以书面形式协议设立,设立之后可以通过捐赠或者出售的方式授予自然保护地役权持有人;第三,自然保护地

---

① 参见尹田:《法国物权法》,法律出版社 1998 年版,第 401 页。

役权的设立不以需役地的存在作为前提;第四,自然保护地役权的持有人往往是政府机关或者从事自然保护事业的慈善机构,持有人对于自然保护地役权具有强制执行权;第五,自然保护地役权只能以保护自然生态系统或者文物古迹相关的公共利益作为唯一目的,包括其生态价值、审美价值、历史和文化价值等;第六,土地或者其他不动产所有权人可以通过在其土地上设立自然保护地役权受益,往往是获得与不动产相关的税收减免优惠,例如享受财产税、遗产税以及个人所得税的优惠政策等。

5. 关联知识点

环境保护地役权　林地地役权　历史文化遗产维护地役权

(二) 教辅资料

1. 关联法规和标准

(1)《关于建立以国家公园为主体的自然保护地体系的指导意见》(中共中央办公厅、国务院办公厅,2019年)。

(2)《建立国家公园体制总体方案》(中共中央办公厅、国务院办公厅,2017年)。

2. 参考阅读文献

(1) 梁慧星、陈华彬:《物权法》(第四版),法律出版社2007年版,第十八章。

(2) 尹田:《法国物权法》,法律出版社1998年版。

(3) 王名扬:《法国行政法》,中国政法大学出版社1988年版。

(4) 〔德〕汉斯·J.沃尔夫、奥托·巴霍夫、罗尔夫·施托贝尔:《行政法》(第二卷),高家伟译,商务印书馆2002年版。

(5) 〔荷〕勒内·J.G.H.西尔登、弗里茨·斯特罗因克:《欧美比较行政法》,伏创宇、刘国乾、李国兴译,中国人民大学出版社2013年版。

(撰稿人:舒旻)

第三章　生物多样性保护法

一、生物多样性保护法（重点）

【教学目的与要求】

识记：生物多样性的含义　生物多样性保护法的含义

领会：生物多样性保护法的原则　生物多样性保护法的立法现状

（一）教学要点

1. 生物多样性的含义及层次

生物多样性是人类赖以生存的条件，是经济社会可持续发展的基础，是生态安全和粮食安全的保障。生物多样性这一概念源于自然资源概念的拓展[①]，1968年由美国野生生物学家和保育学家雷蒙德（Ramond F. Dasman）在其通俗读物《一个不同类型的国度》（A Different Kind of Country）一书中首先使用，是Biology和Diversity的组合，即Biological diversity。1992年联合国《生物多样性公约》将生物多样性定义为"所有来源的形形色色生物体，这些来源除其他外包括陆地、海洋和其他水生生态系统及其所构成的生态综合体；这包括物种内部、物种之间和生态系统的多样性"。[②]

《中国生物多样性保护战略与行动计划（2011—2030年）》将生物多样性定义为"生物（动物、植物、微生物）与环境形成的生态复合体以及与此相关的各种生态过程的总和"，包括遗传多样性、物种多样性和生态系统多样性三个层次。其中，遗传（基因）多样性是指生物体内决定性状的遗传因子及其组合的多样性。物种多样性是生物多样性在物种上的表现形式，也是生物多样性的关键，它既体现了生物之间及环境之间的复杂关系，又体现了生物资源的丰富性。生态系统多样性是指生物圈内生境、生物群落和生态过程的多样性。

2. 生物多样性保护法的定义及立法概况

生物多样性保护法是指调整有关生态系统多样性、物种多样性和基因多样

[①]　参见秦天宝：《生物多样性保护的法律与实践》，高等教育出版社2013年版，第5页。

[②]　参见联合国发布的《生物多样性公约》第2条，载联合国官网，https://www.un.org/zh/documents/treaty/files/cbd.shtml，最后访问日期：2021年7月28日。

性的开发、利用、保护等各方面社会关系的法律规范的总和。相应的,生物多样性保护的国家政策和立法在内在结构上也包括生态系统、物种和基因这三方面的内容,应重点关注生物安全、外来物种入侵、遗传资源获取与惠益分享、生物多样性的就地保育等问题。①

目前,世界上已有多个国家通过专门立法的方法,制定了综合性的"生物多样性保护法",比如《英国野生生物和乡村法(1981)》《澳大利亚环境保护和生物多样性保护法(1999)》《秘鲁遗传资源获取管制法(1999)》《印度生物多样性法(2002)》《不丹生物多样性法(2003)》《南非生物多样性法(2004)》《日本生物多样性基本法(2009)》《越南生物多样性法(2008)》《巴西生物多样性保护法(2015)》《法国生物多样性恢复、自然与人文景观法令(2016)》等。

我国2014年修订的《环境保护法》从环境保护领域综合性法律的角度,对生物多样性保护制度作了两方面的规定:一是针对我国资源过度开发导致生物多样性减少的现象,将防止开发利用自然资源导致的生物多样性破坏作为重要规制内容,要求将保护生物多样性纳入自然资源开发利用的考虑中,制定有关生态保护和恢复治理方案并予以实施。二是针对外来物种入侵现象,要求采取措施防止引进外来物种以及研究、开发和利用生物技术可能导致的对生物多样性的破坏,严格控制外来物种引入、生物技术使用,防止外来物种和生物技术对遗传多样性、物种多样性和生态系统多样性构成危险。②

3. 生物多样性保护法的指导思想和基本原则

根据《中国生物多样性保护战略与行动计划》(2011—2030年),我国生物多样性保护的指导思想是:统筹生物多样性保护与经济社会发展,以实现保护和可持续利用生物多样性、公平合理分享利用遗传资源产生的惠益为目标,加强生物多样性保护体制与机制建设,强化生态系统、生物物种和遗传资源保护能力,提高公众保护与参与意识,推动生态文明建设,促进人与自然和谐。

在法律原则方面,生物多样性政策和法律应该坚持谨慎利用原则、风险预防原则、综合管理原则。③ 根据《中国生物多样性保护战略与行动计划》(2011—2030年),我国生物多样性保护的基本原则为:(1)保护优先。在经济社会发展中优先考虑生物多样性保护,采取积极措施,对重要生态系统、生物物种及遗传资源实施有效保护,保障生态安全。(2)持续利用。禁止掠夺性开发生物资源,促进生物资源可持续利用技术的研发与推广,科学、合理和有序地利用生物资源。(3)公众参与。加强生物多样性保护宣传教育,积极引导社会团体和基层

---

① 参见秦天宝:《生物多样性保护的法律与实践》,高等教育出版社2013年版,第23—35页。
② 参见吕忠梅主编:《环境法导论》,北京大学出版社2015年版,第135页。
③ 参见于文轩:《生物多样性政策与立法研究》,知识产权出版社2013年版,第30—40页。

群众的广泛参与,强化信息公开和舆论监督,建立全社会共同参与生物多样性保护的有效机制。(4)惠益共享。推动建立生物遗传资源及相关传统知识的获取与惠益共享制度,公平、公正分享其产生的经济效益。

4. 我国生物多样性保护的法制历程与主要措施

1948年联合国创建世界自然保护联盟(IUCN),1996年中华人民共和国外交部代表中国政府加入 IUCN。1980年由 IUCN 等国际自然保护组织编制《世界自然保护大纲》,其总目标是通过保护生物资源而达到自然资源永续开发利用的目的。中国于1985年制定和颁布《中国自然保护纲要》。目前,生物多样性保护已上升为国家战略,被纳入国家的顶层设计,相关法规制度逐步完善。我国成立了中国履行《生物多样性公约》工作协调组和生物物种资源保护部际联席会议,建立了生物多样性和生物安全信息交换机制,初步形成了生物多样性保护和履约国家协调机制。各相关部门根据工作需要,成立了生物多样性管理相关机构。一些省级政府也相继建立了生物多样性保护的协调机制。

目前,我国尚未制定专门的、综合性的生物多样性法律。但早在1950年,中央人民政府就发布了《稀有生物保护办法》(于1987年失效)。1994年,国务院发布《中国生物多样性保护行动计划》。2001年,国务院发布《全国野生动植物保护及自然保护区建设工程总体规划》。2007年,国务院发布《国家重点生态功能保护区规划纲要》和《全国生物物种资源保护与利用规划纲要》。2010年,环境保护部会同20多个部门和单位编制了《中国生物多样性保护战略与行动计划》(2011—2030年),提出了我国生物多样性保护总体目标、战略任务和优先行动。目前,我国生物多样性保护法律体系初步建立,先后批准加入《生物多样性公约》《濒危野生动植物种国际贸易公约》《保护野生动物迁徙物种公约》《生物多样性公约卡塔赫纳生物安全议定书》等。我国生物多样性保护相关法律主要包括《野生动物保护法》《森林法》《草原法》《畜牧法》《种子法》《生物安全法》以及《进出境动植物检疫法》等,并且颁布了一系列行政法规,包括《自然保护区条例》《野生植物保护条例》《农业转基因生物安全管理条例》《濒危野生动植物进出口管理条例》和《野生药材资源保护管理条例》等。相关行业主管部门和部分省份也制定了相应的规章、地方性法规和规范,比如《云南省生物多样性保护条例》。

此外,国家还实施了一系列生物多样性保护规划和计划。比如《中国自然保护区发展规划纲要(1996—2010年)》《全国生态环境建设规划》《全国生态环境保护纲要》《全国生物物种资源保护与利用规划纲要》和《中国生物多样性保护战略与行动计划(2011—2030年)》等。相关行业主管部门也分别在自然保护区、湿地、水生生物、畜禽遗传资源保护等领域发布实施了一系列规划和计划。

概括而言,生物多样性保护的主要措施有:完善生物多样性保护与可持续利用的政策与法律体系;将生物多样性保护纳入部门和区域规划;开展生物多样性调查、评估与监测;加强生物多样性就地保护;科学开展生物多样性迁地保护;促进生物遗传资源及相关传统知识的合理利用与惠益共享;加强外来入侵物种和转基因生物安全管理;提高应对气候变化能力;建立生物多样性保护公众参与机制与伙伴关系等。根据《中国生物多样性保护战略与行动计划(2011—2030年)》,我国划定了35个生物多样性保护优先区域,包括大兴安岭区、三江平原区、祁连山区、秦岭区等32个内陆陆地及水域生物多样性保护优先区域,以及黄渤海保护区域、东海及台湾海峡保护区域和南海保护区域等3个海洋与海岸生物多样性保护优先区域,并且确定了我国生物多样保护的10个优先领域及30个优先行动。

(二) 教辅资料

1. 关联法规和标准

(1)《生物多样性公约》(Convention on Biological Diversity,联合国环境和发展大会1992年通过,1993年生效)。

(2)《濒危野生动植物种国际贸易公约》(Convention on International Trade in Endangered Species of Wild Fauna and Flora,国际自然保护联盟1963年起草,1975年生效)。

(3)《保护野生动物迁徙物种公约》(Convention on Migratory Species,联合国,1979年通过,1983年生效)。

(4)《中华人民共和国环境保护法》(全国人大常委会,2014年修订)。

(5)《中华人民共和国野生动物保护法》(全国人大常委会,2018年修正)。

(6)《中华人民共和国野生植物保护条例》(国务院,2017年修订)。

(7)《中国生物多样性保护战略与行动计划(2011—2030年)》(环境保护部,2010年)。

2. 参考阅读文献

(1) 韩德培主编:《环境保护法教程》(第八版),法律出版社2018年版,第六章。

(2) 汪劲:《环境法学》(第四版),北京大学出版社2018年版,第十章。

(3) 吕忠梅、高利红、余耀军编著:《环境资源法学》,科学出版社2004年版,第十二章。

(4) 张梓太主编:《自然资源法学》,北京大学出版社2007年版,第十二章。

(5) 史学瀛:《生物多样性法律问题研究》,人民出版社2007年版。

(6) 秦天宝:《生物多样性保护的法律与实践》,高等教育出版社2013年版。

(7) 秦天宝:《生物多样性国际法原理》,中国政法大学出版社2014年版。

(8) 王灿发、于文轩:《生物安全国际法导论》,中国政法大学出版社2006

年版。

（9）于文轩：《生物多样性政策与立法研究》，知识产权出版社2013年版。

3. 教学案例示例

北京市朝阳区自然之友环境研究所诉中国水电顾问集团新平开发有限公司、中国电建集团昆明勘测设计研究院有限公司生态环境保护民事公益诉讼案。[①]

（撰稿人：陈真亮）

二、野生动物保护法（重点）

【教学目的与要求】

识记：野生动物的定义　野生动物保护法的原则　野生动物保护的权属

领会：野生动物保护的主要制度和措施　野生动物致损的法律责任

（一）教学要点

1. 野生动物的定义

通常来说，野生动物是指在自然环境下生长且未被驯化的动物。我国《野生动物保护法》第2条第2款规定，该法所保护的野生动物是指"珍贵、濒危的陆生、水生野生动物和有重要生态、科学、社会价值的陆生野生动物"。第3款规定："野生动物及其制品，是指野生动物的整体（含卵、蛋）、部分及其衍生物"。这个定义与科学上对于野生动物的界定，无论在概念的外延上还是方法上都不完全相符，主要是依据《野生动物保护法》的适用范围所作的规定。同时，根据该条第4款规定，珍贵、濒危的水生野生动物以外的其他水生野生动物的保护，适用《渔业法》等有关法律的规定。

由于人类活动范围的不断扩大和人工干扰因素的长期性、复杂性，在科学上对野生动物的概念做出严格的定义，不是一件容易的事情。科学上所定义的野生动物，与法律规范中所规定的野生动物并不必然完全相同。在法律的框架内，只能按照法律保护的对象，以及在客观物质条件的支撑下所能够采取的保护手段，来界定法律所保护的野生动物的含义。

2. 野生动物的分类

野生动物的分类，与动物分类学上所指的分类，是两个不同的概念。动物分类学主要是从动物的种类、种类之间的亲缘关系、动物界起源和演化等方面，对

---

① （2017）云01民初2299号；（2020）云民终824号。

动物进行归类和命名。在法律和政策的框架下,野生动物的分类则主要是从物种保护和利用管理的角度对野生动物所做的区分。

按照野生动物与人类的密切联系程度,可以将野生动物划分为野外生存的野生动物和人工繁育的野生动物。按照野生动物的种群数量及其对人的利用价值,可以将野生动物分为濒危野生动物、有益野生动物、经济野生动物和有害野生动物等。按照野生动物受保护的程度和保护措施强度,可以将野生动物分为国家重点保护野生动物、地方重点保护野生动物和"三有"保护动物。在过去,法律和政策更注重野生动物的经济价值和资源属性,从而产生了"三有"动物的概念,即有益的或者有重要经济、科学研究价值的陆生野生动物。随着物种保护的观念不断加强,2016年《野生动物保护法》在修订时,将"三有"动物修改为"有重要生态、科学、社会价值的陆生野生动物"。

3. 野生动物保护的基本原则及权属

关于野生动物保护的基本原则或保护方针,《野生动物保护法》第4条规定:"国家对野生动物实行保护优先、规范利用、严格监管的原则,鼓励开展野生动物科学研究,培育公民保护野生动物的意识,促进人与自然和谐发展"。根据我国《宪法》和相关法律规定,野生动物属于自然资源,统一纳入自然资源管理,属于国家所有。我国《宪法》第9条规定:"矿藏、水流、森林、山岭、草原、荒地、滩涂等自然资源,都属于国家所有,即全民所有;由法律规定属于集体所有的森林和山岭、草原、荒地、滩涂除外。国家保障自然资源的合理利用,保护珍贵的动物和植物。禁止任何组织或者个人用任何手段侵占或者破坏自然资源。"第12条规定"社会主义的公共财产神圣不可侵犯。国家保护社会主义的公共财产。禁止任何组织或者个人用任何手段侵占或者破坏国家的和集体的财产"。作为国家对于公共资源的一种"公权性支配",资源国家所有权的实质是对资源利用的"积极干预"权,内容在于保障自然资源的合理利用,通过立法、行政和司法加以行使,并为这三种权力施加规范与限制[1]。

我国《民法典》第251条规定:"法律规定属于国家所有的野生动植物资源,属于国家所有。"《野生动物保护法》第3条第1款规定:"野生动物资源属于国家所有。"该条第2款规定,国家保障依法从事野生动物科学研究、人工繁育等保护及相关活动的组织和个人的合法权益。

4. 野生动物保护的主要制度和措施

1988年以后,以《野生动物保护法》为核心的法律体系逐步建立,标志着我国的野生动物保护走上法治化轨道。目前,我国已基本构建了以《野生动物保护法》《森林法》《渔业法》《动物防疫法》《进出境动植物检疫法》《自然保护区条例》

---

[1] 参见巩固:《自然资源国家所有权公权说再论》,载《法学研究》2015年第2期,第115页。

《陆生野生动物保护实施条例》《水生野生动物保护实施条例》《濒危野生动植物进出口管理条例》《国家重点保护野生动物驯养繁殖许可证管理办法》等为主要内容的野生动物保护法律法规体系。我国还先后加入多项涉及野生动物保护的国际条约,例如《濒危野生动植物种国际贸易公约》《关于特别是作为水禽栖息地的国际重要湿地公约》《生物多样性公约》等,在国际社会发挥物种保护的积极引领作用,并与多国合作打击濒危野生动植物走私等违法犯罪活动。

《野生动物保护法》对野生动物保护主要制度的规定,分为野生动物及其栖息地保护和野生动物管理两部分。其中,野生动物及其栖息地保护制度包括分级分类保护制度(国家重点保护野生动物名录、野生动物重要栖息地名录)、自然保护区域与禁猎(渔)制度、野生动物遗传资源保护制度、调查监测制度等。野生动物管理制度则主要规定野生动物资源的开发利用,主要有禁止猎捕和杀害国家重点保护的野生动物制度、人工繁育国家重点保护野生动物的许可证制度、外来物种管理制度、野生动物贸易管制制度、违反野生动物保护禁止性规定的法律责任制度,以及其他水生野生动物及鸟类保护的法律制度。

此外,《渔业法》《陆生野生动物保护实施条例》《水生野生动物保护实施条例》等规定了陆生野生动物、水生野生动物的相关保护与管理措施。《森林法》和《草原法》还分别对涉及森林、草原方面的野生动物保护作了相关规定。

5. 违反野生动物保护规范的法律责任

在法律责任方面,《野生动物保护法》规定了野生动物保护有关部门履职失职的法律责任、违法猎捕野生动物的法律责任、违法从事野生动物交易及相关商业活动的法律责任、违法繁育野生动物的法律责任、违法经营利用和食用野生动物的法律责任,以及伪造、变造野生动物有关批准文件的法律责任等。但是该法所设定的法律责任相对较轻,而从事野生动物非法交易活动利润相对较高,违法者违法机会成本相对较低。2020年新冠疫情暴发,全国人大常委会发布了《关于全面禁止非法野生动物交易、革除滥食野生动物陋习、切实保障人民群众生命健康安全的决定》,要求坚持严格追责原则。为了从源头控制人工繁育的野生动物进入市场,对违法经营场所和违法经营者,需要依法予以取缔或者查封、关闭,要建立严格的执法责任制度和监督制度,确保法律责任得到落实。除了有关野生动物保护法律法规以外,《刑法》也规定了破坏野生动物保护犯罪,设置了危害珍贵、濒危野生动物罪,非法狩猎罪和非法猎捕、收购、运输、出售陆生野生动物罪等罪名。

针对野生动物致害的问题,《野生动物保护法》第19条规定:"因保护本法规定保护的野生动物,造成人员伤亡、农作物或者其他财产损失的,由当地人民政府给予补偿。具体办法由省、自治区、直辖市人民政府制定。有关地方人民政府可以推动保险机构开展野生动物致害赔偿保险业务。有关地方人民政府采取预防、控制国家重点保护野生动物造成危害的措施以及实行补偿所需经费,由中央财政按照国家有关规定予以补助。"该法第 38 条规定:"任何组织和个人将野生动物放生至野外环境,应当选择适合放生地野外生存的当地物种,不得干扰当地居民的正常生活、生产,避免对生态系统造成危害。随意放生野生动物,造成他人人身、财产损害或者危害生态系统的,依法承担法律责任。"

6. 关联知识点

濒危物种保护　动物福利　实验动物　伴侣动物

(二) 教辅资料

1. 关联法规和标准

(1)《中华人民共和国野生动物保护法》(全国人大常委会,2018 年修正)。

(2)《中华人民共和国生物安全法》(全国人大常委会,2020 年)。

(3)《中华人民共和国陆生野生动物保护实施条例》(国务院,2016 年修订)。

(4)《中华人民共和国水生野生动物保护实施条例》(国务院,2013 年修订)。

(5)《中华人民共和国濒危野生动植物进出口管理条例》(国务院,2019 年修订)。

(6)《关于全面禁止非法野生动物交易、革除滥食野生动物陋习、切实保障人民群众生命健康安全的决定》(全国人大常委会,2020 年)。

2. 参考阅读文献

(1) 肖国兴、肖乾刚编著:《自然资源法》,法律出版社 1999 年版,第八章。

(2) 汪劲:《环境法学》(第四版),北京大学出版社 2018 年版,第十章。

(3) 韩德培主编:《环境保护法教程》(第八版),法律出版社 2018 年版,第六章。

(4) 张梓太主编:《自然资源法学》,北京大学出版社 2007 年版,第十二章。

(5) 吕忠梅、高利红、余耀军编著:《环境资源法学》,科学出版社 2004 年版,第十二章。

(6) 林辰彦、梁开元等主编:《野生动物保育法》,大追踪出版社 2010 年版。

(7) 常纪文主编:《动物保护法学》,高等教育出版社 2011 年版。

3. 教学案例示例

江苏省常州市金坛区人民检察院诉袁某某等 21 人非法收购、出售珍贵、濒

危野生动物及制品刑事附带民事公益诉讼案①

(撰稿人:陈真亮 舒旻)

三、野生植物保护法(一般)

【教学目的与要求】
识记:野生植物的含义
领会:野生植物的分类 野生植物的权属 野生植物保护的主要措施

(一) 教学要点

1. 野生植物的含义

《中华人民共和国野生植物保护条例》所保护的"野生植物",是指原生地天然生长的珍贵植物和原生地天然生长并具有重要经济、科学研究、文化价值的濒危、稀有植物。从这个定义来看,一是强调野生植物的"原生地""天然生长"的特征,二是规定现行《野生植物保护条例》所保护的野生植物主要是珍贵植物、濒危植物和稀有植物。

2. 野生植物的权属

根据《森林法》第14条的规定,"森林资源属于国家所有,由法律规定属于集体所有的除外。国家所有的森林资源的所有权由国务院代表国家行使。国务院可以授权国务院自然资源主管部门统一履行国有森林资源所有者职责。"野生植物是与森林相互交叉的概念。传统意义上,野生植物作为一种自然资源,具有经济性。因此,其权属问题必然涉及财产法律制度,并应受民法物权制度基本原理的指导。根据我国《民法典》的规定,法律规定属于国家所有的野生植物资源才属于国家所有。同时,国家保护依法开发利用和经营管理野生植物资源的单位和个人的合法权益。

随着人类对生态环境问题认识的深入,野生植物的生态价值日益凸显。野生植物是自然界能量转化和物质循环的重要环节,也是重要的环境要素之一。因此,保护其所具有的生态价值、审美价值及其他精神价值也逐渐受到法律的关注。其重要表现之一,就是对野生植物权属进行必要的公法限制。从事野生植物经营利用活动的单位和个人,要受到相关野生植物管理类法律、法规的规制。

---

① 参见最高人民检察院发布:《检察机关野生动物保护公益诉讼典型案例》,载最高人民检察院官网,https://www.spp.gov.cn/xwfbh/wsfbt/202002/t20200228_455360.shtml#1,最后访问日期:2021年8月14日。

例如,采集国家重点保护野生植物的,应当依法向野生植物行政主管部门或者其授权的机构申请采集证,并且必须按照采集证规定的种类、数量、地点、期限和方法进行采集。

3. 野生植物保护的主要措施

我国对野生植物资源实行加强保护、积极发展、合理利用的方针,鼓励和支持野生植物科学研究、野生植物的就地保护和迁地保护。根据相关法律的规定,野生植物保护的主要措施包括：

一是野生植物的分类分级保护制度。我国的野生植物分为国家重点保护野生植物和地方重点保护野生植物。国家重点保护野生植物又分为国家一级保护野生植物和国家二级保护野生植物。

二是野生植物保护名录制度。有关部门已经制定的野生植物保护名录主要包括《国家重点保护野生植物名录》《国家重点保护野生药材物种名录》《中国主要栽培珍贵树种参考名录(2017年版)》等。此外,《濒危野生动植物种国际贸易公约》附录Ⅰ、附录Ⅱ所列的野生植物,以及世界自然保护联盟(IUCN)发布的《濒危物种红色名录》对于野生植物的保护也有重要参考作用。

三是野生植物资源监视、监测制度。根据我国《野生植物保护条例》第12条规定,野生植物行政主管部门及其他有关部门应当监视、监测环境对国家重点保护野生植物生长和地方重点保护野生植物生长的影响,并采取措施,维护和改善国家重点保护野生植物和地方重点保护野生植物的生长条件。由于环境影响对国家重点保护野生植物和地方重点保护野生植物的生长造成危害时,野生植物行政主管部门应当会同其他有关部门调查并依法处理。

四是野生植物资源调查制度。由野生植物行政主管部门定期组织国家和地方重点保护野生植物资源调查,并建立资源档案。

此外,常规的野生植物保护法律制度和措施还包括：对于野生植物生长环境的保护,例如,建立自然保护区、繁育基地、种质资源库等；对于野生植物采集的管理,即对于采集野生植物的主体、时间、方式方法、区域等进行必要的限制甚至禁止；对于野生植物经营利用的管理,例如,对野生植物的出售、收购、进口等进行必要的限制甚至禁止,以及对应的相关法律责任,主要包括行政责任和刑事责任。

4. 关联知识点

濒危物种保护　古树名木　种质资源　药用植物　植物新品种

(二) 教辅资料

1. 关联法规和标准

(1)《濒危野生动植物种国际贸易公约》(Convention on International Trade in Endangered Species of Wild Fauna and Flora,国际自然保护联盟 1963 年起草,1975 年生效)。

(2)《中华人民共和国濒危野生动植物进出口管理条例》(国务院,2019 年修订)。

(3)《中华人民共和国野生植物保护条例》(国务院,2017 年修订)。

(4)《最高人民法院、最高人民检察院关于办理走私刑事案件适用法律若干问题的解释》(最高人民法院、最高人民检察院,2014 年)。

(5)《最高人民法院关于审理破坏森林资源刑事案件具体应用法律若干问题的解释》(最高人民法院,2000 年)。

(6)《国家重点保护野生植物名录(第一批)修正案》(国家林业局、农业部,2001 年)。

2. 参考阅读文献

(1) 汪劲:《环境法学》(第四版),北京大学出版社 2018 年版,第十章。

(2) 周珂:《环境与资源保护法》(第三版),中国人民大学出版社 2018 年版,第十四章。

(3) 徐祥民主编:《环境与资源保护法学》(第二版),科学出版社 2013 年版,第十一章。

3. 教学案例示例

案例一:上海味好美食品有限公司不服上海市工商行政管理局徐汇分局行政处罚案[①]

案例二:沈某等向国外卖家购买濒危野生植物构成走私国家禁止进出口的物品罪案[②]

(撰稿人:刘佳奇)

[①] (2002)徐行初字第 4 号。
[②] (2016)苏 02 刑初 9 号。

第四章 生物安全法

一、生物安全法(一般)

【教学目的与要求】
识记:生物安全的含义
理解:生物安全法的调整范围、基本原则
领会:生物安全法的制度内容

(一) 教学要点

1. 生物安全的含义

《中华人民共和国生物安全法》(以下简称《生物安全法》)第2条规定:"本法所称生物安全,是指国家有效防范和应对危险生物因子及相关因素威胁,生物技术能够稳定健康发展,人民生命健康和生态系统相对处于没有危险和不受威胁的状态,生物领域具备维护国家安全和持续发展的能力。"

在学理中,"生物安全"有广义和狭义之分。狭义的"生物安全"(Biosafety),是指人类的生命和健康、生物的正常生存以及生态系统的正常结构和功能不受现代生物技术研发应用活动侵害和损害的状态。广义的"生物安全"(Biosecurity),是指生态系统的正常状态、生物的正常生存以及人类的生命和健康不受致病有害生物、外来入侵生物以及现代生物技术及其应用侵害的状态。[①]

2. 生物安全法的调整范围

基于"生物安全"概念的丰富内涵,《生物安全法》的调整范围涉及领域较广。从所保护利益的角度看,《生物安全法》的调整范围主要包括:保护人类和动植物健康的行为活动,保护生态环境系统稳定和安全的行为活动,保护人类遗传资源和生物资源安全的行为活动,保护国家层面上生物安全的行为活动。从介入社会生产生活的方式来看,《生物安全法》的调整范围主要包括,传染病和动植物疫情的防治,生态系统稳定性的保护,生物技术和商业活动的监管,外来生物安全危险的防御。

---

① 参见于文轩:《生物安全立法研究》,清华大学出版社2009年版,第17页。

3. 生物安全法的基本原则

《生物安全法》第 3 条规定,维护生物安全应当贯彻总体国家安全观,统筹发展和安全,坚持以人为本、风险预防、分类管理、协同配合的原则。

"以人为本"的基本原则是指,《生物安全法》解决的还是人与人之间的关系问题,要通过明确生物技术开发和创新的尺度和边界来维护人类的整体利益和个人的基本权利。① 以人为本的基本原则,体现了对"技术理性"进行反思、关怀人本身的人文主义精神。当作为"意识形态"的技术强势地被视为其发展本身的正当性理由时,法律规制就需要谨慎面对甚至保持警惕。②

"风险预防"的基本原则指出了生物安全的风险性特征,面对带有不确定性特征的生物安全风险,应当采取审慎的、事前的预防方案。具体而言,"风险预防"原则要求平衡风险预防中行政权力的扩张与控制、建立有效的风险识别和类型化制度、实现风险预防的有效社会协作。③ 立法文本中的"风险预防"原则囊括了学术讨论中出现的"谨慎发展原则""全程监管原则"等相关内容。

"分类管理"和"协同配合"的基本原则主要是指,为了应对生物安全的丰富内涵和生物安全保护工作的复杂多样性,《生物安全法》应采用协调机制下的分层级、分部门的管理体制。生物安全保护工作涉及的领域众多,其实际开展需要生态环境、林草、卫生健康、国家安全等多个政府部门的高效配合。"分类管理"和"协同配合"的基本原则指出应在既有行政管理体系的基础上,建立有效的协调机制,明晰各级各部门行政机关的职权职责,实现有效的协同治理。该原则主要体现在《生物安全法》第二章"生物安全风险防控体制"的内容之中。

4.《生物安全法》的制度内容

《生物安全法》第二章"生物安全风险防控体制"具体规定了生物安全法的各项制度。

在管理体系层面,《生物安全法》第 10 条、第 11 条在各级政府层面建立了生物安全工作协调机制,以实现方针、政策制定和重要工作统筹;第 12 条规定了生物安全专家委员会制度;第 13 条规定了地方政府的法律职责和有关单位、个人的法律义务。

在具体的管理制度层面,《生物安全法》第 14 条至第 26 条,分别规定了生物安全风险监测预警制度、风险调查评估制度、信息共享制度、信息发布制度、生物

---

① 参见莫纪宏:《关于加快构建国家生物安全法治体系的若干思考》,载《新疆师范大学学报(哲学社会科学版)》2020 年第 4 期,第 42—57 页。

② 参见于轩:《生物安全保障的法治原则与实现路径》,载《探索与争鸣》2020 年第 4 期,第 160—166 页。

③ 参见秦天宝:《论风险预防原则在环境法中的展开——结合〈生物安全法〉的考察》,载《中国法律评论》2021 年第 2 期,第 65—79 页。

安全名录和清单制度、生物安全标准制度、生物安全审查制度、生物安全应急制度、生物安全事件调查溯源制度、关于进境的国家准入制度、安全事件应对制度和相关政府安全监督检查工作的有关内容。《生物安全法》还专设第八章,对生物安全能力的建设作出了规定。

《生物安全法》的制度构成体现了法律基本原则的要求,将生物安全保护相关的法律规范进行了有机整合,建立了协调的生物安全管理体制和管理制度。第一,《生物安全法》将生物安全保障工作提升到了国家安全保护的战略新高度,建立了纵向层级清晰、横向协调有序的管理体制,以期应对生物安全工作内容的复杂性。第二,《生物安全法》的具体管理制度贯彻了"以人为本,风险预防"的原则,建立了生物安全相关的全行业、全流程的完善监管体系。

5. 关联知识点

生态安全

(二) 教辅资料

1. 关联法规和国际条约

(1)《生物多样性公约》(Convention on Biological Diversity,联合国环境和发展大会 1992 年通过,1993 年生效)。

(2)《卡塔赫纳生物安全议定书》(Cartagena protocol on Biosafety,《生物多样性公约》缔约方大会 2000 年通过,2003 年生效)。

(3)《中华人民共和国生物安全法》(全国人大常委会,2020 年)。

(4)《中华人民共和国国家安全法》(全国人大常委会,2015 年)。

2. 参考阅读文献

于文轩:《生物安全立法研究》,清华大学出版社 2009 年版。

(撰稿人:李兴宇)

二、外来物种入侵规制(重点)

【教学目的与要求】

识记:外来物种入侵的含义和风险

领会:外来物种入侵规制的主要制度

(一) 教学要点

1. 外来物种入侵的含义和分类

根据世界自然保护联盟(IVCN)的有关定义,外来物种入侵是指人类有意或无意地将动物、植物或其他生物引入其自然范围之外的区域,并且这些物种建立种群并对本地生物多样性产生负面影响的过程①。外来入侵物种通过压制或排挤本地物种,危及本地物种的生存,加速物种多样性和遗传多样性的丧失,破坏生态系统的结构和功能,进而造成巨大的生态环境和经济损失。目前,国际社会已将外来物种入侵列为除生境破坏以外,生物多样性丧失的第二大因素。

2. 外来物种入侵的分类

从防控方式来看,外来物种入侵的途径主要包括有意引进和无意引进。相应地,防控方式也是针对这两类引进途径展开。我国现有的相关立法大多针对无意引进而制定,包括无意引进的杂草、病虫害和传染病,如贸易、运输和旅游过程中人员所携带的物品。对于有意引种的控制,我国针对有意引进外来物种行为进行规制的有 2005 年制定、2016 年修改的《引进陆生野生动物外来物种种类及数量审批管理办法》,2020 年颁布的《生物安全法》首次对未经批准擅自引进外来物种的行为进行规制。

3. 我国应对外来物种入侵的法律制度

我国尚未对应对外来物种入侵颁布专门性的立法,尚未形成关于外来物种入侵的法律体系,但也制定了一些与外来物种入侵相关的立法,并基于此形成了一些法律制度。这些制度包括:

(1) 外来物种的调查、监控和清除制度。根据《生物安全法》第 60 条规定,国家针对外来入侵物采取调查、监测、预警、控制、评估、清除、生态修复以及禁止引进、释放或者丢弃等措施,并建立相应的名录进行外来物种管理。我国目前实施的与生物入侵防治有关的名录包括《进境植物检疫禁止进境物名录》《进境植物检疫性有害生物名录》和《禁止携带、邮寄进境的动植物及其产品名录》。《水产苗种管理办法》对进口水产苗种的种类也实行名录分类管理。

(2) 检疫检验制度。《进出境动植物检疫法》及其实施条例、《动物防疫法》等法律法规确立了较为完善的检疫检验制度,但侧重点在于防止动物传染病、寄生虫病和植物危险性病、虫、杂草传入或者传出国境,并非旨在防范生物入侵和保护生物多样性。我国《进出境动植物检疫法》规定输入动物及其产品、植物种子、种苗和其他繁殖材料,应提出申请并办理检疫审批手续。若经检疫发现有《一、二类动物传染病、寄生虫病名录》和《进境植物检疫危险性病虫、杂草名录》之外的有严重危害的其他病虫害的,需要作除害、退回或者销毁处理。《渔业法》规定了水产苗种的进口、出口必须实施检疫。

---

① ISSUEs BRIEF, Invasive alien Species and Sustainable development, IVCN, available at: http://www.IVCN.org/resources/Tssues-brief/invasive-alien-species-and-sustainable-development, last visited 10 August 2022.

（3）引种审批许可制度。我国目前引种许可制度包括野生动植物外来物种引进许可、农业种质引进许可、水产苗种引进许可、畜禽遗传资源引进许可几个方面。一是依据《引进陆生野生动物外来物种种类及数量审批管理办法》第2条，引进陆生野生动物外来物种，应当对物种的种类和数量等事项实行行政许可。二是依据《草原法》第29条、《种子法》第11条和第57条、《农业法》第64条，分别对境外引进草种、种质资源等生物物种资源的入境审批进行了规定。三是依据《水产苗种管理办法》第20条，水产苗种的引进也实行许可制度，由农业部或省级人民政府渔业行政主管部门批准。四是依据《畜牧法》第15条规定，从境外引进畜禽遗传资源，应当向省级人民政府畜牧兽医行政主管部门提出申请。

（4）名录制度。我国目前实施的与生物入侵防治有关的名录包括1997年《进境植物检疫禁止进境物名录》、2007年《进境植物检疫性有害生物名录》和2012年修订的《禁止携带、邮寄进境的动植物及其产品名录》。《水产苗种管理办法》对进口水产苗种的种类也实行名录分类管理，Ⅰ类为禁止进口名录Ⅱ类和Ⅲ类为限制进口名录，分别由国务院农业主管部门、省级人民政府渔业行政主管部门负责审批。一些地方也制定了相应的名录，如云南省于2019年制定了《云南省外来入侵物种名录（2019版）》，这也是我国首个省级外来入侵物种名录。①我国目前并未形成体系外的应对外来物种入侵的名录制度，但2020年颁布的《生物安全法》明确规定国务院农业农村主管部门会同国务院其他有关部门制定外来入侵物种名录和管理办法。

4. 外来物种入侵的法律责任制度

2020年通过的《生物安全法》首次在法律层面规定了非法引进、擅自释放或者丢弃外来物种的法律责任。规定任何单位和个人未经批准，不得擅自引进、释放或者丢弃外来物种。未经批准，擅自引进外来物种的，由县级以上人民政府有关部门根据职责分工，没收引进的外来物种，并处罚款；未经批准，擅自释放或者丢弃外来物种的，由县级以上人民政府有关部门根据职责分工，责令限期捕回、找回释放或者丢弃的外来物种，处罚款。且上述责任规定只要存在非法引进、擅自释放或者丢弃外来物种的违法行为就应进行处罚，责任构成要件中并不要求产生实际损害，体现了我国对外来物种入侵防范中的预防原则。

（二）教辅资料

1. 相关法律法规

（1）《中华人民共和国生物安全法》（全国人大常委会，2020年）。

---

① 参见于文轩：《生物安全语境下生物入侵的法制因应》，载《社会科学辑刊》2020年第3期，第148—153页、第209页。

(2)《中华人民共和国野生动物保护法》(全国人大常委会,2018 年修正)。

(3)《中华人民共和国动物防疫法》(全国人大常委会,2021 年修订)。

(4)《中华人民共和国进出境动植物检疫法》(全国人大常委会,2009 年修正)。

(5)《水产苗种管理办法》(农业部,2005 年修订)。

(6)《引进陆生野生动物外来物种种类及数量审批管理办法》(国家林业局,2016 年修改)。

(7)《进境植物检疫禁止进境物名录》(农业部,1997 年)。

(8)《禁止携带、邮寄进境的动植物及其产品名录》(农业部、国家质量监督检验检疫总局,2012 年修订)。

2. 课外阅读文献

(1)汪劲等:《抵御外来物种入侵:法律规制模式的比较于选择》,北京大学出版社 2009 年版。

(2)童光法主编:《我国外来物种入侵的法律对策研究》,知识产权出版社 2008 年版。

(撰稿人:徐以祥　罗薇)

三、生物技术发展规制(一般)

【教学目的与要求】

识记:生物技术的发展及其特点　现代生物技术发展引发的生态风险和其他风险

领会:生物技术发展的生态及健康风险规制的主要制度

(一) 教学要点

1. 现代生物技术的含义

现代生物技术是在分子生物学基础上建立的创建新的生物类型或新生物机能的实用技术,是现代生物科学和工程技术相结合的产物。随着基因组计划的成功,在系统生物学的基础上发展了合成生物学与系统生物工程学,开发生物资源,现代生物技术涉及农业生物技术、环境生物技术、工业生物技术、医药生物技术与海洋生物技术,乃至空间生物技术等领域。现代生物技术将在 21 世纪开发细胞制药厂、细胞计算机、生物太阳能技术等方面发挥关键作用。

现代生物技术和古代利用微生物的酿造技术和近代的发酵技术有发展中的联系,但又有质的区别。古老的酿造技术和近代的发酵技术只是利用现有的生物或生物机能为人类服务,而现代的生物技术则是按照人们的意愿和需要创造全新的生物类型和生物机能,或者改造现有的生物类型和生物机能,包括改造人类自身,从而造福于人类。

2. 现代生物技术的特点

现代生物技术具有以下特点:

(1) 能打破物种之间的界限。在传统遗传育种的概念中,亲缘关系远一点的物种,要想杂交成功几乎是不可能的,更不用说动物与植物之间、细菌与动物之间、细菌与植物之间的杂交了。但基因工程技术却可越过交配屏障,使这一切有了实现的可能。

(2) 可以根据人们的意愿、目的,定向地改造生物遗传特性,甚至创造出地球上还不存在的新的生命物种。同时,这种技术对人类自身的进化过程也可能产生影响。

(3) 由于这种技术是直接在遗传物质核酸上动手术,因而创造新的生物类型的速度可以大大加快。

这些特点,引起了世界科学家的极大关注,短短几年内,基因工程研究便在许多国家发展起来,并取得一批成果,基因工程已成为21世纪最重要的技术成就之一。

3. 生物技术发展的生态及健康风险规制的主要制度

生物技术的发展和运用带来了生态风险、健康风险、人伦风险等多种风险。对生物技术发展风险的规制是宪法、环境法、医疗卫生法等多学科共同研究的命题。从环境法的角度,主要考虑生态及健康风险的规制。

生物技术发展生态及健康风险规制的具体领域包括对生物技术发展风险的事前预防制度、事中控制制度、事后补救救济法律制度、支撑保障性制度。这些制度对生物技术及其产品的开发、释放、上市等环节都进行了规定。

(1) 事前预防制度。事前预防法律制度是指在调整生物技术及其产业化过程中,为生态环境安全所采取的预防、控制、评估、评价等措施的法律规范的总称。其功能就在于将未知和不确定的风险控制在人为可操纵的范围内,尽量避免生物技术发展给生态环境带来无以复加的破坏和损失。具体包括禁限制度、安全风险评估制度、实验研究安全预防制度、贸易规制制度等。

(2) 禁限制度。禁限制度指对某些技术的研发和运用进行禁止的制度,即通过规定负面清单的方式来规制某些技术的研发。根据《生物安全法》第34条的规定,国家加强对生物技术研究、开发与应用活动的安全管理,禁止从事危及公众健康、损害生物资源、破坏生态系统和生物多样性等危害生物安全的生物技术研究、开发与应用活动。

(3) 安全风险评估制度。安全风险评估制度是指通过调整技术上的分析明确生物危险物质的危险所在并确定其产生危害的可能性、产生危害的种类,并根据风险评价的结果制定与之相应的防范措施的法律规范的总称,其是整个生物技术发展生态风险法律应对的核心和基础内容。根据《生物安全法》第 38 条的规定,从事高风险、中风险生物技术研究、开发活动,应当进行风险评估,制定风险防控计划和生物安全事件应急预案,降低研究、开发活动实施的风险。

(4) 贸易规制制度。贸易规制制度是指为最大限度地避免因生物技术工程体、尤其是改性活生物体越境转移和过境转移(特别是国际贸易活动)对输入国的生态安全和生物安全所构成的潜在威胁而采取的一整套规范和制约措施。

(5) 准入许可和备案制度。准入许可和备案制度,是指在实施生物工程项目研究和开发、生物产品生产与销售,以及在新物种研究与开发等方面,采取事前申请、审批、颁发许可或备案等措施,严格控制项目准入、行业准入和市场准入,从而在源头上控制风险和保障安全的法律规范的总称。

(6) 事中控制法律制度。事中安全控制法律制度是在事前预防法律制度的基础上,对于生物技术研发和应用的一项长期的管理和控制制度和措施,其主要内容在于通过对生物技术、生物技术产品进行有效的审批、准入、许可、管理、认证、检查、监督、监测、检疫等必要的手段和方法,控制生物风险,保障生物安全。

(7) 分级分类管理制度。分级与分类制度指针对生物危险物质及相关活动,根据其性质或风险大小、危害程度的不同设定相应的类别或级别,针对不同的类别或级别规定不同内容或不同程度的控制措施的法律规范的总称。其核心在于依据风险评价明晰其性质、风险或危害程度,将其纳入对应的类别或级别,并根据相应的控制措施进行管理。

(8) 研究安全预防制度。研究安全预防制度是指在生物技术研究过程中,为避免在研究场所和研究活动中发生的事故和损害,而实施预防、控制等措施。

(9) 标识认证管理制度。标识认证管理制度是指调整认证机构依据一定的生物安全等级、生物安全标准、环境标准、指标或规定,向生物产品(包括生物安全设备等)的生产者、销售者等颁发的一种特定标记,以表明该产品或设备从开发、试验、生产、使用、回收、利用到处置的整个过程符合生态环境安全要求的法律规范的总称。[①]

(10) 事后补救救济法律制度。事后补救救济法律制度,是指为了应对生物安全事故造成的不利影响,在发生损害后,保障相关主体所受损害得以弥补,并确保生态环境的正常结构和功能得以恢复的法律规范的总称,其包括应急处置制度和损害赔偿制度。

[①] 参见张辉:《生物安全法律规制研究:经济法视域的解读》,厦门大学出版社 2009 年版,第 218 页。

(二) 教辅资料

1. 关联法规和标准

(1)《中华人民共和国生物安全法》(全国人大常委会,2020年)。
(2)《中华人民共和国食品安全法》(全国人大常委会,2021年修正)。
(3)《农业转基因生物安全管理条例》(国务院,2017年修订)。
(4)《农业转基因生物安全评价管理办法》(农业部,2022年修订)。
(5)《生物技术研究开发安全管理办法》(科学技术部,2017年)。

2. 参考阅读文献

(1) 于文轩:《生物安全立法研究》,清华大学出版社2009年版。
(2) 徐海根等主编:《中国转基因生物安全性研究与风险管理》,中国环境科学出版社2008年版。
(3) 刘银良编著:《生物技术的法律问题研究》,科学出版社2000年版。
(4) 王明远:《转基因生物安全法研究》,北京大学出版社2010年版。

(撰稿人:徐以祥)

四、遗传资源保护法(一般)

【教学目的与要求】

识记:遗传资源的含义
领会:遗传资源保护的措施　遗传资源的惠益分享

(一) 教学要点

1. 遗传资源的含义

根据《生物多样性公约》的有关定义,"遗传资源"是"生物资源"的下位概念。具体而言,"生物资源"是指"对人类具有实际或潜在用途或价值的遗传资源、生物体或其部分、生物群体或生态系统中任何其他生物组成部分"。而"遗传资源"是指"具有实际或潜在价值的遗传材料"。综上,遗传资源是指对人类具有实际或潜在用途或价值的遗传材料,包括动物、植物、微生物。

2. 遗传资源保护的法理解析

遗传资源对于粮食安全、公共健康、生物多样性的保护以及应对气候变化等,都具有重要的意义和作用。鉴于遗传资源蕴含着巨大的价值,特别是有助于保护和可持续利用生物多样性、消除贫困和环境的可持续性。遗传资源已经是国家的战略资源之一,成为衡量一国综合国力的重要指标之一。因此,妥善处理遗传资源保护问题,已经成为当前重要的国际法和国内法议题。

各国对其自然资源拥有主权权利,可否取得遗传资源的决定权属于本国政府,并依照本国法律行使。《生物安全法》规定国家对我国人类遗传资源和生物资源享有主权。同时,各国也有责任保护它自己的生物多样性并以可持续的方式使用它自己的遗传资源,并负有责任确保在它管辖或控制范围内的活动,不致对其他国家的环境或国家管辖范围以外地区的环境造成损害。

3. 遗传资源保护的措施

我国正在着手采取有关遗传资源保护的政策和法律措施。其中包括但不限于:(1)开展遗传资源的普查、调查。通过摸清遗传资源状况,为遗传资源的保护和利用提供基础性依据。(2)制定遗传资源保护和利用规划。例如我国制定的《全国畜禽遗传资源保护和利用"十三五"规划》。(3)建立遗传资源保护地。例如建设国家公园、自然保护区等自然保护地以及专门的遗传资源保种场、保护区、基因库等。(4)对遗传资源的出境实施管理。《生物安全法》规定采集、保藏、利用、运输出境我国珍贵、濒危、特有物种及其可用于再生或者繁殖传代的个体、器官、组织、细胞、基因等遗传资源,应当遵守有关法律法规。境外组织、个人及其设立或者实际控制的机构获取和利用我国生物资源,应当依法取得批准。(5)许可审批制度。《生物安全法》规定利用我国生物资源开展国际科学研究合作,应当依法取得批准。(6)公布遗传资源保护名录。例如《国家重点保护经济水生动植物资源名录(第一批)》《国家级畜禽遗传资源保护名录》等。(7)建立遗传资源的取得、惠益分享和专利制度。《生物安全法》规定:利用我国人类遗传资源和生物资源开展国际科学研究合作,应当保证中方单位及其研究人员全过程、实质性地参与研究,依法分享相关权益。

4. 遗传资源的惠益分享

"遗传资源的惠益分享"是指遗传资源和(或)与遗传资源相关的传统知识的使用者按照共同商定的条件,与遗传资源和(或)与遗传资源相关的传统知识的提供者公平分享研究和开发此种资源的成果以及商业和其他方面利用此种资源所获的利益。一方面,遗传资源惠益分享的范围广泛,既包括分享利用遗传资源以及嗣后的应用和商业化所产生的惠益,还包括与遗传资源相关的传统知识和利用此种知识所产生的惠益,包括知识产权。另一方面,遗传资源惠益分享的方式多样,既包括货币方式的惠益分享,也包括非货币性的惠益分享。

为促进和维护公正和公平分享利用遗传资源所产生的惠益,《生物多样性公约》特别是《名古屋议定书》设定了相关的国际规则。主要包括:(1)获取遗传资源时得到土著和地方社区的事先知情同意或核准和参与;(2)指定一个国家主管当局,负责准予获取或在适用的情况下颁发获取要求已经满足的书面证明;(3)分享同获取和惠益分享有关的信息;(4)遵守获取和惠益分享的国内立法或监管要求;(5)监测遗传资源的利用情况;(6)遵守共同商定条件,包括写入酌情涵盖争端解决的条款。

5. 关联知识点

遗传资源利用

(二) 教辅资料

1. 关联法规和标准

(1)《生物多样性公约》(Convention on Biological Diversity,联合国环境和发展大会1992年通过,1993年生效)。

(2)《中华人民共和国生物安全法》(全国人大常委会,2020年)。

(3)《中华人民共和国种子法》(全国人大常委会,2021年修正)。

(4)《环境保护部、教育部、科学技术部等关于加强对外合作与交流中生物遗传资源利用与惠益分享管理的通知》(环境保护部、教育部、科学技术部,2014年)。

2. 参考阅读文献

薛达元、秦天宝、蔡蕾:《遗传资源及相关传统知识获取与惠益分享制度研究》,中国环境出版社2012年版。

3. 教学案例示例

云南汉德公司非法收购、加工国家重点保护植物、国家重点保护植物制品、走私珍稀植物制品案[①]

(撰稿人:刘佳奇)

---

① (2003)昆刑抗字第1号。

第五章 生态退化防治和自然灾害防治法

一、生态退化防治法(一般)

【教学目的与要求】
识记：生态退化防治法的含义
理解：土地荒漠化应对法律制度
领会：水土保持法律制度

(一) 教学要点

1. 生态退化防治法的含义

生态退化防治法是通过预防和治理相结合的方法来避免生态体系的功能退化的法律规范和制度的总称。广义的生态退化防治法与生态保护法的含义相同，指一切通过预防和治理来防治生态系统的功能退化的法律规范和法律制度。狭义的生态退化防治法指直接应对土地荒漠化、水土流失等典型的生态退化现象的法律规范和制度。在我国，生态退化防治法主要涉及《中华人民共和国防沙治沙法》(以下简称《防沙治沙法》)《中华人民共和国水土保持法》(以下简称《水土保持法》)等相关法律规范。

2. 土地荒漠化应对法律制度

1992年联合国环境与发展大会所提出的"荒漠化"的定义是："荒漠化是由于气候变化和人类不合理的经济活动等因素使干旱、半干旱和具有干旱灾害的半湿润地区的土地发生了退化"。这个荒漠化定义已多次得到《联合国防治荒漠化公约》政府间谈判会议的确认，在《21世纪议程》的第12章中，还进一步补充了定义释文中出现的"土地退化"含义："由于一种或多种营力结合以及不合理土地利用，导致旱农地、灌溉农地、牧场和林地生物或经济生产力和复杂性下降及丧失，其中包括人类活动和居住方式所造成的土地生产力下降，例如土地的风蚀、水蚀，土壤的物理化学和生物特性的退化和自然植被的长期丧失。"土地荒漠化应对法律制度涉及土地沙化防治、土地石漠化防治、土地盐碱化防治等法律规范和制度，其中，最重要的是土地沙化防治的法律规范和制度。

(1) 土地沙化预防。土地沙化预防包括以下具体措施：首先是土地沙化监测、报告及公布。这一制度是土地沙化预防的基础性措施，为编制防沙治沙规划提供重要依据，内容包括监测主体和范围，及时报告，气象监测。其次是植被更新保护，主要包括营造防风固沙林、限制采伐、制定植被管护制度。再次是以草定畜。以草定畜是禁牧、休牧、轮牧制度的重要措施，以草定畜制度是指地方人民政府草原行政主管部门根据各地的具体情况，科学计算每一片草地的合理载畜量，将草原划分为适养区、限养区和禁养区。① 最后是封禁保护。在沙化土地封禁保护区范围内禁止从事一切破坏植物的活动，禁止在沙化土地封禁保护区范围内安置移民。

（2）沙化土地治理。沙化土地治理包括以下模式：一是政府治沙。沙化土地所在地区的地方各级人民政府，应当按照规划，因地制宜采取多种措施治理沙化土地。国家在沙化土地所在地区，建立政府行政领导防沙治沙任期目标责任考核奖惩制度。二是开发者治沙。对土地使用权人和土地承包经营权人治沙活动进行管理，使用已经沙化的国有土地的使用权人和农民集体所有土地的承包经营权人，必须治理沙化土地，改善土地治理。三是公益性治沙。国家和地方人民政府鼓励单位和个人自愿以捐资或者其他方式开展公益性的治沙活动。四是营利性治沙。为了获得土地使用权而治理沙化土地，需要在治理前首先获得土地使用权。治理前必须向相关部门提出治理申请，治理后需要向相同部门提出验收申请。五是单位治理责任制。针对已经沙化的土地范围内的铁路、公路、河流和水渠两侧，城镇、村庄、厂矿和水库周围，由县级以上地方人民政府下达治理责任书，由责任单位负责组织造林种草或者采取其他治理措施。

（3）防沙治沙保障。具体包括三个方面：一是财政支持，主要是安排治沙项目预算资金和税收减免；二是政策优惠，制定资金补助、财政贴息和税收等方面的优惠政策，鼓励和支持单位、个人防沙治沙，使用已经沙化的国有土地从事治沙活动，经批准可以享有不超过七十年的土地使用权；三是经济补偿，将治理后的土地批准为自然保护区或者沙化土地封禁保护区的，批准机关应当给予治理者合理的经济补偿。

3. 水土保持法律制度

水土保持法律制度即预防和治理水土流失的相关法律规范和制度。所谓水土流失，是指由于自然或人为原因致使土地表层缺乏植被保护，被雨水冲蚀后导致土层逐渐变薄、变瘠的现象。我国应对水土流失的主要法律是《水土保持法》。这一法律主要规定了以下内容：

（1）水土保持的主要管理制度。《水土保持法》规定了水土流失重点防治区制度、水土流失监测和公告制度、水土保持方案编制和三同时制度、水土流失治

---

① 参见孟庆瑜、刘博炜等：《我国禁牧制度的理论检视与制度完善》，载《农村经济》2020年第10期，第62—72页。

理的行政代履行制度。其中,水土流失的监测和公告制度特别要求县级以上地方人民政府应当对崩塌、滑坡危险区和泥石流易发区的范围进行划定并予以公告。水土保持方案编制和三同时制度要求建设单位对开发建设活动可能造成的水土流失进行预防,编制水土保持方案纳入建设项目的环境影响报告书中;建设项目的水土保持设施和措施,必须与主体工程同时设计、同时施工、同时投产使用。

(2) 水土流失预防措施。《水土保护法》对水土流失的预防做出了具体的行为规范,包括禁止性行为规范、控制性行为规范和倡导性行为规范。主要的禁止性规范包括:禁止毁林开荒、烧山开山和在陡坡地、干旱地区铲草皮;禁止在25度以上的陡坡地开垦种植农作物;禁止在崩塌滑坡危险区和泥石流易发区取土、挖沙、采石。主要的控制性规范包括:开垦坡度5度以上的荒坡地的,需要经过县级政府的水行政主管部门批准;在采伐区采伐林木的,采伐方案中必须有采伐区水土保持措施;建设项目涉及水土流失的,须有水土保持方案等。倡导性规范包括组织植树造林、鼓励种草等。

(3) 水土流失的治理措施。水土保持工作必须防治结合,对于已经造成的水土流失,应当着重治理。治理应当因地制宜,多管齐下。一是要加大对水土流失重点预防区和重点治理区的生态修复力度;二是要鼓励社会力量参与水土流失治理,支持承包治理;三是要将水土保持生态效益补偿纳入国家生态补偿制度,特定区域从事生产建设活动实行水土保持补偿费收缴制度;四是要针对不同类型的水土流失区域实施不同的治理措施,造成水土流失不进行治理的,由行政机关代为治理或委托第三方治理,所需费用由责任人承担;五是要加强对水土保持重点工程的建设和管护。

(二) 教辅资料

1. 关联法规和标准

(1)《中华人民共和国防沙治沙法》(全国人大常委会,2018年修正)。
(2)《中华人民共和国水土保持法》(全国人大常委会,2010年修订)。
(3)《中华人民共和国土地管理法》(全国人大常委会,2019年修正)。
(4)《中华人民共和国水土保持法实施条例》(国务院,2011年修订)。
(5)《退耕还林条例》(国务院,2016年修订)。

2. 参考阅读文献

(1) 韩德培主编:《环境保护法教程》(第八版),法律出版社2018年版,第九章。
(2) 张梓太主编:《自然资源法学》,北京大学出版社2007年版,第十四章。
(3) 王克勤等主编:《水土保持与荒漠化防治概论》,中国林业出版社2019

(4) 杨海龙等主编:《水土保持执法与监督》,中国林业出版社 2012 年版。

3. 教学案例示例

陕西省志丹县水土保持补偿费行政公益诉讼案[①]

(撰稿人:莫张勤)

二、自然灾害防治法(一般)

【教学目的与要求】

识记:自然灾害的含义

理解:自然灾害防治法的原则

领会:自然灾害防治法的制度内容

(一) 教学要点

1. 自然灾害的含义

自然灾害防治,又称"防灾减灾",是指人类预测、防御、应急抗击、救助和减轻灾害的各项活动,是一项十分复杂的社会系统工程。自然灾害,包括水旱灾害、气象灾害、地震灾害、地质灾害、海洋灾害、生物灾害、森林火灾和草场火灾等。自然灾害可以分为气候灾害和地质灾害,气候灾害诱发或加剧地质灾害,地质灾害又使得气候灾害更加频繁,从而导致生态环境局部或整体的恶化。

自然灾害具有自然属性和社会属性。自然灾害的自然属性是从自然变异角度开展研究的,其相关定位可归纳为发生破坏和损失的自然现象。[②] 自然灾害也具有社会属性。自然灾害导致人员伤亡、财产毁损、经济社会发展停滞等,这种社会关系的破坏体现了自然灾害的社会属性。自然灾害的社会属性决定了法律对其进行规范的必要性。

2. 自然灾害防治立法体系

我国自然灾害防治立法分为专门立法、专类规范和相关规范三类。专门立法是指以自然灾害防治为主要立法目的的法律规定,我国现已制定的这方面的专门立法主要包括:《防洪法》《防震减灾法》《防沙治沙法》《地质灾害防治条例》《地震预报管理条例》等。专类规范是指在其他立法中规定的旨在防治自然灾害

---

① 参见最高人民检察院发布 9 起国有财产保护、国有土地使用权出让领域行政公益诉讼典型案例之二:陕西省志丹县水土保持补偿费行政公益诉讼案。

② 参见王建平:《减轻自然灾害的法律问题研究》,法律出版社 2008 年版,第 5 页。

的法律章节或条文,如《气象法》第四章"气象预报与灾害性天气预报"、第五章"气象灾害防御"等。相关规范亦称准用性规范,是其他立法中可用于自然灾害防治法律关系的规范,例如民法中恢复原状、排除妨碍、补救措施等承担民事责任的方式在自然灾害防治法中的准用,治安管理、应急管理、规划管理等行政法规中规定的行政手段及责任方式在自然灾害防治法中的准用等。[1]

3. 自然灾害防治法的原则

(1) 坚持以人为本,预防为主,综合防治相结合的原则。加强调查、监测、预警预报、宣传培训等防治工作,变消极被动的应急避灾为积极主动的减灾防灾,使自然灾害防与治协调统一,最大限度地避免和减轻自然灾害造成的损失。

(2) 坚持全面规划,突出重点,分阶段实施的原则。重点抓好易发区的自然灾害防治工作,近期主要安排严重威胁人员生命财产安全的重要自然灾害点的勘查与治理。做到近期与远期相结合,局部防治与区域环境治理相结合。

(3) 坚持技术创新和体制创新的原则。坚持群众监测与专业监测相结合,应用新理论研究自然灾害,运用新技术、新方法监测和治理自然灾害,建立适应自然灾害防治工作的科学体系。

(4) 坚持从实际出发的原则。自然灾害防治工作要同经济、社会发展及生态环境保护与治理相结合,实现社会、经济、生态三大效益的统一。

3. 自然灾害防治法的制度内容

(1) 灾前预防。如《防洪法》规定了防洪规划保留区制度、规划同意书制度、占用河道审批管理制度、洪水影响评价报告制度用以评估、减轻、预防洪水可能造成的灾害。《防震减灾法》规定了地震监测预报制度、地震灾害预防制度以预测、预防、减轻地震可能造成的损害。《防沙治沙法》规定了防沙治沙规划制度、土地沙化预防制度以预防、减轻土地沙化。

(2) 灾害中应急响应。在管理体制上,如《防洪法》规定了保护范围制和分工负责制,划定河道管理保护范围和防洪工程设施管理保护范围,明确了流域管理机构与有关地方人民政府的职责范围。此外还有在防汛抗洪中的政府行政首长负责制和部门分工负责制。在应急制度上,如《防震减灾法》规定了各级有关部门制定破坏性地震应急预案的主要内容和程序,规定了进入临震应急期和严重破坏性地震发生后实施地震应急预案的基本要求,以及震情灾情公告和地震灾害损失调查、评估制度。

(3) 灾后救灾与重建。如《防洪法》规定了蓄滞洪区的安全建设管理与补偿、救助制度,规定了江河治理和防洪工程设施建设的中央与地方政府责任分担

---

[1] 参见周珂、莫菲、徐雅、林潇潇:《环境法》(第六版),中国人民大学出版社2021年版,第345—346页。

的制度。《防震减灾法》规定震后救灾与重建实行自救与互救相结合、国家统筹安适救灾资金和物资的原则,规定了地方人民政府及其有关部门在救灾工作中的职责,单位和个人在震后救灾与重建过程中必须遵守的规则等。

(4) 自然灾害防治与气候变化适应。全球变暖的气候变化会引发极端天气等自然灾害。面对这些气候变化引起的自然灾害,需要增强对气候变化的适应制度建设,包括人类对气候变化的适应制度和生态系统对气候变化的适应制度两个方面。

(二) 教辅资料

1. 关联法规和标准

(1)《中华人民共和国防震减灾法》(全国人大常委会,2008年修订)。

(2)《中华人民共和国防洪法》(全国人大常委会,2016年修正)。

(3)《中华人民共和国突发事件应对法》(全国人大常委会,2007年)

(4)《中华人民共和国消防法》(全国人大常委会,2021年修正)。

(5)《中华人民共和国道路交通安全法》(全国人大常委会,2021年修正)。

(6)《自然灾害救助条例》(国务院,2019年修正)。

(7)《地质灾害防治条例》(国务院,2003年)。

(8)《山东省自然灾害风险防治办法》(山东省政府,2020年)。

2. 参考阅读文献

(1) 韩德培主编:《环境保护法教程》(第八版),法律出版社2018年版,第四章。

(2) 汪劲:《环境法学》(第四版),北京大学出版社2018年版,第五章。

(3) 蔡守秋主编:《环境法案例教程》,复旦大学出版社2009年版。

(4) 吕忠梅主编:《环境法导论》(第三版),北京大学出版社2015年版,第二章。

(撰稿人:莫张勤)

第四编　国际环境法

第一章　国际环境法的基础理论

一、国际环境法(重点)

【教学目的与要求】
识记：国际环境法的含义
领会：国际环境法的特征
应用：国际环境问题、发展及其成因

(一) 教学要点

1. 国际环境法的含义

国际环境法是调整国际法主体,主要是国家(但不限于国家),在利用、保护和改善环境过程中的权利义务关系的法律规范的总称。具体而言,国际环境法产生于国际法主体因利用、保护和改善环境而发生的国际交往,体现国际法主体之间在利用、保护和改善环境方面的协调意志。

2. 国际环境法的产生和发展

国际环境法是国际法分支学科中发展最快也是最有活力的部门之一,原因在于人类社会面临的环境问题越来越严重,国际社会越来越关注环境问题。20世纪70年代以来,联合国主持召开的一系列国际会议对国际环境法的形成与发展产生了重要影响。

1972年在瑞典斯德哥尔摩举行的联合国人类环境会议是国际环境保护运动发展史上的一个里程碑,是人类社会制定一套国际环境法规则的首次尝试,标志着国际环境法的诞生。大会通过的《联合国人类环境宣言》提出了26项基本原则,成为各国制定本国环境法的重要根据和国际环境法的重要指导方针。

1992年6月联合国环境与发展大会在巴西里约热内卢召开。这次会议明确把发展与环境密切联系在一起,是人类环境保护史上的第二个路标。会上世界各国就可持续发展达成了共识,通过并签署了五份重要文件——《里约环境与发展宣言》《21世纪议程》《关于森林问题的原则声明》《气候变化框架公约》和《生物多样性公约》。其中《里约环境与发展宣言》和《21世纪议程》提出建立"新的全球伙伴关系",为各国在环境发展领域开展国际合作确定了指导原则和行动纲领。从此,以国际环境条约为主要载体的国际环境法开始了不断发展完善的过程。

2002年在南非约翰内斯堡举行了联合国可持续发展问题世界首脑会议,这是国际环境法发展史上的第三个路标。此次会议的重要成果是通过了《约翰内斯堡可持续发展宣言》和《可持续发展问题世界首脑会议执行计划》。

2012年6月在巴西里约热内卢举行联合国可持续发展大会(又称"里约+20"峰会),纪念联合国环境与发展大会召开20周年。大会通过了题为《我们希望的未来》之成果文件,重申了"共同但有区别的责任"原则,同时肯定绿色经济是实现可持续发展的重要手段之一,鼓励各国根据不同国情和发展阶段实施绿色经济政策。

2015年9月25日联合国可持续发展峰会在开幕当天通过了题为《改变我们的世界:2030年可持续发展议程》的成果文件,即《2030年可持续发展议程》。这是一份由193个会员国共同达成的纲领性文件,包括17项可持续发展目标和169项具体目标,将推动世界在今后15年内实现三个史无前例的非凡创举——消除极端贫穷、战胜不平等和不公正以及遏制气候变化。

2017年由法国法学家俱乐部起草的《世界环境公约(草案)》发布,旨在通过确立环境保护的基本原则来巩固全球环境治理的框架。2018年5月11日,联合国大会投票通过一项决议,为制定《世界环境公约》建立框架,开始启动一项全新的环境公约的谈判进程,将对未来全球环境治理产生深远影响。

3. 国际环境法的特征

与传统国际法相比,国际环境法具有比较明显的公益性、科技性和综合性等特点,这些特点也反映了现代国际法在国际环境保护领域的最新发展。

第一,公益性。体现在以下几个方面:(1)保护范围的全球性。国际环境法所保护的不是某个国家或区域的局部环境利益,而是整个地球的全局环境利益。(2)保护对象的共有性。国际环境法所保护的对象除了国家所有或多国共享的环境与资源外,还包括国家管辖范围之外的环境与资源,这些环境与资源应当属于全人类所有。(3)保护宗旨的公众性。国际环境法所保护的利益就其归属和分配而言,应当具有公平性,而非独享性,它是属于地球上所有国家和全人类的。(4)实现手段的共享性。各国在处理环境问题时会采取相同或相似的措施和方法。

第二，科技性。国际环境法必须遵循自然规律，依靠科学技术才能实现它的目的，因此具有较强的科学技术性。具体说来，国际环境法的科技性体现在以下两个方面：(1)国际环境法以自然规律为基础。环境污染、生态破坏及其对人类健康和社会经济的危害是有一定规律和演变机制的，人们必须运用现代科学技术从各方面进行研究才能认识这种规律和机制，并实现保护环境资源的目的。国际环境法的很多规则以人类对所针对的环境问题的科学了解为依据。(2)很多国际环境法律文件本身包含技术性法律规范，也会对科学技术产生巨大的推动作用。

第三，综合性。作为国际法的一个新分支、新领域，国际环境法是一个与许多法律部门紧密交叉的边缘性法律部门。它融汇了多种学科的知识并对多种学科产生影响，具有显著的综合性。例如，国际环境法与海洋法和国际水法关系密切。海洋环境和水环境，既是海洋法和水法保护的对象，也是国际环境法保护的对象。三者各自从不同的角度去解决一个共同的问题——合理管理、开发、利用和保护水环境资源。又如，国际环境法与国际发展法、国际经济法也有密切的联系。国际发展法和国际经济法包含了不少关于保护环境和公平合理开发利用自然资源的内容，三者有一些共同的基本原则。

4. 关联知识点

国际法学　环境法学

(二) 教辅资料

1. 关联法规标准

(1)《联合国人类环境宣言》(Declaration of the United Nations Conference on the Human Environment,联合国人类环境会议第 21 次全体会议 1972 年通过)；

(2)《里约环境与发展宣言》(Rio Declaration on Environment and Development,联合国环境与发展会议 1992 年通过)；

(3)《21 世纪议程》(Agenda 21,联合国环境与发展会议 1992 年通过)；

(4)《约翰内斯堡可持续发展宣言》(Johannesburg Declaration on Sustainable Development,可持续发展世界首脑会议 2002 年通过)；

(5)《可持续发展问题世界首脑会议执行计划》(Plan of Implementation of the World Summit on Sustainable Development,可持续发展问题世界首脑会议 2002 年通过)；

(6)《改变我们的世界：2030 年可持续发展议程》(Transforming our World: The 2030 Agenda for Sustainable Development,联合国可持续发展峰会 2015 年通过)。

2. 参考阅读文献

(1) 王曦编著:《国际环境法》(第二版),法律出版社2005年版,第一章、第二章、第三章。

(2) 刘惠荣主编:《国际环境法》,中国法制出版社2006年版,第一章。

(3) 王曦主编:《国际环境法与比较环境法评论》,上海交通大学出版社2008年版。

(4) 林灿铃:《国际环境法》(修订版),人民出版社2011年版,第一章、第二章。

(5) 林灿铃、吴汶燕主编:《国际环境法》,科学出版社2018年版,第一章、第二章。

3. 教学案例示例

特雷尔冶炼厂仲裁案[①]

(撰稿人:朱晓勤)

二、环境保护国际组织(重点)

【教学目的与要求】

识记:环境保护国际组织的含义

领会:联合国在环境治理中的作用 非政府组织在全球环境治理中的作用

应用:联合国环境规划署

(一) 教学要点

1. 环境保护国际组织的含义

广义上的环境保护国际组织可包括政府间国际组织和非政府组织。政府间国际组织指若干国家或地区政府通过缔结国际协议而设立的机构。二十世纪之前,政府间国际组织数量很少。第二次世界大战结束后,联合国等政府间国际组织大量涌现并广泛参与国际法律关系。政府间国际组织发挥其不同于主权国家的特点,在国际环境治理中扮演重要的角色。1972年《联合国人类环境会议宣言》序言明确指出,全球性或区域性的环境问题,要求国与国之间广泛合作和国际组织采取行动以谋求共同的利益。除了政府间国际组织外,科学团体、环境保

[①] Trail smelter case (United States, Canada), 16 April 1938 and 11 March 1941, *Reports of International Arbitral Awards*, Volume III, pp. 1905-1982, available at: https://legal.un.org/riaa/cases/vol_III/1905-1982.pdf, last visited 10 August 2022.

护团体、健康与发展组织等非政府组织在国际环境治理中十分活跃,作用日益显著。

2. 联合国在环境治理中的作用

根据《联合国宪章》,联合国的宗旨是维持国际和平及安全、发展各国间友好关系、促成国际合作、构成协调各国行动的中心。《联合国宪章》没有任何一处明确提及"环境""环境保护"或"可持续发展",更未明确联合国在环境保护方面的职权。然而,工业革命以来的环境污染和生态破坏在20世纪日益严重,人类环境意识觉醒。因此,自20世纪60年代起,联合国大会和经济及社会理事会等机构不得不对《联合国宪章》条款以及该组织暗含权力进行宽泛解释。环境保护成为《联合国宪章》第1条和第55条所提出的促进社会进步和解决经济与社会问题的核心要素。

联合国的6个主要机构都在不同程度上参与国际环境治理。联合国大会由联合国所有会员国组成。根据《联合国宪章》,联合国大会可以讨论宪章范围内的任何问题或事项,并就此向会员国或联合国安理会提出建议。根据《21世纪议程》,联合国大会作为最高的政府间机制,是有关里约环境与发展会议后续工作的主要决策和评价机关。联合国大会对于国际环境法的贡献主要通过它的一系列决议体现,包括1962年第1803(ⅩⅤⅡ)号关于自然资源永久主权的决议、1980年第35/8号关于各国为当代和后代养护大自然之历史责任的决议、1982年第37/7号关于通过《世界自然宪章》的决议、1987年第42/187号关于确认《布伦特兰报告》的决议。联合国大会还通过召开国际环境会议和设立有关环境与发展问题的辅助机构参与国际环境治理,其中主要的辅助机构包括联合国环境规划署、联合国开发计划署、国际法委员会、可持续发展高级别论坛等。

3. 联合国环境规划署

第一,联合国环境规划署的历史与职责。联合国环境规划署是依据联合国大会1972年第2997(XXVII)号决议设立的机构,总部位于肯尼亚内罗毕,并在欧洲、亚洲等设有办公室。联合国环境规划署是联合国系统内唯一完全致力于国际环境事务的机构。根据联合国大会决议,联合国环境规划署的主要职责为:(1)促进国际环境合作,拟定促进国际环境合作的政策;(2)为联合国系统内环境计划的指导和协调提供政策指导;(3)接收并审查环境规划署执行主任关于联合国环境计划执行情况的报告;(4)审查世界环境状况,使正在出现的普遍性的环境问题,得到各国的充分的、适当的考虑;(5)鼓励和支持科学发展,特别是环境信息的获取、评价和交换,并为环境方案的技术方面做出贡献;(6)审查国家和国际环境政策对发展中国家的影响。最初,联合国环境规划署理事会由联合国大会选出的58个会员国组成,通过经济及社会理事会向联合国大会报告。

第二,联合国环境规划署的积极作用。成立以来,联合国环境规划署积极行动,促进国际环境法和国内环境法的发展,推动全球环境治理。首先,联合国环境规划署推动了一系列重要国际环境条约的缔结和生效,如关于臭氧层保护的1985年《维也纳公约》和1987年《蒙特利尔议定书》、关于危险废物越境转移的《巴塞尔公约》、1992年《生物多样性公约》和2000年《生物安全议定书》。同时,联合国环境规划署发起制定了1987年《国际环境影响评价目标与原则》等一些指导性国际规则,为相关实践提供指引。其次,联合国环境规划署密切关注环境领域国际法律框架的碎片化问题,通过信息交流和机构合作,加强不同国际环境条约的协调与发展。同时,联合国环境规划署制定并定期修订《环境法发展和定期审查方案》(又称《蒙得维的亚方案》),加强各国环境法治建设。最后,联合国环境规划署建立信息网络。环境规划署与自然保护联盟和粮农组织一起维护了环境法的ECOLEX互联网数据库。环境政策执行司负责与环境治理有关的问题,包括合规和执法。

第三,联合国环境规划署的发展。联合国环境规划署作为联合国大会下设的一个协调全球环境问题的机构,其职责更多是"规范性的",而非"操作性的"。联合国环境规划署处理环境问题的权限有限,还面临与联合国其他机构的职责交叉和重叠等问题。而且,联合国环境规划署的资金来源也非常有限且不稳定,影响其职能的发挥。"里约+20"峰会后,各国重申承诺加强联合国环境规划署作为全球环境领域牵头机构的作用,负责确定全球环境议程、推动联合国系统一致落实环境层面的可持续发展目标、担当全球环境的权威倡导者。联合国大会通过决议,2014年起由部分国家组成的联合国环境规划署理事会变更为普遍会员制的联合国环境大会,会期为每两年召开一次。此后,联合国环境大会成为全球最高的环境问题决策机构。

4. 非政府组织在国际环境治理中的作用

非政府组织宣传科学知识,提出需要国际社会采取法律行动的环境问题,参与国际环境条约的谈判,监督国际环境法的实施。"里约+20"峰会成果文件《我们希望的未来》强调,广泛的公众参与、获取信息和获得司法救济对于实现可持续发展非常重要。这点突出地体现在科学团体和环境保护健康组织中。

在国际环境法的发展过程中,科学是一个重要动力。这一特点使得国际环境法具有更加客观的现实基础,也使得科学知识在国际环境法的发展过程中发挥重要作用。国家、政府间国际组织和非国家行为主体从不同的来源获取科学知识。早期的科学知识来源包括科学团体中的个别成员或者科学结构。如今,协调研究人员、学术机构、大学和商业研究机构的一个主要平台是国际科学理事会(International Science Council)。国际环境问题科学委员会(Scientific Committee on Problems of the Environment)是由国际科学理事会发起成立的一个非政府组织,由关注全球环境问题的自然和社会科学领域的专家组成。作为非政府、跨学科和科学家之间的国际性组织,国际环境问题科学委员会的主要工作是评估环境问题的科学解释,确定未来研究的优先方向,处理政策和发展需要,提供环境友好型政策和管理的建议,快速评价关键的科学问题。

许多环境、健康与发展组织在发展和实施国际环境法时发挥特别重要的作用,如世界自然保护联盟(International Union for Conservation of Nature)、绿色和平组织(Greenpeace)、世界自然基金会(World Wide Fund for Natun)、地球之友(Friends of Earth)等。在众多环境保护、健康和发展组织中,世界自然保护联盟在国际环境保护领域具有很大的影响。世界自然保护联盟成立于1948年,是第一家全球性环境保护机构,也是目前最大和最多元的环境保护网络,其成员包括政府、环保团体和其他机构。世界自然保护联盟发起和推动了1971年《关于特别是作为水禽栖息地的国际重要湿地公约》和1973年《濒危野生动植物种国际贸易公约》等环境条约的缔结。世界自然保护联盟与联合国环境规划署和世界自然基金会合作,发布《世界保护大纲》,对全球自然资源保护产生重大影响。

5. 关联知识点

联合国专门机构　区域性环境组织　国际环境法主体的多元性

(二) 教辅资料

1. 关联法规标准

(1) 联合国大会 2997(XXVII)(1972)号决议:《国际环境合作的组织与财政安排》(Institutional and financial arrangements for international environmental cooperation,联合国大会第二十七届会议 1971 年通过);

(2)《21 世纪议程》(Agenda 21,联合国环境与发展会议 1992 年通过);

(3) 联合国大会 67/251 号决议:《更改联合国环境规划署理事会的称号》(Change of the designation of the Governing Council of the United Nations Environment Program,联合国大会第六十七届会议 2013 年通过);

(4)《改变我们的世界:2030 年可持续发展议程》(Transforming our World: The 2030 Agenda for Sustainable Development,联合国可持续发展峰会 2015 年通过)。

2. 参考阅读文献

(1) 王曦编著:《国际环境法》(第二版),法律出版社 2005 版,第五章。

(2) 林灿铃、吴汶燕主编:《国际环境法》,科学出版社 2018 年版,第二章。

3. 教学案例示例

联合国安理会第 687 号和 692 号决议[①]

(撰稿人:阙占文)

三、国际环境条约(重点)

【教学目的与要求】
识记:国际环境条约的含义
领会:国际环境条约的特点
应用:国际环境条约的作用

(一) 教学要点

1. 国际环境条约的含义

国际环境条约是与环境保护有关的国际条约。根据《维也纳条约法公约》(Vienna Convention on the Law of Treaties),国际条约是国家所缔结而以国际法为准的国际书面协定,不论其载于一项单独文书或两项以上相关文书内,亦不论其名称为何。国际条约必须具备的要素包括:(1) 具有缔约能力的至少两个国际法主体是条约的主体;(2) 这些主体对作为条约客体的事项有按照国际法产生、改变或废止相互权利义务之意思;(3) 这些主体的意思表示已达成一致。因此,判断一项国际文件是否构成国际条约,关键在于文件内容,而非名称或者形式。

2. 国际环境条约的特征

条约是国际环境法的主要渊源,可以分为双边条约与多边条约、区域性条约和全球性条约。1972 年联合国人类环境会议后,国际环境条约的数量快速增长。在气候变化、南极环境、海洋环境保护、危险废物转移和生物多样性等领域都出现了众多的国际环境条约,如 1982 年《联合国海洋法公约》(United Nations Convention on the Law of the Sea)、1992 年《生物多样性公约》(Convention on Bioligical Diversity)和 2015 年《巴黎协定》(Paris Agreement)。进入 21 世纪后,环境条约的增长速度开始放缓。根据联合国环境规划署统计,2005 年至 2015 年间,只有十几项多边环境条约产生。国际环境条约具有国际条约的共性,同时具备一些自身的特点。

---

① 联合国安理会决议第 687 号决议,A/RES/687(1991 年 4 月 3 日);联合国安理会决议第 692 号决议,A/RES/692(1991 年 5 月 20 日)。

第一,"框架公约+议定书+附件"的条约形式。因为国际环境问题的复杂性,各国很难在短期内就相关问题达成一个全面的条约。因此,在应对一个全球性或区域性的环境问题时,各国往往缔结一个"框架条约",规定国家的一般义务、机制安排和后续谈判程序等。框架条约生效后,各缔约方再就具体的科学技术议题和其他程序事项继续谈判,签订议定书或附件。所以,很多环境条约随后都有一系列议定书和附件。"框架公约+议定书+附件"成为环境条约形式方面的主要特征。这种条约形式的好处在于:一是有利于相关国家就重大原则问题达成一致,避免谈判陷入僵局;二是区分科学技术问题和条约基本条款,有利于各国根据科学技术的发展修订议定书或附件,使议定书和附件符合科学技术发展规律。

第二,国际环境条约规定了严格的保留。保留指一国于签署、批准、接受、赞同或加入条约时所做之片面声明,不论措辞或名称如何,其目的在于摒除或更改条约中若干规定对该国适用时之法律效果。许多现代国际环境条约明确不允许保留。如1992年《生物多样性公约》第37条规定,"不得对本公约作出任何保留"。有些条约则对条约保留设定严格的条件,如《联合国海洋法公约》第309条规定,"除非本公约其他条款明示许可,对本公约不得作出保留或例外"。严格限制或禁止保留的原因在于许多环境条约是框架性条约,设立国际环境治理的基本原则;而且允许环境条约保留可能导致多边环境条约的双边化,不利于全球环境治理合作。

第三,国际环境条约更新和修订的程序。人类对环境问题的科学认知持续深入,解决环境问题的方法和手段也需要不断变化,适应科学技术的发展和国际社会的需要。为此,许多国际环境条约除了传统的条约修订程序外,普遍引入定期更新和修订机制。1987年《蒙特利尔议定书》第2条第9款规定,根据依照第6条作出的评估,缔约方可以决定是否:(1)附件A、附件B、附件C和/或附件E所载的消耗臭氧潜能值应予调整,如果是的话,应如何调整;及(2)受控物质的生产量和消费量应做进一步的调整和减少,如果是的话,此种调整的范围数量及时间应为何。

3. 国际环境条约的作用

作为国际环境法的主要渊源,国际环境条约对于国际环境治理和国际环境法发展有重要作用。一方面,"条约必须遵守"是条约法的基本原则。根据1969年《维也纳条约法公约》和国际习惯法,有效的条约对其各当事国有拘束力,必须由各当事国善意履行。无论是双边环境条约或多边环境条约,都为国家创设权利和义务,成为国家保护环境的国际法规范。一旦国家批准或加入的国际环境条约生效,国家便负有履行这些条约的义务。另一方面,条约一般可以分为契约性条约和造法性条约。造法性条约旨在为许多国家创设权利和义务。判断造法性条约的因素包括：条约的调整事项、参与条约谈判并最终加入的国家数量、条约的承诺和条约生效后的实践等。在国际环境保护领域，一些普遍性的全球条约被视为造法性条约，如1971年《关于特别是作为水禽栖息地的国际重要湿地公约》、1973年《濒危野生动植物种国际贸易公约》等。

条约解释和条约适用是国家环境条约发挥作用的重要环节。政府间国际组织缔约方会议或者其他决策机构依照组织规约通过解释性文件，明确条约中的权利和义务规范。另外，依据《维也纳条约法公约》，条约应依其用语、按其上下文并参照条约之目的及宗旨所具有的通常意义，善意解释之。国际法院、国际海洋法庭、世界贸易组织争端解决机构等机构在审理国际争端时得依据上述条约解释规范解释环境条约，明确国家根据条约享有的权利和承担的义务，解决当事国之间的环境争端，推动国际环境法的发展。

近些年，国家之间缔结的国际环境条约数量增多，国际环境条约调整事项更加宽泛，条约实施机制更加完善。国际环境条约的扩散提高了国际环境治理水平，但伴随而来的是国际环境条约的堵塞，即环境条约与非环境条约之间的冲突、不同领域环境条约的冲突。除了依据《维也纳条约法公约》解决条约的冲突外，国际社会需要协调环境条约的缔结和适用。

4. 关联知识点

习惯国际法　国际环境软法　国际环境组织决议

(二) **教辅资料**

1. 关联法规标准

(1)《联合国人类环境宣言》(Declaration of the United Nations Conference on the Human Environment,联合国人类环境会议第21次全体会议1972年通过);

(2)《联合国海洋法公约》(United Nations Convention on the Law of the Sea,联合国海洋法会议1982年通过,1994年生效);

(3)《关于消耗臭氧层物质的蒙特利尔议定书》(The Montreal Protocol on Substances That Deplete the Ozone Layer,1987年缔约方会议通过,1989年生效);

(4)《里约环境与发展宣言》(Rio Declaration on Environment and Development,联合国环境与发展会议1992年通过);

(5)《联合国气候变化框架公约》(United Nations Framework Convention on Climate Change,联合国环境与发展会议1992年通过,1994年生效);

(6)《生物多样性公约》(Convention on Biological Diversity,联合国环境与发展会议1992年通过,1993年生效)。

2. 参考阅读文献

(1) 王曦编著:《国际环境法》(第二版),法律出版社 2005 年版,第四章。

(2) 林灿铃、吴汶燕主编:《国际环境法》,科学出版社 2018 年版,第三章。

3. 教学案例示例

乌拉圭纸浆厂案[①]

(撰稿人:阙占文)

四、国家资源开发主权原则(一般)

【教学目的与要求】

识记:国家资源开发主权原则的含义

领会:国家资源开发主权原则的国际法渊源 国家行使资源开发主权时的国际法义务

(一) 教学要点

1. 国家资源开发主权原则的含义

国家资源开发主权原则,是根据《联合国宪章》和国际法原则所确定的国际环境法的一项基本原则。这一原则承认各国按照其本国的法律和制度安排开发本国资源的主权权利,也负有确保在其管辖范围内或控制下的开发活动不损害其他国家及任何国家管辖范围外的地区的环境的义务。该原则又称"国家资源开发主权权利和不损害国外环境责任原则",也有学者称这一原则为"尊重国家主权和不损害国外环境原则""尊重国家主权原则和不损害他国环境和各国管辖范围以外环境原则""各国环境主权和不损害管辖范围以外环境的责任原则""国家环境主权权利与不损害国外环境责任原则"等等。尽管表述各异,但都是国家主权原则在国际环境法领域的具体体现,包括主权权利和国家责任两方面。

2. 国家资源开发主权原则的国际法渊源

早期的国际法一般认为,自然资源的控制取决于对陆地领土和海洋领土主权的取得。绝对主权原则下,一旦某种资源,例如森林资源,位于国家主权范围之内,国际法对它几乎没有什么影响。1945 年后逐渐发展起来的自然资源永久主权原则,主要是新独立国家对于自己的矿产资源特别是石油资源被外国人所有的反应。随后联合国大会通过决议、宣言,对自然资源主权权利及相应的责任

[①] Pulp Mills on the River Uruguay (Argentina v. Uruguay), Judgments, International Court of Justice, 2010, available at: https://www.icj-cij.org/en/case/135/judgments, last visited 10 August 2022.

予以规定。1946年,联合国大会通过的《国家权利义务宣言草案》第2条规定:"各国对领土以及境内之一切人与物,除国际法公认豁免者外,有行使管辖之权。"1952年至1960年,联合国大会多次通过决议,承认各国人民自由利用和开发其自然财富的权利,是他们的主权所固有的,而且是符合联合国宪章的。直至第17届联合国大会第1194次会议1962年12月14日通过《关于自然资源永久主权的决议》,宣称"各国享有根据本国国家利益自由处置本国自然财富和自然资源的不可剥夺的权利",承认"人民和国家对自然财富和自然资源的永久主权"。1972年《斯德哥尔摩人类环境宣言》第21条规定,"按照联合国宪章和国际法原则,各国有按自己的环境政策开发自己资源的主权"。1974年联合国大会再通过两项决议,《建立国际经济新秩序宣言》和《各国经济权利和义务宪章》,重申国家对自然资源的永久主权,承认每个国家对自己一切自然资源的占有、使用和处分的权利。这一原则不断被确认和发展,1982年的《联合国海洋法公约》,1992年《里约环境与发展宣言》《联合国气候变化框架公约》《关于森林问题的原则声明》都明确规定和强调了国家开发本国自然资源的主权权利。

3. 国家行使资源开发主权时的国际法义务

对于自然资源主权权利的宣示,主要是为了保护资源国主张国有化的权利,免受外国投资保护古老规则的约束,其并没有限制国际环境保护中共同关注事项有关规定的发展,正如《联合国人类环境会议宣言》强调的,"(国家)有责任保证在他们管辖或控制之内的活动,不致损害其他国家的或在国家管辖范围以外地区的环境"。1968年《养护自然和自然资源非洲公约》、1972年《保护世界文化和自然遗产公约》、1973年《濒危野生动植物种国际贸易公约》以及1992年《生物多样性公约》都在赋予国家对自然资源的主权权利的同时,规定了国家行使资源主权时的所应负有的国际法义务。

4. 关联知识点

可持续发展原则　损害预防原则

(二) 教辅资料

1. 关联法规标准

(1)《国家权利义务宣言草案》(Draft Declaration on Rights and Duties of States,联合国大会1946年第375(IV)号决议通过);

(2)《关于自然资源之永久主权的决议》(Permanent Sovereignty over Natural Resources,1962年11月7日联合国大会第1803(XVII)号决议通过);

(3)《联合国人类环境会议宣言》(Declaration of the United Nations Conference on the Human Environment,联合国人类环境会议1972年通过);

(4)《建立国际经济新秩序宣言》(Declaration on the Establishment of a

New International Economic Order,联合国大会 1974 年第 3201(S-Ⅵ)号决议通过);

(5)《各国经济权利和义务宪章》(Charter of Economic Rights and Duties of States,联合国大会 1974 年第 3281(ⅩⅩⅨ)号决议通过);

(6)《联合国海洋法公约》(United Nations Convention on the Law of the Sea,第三次联合国海洋法会议 1982 年通过,1994 年生效)。

2. 参考阅读文献

(1) 戚道孟主编:《国际环境法》,中国方正出版社 2004 年版。

(2) 王曦编著:《国际环境法》(第二版),法律出版社 2005 年版,第六章。

(3) 〔英〕帕沙特·波尼、埃伦·波义尔:《国际法与环境》(第二版),那力、王彦志、王小刚译,高等教育出版社 2007 年版,第三章。

(4) 〔荷兰〕尼科·斯赫雷弗:《可持续发展在国际法中的演进:起源、涵义及地位》,汪习根、黄海滨译,社会科学文献出版社 2010 年版。

(5) 林灿铃:《国际环境法》(修订版),人民出版社 2011 年版,第五章。

3. 教学案例示例

挪威渔业案[①]

(撰稿人:孙法柏)

五、共同但有区别责任原则(一般)

【教学目的与要求】

识记:共同但有区别责任原则的含义

领会:发达国家与发展中国家的责任区分 共同但有区别责任原则的内在联系

(一) 教学要点

1. 共同但有区别责任原则的含义

共同但有区别责任原则作为国际环境法的基本原则之一,指各国对保护全球环境负有共同的但是又有区别的责任。共同的责任意味着各国不论其大小、贫富等方面的差别,都对保护全球环境负有一份责任,都应当参加全球环境保护事业。有区别的责任是对上述共同责任的一个限定。它指的是各国虽然负有保

[①] Fisheries (United Kingdom v. Norway), International Court of Justice, available at: https://www.icj-cij.org/en/case/5, last visited 10 August 2022.

护全球环境的共同责任,但在各国之间,主要是在发展中国家和发达国家之间,这个责任的分担不是平均的,而是与它们在历史上和当前对地球环境造成的破坏和压力成正比的。因此,发达国家应当率先保护地球环境,并作出比发展中国家更大的努力。该原则确立于1992年在里约热内卢召开的联合国环境与发展大会。这次会议上通过的两个重要的国际环境法律文件——《联合国气候变化框架公约》和《里约环境与发展宣言》——均规定了这一原则。

2. 发达国家与发展中国家的责任区分

国际法在发达国家和发展中国家之间做出区分,要求承认两类国家的不同情况,特别是国家能力上的差异,有时也对发达国家和发展中国家明确规定不同的待遇。至少在两种意义上,共同但有区别的责任可以被看成是对发达国家和发展中国家之间的公正平衡给予了明确界定。其一,为发展中国家设置的标准更低,使标准的实施依赖于发达国家对发展中国家提供的友好援助。其二,《里约环境与发展宣言》的原则7还规定发达国家有义务向发展中国家提供援助,提供新的和额外的基金以及转让环境有益技术或替代方法。该原则的核心要素在《气候变化框架公约》《生物多样性公约》和《保护臭氧层维也纳公约》及其《蒙特利尔议定书》中得到了最好的体现。

3. 共同但有区别责任原则的内在联系

共同但有区别责任原则包含两层相互联系但又相互制约的含义。第一,该原则强调责任的共同性。共同性责任缘起于"我们只有一个地球"。共同责任意味着,世界各国,不论大小、贫富、种族、资源禀赋等方面的差别,都对全球人类环境负有对世义务,对全球环境的保护负有不可推卸的责任。当然共同责任并不意味着"平均主义"。第二,该原则强调责任的区别性。这个责任的负担应根据历史责任、现实责任而有区别,这是对共同责任的限定。发达国家在历史上和当今发展过程中对环境的污染和损害更多,理应承担比发展中国家更大的责任,有义务帮助发展中国家治理环境问题。发展中国家亦不能因"区别"而忽略或免除自己全球环境保护的共同责任。共同但有区别责任原则实施初期是通过规定不同的标准及提供最基础的资金,来鼓励在全球范围落实条约责任。

共同但有区别责任原则的确立对于全球环境保护意义重大,它是环境领域"实质公平"的具体体现,是解决发达国家和发展中国家环境责任和义务问题的契合点,是国际社会将环境保护的理想付诸实施的指导思想。

4. 关联知识点

气候变化公约　生物多样性公约

(二) 教辅资料

1. 关联法规标准

(1)《里约环境与发展宣言》(Rio Declaration on Environment and Development,联合国环境与发展会议 1992 年通过);

(2)《生物多样性公约》(Convention on Biological Diversity,联合国环境和发展大会 1992 年通过,1993 年生效);

(3)《联合国气候变化框架公约》(United Nations Framework Convention on Climate Change,1992 年联合国环境与发展会议 1992 年通过,1994 年生效)。

2. 参考阅读文献

(1) 王曦主编:《国际环境法》(第二版),法律出版社 2005 年版,第六章。

(2)〔英〕帕特莎·波尼、埃伦·波义尔:《国际法与环境》(第二版),那力、王彦志、王小钢译,高等教育出版社 2007 年版,第三章、第十章。

(3)〔荷兰〕尼科·斯赫雷弗:《可持续发展在国际法中的演进:起源、涵义及地位》,汪习根、黄海滨译,社会科学文献出版社 2010 版。

(4) 林灿铃、吴汶燕主编:《国际环境法》,科学出版社 2018 年版,第四章。

(5) Shawkat Alam et al. (eds.), *International Environmental Law and the Global South*, Cambridge University Press, 2015.

(撰稿人:孙法柏)

六、风险预防原则(一般)

【教学目的与要求】

识记:风险预防原则的含义

领会:风险预防原则的实施条件　风险预防原则与损害预防原则的关系　风险预防原则的现实意义

(一) 教学要点

1. 风险预防原则的含义

风险预防原则,即以科学不确定性为前提,在科学知识无法确定某一特定事件是否发生或者能否导致环境损害等不确定的情况下,仍有采取行动预防损害发生的义务。风险预防原则也称预警原则、谨慎原则、预防和预警原则等。

风险预防原则是在科学无力处理日渐增长的对于人类健康和环境的全球威胁的背景下提出的,针对的是环境恶化结果发生的滞后性和不可逆转性。风险预防原则最初起源于20世纪70年代德国的环境保护主义,随后80年代在美国开始使用,90年代成为欧共体的一项环境政策。1992年《里约宣言》原则15阐释了风险预防原则的基本含义:各国应采取预防措施,凡有可能造成严重的或不可挽回的损害的地方,不能把缺乏充分的科学肯定性作为推迟采取防止环境退化的费用低廉的措施的理由。

2. 风险预防原则的实施条件

该原则的实施要满足两个条件:一是存在严重的和不可逆转的情形威胁到环境或者人类健康;二是这种潜在的损害或威胁一旦发生将产生严重的风险。存在严重的、不可逆转损害的威胁是风险预防原则一个普遍的启动条件。这就要求国家对未知环境风险高度重视、审慎决策。风险预防原则究其实质是一种政府决策方法。尽管风险预防原则要求不能以科学不确定性为理由不采取预防措施,但该原则仍然要求采取谨慎原则和遵守比例原则,要考虑预防措施的采取与可能的环境损害或损害威胁的成本效益问题。风险预防原则并不是要求或允许国家仅仅根据假设或者完全理论上的风险评估就采取预防措施,而是在采取风险预防措施之前,通过某种现象或过程,科学已经识别出来了潜在的危险性。也就是说,采取风险预防措施,要求具有初步的科学证据方可。

3. 风险预防原则与损害预防原则的关系

一般认为,"风险预防原则"是"损害预防原则"的进一步发展。两者的共同目标是预防环境损害,但也存在一些主要的区别:风险预防原则要求消除任何可能造成环境破坏的因素,即使并未得到科学证实,损害预防原则要求采取措施避免经过科学证实的环境破坏;风险预防原则重在采取预防措施以避免严重的或不可逆转的环境恶化,而损害预防原则在于采取措施以制止或阻碍潜在环境损害的发生。预防原则包含着风险预防原则和损害预防原则。"风险预防原则"是在"损害预防原则"基础上,随着人类未认知的风险越来越多,对可能发生但不具有科学确定性的环境问题或威胁所提出的更严格、层次更高的要求。

4. 风险预防原则的现实意义

风险预防原则作为国际环境法的基本原则,至少在一定程度上解决了一个具有重大现实意义的问题:在没有明确的和有说服力的对实际损害或者损害威胁的科学证据时,无证据标准可用,或者无法确定谁来承担对于风险的举证责任,如何预防环境损害?由谁来承担证明风险存在的责任问题,不能简单地仅仅通过《里约宣言》原则15来给出答案,而要根据问题产生的具体情况来判断,然而,风险预防原则的适用已经导致了举证责任倒置问题。也就是说,除非能够证明一项活动不会引起不可逆转的严重环境损害,否则就可以采取预防措施,制止该活动进行。

4. 关联知识点

损害预防原则　公共参与原则

(二) 教辅资料

1. 关联法规标准

(1)《里约环境与发展宣言》(Rio Declaration on Environment and Development,联合国环境和发展大会 1992 年通过)。

(2)《联合国气候变化框架公约》(United Nations Framework Convention on Climate Change,联合国环境与发展会议 1992 年通过,1994 年生效)。

2. 参考阅读文献

(1) 王曦主编:《国际环境法》(第二版),法律出版社 2005 年版,第六章。

(2)〔英〕帕沙特·波尼、埃伦·波义尔:《国际法与环境》(第二版),那力、王彦志、王小刚译,高等教育出版社 2007 年版,第三章。

(3) 林灿铃、吴汶燕主编:《国际环境法》,科学出版社 2018 年版,第四章。

(4) 吕忠梅主编:《环境法原理》,复旦大学出版社 2007 年版,第四章。

3. 教学案例示例

日本农业措施案[①]

（撰稿人：孙法柏）

[①] "DS76 Japan—Measures Affecting Agricultural Products", 2010, World Trade Organization Dispute Settlement, available at: https://www.wto.org/english/tratop_e/dispu_e/cases_e/ds76_e.htm, last visited 10 August 2022.

第二章 国际环境条约

一、气候变化公约(重点)

【教学目的与要求】
识记:气候变化的含义
领会:气候变化公约的体系构成 气候变化公约的特征

(一) 教学要点

1. 气候变化的含义

应对"气候变化"通常指应对除在类似时期内所观测的气候的自然变异之外,由于直接或间接的人类活动所增加增强的温室效应及其对人类和自然生态系统产生的不利影响。全球气候变化具有异常宽泛的影响范围,需要大量国家参与治理方可有效。因此,国际气候变化公约体系诞生的意义就是应对气候变化,将大气中温室气体的浓度稳定在防止人为危险干扰气候系统的水平上,为应对未来数十年的气候变化设定了减排进程。鉴于温室气体存在的长期性,应对气候变化还涉及历史责任问题,因此在该问题上形成了以共同但有区别责任为特征的体系。

2. 气候变化公约的体系构成

(1) 1992 年《联合国气候变化框架公约》作为气候变化公约体系的框架公约,该公约原则性地确立了关于控制温室气体排放的义务,但是,对于那些关键性的义务没有规定具体的指标和时间表。具体措施留待各国的国内法或缔约方在未来另行议定。为实现公约第 2 条所述的最终目标,公约规定或体现了五项原则:代际公平原则和共同但有区别的责任原则的结合;充分考虑发展中国家的愿望和要求;风险预防原则和成本效益原则;可持续发展原则;国际合作原则。缔约方为实现公约的目的,也做出了一系列的"承诺",分为一般性承诺和具体承诺两类,根据缔约方类型履行实施。

(2) 1997 年《京都议定书》(Kyoto Protocol)。作为旨在减少温室气体排放的法律文书,该议定书具有法律约束力,内容主要分为定量减排目标和"灵活机制"。首先,议定书根据缔约方分类,对部分国家的温室气体排放量作出了具有法律约束力的定量限制。其次,为帮助附件一国家更好履行减排义务,议定书设定了三种"灵活机制",包括联合履约机制(Joint Implementation,JI)、清洁发展机制(Clean Development Mechanism,CDM)和国际排放权交易(Emissions Trading,ET)。

(3) 2015年《巴黎协定》(Paris Agreement)。作为另一项具有法律约束力的重要法律文书,该协定提出了三个目标:一是将全球平均温度上升幅度控制在工业化前水平2摄氏度之内,并力争不超过工业化前水平1.5摄氏度;二是提高适应气候变化不利影响的能力,并以不威胁粮食生产的方式增强气候适应能力和促进温室气体低排放发展;三是使资金流动符合温室气体低排放和气候适应型发展的路径。协定要求从2024年开始,缔约方透明地报告在减缓气候变化、气候适应以及提供或接受能力支持等方面采取的行动和进展。除此之外,缔约方会议应在2023年对协定的履行情况进行第一次全球盘点,此后每五年进行一次。

(4) 缔约方会议(Conference of Parties,COP)的决议文(decision)。公约的履约机制主要通过缔约方大会及其会议来决定。截至2020年,缔约方会议已召开25次会议,而每一届会议都会产出决议文。与之相比的还有作为《京都议定书》缔约方会议的《公约》缔约方会议(COP serving as the meeting of the Parties to the Kyoto Protocol,CMP)以及作为《巴黎协定》缔约方会议的《公约》缔约方会议(COP Serving as the meeting of the Parties to the Paris Agreement,CMA)。

3. 气候变化公约的特征

(1) 法律约束力的不确定性。鉴于应对气候变化需要多数国家参与,国际气候变化公约体系中存在大量具有不同法律约束力的法律文书。比如在理论上,缔约国会议的决议文对缔约方有约束力,但是在实践中是否具有法律约束力则相对模糊。另外,大量的政治协议弥补了国际气候变化公约体系无法达成像《京都议定书》和《巴黎协定》一样的法律文书时期的空白。2009年签订的《哥本哈根协议》就是较为典型的例子。不仅如此,即便具有法律约束力的法律文书中也存在大量不具有约束力的条款或"软法"。最为经典的例子包括技术转让和提供资金的条款。

(2) 治理模式的多样性。《京都议定书》在减排行动上采取了具有法律约束力的目标加时间表模式。该"自上而下"的模式允许缔约方灵活决定如何实施其排放目标,但是目标本身是通过国际谈判而不是由国家决定的。与《京都议定书》相比,《哥本哈根协议》和《坎昆协议》并未确定"自上而下"的减缓义务,而是要求缔约方采取适合本国的减缓行动。该"自愿减排"模式明显带有自主决定的色彩,强化了所有缔约方的"共同"责任,从而开始弱化"共同但有区别责任"。《巴黎协议》则构建了以"国家自主贡献方案+审评"为基础的"自下而上"与"自上而下"相结合的模式,在减缓承诺方面强调自下而上的自主贡献,但在规则方面遵循自上而下设定的透明度、遵约和盘点规则。

（3）共同但有区别责任。自国际气候变化公约体系建立起,缔约方就被分为不同类型并且根据不同法律文书中的要求履行不同的义务或承诺。《联合国气候变化框架公约》将缔约方分为四类:附件一;附件二;附件一中正在朝市场经济过渡的;发展中国家。所有缔约方都需要做出"一般性承诺",但是附件一和附件二缔约方需要额外做出"具体承诺",比如制定国家政策并采取措施或者为发展中国家缔约方提供新的和额外的资金。与之相比,《京都议定书》对附件一缔约方的温室气体排放量作出了有法律约束力的定量限制,要求到 2010 年,附件一缔约方的温室气体排放量要比 1990 年减少 5.2%;对发展中国家不作指标式减排要求,但也要求发展中国家在适当情况下和可能范围内制定国家或区域规划,改进排放目标和模式。《巴黎协定》虽然弱化了不同缔约方的义务,不再明确指定不同缔约方的义务,但是仍然强调了缔约方根据不同的国情设定目标,体现了激励、透明、非对抗、非惩罚性的特点。

4. 关联知识点

跨界大气污染防治　臭氧层保护

（二）教辅资料

1. 关联法规标准

（1）《联合国气候变化框架公约》(United Nations Framework Convention on Climate Change,1992 年联合国环境与发展会议 1992 年通过,1994 年生效);

（2）《京都议定书》(Kyoto Protocol,《气候变化框架公约》缔约方大会第 3 次会议 1997 年通过,2005 年生效);

（3）《巴黎协定》(Paris Agreement,《气候变化框架公约》缔约方大会第 21 次会议 2015 年通过,2016 年生效)。

2. 参考阅读文献

（1）王曦编著:《国际环境法》(第二版),法律出版社 2005 年,第九章;

（2）林灿铃:《国际环境法》,人民出版社 2011 年,第十一章;

（3）林灿铃、吴汶燕主编:《国际环境法》,科学出版社 2018 年,第九章;

（4）Benoît Mayer, *The International Law on Climate Change*, Cambridge University Press, 2018;

（5）Daniel Bodansky, Jutta Brunneée and Lavanya Rajamani, *International Climate Change Law*, Oxford University Press, 2017;

（6）Vesselin Popovski, ed., *The Implementation of the Paris Agreement on Climate Change*, Routledge, 2019。

3. 教学案例示例

Urgenda 诉荷兰政府案[①]

(撰稿人:汪劲　李若英)

二、国际海洋公约(重点)

【教学目的与要求】

识记:海洋保护的含义

领会:《联合国海洋法公约》的体系构成　《联合国海洋法公约》的特色制度

(一) 教学要点

1. 海洋保护的含义

海洋在自然属性上是一个统一的流动的整体,海洋环境是整个地球环境的一个重要组成部分。对海洋的污染、海洋生物资源的过度捕捞及沿海生态环境的破坏引起国际关注。《联合国海洋法公约》认识到需要在顾及所有国家主权的情形下,为海洋建立一种法律秩序。此外,《联合国海洋法公约》还致力于平衡沿海国家和其他国家的权利和义务,包括内陆国家等有特殊情况的国家的权利等。

2. 《联合国海洋法公约》的体系构成

(1)《联合国海洋法公约》。1982 年第三次联合国海洋法会议通过《联合国海洋法公约》(United Nations Convention on the Law of the Sea)。《联合国海洋法公约》涉及海洋法所有方面的问题,由 1 个序言和 17 个部分组成,共 320 条,另有 9 个附件。其主要内容包括:领海和毗连区、用于国际航道的领海、群岛国、专属经济区、大陆架、公海、岛屿制度、闭海或半闭海、内陆国出入海洋的权利和越界自由、国际海底区域、海洋环境保护和保全、海洋科学研究、海洋技术的发展和转让、争端的解决等。

(2)《关于执行 1982 年 12 月 10 日〈联合国海洋法公约〉第十一部分的协定》(Agreement relating to the Implementation of Part XI of the United Nations Convention on the Law of the Sea of 10 December 1982)。《联合国海洋法公约》开放签署后,美国、英国、德国等发达国家因对第十一部分关于国际海底区域制度的规定一直有所保留而未签署,其他主要发达国家虽签署了《联合国海洋

[①] Urgenda Foundation v. State of the Netherlands, Supreme Court of the Netherlands, 19/001315, available at: http://climatecasechart.com/climate-change-litigation/non-us-case/urgenda-foundation-v-kingdom-of-the-netherlands/, last visited 10 August 2022.

法公约》,但表示由于相同的原因无意批准。《联合国海洋法公约》的普遍性问题面临挑战。1994年,有关国家就《联合国海洋法公约》有关深海底采矿的规定所涉及的未解决问题进行协商,达成了《关于执行1982年12月10日〈联合国海洋法公约〉第十一部分的协定》,消除了部分发达国家参加公约的障碍。

(3)《执行1982年12月10日〈联合国海洋法公约〉有关养护和管理跨界鱼类种群和高度洄游鱼类种群的规定的协定》(Agreement for the Implementation of the Provisions of the United Nations Convention on the Law of the Sea of 10 December 1982 Relating to the Conservation and Management of Straddling Fish Stocks and Highly Migratory Fish Stocks)。为了确保跨界鱼类种群和高度洄游鱼类种群的长期养护和可持续利用,要求各成员国更有效地执行《联合国海洋法公约》中为这些种群所制定的养护和管理措施,保存生物多样性,维持海洋生态系统的完整,并尽量减少捕鱼作业可能产生的长期或不可逆转影响的危险,1995年《执行1982年12月10日〈联合国海洋法公约〉有关养护和管理跨界鱼类种群和高度洄游鱼类种群的规定的协定》正式通过。该协定是《联合国海洋法公约》的一个重要发展,对海洋生物资源,特别是公海渔业资源的养护与管理以及国际渔业合作具有重要作用。

3.《联合国海洋法公约》的特色制度

(1)海洋环境的保护和保全制度。关于海洋环境的保护,《联合国海洋法公约》覆盖了所有海洋污染源,通过确立各国立法管辖的方式,对陆源污染、船舶污染、海上作业和海底活动污染以及海洋倾废污染等作出了规定。《联合国海洋法公约》还在船籍国、海岸国、港口国之间划分职责。《联合国海洋法公约》要求各国制定法律和规章并且应当考虑国际上议定的规则、标准和建议的办法及程序,以防止、减少和控制不同来源的海洋环境污染。

对于国家管辖范围内(内水、领海、大陆架)的海底活动所造成的污染,国家有权制定和适用有关的法律和规定,同时,国家负有为了安全地勘探和利用国家管辖范围内的海底资源而实施最低国际标准的义务。在国家管辖范围外的国际海域从事的、造成污染的海底活动,由国际海底管理局(International Seabed Authority,ISA)制定规则和程序进行管理。

对于倾倒所造成的污染问题,由船旗国或飞机的登记国进行管辖。沿海国有权管理和控制在其大陆架或专属经济区域倾倒废物的行为。

在船舶污染方面,《联合国海洋法公约》不仅确认了船旗国的权力,还引进了一个新的概念"港口国管辖权",为自愿进入一国港口的船舶确立污染标准并执行。根据《联合国海洋法公约》,沿海国在领海执行的权力是不受限制的。沿海国的这种管辖制度适用于国际航行海峡以外的领水。与国际航行海峡毗邻的国家可以制定法律,履行国际义务。过境通行的船舶应遵守环境污染和安全标准。

《联合国海洋法公约》还规定了海洋环境监测和评估机制。各国在尊重其他国家权利的情形下,要观察、测算、估计和分析海洋环境污染的危险或影响,特别应不断监视其所准许或从事的任何活动的影响,以便确定这些活动是否可能污染海洋环境。各国如有合理根据认为在其管辖或控制下的计划中的活动可能对海洋环境造成严重污染或重大和有害的变化,应在实际可行的范围内就这种活动对海洋环境的可能影响做出评估,并且应公布评估报告。

（2）生物资源的养护和管理制度。《联合国海洋法公约》第 119 条规定"采取措施……使捕捞的鱼种的数量维持在或恢复到能够生产最高持续产量水平",要求各国采取措施,保护和保全稀有的、易受损害的生态系统和濒危物种的生境。《联合国海洋法公约》还要求各国在海洋动物的保护方面进行合作,并通过适当的国际组织进行保护、管理和研究,如国际捕鲸委员会(International Whaling Commission, IWC)。沿海国应考虑到与捕捞鱼种有关联或依赖该鱼种而生存的鱼种所受的影响,以便使这些关联或依赖的鱼种的数量维持在或恢复到其繁殖不会受严重威胁的水平以上。

（3）海洋争端解决机制。根据《联合国海洋法公约》规定,争端解决的方法包括调解和提交国际海洋法法庭(International Tribunal for the Law of the Sea, ITLOS)、国际法院(International Court of Justice, ICJ)或其他根据公约成立的仲裁庭。在援用公约的争端解决机制前,缔约方应尽量用尽其他可能的救济,如谈判、地区性或双方的争端解决程序。缔约国同意根据这些规定解决包括环境问题在内的所有与公约有关的争议。《联合国海洋法公约》的争端解决规定使所有关于违反海洋环境保护和保全标准的争议都不会在国内法院受到片面的解释,防止缔约国国民受到外国管辖的歧视。

4. 关联知识点

《防止陆源物质污染海洋的公约》 《国际防止船舶造成污染公约》 《防止倾倒废物及其他物质污染海洋的公约》 《国际油污损害民事责任公约》 海洋环境保护的区域性条约

（二）教辅资料

1. 关联法规标准

（1）《联合国海洋法公约》(United Nations Convention on the Law of the Sea,第三次联合国海洋法会议 1982 年通过,1994 年生效);

（2）《关于执行 1982 年 12 月 10 日〈联合国海洋法公约〉第十一部分的协定》(Agreement relating to the Implementation of Part XI of the United Nations Convention on the Law of the Sea of 10 December 1982,联合国大会第四十八届会议 1994 年通过);

（3）《执行 1982 年 12 月 10 日〈联合国海洋法公约〉有关养护和管理跨界鱼类种群和高度洄游鱼类种群的规定的协定》(Agreement for the Implementation of the Provisions of the United Nations Convention on the Law of the Sea of 10 December 1982 Relating to the Conservation and Management of Straddling Fish Stocks and Highly Migratory Fish Stocks,联合国跨界与高度洄游鱼类会议 1995 年通过）。

2. 参考阅读文献
(1)许健：《国际环境法学》，中国环境科学出版社 2004 年版，第九章。
(2)黄锡生、曾文革：《国际环境法新论》，重庆大学出版社 2005 年版，第六章。
(3)林灿铃、吴汶燕主编：《国际环境法》，科学出版社 2018 年版，第十章。
(4)汪劲：《环境法学》（第四版），北京大学出版社 2018 年版，第十七章。
(5)戚道孟主编：《国际环境法》，中国方正出版社 2004 年版，第十一章。
3. 教学案例示例
南方蓝鳍金枪鱼案[①]

（撰稿人：林婧）

三、生物多样性公约（一般）

【教学目的与要求】
识记：生物多样性的含义
领会：《生物多样性公约》的体系构成　《生物多样性公约》的特色制度

（一）教学要点

1. 生物多样性的含义

生物多样性是指地球上各种各样的生命及其多种自然形式，包括陆地、海洋和其他水生生态系统，以及生态系统的各组成部分。生物多样性包含物种多样性、遗传多样性和生态系统多样性。保护生物多样性是人类共同利益的共识。1982 年《世界自然宪章》要求，保存地球的遗传生存性，保护特殊地区、生态系统的代表品种和珍稀、濒危物种的生境。

2.《生物多样性公约》的体系构成
(1)《生物多样性公约》及历次缔约方大会决定。1992 年通过的《生物多样

---

① ITLOS, Cases No. 3 & 4, Southern Bluefin Tuna Cases (New Zealand v. Japan; Australia v. Japan), Reports of International Arbitral Awards, 4 August 2000, Volume XXIII, para. 22.

性公约》(Convention on Biological Diversity)，旨在保护濒临灭绝的植物和动物，最大限度地保护地球上的多种多样的生物资源。截至 2021 年，公约有 196 个缔约方，已举办了 14 次缔约方大会，每次大会均会形成大会决定。

公约涵盖了所有的生态系统、物种和遗传资源，把传统的保护努力和可持续利用生物资源的经济目标联系起来，特别是在商业性用途方面，建立了公平合理地共享遗传资源利益的原则，公约涉及快速发展的生物技术领域，包括生物技术发展、转让、惠益共享和生物安全等。尤为重要是，公约具有法律约束力，缔约方有义务执行其条款。《生物多样性公约》附属议定书分别就该领域重要议题的治理途径、责任分担等提供沟通、交流和解决问题的渠道。

(2)《生物多样性公约卡塔赫纳生物安全议定书》。《生物多样性公约卡塔赫纳生物安全议定书》(Cartagena Protocol on Biosafety)旨在降低现代生物技术所导致的环境和人体健康风险。这是一项在生物技术快速发展的时代背景下约束技术伦理、保障人与自然安全的重要国际协议，对指导各国制定和出台生物安全法律具有重要意义。鉴于转基因生物损害国际赔偿的民事规则、行政规则等存在不足的情况，中国尚未签署该补充协议。截至 2020 年，《生物多样性公约卡塔赫纳生物安全议定书》已举办了 8 次缔约方大会，每次大会均会形成大会决定。

(3)《生物多样性公约关于遗传资源获取与惠益分享的名古屋议定书》。《生物多样性公约关于遗传资源获取与惠益分享的名古屋议定书》(The Nagoya Protocol on Access to Genetic Resources and the Fair and Equitable Sharing of Benefits Arising from Their Utilization，以下简称《名古屋议定书》)旨在公正和公平地分享和利用遗传资源所产生的惠益，是在《生物多样性公约》框架下讨论生物多样性权利、义务和利益分担机制的有益尝试，在生物多样性多边治理上具有里程碑意义。同年还通过了《2011—2020 年生物多样性战略计划》，简称为"爱知目标"。爱知目标的宗旨是激励所有国家和利益相关方在联合国生物多样性十年期间采取措施，推动实现《生物多样性公约》三大目标。

(4)《卡塔赫纳生物安全议定书关于赔偿责任与补救的名古屋—吉隆坡补充议定书》。2010 年《卡塔赫纳生物安全议定书关于赔偿责任与补救的名古屋—吉隆坡补充议定书》(The Nagoya-Kuala Lumpur Supplementary Protocol on Liability and Redress to the Cartagena Protocol on Biosafety)规定了跨境改性活生物体(living modified organisms)对生物多样性的保护和可持续利用造成损害时可以采取的应对措施，这是在各项新兴生物技术中已经识别出的、具有重大安全隐患的一个领域。该议定书于 2018 年生效。

3.《生物多样性公约》的特色制度

(1)缔约方大会制度。缔约方大会具有监督的职能，这是在很多环境条约中都有的。缔约方大会应定期审查缔约方实施公约的情况,通过附件和议定书,接受和审议报告和资料,审查附属机构提供的科学、技术和工艺咨询意见,审议和实施其他行动。《生物多样性公约》没有具体规定发达国家和发展中国家的界限,而是留待缔约方大会确定。公约没有设立一个独立的监督机构,对缔约方的审查有赖于这些国家提交的报告和其他机构如非政府机构提供的资料。

(2) 生物遗传资源惠益分享制度。《生物多样性公约》第 16 条至第 19 条规定了技术转让等问题。首先,缔约方应承诺向其他缔约国提供或协助其取得有关生物多样性保护和持久使用的技术,或利用遗传资源而不对环境造成重大损害的技术。其次,缔约方必须采取措施,让提供遗传资源用于生物技术研究的缔约方切实参与此种研究活动,并赞助和促进这些国家在公平的基础上优先取得基于其提供资源的生物技术所产生的成果和惠益。

(3) 提供额外资金以保证公约执行制度。在《生物多样性公约》中,首次要求发达缔约方提供新的额外的资金,以使发展中国家缔约方能够支付执行《生物多样性公约》的费用,并使它们从《生物多样性公约》有关技术转让和获得利益的规定中受益。为了实施这一项内容,《生物多样性公约》决定建立一种财务机制,以管理所捐助的资金。

4. 关联知识点

生物安全　遗传资源法　生物多样性联盟　转基因生物安全管理法规体系　《中国生物物种名录》

(二) 教辅资料

1. 关联法规标准

(1)《生物多样性公约》(Convention on Biological Diversity,联合国环境和发展大会 1992 年通过,1993 年生效);

(2)《濒危野生动植物种国际贸易公约》(Convention on International Trade in Endangered Species of Wild Fauna and Flora,国际自然保护联盟 1963 年起草,1975 年生效);

(3)《里约环境与发展宣言》(Rio Declaration on Environment and Development,联合国环境和发展大会 1992 年通过);

(4)《关于特别是水禽生境的国际重要湿地公约》(Convention on Wetlands of international importance, particularly waterfowl habitats,拉姆萨尔 1971 年通过,1975 年生效)。

2. 参考阅读文献

(1) 王曦编著:《国际环境法》,法律出版社 2004 版,第十二章。

(2) 汪劲:《环境法学》(第四版),北京大学出版社 2018 年版,第十七章。

3. 教学案例示例
死藤案[①]

（撰稿人：林婧）

四、濒危物种国际贸易公约（一般）

【教学目的与要求】
识记：濒危物种的含义
领会：《濒危野生动植物种国际贸易公约》的内容和体系 《濒危野生动植物种国际贸易公约》的特色制度

（一）教学要点

1. 濒危物种的含义

野生动植物是生物多样性的重要一环，是地球生态系统必不可少的一部分。随着社会经济的发展，许多动植物物种正以前所未有的速度灭绝，每年达数十亿美元的野生动植物国际贸易是造成这种现状的重要原因。为促使各国加强国际合作，控制国际贸易，有效地保护野生动植物资源，1973年3月80个国家在美国首都华盛顿签署了《濒危野生动植物种国际贸易公约》（Convention on International Trade in Endangered Species of Wind Fauna and Flora，CITES，又称《华盛顿公约》），自1975年7月1日起生效。

中国于1980年12月25日加入CITES，该公约自1981年4月8日对我国生效。根据中国国内立法，公约附录Ⅰ、附录Ⅱ中所列的原产地在中国的物种，按《国家重点保护野生动物名录》所规定的保护级别执行；对非原产于中国的，根据其在附录中隶属的情况，分别按照国家Ⅰ级或Ⅱ级重点保护野生动物进行管理。

2. 《濒危野生动植物种国际贸易公约》的内容和体系

作为一项在控制国际贸易、保护野生动植物方面有广泛影响的国际公约，CITES的主要内容由以下六个方面组成：（1）不同附录中列出受管制的物种；（2）在大量有关贸易物种的生物学数据资料的基础上确定是否核发许可证或证明书；（3）通过成员国间建立书面确认和检查机制来保证CITES的有效执行；（4）通过秘书处的领导来促进各成员间的信息交流与合作，对CITES的执行进行评估；（5）对违法贸易行为进行制裁；（6）通过缔约方大会对CITES进行修改。CITES规定附录Ⅰ所列的物种是有灭绝危险应该受到严格管制的物种；附

[①] 参见林灿铃等编著：《国际环境法案例解析》，中国政法大学出版社2020年版，第312—319页。

录Ⅱ所列的是那些虽然没有受到灭绝的威胁,但如果其利用不被严格控制的话,就有可能灭绝的物种;附录Ⅲ中的物种包括任一个成员国认为在其管辖范围内,应当进行管制但是需要其他成员国的合作以控制其国际商业贸易的物种。

CITES生效以来,在缔约方会议上出台了一系列修正议定书以及新的物种分类准则。如1979年6月在德国波恩的缔约方大会上通过了一份修正案,建议在公约第11条第3款a项末尾加入"并通过有关财政规定"的文字;1983年4月在非洲博茨瓦纳的缔约方大会是通过的修正案允许由主权国家组成的地区性经济一体化组织加入CITES;又如,2019年8月第18届缔约方大会在瑞士日内瓦召开,中国代表提出的将白冠长尾雉、镇海棘螈和高山棘螈、疣螈属、瘰螈属以及睑虎属列入附录Ⅱ的五项提案全部顺利通过。

3.《濒危野生动植物种国际贸易公约》的特色制度

(1)分类管控。CITES规定的野生动植物国际贸易管控措施主要有出口许可证、进口许可证、再出口许可证和其他相关证明书,附录Ⅰ所列物种原则上不予签发出口许可证,仅在特殊情况下才允许进行国际贸易。附录Ⅱ所列物种的任何标本的出口,应事先获得并交验出口许可证。附录Ⅲ所列物种需要成员国之间主要通过颁发出口许可证和原产地证明的方式进行合作。公约的附录物种名录由缔约方大会投票决定。在每两至三年召开一次的缔约方大会上,成员国可以就附录Ⅰ和附录Ⅱ中物种的增加或删除进行表决;对附录Ⅲ中的物种,成员国在任何时候都可以申请增加。缔约方大会除了修订附录物种外,也讨论公约实施相关的议案。

(2)监督机制。第一,对立法不力的成员国予以制裁。缔约方大会第8.4号决议要求秘书处评估每个缔约国国内的履约立法状况,对未开始立法或立法不符合CITES标准的缔约国,缔约方大会的常务委员会可要求其他缔约国就涉及CITES附录中的物种暂停与该缔约国进行国际贸易。

第二,对履行不力的成员国进行提醒。CITES第13条规定,秘书处如果认为某成员国国内附录Ⅰ与附录Ⅱ的物种因贸易而受到不利影响或没有有效执行公约规定,应及时通知该国管理机构并要求其提出合理的补救措施,必要时秘书处可进行调查,并将调查情况在下届缔约方大会上进行审议。

(3)执法合作机制。CITES本身不具有相应的执法权,公约的条款均需要各国国内法的配合推动才能有效实施,因此CITES要求成员国应制定相应的国内法以加强公约的实施。如公约第8条规定成员国应采取措施履行CITES义务并对违法贸易行为进行处罚或没收所涉物种或既处罚又没收,或者将所涉物种退还给出口国。公约第9条要求各成员国应指定一个或多个管理机构和科学机构以代表国家行使有关濒危野生动植物种的进出口管理活动。

4.《濒危野生动植物种国际贸易公约》的发展方向

在 CITES 生效以来的 40 多年中，CITES 的组织机构和相关规定日趋完善，可以通过国际贸易管控方式加以保护的物种也大量被列入公约的附录中。国际社会关于对野生物种的开发与保护的理念也经历了变化，主要体现为两个阶段。第一阶段是对野生物种保护和贸易管控呼声高涨阶段，主张将更多的濒危动植物列入附录中，体现为单纯的保护主义，脱离了 CITES 的立约宗旨，使得全球野生物种的开发和贸易严重受挫，给许多发展中国家带来了消极影响。在第二阶段，国际社会的态度逐渐转变为可持续开发和利用的保护理念，并朝着科学合理的方向发展。各缔约国对 CITES 的发展方向也展开了新的辩论，许多发展中国家也参与其中。当前 CITES 已朝着管理所有的野生动植物种国际贸易的方向发展，而不局限于管理濒危物种的国际贸易。对全球野生动植物种的保护，CITES 也秉持更加科学的态度，即不主张滥用和过度贸易，也反对绝对保护。

5. 关联知识点

《中华人民共和国野生动物保护法》《中华人民共和国野生植物保护条例》《中华人民共和国濒危野生动植物进出口管理条例》《中华人民共和国进出境动植物检疫法》

（二）教辅资料

1. 关联法规标准

《濒危野生动植物物种国际贸易公约》（The Convention on International Trade in Endangered Species of Wild Fauna and Flora，国际自然保护联盟 1963 年起草，1975 年生效）。

2. 参考阅读文献

（1）万霞：《国际环境保护的法律理论与实践》，经济科学出版社 2003 年版，第四章。

（2）王曦编著：《国际环境法》（第二版），法律出版社 2005 年，第十二章。

3. 教学案例示例

魏某等三人走私珍贵动物制品案[①]

（撰稿人：朱晓勤）

[①] （2016）鲁 01 刑初 60 号。

五、控制危险废物越境转移公约（一般）

【教学目的与要求】
识记：危险废物的含义　越境转移的概念
领会：《巴塞尔公约》的体系构成
应用：事先知情同意制度

（一）教学要点

1. 危险废物的含义

20世纪80年代以来，在全球范围内，以工业废物和城市生活废物为主的废物污染了河流、湖泊、水源和土地。危险废物的越境转移日益增多，导致废物问题成为困扰世界上很多国家的一个难题。转移中较为凸显的问题由发达国家导致。一些发达国家国土小，工业却非常密集，常常把大量的工业废物转移到发展中国家。然而，发展中国家缺乏处置危险废物的技术和手段，很难对输入的危险废物进行妥善处理。不断由此发生的环境污染事件，使进口国的环境和人民健康受到了极大的损害。为此，运输和处置有毒和危险废物成为国际环境法中的一个重要问题。

2. 公约的体系构成

（1）《控制危险废物越境转移及其处置巴塞尔公约》。1989年3月22日联合国环境规划署在瑞士巴塞尔召开了关于控制危险废物越境转移全球公约全权代表会议，通过了《控制危险废物越境转移及其处置巴塞尔公约》(Basel Convention on the Control of Transboundary Movements of Hazardous Wastes and Their Disposal,以下简称《巴塞尔公约》)，该公约共有29条正文和9个附件，于1992年5月生效。1995年，100多个国家的代表在日内瓦通过了《巴塞尔公约》修正案，修正案禁止发达国家以最终处置为目的向发展中国家出口危险废料。2019年，第14次缔约方大会在瑞士日内瓦召开，大会通过了《巴塞尔公约》塑料废物附件修正案，修正案于2021年1月1日起对未提出反对声明的缔约方生效。目前公约成员国的数量接近200个，但美国还不是公约的缔约国。

（2）《巴塞尔公约》缔约方大会的决议。《巴塞尔公约》缔约方大会原则上每一年半召开一次，主要讨论和处理在实施公约过程中遇到的重大问题，落实公约中提出的各项措施和规定，并作出相应决议。从1992年11月30日召开第一次缔约方大会至今，共召开了14次，这些会议达成了一系列成果，如《危险废物越境转移及管理的国家法律范本》(Model National Legislation on the Management of Hazardous Wastes and Other Wastes as well as on the Control of

Transboundary Movements of Hazardous Wastes and Other Wastes and Their Disposal)、《巴塞尔公约缔约国议事规则》(Rules of Procedure of the States Parties to the Basel Convention)、《越境转移及其处置所造成损害的责任和赔偿问题议定书》(Protocol on Liability and Compensation for Damage Caused by Transboundary Movements of Hazardous Wastes and Their Disposal)等。

(3)《越境转移及其处置所造成损害的责任和赔偿问题议定书》。1999年12月10日由《巴塞尔公约》缔约方签订的《越境转移及其处置所造成损害的责任和赔偿问题议定书》是第一个全球性的关于危险废物造成环境损害与赔偿责任的国际条约,该条约规定了合法或非法国际运输危险废物的过程中,因事故或其他原因造成危险废物泄漏所引发的环境损害责任及其赔偿问题。目标在于建立一套综合赔偿制度,从而能够迅速充分赔偿因危险废物和其他废物越境转移及其处置(包括此类废物的非法运输)所造成的损害。

(4)《巴塞尔公约》塑料废物附件修正案。2019年5月第14次缔约方大会以协商一致的方式通过了《巴塞尔公约》塑料废物附件修正案,建立了全球防治塑料废弃物污染框架,将使全球塑料垃圾贸易更加透明,并使之得到更好的监管,在全球防治塑料废弃物污染方面具有里程碑意义。此外,修正案根据公约对塑料废物进行重新分类,将绝大多数混合和有问题的塑料废物转移到了黄色和红色名单上,以限制各国将塑料废物作为"绿色"废物运往世界各地。修正案将塑料垃圾纳入一个具有法律约束力的框架。

3. 公约的特色制度

事先知情同意程序制度(the prior informed consent)是国际危险物质出口管理的主要法律制度,《巴塞尔公约》第6条详细规定了缔约国之间的越境转移,出口国应将危险废物或其他废物任何拟议的越境转移书面通知或要求产生者或出口者通过出口国主管当局的渠道以书面通知有关国家的主管当局。这种通告和报告制度要求,必须使情报得到明确传达并对废弃物进行集中的管理和监视,所有国家(包括发展中国家)有必要采取防止危险废物在贸易过程中去向不明的具体措施。

事先知情同意程序制度,可以具体分为事先通知制度和允许过境制度。事前通知制度是一种尊重危险废物进口国主权的行为,《巴塞尔公约》认为每一个主权国家,都有根据本国的实际情况,来决定是否对危险废物进行进口的权利。公约在其条款中明确规定,出口国管理危险废物的相关行政部门,必须以书面形式通知危险废物的进口国相关部门,通知所用的文字必须是危险废物进口国能够接受的一种文字。

4. 公约的现实价值

《巴塞尔公约》强调危险废物产生国(出口国)对废弃物的责任与义务,推动各缔约方对环境进行健全有效的管理,其制定与实施使公约规定的危险废物和其他废物的越境转移得到控制。此外,公约还帮助发展中国家对其产生的危险废物和其他废物进行有利于环境的管理。

《巴塞尔公约》的不足在于美国和若干非洲国家尚未加入。由于《巴塞尔公约》中对于废物的范围、种类及定义,与美国国内的认知和国家利益仍有所抵触,美国仍然是唯一没有批准《巴塞尔公约》的发达国家和OECD成员国。而部分非洲国家则是由于长年动乱,缺乏相关技术或缺少资金等。尚未加入公约的非洲国家极易成为其他工业国家的垃圾场。

5. 关联知识点

《关于在国际贸易中对某些危险化学品和农药采取事先知情同意程序的鹿特丹公约》《关于持久性有机污染物的斯德哥尔摩公约》

(二)教辅资料

1. 关联法规标准

(1)《巴塞尔公约缔约国议事规则》(Rules of Procedure of the States Parties to the Basel Convention,巴塞尔公约第一次缔约方大会1992年通过);

(2)《危险废物越境转移及管理的国家法律范本》(Model National Legislation on the Management of Hazardous Wastes and Other Wastes as well as on the Control of Transboundary Movements of Hazardous Wastes and Other Wastes and Their Disposal,巴塞尔公约第一次缔约方大会1992年通过);

(3)《危险废物越境转移及其处置中产生损害的责任和补偿议定书》(Protocol on Liability and Compensation for Damage Caused by Transboundary Movements of Hazardous Wastes and Their Disposal,巴塞尔公约第五次缔约方大会1999年通过)。

2. 参考阅读文献

(1)黄锡生、曾文革:《国际环境法新论》,重庆大学出版社2005年版,第八章。

(2)汪劲:《环境法学》(第四版),北京大学出版社2018年版,第十七章。

3. 教学案例示例

"克莱蒙梭"号拆卸事件[1]

(撰稿人:林婧)

---

[1] 陈继辉:《"克莱蒙梭"赴印拆卸 被称"毒船"惹争端》,载中国法院网,https://www.chinacourt.org/article/detail/2006/01/id/192469.shtml,最后访问日期:2021年7月4日。

六、保护世界文化和自然遗产公约（一般）

【教学目的与要求】
识记：文化遗产的概念　自然遗产的概念
领会：世界遗产名录制度　保护世界文化和自然基金制度
应用：世界遗产申报程序

（一）教学要点

1. 世界文化和自然遗产的含义

文化遗产包括文物、建筑群和遗址三类。自然遗产也包括三类，分别是具有突出普遍价值的自然面貌、濒危动植物物种生态区、自然地带。将文化遗产和自然遗产共同列为保护对象，实现了两者的平衡，凸显了人类与环境和谐共生的环境保护理念。

2. 公约的体系构成

（1）《保护世界文化和自然遗产公约》（Convention Concerning the Protection of the World Cultural and Natural Heritage，以下简称《世界遗产公约》）。《保护世界文化和自然遗产公约》是联合国教育、科学及文化组织（United Nations Educational, Scientific and Cultural Organization，UNESCO，以下简称联合国教科文组织）于1972年颁布的，它设定了世界文化遗产的标准，丰富了世界文化遗产保护的范围，改变了以往文化遗产保护仅为某一框架下单一保护的模式，实现了多层次、普遍性、系统性的保护。

在文化遗产保护的国家责任方面，《世界遗产公约》规定了各国应在国内根据本国情况采取的措施，如制定规划和总政策，建立适当的机构，发展科学和技术研究及实施适当的法律、科学、技术、行政和财政措施等。保护世界遗产的国家责任对实现《世界遗产公约》的目的是十分重要的，如果国家不能完成其所承担的责任，就可能会使本国的遗产无法得到公约的保护。

（2）《实施〈世界遗产公约〉的操作指南》。联合国教科文组织世界遗产委员会（UNESCO World Heritage Committee）于1977年6月讨论通过了《实施〈世界遗产公约〉的操作指南》（以下简称《操作指南》），于同年10月生效，操作指南规定了在《世界遗产公约》的框架下，对世界文化遗产进行管理和保护的具体措施，体现了文化遗产保护的可持续发展理念。同时，《操作指南》对于公约未规定或者规定模糊部分进行了细化，如管理机构、咨询机构的职能范围，监测工作内容、具体评估标准的界定等问题。

此外，《操作指南》还规定了遗产从《世界遗产名录》中删除的条件：一是已经列入目录的遗产已经丧失了《世界遗产目录》所要求的特性;二是推荐过程中人类行为已经威胁到世界遗产的内在性质,且缔约国保证采取的改正措施还未按预期进行。

3. 公约的特色制度

(1) 世界遗产名录制度。《世界遗产名录》(The World Heritage List)是于1976年世界遗产委员会成立时建立的。"遗产"要列入《世界遗产名录》必须具备以下条件:首先,其所在的缔约国必须将它视为文化或自然二者之复合体或文化景观或非物质文化遗产;其次,必须由它所在的国家提出申请,该申请必须包括对该区域的管理和法律保护计划;最后,该遗产还必须达到公约规定的筛查标准。

将珍贵的文化遗产和自然遗产列入《世界遗产名录》后,这些遗产可以得到"世界遗产基金"提供的援助。获得援助的程序如下:首先,申报国必须是《世界遗产公约》的缔约国,一个国家一旦签署了《世界遗产公约》,就可以开始对本国遗产进行申报;其次,正式申报,要求给出申报遗产的准确名称、地理位置等,并就其具有的重要性做出详细说明;再次,世界遗产中心将申报材料提交给相关的国际组织审核;最后,由世界遗产委员会根据有关国家提供的附加信息等做出决定。

自1994年以来,为保护文化遗产,联合国教科文组织加强了对文化遗产的监测工作,将存在严重问题的遗产列入《濒危世界遗产名录》(List of World Heritage in Danger),敦促遗产所在国家采取措施修复和保护文化遗产。

(2) 保护世界文化和自然基金制度。世界遗产基金是根据《世界遗产公约》的规定,结合联合国教科文组织制定的财政政策而设立的一项信托基金。基金中的资金来源于公约缔约国的自愿与义务捐款,来自其他国家、联合国其他组织以及联合国教科文组织或其他政府间组织、公共或私立机构或个人赠款、捐赠或遗赠,还包括基金款项利息来源、本基金组织活动所得收入和其他渠道募捐的资金。

在世界遗产基金的运行方面,按照公约的规定,缔约国每两年一次向基金缴纳不超过联合国教科文组织的预算费用十分之一的捐款,形成基金的固定资金来源渠道。尽管该项基金的宗旨在于为缔约国提供国际援助行动,但基金日常运行依据公约规定的程序进行,在运行过程中也面临着资金来源不足、渠道有限的问题,从而使资金在筹集和使用上与预先规定的标准仍存在一段距离。

4. 关联知识点

自然遗产　文化遗产　遗产名录　国家责任

(二) 教辅资料

1. 关联法规标准

(1)《保护世界文化和自然遗产公约》(Convention Concerning the Protection of the World Cultural and Natural Heritage,联合国教科文组织大会 1972 年通过);

(2)《世界遗产名录》(The World Heritage List,世界遗产委员会 1976 年通过);

(3)《实施世界遗产公约的操作指南》(Operational guidelines for the implementation of the World Heritage Convention,世界遗产委员会 1977 年通过);

(4)《濒危世界遗产名录》(List of World Heritage in Danger,世界遗产委员会 1979 年通过)。

2. 参考阅读文献

(1) 林灿铃:《国际环境法》,人民出版社 2004 年版,第十七章。

(2) 王曦编著:《国际环境法》(第二版),法律出版社 2005 年版,第十六章。

(3) 林灿铃、吴汶燕主编:《国际环境法》,科学出版社 2018 年版,第十四章。

3. 教学案例示例

世界遗产"阿拉伯大羚羊保护区"除名案[①]

(撰稿人:林婧)

七、防治荒漠化公约(一般)

【教学目的与要求】

识记:荒漠化的含义

领会:《联合国防治荒漠化公约》的内容与特色制度

应用:发达国家缔约方的特殊义务 分区防治制度

(一) 教学要点

1. 荒漠化的含义

荒漠化对农业与畜牧业等生产生活造成威胁,其主要来源于人类活动,包括社会经济政策失当等问题。在国际社会对此广泛关注并达成共识的情况下,结

[①] 参见《阿曼阿拉伯羚羊保护区被〈世界遗产名录〉除名》,载联合国官网,https://news.un.org/zh/story/2007/06/77542,最后访问日期:2022 年 3 月 17 日。

合国际社会的荒漠化防治现状及未来需求,为提高治理战略的科学性与国际合作的有效性,《联合国防治荒漠化公约》于 1994 年 6 月 17 日在巴黎通过,其全称是《联合国关于在发生严重干旱和/或荒漠化的国家特别是在非洲防治荒漠化的公约》,自 1996 年 12 月 26 日起生效。我国于 1994 年 10 月 14 日签署该公约,自 1997 年 5 月 19 日起该公约对我国生效。

2.《联合国防治荒漠化公约》的内容

公约的宗旨是,在发生严重干旱和/或荒漠化的国家,尤其是在非洲,防治荒漠化,缓解干旱影响,以期协助受影响的国家和地区实现可持续发展。公约由序言、六个主要部分和五项附件组成。序言部分指出了国际社会对荒漠化与干旱问题的关切与共识,展望了继续推进相关国际合作的必要性与愿景。第一部分解释了"荒漠化""受影响地区"等术语,指出公约意在通过长期战略减少荒漠化与干旱对以非洲为代表的国家的影响,其遵循的原则包括公众参与、团结协作、可持续和共同但有区别的责任。第二部分包括所有缔约方的一般义务、受影响国家缔约方的义务以及发达国家缔约方的特殊义务,非洲和"其他区域受影响发展中国家缔约方"的优先地位,以及本公约与其他公约、协定的关系。第三部分围绕实体问题展开,包括公约实施的国家和区际方案,信息、研究、技术等方面的合作,以及能力、教育和经济方面的支持措施。第四部分规定了缔约方会议、常设秘书处、科学和技术委员会三个机构分别的职能,并梳理了三者的关系,以促进公约的有效实施。第五部分涉及程序事项,涵盖信息提交、争议解决、公约修正等内容,明确了附件与公约正文不可分割,有同等法律效力,并规定了前者的"通过和修正"程序。第六部分为最后条款,包括该公约的签署、适用和退出等事项。此外,该公约在附件中分别对在非洲、亚洲、拉丁美洲和加勒比区域、地中海北部区域、中欧和东欧区域的执行作出了具体规定。

缔约方大会是《联合国防治荒漠化公约》的最高决策机构,截至 2019 年 9 月已举办 14 次。其中,2017 年第十三次缔约方大会在我国内蒙古鄂尔多斯召开,通过了公约"2018—2030 年战略框架",发布了《全球青年防治荒漠化倡议——防治荒漠化,青年在行动》,通过了《鄂尔多斯宣言》以及"荒漠化和土地退化防治"的相关政策倡议,取得了重要成果。

3. 公约的特色制度

(1) 公约第 3 条确认了四项指导原则,即缔约方应当确保群众和地方社区参与关于防治荒漠化和/或缓解干旱影响的方案的设计和实施决策,并在较高各级为便利国家和地方两级采取行动创造一种扶持环境;缔约方应当本着国际团结和伙伴关系的精神,改善分区域、区域以及国际的合作和协调,并更好地将资金、人力、组织和技术资源集中用于需要的地方;缔约方应当本着伙伴关系的精神在政府所有各级、社区、非政府组织和土地所有者之间发展合作,更好地认识受影响地区土地资源和稀缺的水资源的性质和价值,并争取以可持续的方式利用这些资源;缔约方应当充分考虑到受影响发展中国家缔约方、特别是其中最不发达国家的特殊需要和处境。

(2) 公约还规定了三类义务,即所有缔约方的一般义务、受影响国家缔约方的义务和发达国家缔约方的义务。根据公约第 6 条,除了承担一般义务以外,发达国家缔约方还承诺承担以下义务:第一,在同意的基础上单独或共同地积极支持受影响发展中国家缔约方,特别是非洲国家缔约方,以及最不发达国家为防治荒漠化和缓解干旱影响所做的努力;第二,提供实质性资金资源和其他形式的支助,以援助受影响发展中国家缔约方、特别是非洲国家缔约方有效地制订和执行防治荒漠化和缓解干旱影响的长期计划和战略;第三,促进筹集新的和额外资金;第四,鼓励从私营部门和其他非政府来源筹集资金;第五,促进和便利受影响国家缔约方、特别是受影响发展中国家缔约方获得适用技术和知识。这一规定充分体现了共同但有区别的责任原则。

4. 关联知识点

《中华人民共和国防沙治沙法》

(二) 教辅资料

1. 关联法规标准

《联合国防治荒漠化公约》(United Nations Convention to Combat Desertification in Those Countries Experiencing Serious Drought and/or Desertification, Particularly in Africa, 防治荒漠化公约委员会 1994 年通过,1996 年生效)。

2. 参考阅读文献

(1) 王曦编著:《国际环境法》(第二版),法律出版社 2005 年,第十三章。
(2) 林灿铃:《国际环境法》(修订版),人民出版社 2011 年版,第十章。

(撰稿人:朱晓勤)

下　巻

第五编　自然资源法

第一章　自然资源法概述

一、自然资源法（一般）

【教学目的与要求】
识记：自然资源的概念　自然资源法的概念
领会：自然资源法的历史　自然资源法的体系　自然资源合理利用原则
应用：自然资源有偿使用原则　重要自然资源全面所有原则

（一）教学要点

1. 自然资源的概念

自然资源，是指在一定的技术经济条件下，自然界中对人类有用的一切物质和能量，包括土地资源、森林资源、水资源、矿产资源、野生动物资源、渔业资源、海洋资源、气候资源等。理解自然资源的概念需要把握四点：第一，自然资源强调资源的自然属性，即存在于自然界之中；第二，自然资源的有用性，主要强调自然资源对人类社会发展所具有的经济价值，即为人类的生产和生活提供物质与能量；第三，自然资源所具有的自然属性和经济属性需要通过不同的法律机制予以调整，并注重两者之间的平衡；第四，自然资源的外延会随着人类技术水平的提高而不断扩展。

依据不同标准，自然资源可以分为不同的类别。根据自然资源数量与人类需求的关系，可以将自然资源分为有限资源和无限资源；根据自然资源的物理形态，可以将自然资源分为有形资源和无形资源；根据自然资源的再生能力，可以将自然资源分为可再生资源与不可再生资源；根据自然资源的地理位置，可以将自然资源分为陆地资源与海域资源。我国根据自然资源的外在物理形态以及开发利用产业化程度将自然资源分为土地资源、水资源、矿产资源、林业资源、草原资源、渔业资源、海域资源等。

2. 自然资源法的概念

自然资源法,是指调整人们在自然资源的开发、利用、保护和管理过程中所发生的各种社会关系的法律规范的总称。自然资源法调整的社会关系主要包括资源权属关系、流转关系、管理关系及其他经济关系。自然资源法的目的是规范人类开发利用自然资源的行为,维持人类经济发展的外部条件,为人类福利的持续增长奠定物质基础。

3. 自然资源法的历史沿革

自然资源立法早于环境保护立法。纵观各国自然资源法的历史,大体可以概括为三个发展阶段:19世纪以前的特别物权法时期,19世纪初到20世纪50年代的单行法时期,20世纪60年代以来的体系化时期。

在我国,除了《宪法》中关于"国家保障自然资源的合理利用,保护珍贵的植物和动物。禁止任何组织或者个人用任何手段侵占或者破坏自然资源"的规定外,还制定了各种资源保护的单行法律、法规。我国自然资源法的历史大体可以划分为三个阶段:20世纪50年代至80年代的起始阶段,20世纪80年代至90年代末的快速发展阶段,21世纪以来可持续发展理念指导下的变革阶段。

4. 自然资源法的体系

自然资源法的体系,是指由一个国家有关自然资源利用与保护等的法律规范所组成的内在统一、有机协调的规范整体。从理论上分析,自然资源法体系应当由综合性自然资源法、自然资源品种法、自然资源行业法、自然资源养护法、国际自然资源法构成。

从立法实践看,我国当前并不存在综合性自然资源法,而是针对不同的自然资源经济行业,分别制定了《土地管理法》《森林法》《草原法》《渔业法》《矿产资源法》《水法》《海域使用管理法》等自然资源品种法或行业法。

5. 自然资源法的基本原则

自然资源法的基本原则是指为自然资源法所确认并体现自然资源法的本质和特征的法律原则。它贯穿于整个自然资源法体系,对贯彻和实施自然资源法具有普遍的指导作用和拘束力。大体上,重要自然资源全民所有原则、合理利用原则、有偿使用原则三项基本原则是形成通说的自然资源法基本原则。

其一是重要自然资源全民所有原则。重要自然资源全民所有原则,是指重要自然资源属于国家所有即全民所有,全民是国有自然资源的最终所有者。重要自然资源全民所有原则是我国《宪法》和单行自然资源法都予以明确规定的基本原则。

我国确立重要自然资源全民所有原则的原因可以归纳为两点:第一,我国实行生产资料的社会主义公有制,自然资源全民所有是社会主义公有制在自然资源领域的具体体现。第二,自然资源往往具有公共属性,涉及不特定多数人的利益,不宜归属私人所有。

全民所有原则的适用范围并非所有的自然资源,而是关系国计民生的重要自然资源,包括城市土地资源、矿产资源、水资源、海域资源等。

其二是合理利用原则。合理利用原则,是指对自然资源的开发利用要在兼顾经济利益与生态利益、局部利益与整体利益的基础上,统筹规划,合理利用。

理解合理利用原则需要从以下几个方面把握:

第一,自然资源的整体性要求人类在开发利用自然资源时注重对自然资源生态价值的保护,在维系整个生态系统稳定的基础上,对自然资源的经济价值进行开发利用。

第二,自然资源分布的地域性要求在开发利用自然资源时,必须注重平衡自然资源所在地和其他区域的利益,合理分配自然资源开发利用的收益。

第三,自然资源的有限性要求在开发利用自然资源时应当采取综合性利用和循环利用。

为贯彻合理利用原则,需要在自然资源法律中确立自然资源规划制度、综合与循环利用制度、节约利用制度、开发利用环境影响评价制度、开发利用中的生态保护补偿制度等。

其三是自然资源有偿使用原则。自然资源有偿使用原则,是指开发利用自然资源的主体应当支付一定的经济代价,以确保自然资源经济价值的实现。在我国,贯彻自然资源有偿使用原则的首要措施是健全和完善自然资源配置的一级市场,其次是发展和完善自然资源税费制度。

6. 关联知识点

环境法　生态保护法　协调发展原则　可持续发展原则　自然资源权属制度　自然资源税费制度

(二) 教辅资料

1. 关联法规与标准

(1)《中华人民共和国宪法》第 9 条(全国人民代表大会,2018 年修正)。

(2)《中华人民共和国民法典》第 250 条(全国人民代表大会,2020 年)。

(3)《国务院关于全民所有自然资源资产有偿使用制度改革的指导意见》(国发〔2016〕82 号)。

(4)《中华人民共和国土地管理法》(全国人大常委会,2019 年修正)。

(5)《中华人民共和国森林法》(全国人大常委会,2019 年修订)。

(6)《中华人民共和国草原法》(全国人大常委会,2021 年修正)。

(7)《中华人民共和国渔业法》(全国人大常委会,2013 年修正)。

(8)《中华人民共和国矿产资源法》(全国人大常委会,2009 年修正)。

(9)《中华人民共和国水法》(全国人大常委会,2016 年修正)。

(10)《中华人民共和国海域使用管理法》(全国人大常委会,2001 年)。

(11)《中共中央办公厅、国务院办公厅印发〈关于统筹推进自然资源资产产权制度改革的指导意见〉》(中办发〔2019〕25 号)。

2. 参考阅读文献

(1) 汪劲:《环境法学》(第四版),北京大学出版社 2018 年版,第一、八章。

(2) 孟庆瑜、刘武朝:《自然资源法基本问题研究》,中国法制出版社 2006 年版,第二、四、五章。

(3) 张梓太主编:《自然资源法学》,科学出版社 2004 年版,第二、四、五章。

(4) 吴兴南、孙月红:《自然资源法学》,中国环境科学出版社 2004 年版,第四章。

(5) 肖国兴、肖乾刚编著:《自然资源法》,法律出版社 1999 年版,第三、四章。

(6)《中国自然保护纲要》编写委员会编:《中国自然保护纲要》,中国环境科学出版社 1987 年版。

3. 相关案例

贵州泰蘋河生态养殖开发有限公司诉贵州华锦铝业有限公司财产损害赔偿案[①]

（撰稿人:王社坤　童光法）

二、自然资源权属制度(重点)

【教学目的与要求】

识记:自然资源权属的概念

领会:自然资源国家所有权　自然资源集体所有权和个人所有权　自然资源所有权的消灭　自然资源使用权的流转　自然资源使用权的消灭

应用:自然资源使用权的取得

(一) 教学要点

1. 自然资源权属的概念

自然资源权属制度是法律关于自然资源归谁所有、使用以及由此产生的法

---

① (2015)清环保民初字第 16 号。

律后果由谁承担的一系列规定构成的规范系统。

自然资源权属制度主要包括两方面的内容：一是自然资源所有权，二是自然资源使用权。为明确自然资源权属的主体和客体范围，我国目前实施了自然资源统一确权登记制度。

2. 自然资源所有权

（1）自然资源所有权的概念

自然资源所有权，是所有人依法独占自然资源，并通过其占有、使用、收益和处分自然资源获得利益的权利。对自然资源所有权，可以从不同的角度加以分类：按自然资源权属的主体来分，可分为自然资源国家所有权、集体所有权和个人所有权；按自然资源的种类分，可分为土地资源所有权、森林资源所有权、水资源所有权、草原资源所有权、矿产资源所有权、野生动植物资源所有权等。

（2）自然资源国家所有权

重要自然资源全民所有原则是自然资源法的基本原则，贯彻这一基本原则的主要措施就是确立自然资源国家所有权。在我国，自然资源国家所有权的取得主要有法定取得、强制取得、天然孳息与自然添附四种方式。

法定取得是指国家根据法律规定直接取得自然资源的所有权，它是我国国家自然资源所有权取得的主要方式。强制取得是指国家从社会的公共利益出发，凭借其依法享有的公共权力，不顾所有人的意志，采用国有化、没收、征收等强制手段取得自然资源的所有权。实行国有化和没收是在人民解放战争过程中和中华人民共和国成立初期国家取得自然资源所有权的主要形式。天然孳息是指自然资源依自然规律产生出来的新的自然资源。比如，森林资源的木材蓄积量的增加，野生动物资源在自然条件下繁殖所生出的更多的野生动物，都是自然资源的天然孳息，国家也相应地取得这些孳息的所有权。自然添附则是指自然资源在自然条件的作用下产生或增加的情况。比如，在黄河入海口、长江入海口处，每年都淤积出大片的土地，这些土地都使得国家所有的土地面积增加，从而成为自然添附物。

理论研究中，对于自然资源国家所有权的法律性质存在争议。有的学者认为自然资源国家所有权仅具有单一属性，具体又可分为私权说、公权说与特殊物权说三种。有的学者认为自然资源国家所有权具有多元属性，具体分为二元属性结构说与三层构造说两大类。还有学者认为，自然资源国家所有权并非权利，而是某种规制或保障性功能，可以将其概括为非权利说。

（3）自然资源集体和个人所有权

自然资源集体所有权是集体对其所有的自然资源依法进行占有、使用、收益和处分的权利。在我国，自然资源集体所有权的取得主要有法定取得、天然孳息和开发利用取得三种方式。法定取得是指集体组织根据法律的规定而取得自然资源的所有权。我国《宪法》在规定自然资源国家所有权的同时,也规定集体可以依法取得土地、森林、山岭、草原、荒地、滩涂的所有权。集体组织也可以与国家一样取得依自然规律在其所有的自然资源基础上产生的自然资源。开发利用取得是指集体组织依法取得因其投入劳动而新产生的自然资源的所有权。例如,集体经济组织将集体所有的荒山植树绿化,变为森林,从而取得新的森林资源的所有权。在我国,自然资源的集体所有权是有限所有权,即它的客体是有限的,矿产资源、水资源、野生动物资源和城市土地资源等都不能成为集体所有权的客体。

在我国,基本上没有完整意义的自然资源个人所有权,只存在某些自然资源个别部分的个人所有权。如个人承包集体的荒山、荒地植树造林而取得该森林林木的所有权,但却并不包括林地的所有权。在个人承包的草原上种草取得草场的所有权,但却并不包括草地的所有权。因此,自然资源个人所有权的取得方式主要是开发利用取得和依继承取得,而不存在法定取得和强制取得。

(4) 自然资源所有权的消灭

自然资源所有权的消灭,是指自然资源所有权因某种法律事实的出现而不复存在的情况。也就是原来拥有自然资源所有权的主体,因某种原因而失去所有权。自然资源所有权可因法律剥夺、自然资源的消失而消灭。根据自然资源所有权消灭后能否产生新的所有权的不同,可分为自然资源所有权的绝对消灭和自然资源所有权的相对消灭。前者,如矿产资源被开发殆尽,不可能再产生新的矿产资源所有权,就是自然资源所有权的绝对消灭。后者,如一些土地退耕还林,就由一般的土地所有权变成了林地所有权,那么一般土地资源所有权归于消灭,但却产生了新的林地所有权,就属于自然资源所有权的相对消灭。

3. 自然资源使用权

第一,自然资源使用权的概念。自然资源使用权是单位和个人依法对国家所有的或者集体所有的自然资源进行实际运用并取得相应利益的一种手段。

使用权的主体比所有权的主体广泛,自然资源所有权主体的范围很小,而自然资源使用权的主体则十分广泛,几乎任何单位和个人都可以成为自然资源使用权的主体。使用权内容受所有权和环境保护及生态规律的制约,而不是无限制的使用。

对于自然资源使用权的法律属性理论上存在一定争议,有的认为自然资源使用权属于准物权,有的认为属于特别法上的物权。还有的学者认为应当根据自然资源使用权的类别分别进行定性,土地使用权、海域使用权等属于典型物权、用益物权;取水权、采矿权、捕捞权等属于非典型物权,也被称为自然资源产品取得权或者取得型他物权。无论对自然资源使用权如何定性,目前形成的共识是,自然资源使用权具有财产权属性,是自然资源他物权、定限物权。

对自然资源使用权,可以按不同标准、从不同角度进行分类。按自然资源的类别分,可以把自然资源使用权分为土地资源使用权、草原资源使用权、森林资源使用权、矿产资源使用权、水资源使用权、海洋资源使用权、野生动植物资源使用权等;按自然资源的归属分,可以分为国有自然资源使用权和集体所有自然资源使用权;按使用人是否向所有人支付使用费分,可以分为有偿使用权和无偿使用权;按使用权是否预定了使用期分,可分为有期限使用权和无期限使用权。其中有期限使用权又可进一步分为次数性使用权、阶段性使用权和终身性使用权。次数性使用权的享有以一定的次数为限,批准的次数用尽,使用权即告终止。例如,利用国家重点保护野生动物进行展览的,只能按批准的次数进行。阶段性使用权的享有以规定时间的长短为限。例如,城镇居住用地的出让期限是70年,工业用地的出让期限是50年,各种资源开发利用许可证也都规定有具体期限。它们都属于阶段性使用权。终身性使用权的享有以使用权所依附的主体或客体的整个生命期为限。比如,某一矿产资源的采矿权,矿区范围内的该种矿产资源开采耗尽,其使用权也就相应终止。

我国主流的研究方法是以自然资源类型划分为基础,将自然资源使用权利类型化为水权、矿权、林权、渔业权、海域使用权、狩猎权等。这种自然资源使用权利的类型划分方法,也基本上被《民法典》所采纳。

第二,自然资源使用权的取得。根据我国有关法律、法规的规定,我国自然资源使用权的取得通常有确认取得、授予取得、转让取得、开发利用取得等四种方式。确认取得是指自然资源的现实使用人依法向法律规定的国家机关申请登记,由其登记造册并核发使用权证而取得使用权的情况。授予取得是指单位或个人向法定的国家机关提出申请,国家机关依法将被申请的自然资源的使用权授予申请人的情况。转让取得是指单位或个人通过自然资源使用权的买卖、出租、承包等形式取得自然资源使用权的情况。开发利用取得是指单位和个人依法通过开发利用活动取得相应自然资源使用权的情况。

第三,自然资源使用权的流转。自然资源使用权流转,是指自然资源使用权流动和转让。通过自然资源使用权流转可以在自然资源社会配置领域充分发挥市场机制的基础性作用,使得自然资源价值得以真正实现,有利于提高自然资源的开发利用水平。目前,我国对自然资源利用权流转采取了有限流转和限制流转的基本态度,严格控制自然资源利用权的转让。例如,《矿产资源法》第6条第

1款对采矿权的转让情况进行了列举式规定,并规定除上述情形采矿权可以转让外,其他的采矿权不许转让;第3款中又规定禁止将探矿权、采矿权倒卖牟利;《渔业法》第23条第3款规定,捕捞许可证不得买卖、出租和以其他形式转让等。

第四,自然资源使用权的消灭。自然资源使用权的消灭,是指由于某种原因或法律事实的出现而使自然资源使用权人丧失使用权的情况。引起自然资源使用权消灭的主要原因如下:一是自然原因,如河岸土地被洪水冲走;二是开发利用完毕,如矿产资源被开采完毕;三是期限届满,如土地使用期限届满,承包合同期限届满;四是闲置或弃置抛荒,例如,承包经营耕地的单位或者个人连续2年弃耕抛荒的,原发包单位应当终止承包合同,收回发包的耕地;五是非法使用或转让而被强制消灭;六是主体消灭,如自然资源使用单位因迁移、撤消而停止使用土地。

4. 关联知识点

环境权 水权 矿业权 渔业权 海域使用权 狩猎权 林权 自然资源统一确权登记

(二) **教辅资料**

1. 关联法规与标准

(1)《中华人民共和国宪法》(全国人民代表大会,2018年修正),第9条。

(2)《中华人民共和国民法典》(全国人民代表大会,2020年),第250、325、328、329条。

(3)《自然资源统一确权登记暂行办法》(自然资源部、财政部、生态环境部、水利部、国家林业和草原局,2019年)。

(4)《中共中央办公厅、国务院办公厅印发〈关于统筹推进自然资源资产产权制度改革的指导意见〉》(中共中央办公厅、国务院办公厅,2019年)。

2. 参考阅读文献

(1) 法律出版社法规中心:《2020中华人民共和国自然资源法律法规全书(含指导案例)》,法律出版社2020年版。

(2) 王洪亮等:《自然资源物权法律制度研究》,清华大学出版社2017年版。

(3) 王克稳:《行政许可中特许权的物权属性与制度构建研究》,法律出版社2015年版。

(4) 崔建远:《准物权研究》(第二版),法律出版社2012年版。

(5) 黄锡生:《自然资源物权法律制度研究》,重庆大学出版社2012年版。

(6) 邱秋:《中国自然资源国家所有权制度研究》,科学出版社2010年版。

(7) 孟庆瑜、刘武朝:《自然资源法基本问题研究》,中国法制出版社2006年版,第八章。

(8) 张梓太主编:《自然资源法学》,科学出版社 2004 年版,第六章。

(9) 〔英〕朱迪·丽丝:《自然资源分配、经济学与政策》,蔡运龙、杨友孝、秦建新等译,商务印书馆 2002 年版。

(10) 肖国兴、肖乾刚编著:《自然资源法》,法律出版社 1999 年版,第三、四章。

3. 教学案例

傅钦其与仙游县社硎乡人民政府采矿权纠纷案[①]

（撰稿人：王社坤）

三、自然资源税费制度（一般）

【教学目的与要求】

识记：自然资源税的概念　自然资源费的概念

领会：资源税的纳税义务人　资源税的减免　自然资源开发使用费　自然资源补偿费　自然资源保护管理费

应用：资源税的计税方法

(一) 教学要点

1. 自然资源税费制度的概念

自然资源税费制度,是指国家采取强制手段使开发利用自然资源的单位或个人支付一定费用的一整套管理措施。

自然资源税费制度是自然资源价值在法律上的体现和确认。自然资源税费制度的建立具有多方面的意义和作用:第一,有利于促进自然资源的合理开发和节约使用;第二,有利于为开发新的资源筹集资金,并有利于自然资源的保护和恢复;第三,有利于保障自然资源的可持续利用,并促进经济社会的可持续发展。

自然资源税费的具体表现形式包括两种,即收税和收费。市场经济比较发达的国家通常是采取收税的形式,发展中国家和经济转型国家一般是采取收费的形式。但大多数国家则是既收税,又收费。我国通过《中华人民共和国资源税法》（以下简称《资源税法》）以及各单项自然资源法律建立了以资源税和自然资源费为表现形式的自然资源税费制度体系。

2. 自然资源税

我国的自然资源税,在立法上称为"资源税",而且其范围界定较窄,主要指

---

① (2015)闽民终字第 1535 号。

的是矿产资源税。如果从广义的资源税概念出发，土地使用税、耕地占用税、土地增值税、林特产品税、水产品税等也应属于资源税的范畴。1993年12月，国务院发布了《中华人民共和国资源税暂行条例》（以下简称《资源税暂行条例》），对资源税的纳税人、应税范围、税目、税额、减税免税条件等作出了比较具体的规定。2019年8月全国人大常委会颁布了《资源税法》，同时废止了《资源税暂行条例》。

根据《资源税法》的规定，资源税的纳税人义务人是在中华人民共和国领域和中华人民共和国管辖的其他海域开发应税资源的单位和个人。应税资源的具体范围，由《资源税税目税率表》确定。目前，应税资源包括能源矿产、金属矿产、非金属矿产、水气矿产和盐。其中矿产品包括原矿和选矿产品。资源税按照《资源税税目税率表》实行从价计征或者从量计征。实行从价计征的，应纳税额按照应税资源产品的销售额乘以具体适用税率计算。

3. 自然资源费

在我国的立法中，并没有"自然资源费"这一名称，它仅是学者们对各种自然资源开发、利用和保护管理收费的一个统称。不同的资源种类，其收费种类各不相同，大体可以分为开发使用费、补偿费、保护管理费三类。

开发使用费是在单位或个人直接开发、占用、利用、使用自然资源时所缴纳的费用，例如土地使用费、水资源费、海域使用费、矿区使用费等。这种费用直接源于自然资源的使用价值，而不以是否有人类劳动的凝结或管理投入为转移。其费用的多少，通常根据开发使用的资源数量、面积以及稀缺程度、可获利益的大小确定。基于税收法定的考虑，我国开展了清费立税活动。其中2019年制定的《资源税法》特别规定，国务院根据国民经济和社会发展需要，依照该法的原则，对取用地表水或者地下水的单位和个人试点征收水资源税。征收水资源税的，停止征收水资源费。水资源税根据当地水资源状况、取用水类型和经济发展等情况实行差别税率。水资源税试点实施办法由国务院规定，报全国人大常委会备案。国务院自本法施行之日起五年内，就征收水资源税试点情况向全国人大常委会报告，并及时提出修改法律的建议。

补偿费是为弥补、恢复、更新自然资源的减少、流失或破坏而向开发利用自然资源者收取的费用。这类费用通常根据恢复、更新所消耗、破坏的资源的实际费用征收，但有的也只按开发利用自然资源所得的一定比例或数量征收。

保护管理费是为解决培育、维护、管理自然资源的费用支出而向开发利用自然资源者征收的一定费用。这类收费虽然也具有对所消耗的自然资源给予一定补偿的性质，但它主要是为了弥补国家或有关单位为保护、管理自然资源所支出的费用，而不是像开发使用费那样只是对自然资源本身价值的补偿。

4. 关联知识点

污染者负担原则　受益者负担原则　自然资源有偿使用原则　环境保护税

(二) 教辅资料

1. 关联法规与标准

(1)《中华人民共和国资源税法》(全国人大常委会,2019年)。

(2)《取水许可和水资源费征收管理条例》(国务院,2017年修订)。

(3)《国务院关于全民所有自然资源资产有偿使用制度改革的指导意见》(国务院,2016年)。

2. 参考阅读文献

(1) 法律出版社法规中心:《2020中华人民共和国自然资源法律法规全书(含指导案例)》,法律出版社2020年版。

(2) 孟庆瑜、刘武朝:《自然资源法基本问题研究》,中国法制出版社2006年版,第八章。

(3) 张梓太主编:《自然资源法学》,科学出版社2004年版,第六章。

(4) 〔英〕朱迪·丽丝:《自然资源:分配、经济学与政策》,蔡运龙、杨友孝、秦建新等译,商务印书馆2002年版。

(5) 肖国兴、肖乾刚编著:《自然资源法》,法律出版社1999年版,第三、四章。

3. 相关案例

王某某偷逃自然资源税费案[①]

(撰稿人:王社坤)

四、自然资源开发利用禁限制度(重点)

【教学目的与要求】

识记:自然资源开发利用禁限制度的概念

领会:自然资源开发利用的禁止性措施　自然资源开发利用的限制性措施

应用:自然资源恢复义务

(一) 教学要点

1. 自然资源开发利用禁限制度的概念

自然资源开发利用禁限制度,是指以自然资源保护为目标,基于平衡自然资源不同价值属性的需要,对自然资源开发利用行为施加的限制或禁止措施。自然

[①] (2009)陕检刑诉128号起诉书。

资源开发利用禁限措施大体上包括禁止性措施、限制性措施和恢复性措施三类。

自然资源开发利用禁限制度的目的是平衡自然资源的经济价值与生态价值，在开发利用自然资源过程中要注意自然资源的生态整体性、自然资源的地域性与有限性，是自然资源合理使用原则的体现，也是自然资源的可持续利用、永续利用的必然要求。

《中国自然保护纲要》中记载，自然资源生态系统具有物物相关规律、相生相克规律、能流物复规律、负载定额规律、协调稳定规律和时空有宜规律等六条规律。自然资源开发利用禁限制度是遵循自然生态系统规律的体现，尤其体现了负载定额规律、协调稳定规律、时空有宜规律等。

2. 禁止性措施

自然资源开发利用的禁止性措施是指为了保护自然资源之上的生态价值和社会价值，禁止开发某些自然资源。自然资源具有作为人类社会生产活动物质材料基础的重要意义，通常不会完全禁止对某类自然资源的开发利用。立法实践中，通常引入时间和地域这两个限缩因素来规定禁止性措施的适用范围。例如，自然保护区内的自然资源具有重要生态价值，因而我国《自然保护区条例》规定禁止在自然保护区内从事砍伐、狩猎、捕捞、开矿、采石、挖沙等活动。为了保持生物种群的再生繁殖能力，在《渔业法》中规定禁渔期（区）、在《野生动物保护法》中规定禁猎期（区）等，都是普遍被采用的公法禁止性管制措施。尽管自然资源开发利用禁止性措施是为了保护自然资源的永续利用和生态环境，为未来世代人留下发展的空间，但是这些禁止性规定也存在限制或剥夺当地居民发展机会的问题。因此，国家有必要对此进行生态保护补偿，正在制订的"国家生态保护补偿条例"对主体功能区、自然保护区等规定了生态保护补偿。

3. 限制性措施

自然资源开发利用的限制性措施是指允许对自然资源进行开发利用，但是对自然资源开发利用或权利行使施加一定的管制。限制性措施的内容主要包括开发利用行为的作业方式、行为强度、行为对象、所能取得的自然资源产品数量等。这些限制性措施通常体现在单行自然资源法中的具体行政许可之中。

4. 恢复性措施

自然资源开发利用的恢复性措施是指为弥补自然资源产品取得权行使对自然资源的消耗，对权利人施加了公法性的自然资源恢复义务。从内容看，自然资源恢复义务主要包括两类，即功能性恢复和形态性恢复。功能性恢复，例如，《森林法》规定了采伐权人的更新造林义务；《取水许可和水资源费征收管理条例》规定了取水权人的退水义务。形态性恢复，例如，《中华人民共和国矿产资源法实施细则》规定探矿权人勘查作业结束后应当采取措施，防止水土流失，保护生态环境；采矿人关闭矿山时应当完成有关劳动安全、水土保持、土地复垦和环境保护工作,或者缴清土地复垦和环境保护的有关费用。

5. 关联知识点

自然资源国家所有权　自然资源使用权

(二) 教辅资料

1. 关联法规与标准

(1)《中共中央办公厅、国务院办公厅印发〈领导干部自然资源资产离任审计规定(试行)〉》(中共中央办公厅、国务院办公厅,2017 年)。

(2)《国务院关于全民所有自然资源资产有偿使用制度改革的指导意见》(国务院,2016 年)。

(3)《中共中央、国务院关于建立国土空间规划体系并监督实施的若干意见》(中共中央、国务院,2019 年)。

(4)《中华人民共和国森林法》(全国人大常委会,2019 年修订)。

(5)《中华人民共和国野生动物保护法》(全国人大常委会,2018 年修正)。

(6)《中华人民共和国草原法》(全国人大常委会,2021 年修正)。

(7)《中华人民共和国渔业法》(全国人大常委会,2013 年修正)。

(8)《中华人民共和国矿产资源法》(全国人大常委会,2009 年修正)。

(9)《中华人民共和国矿产资源法实施细则》(国务院,1994 年)。

(10)《中华人民共和国水法》(全国人大常委会,2016 年修正)。

2. 参考阅读文献

(1) 法律出版社法规中心:《2020 中华人民共和国自然资源法律法规全书(含指导案例)》,法律出版社 2020 年版。

(2) 关保英主编:《自然资源行政法新论》,中国政法大学出版社 2008 年版。

(3) 孟庆瑜、刘武朝:《自然资源法基本问题研究》,中国法制出版社 2006 年版,第八章。

(4) 张梓太主编:《自然资源法学》,科学出版社 2004 年版,第六章。

(5) 〔英〕朱迪·丽丝:《自然资源分配、经济学与政策》,蔡运龙、杨友孝、秦建新等译,商务印书馆 2002 年版。

(6) 肖国兴、肖乾刚编著:《自然资源法》,法律出版社 1999 年版,第三、四章。

(7) 王洪亮等:《自然资源物权法律制度研究》,清华大学出版社 2017 年版。

(8) 王克稳:《行政许可中特许权的物权属性与制度构建研究》,法律出版社 2015 年版。

(9) 王社坤:《环境利用权研究》,中国环境出版社 2013 年版。

3. 相关案例

云南得翔矿业有限责任公司诉云南省镇康县人民政府地矿行政补偿案[①]

（撰稿人：王社坤　童光法）

五、自然资源许可制度（一般）

【教学目的与要求】
识记：自然资源许可的概念
领会：自然资源许可的分类
应用：自然资源许可的效力

（一）教学要点

1. 自然资源许可的概念

自然资源许可是指在从事开发利用自然资源的活动之前，必须向有关管理机关提出申请，经审查批准，发给许可证后，方可进行该活动的一系列管理措施。它是自然资源行政许可的法律化，是自然资源保护管理机关进行自然资源保护监督管理的重要手段。

采用自然资源许可制度，可以把各种自然资源开发利用的活动纳入国家统一管理的轨道，并将其严格控制在国家规定的范围内。它有利于对开发利用自然资源的各种活动进行事先审查和控制，对不符合自然资源可持续发展的活动不予批准。同时它还有利于根据客观情况的变化和需要，对持证人规定限制条件和特殊要求，便于发证机关对持证人实行有效的监督和管理。

自然资源许可制度与其他方面的许可制度一样，都有对许可证的申请、审核、决定、中止或吊销等一整套程序和手续。对拒发、中止、吊销许可证的，还有救济程序。

2. 自然资源许可的分类

自然资源许可证，从其性质看，可分为三大类。一是资源开发许可证，如林木采伐许可证、采矿许可证、捕捞许可证、采集证等；二是资源利用许可证，如土地使用证、草原使用证、养殖使用证等；三是资源进出口许可证，如野生动植物进出口许可证等。从表现形式看，有的叫许可证，有的叫证书或证明书等。

3. 自然资源许可的效力

自然资源领域的许可证从效力上来说一方面体现了国家对行政管理相对人

[①] （2019）云行终 817 号。

从事某种开发利用自然资源的活动的认可,另一方面也是行政管理相对人依法获得国家法律保护和确权的凭证。自然资源许可具备证明力、确定力和拘束力。

4. 关联知识点

自然资源国家所有权　自然资源使用权　行政特许　取水许可　采伐许可　捕捞许可　狩猎许可

(二) 教辅资料

1. 关联法规与标准

(1)《国务院关于全民所有自然资源资产有偿使用制度改革的指导意见》(国务院,2016)。

(2)《中共中央、国务院关于建立国土空间规划体系并监督实施的若干意见》(中共中央、国务院,2019)。

2. 参考阅读文献

(1) 法律出版社法规中心:《2020 中华人民共和国自然资源法律法规全书(含指导案例)》,法律出版社 2020 年版。

(2) 王克稳:《行政许可中特许权的物权属性与制度构建研究》,法律出版社 2015 年版。

(3) 关保英主编:《自然资源行政法新论》,中国政法大学出版社 2008 年版。

(4) 孟庆瑜、刘武朝:《自然资源法基本问题研究》,中国法制出版社 2006 年版,第八章。

(5) 张梓太主编:《自然资源法学》,科学出版社 2004 年版,第六章。

(6) 〔英〕朱迪·丽丝:《自然资源:分配、经济学与政策》,蔡运龙、杨友孝、秦建新等译,商务印书馆 2002 年版。

(7) 肖国兴、肖乾刚编著:《自然资源法》,法律出版社 1999 年版,第三、四章。

3. 相关案例

赵来喜、周正红与赵成春买卖合同案[①]

(撰稿人:王社坤)

---

① (2015)宁环民终字第 6 号。

第二章　土地与矿产资源法

一、土地资源法（一般）

【教学目的与要求】
识记：土地资源的概念
领会：我国的土地资源立法体系　土地权属
应用：土地用途管制

（一）教学要点

1. 土地资源的概念

土地是地球陆地表面由地貌、土壤、岩石、水文、气候和植被等要素组成的自然历史综合体，它包括人类过去和现在的种种活动结果。根据土地的性状、地域和用途等方面存在的差异性，按照一定的规律，土地可归并成若干个不同的类别。根据《中华人民共和国土地管理法》（以下简称《土地管理法》），我国将土地分为三大类，即农用地、建设用地和未利用土地。

土地资源是指在一定的技术经济条件下，能直接为人类生产和生活所利用，并能产生效益的土地。如耕地、林地、草地、农田水利设施用地、养殖水面以及构（建）筑物的城乡住宅和公共设施用地、工矿用地、交通水利设施用地、旅游用地、军事设施用地等。荒草地、盐碱地、沙地等土地，在现实的技术经济条件下难以利用或未利用，而被称为"未利用土地"，不在土地资源之列。土地是最宝贵的自然资源，是最重要的社会财富，是最基本的生产要素。

2. 我国的土地资源立法体系

土地制度是国家的基础性制度，事关经济社会发展和国家长治久安，其有鲜明的政策属性与问题导向属性。所以不同国家在不同的时代都把保护土地资源作为一项基本国策，制定相应法律制度与政策对其作出规范。

我国于 1950 年 6 月颁布了《中华人民共和国土地改革法》，掀起了新中国成立后的土地改革运动。1957 年农业部公布了《关于帮助农业生产合作社进行土地规划的通知》，首次提出了土地规划的问题。同年，国务院还公布了《水土保持暂行纲要》。1958 年国务院公布了《国家建设征用土地办法》。1982 年颁布实施的《宪法》第 10 条对土地的权属作出了明确规定，禁止任何组织和个人侵占、买卖、出租或者以其他形式非法转让土地,并提出合理利用土地,为我国的土地资源保护立法提供了宪法上的依据。2004 年修正的《宪法》第 13 条第 3 款规定,国家为了公共利益的需要,可以依照法律规定对土地实行征收或者征用并给予补偿。1982 年国务院颁布了《国家建设征用土地条例》和《水土保持工作条例》。1986 年由全国人民代表大会通过了我国的土地保护基本法《土地管理法》,此后又于 1988 年 12 月、1998 年 8 月、2004 年 8 月与 2019 年 8 月对其进行了修订,对于土地资源的保护和管理作出了全面的规定。

以《宪法》和《土地管理法》为依据,我国相继制定了一系列相配套的管理土地资源的法律、法规及规章,形成了一个较完整的体系。1988 年,国务院颁布了《土地复垦规定》《城镇土地使用税暂行条例》,1990 年国务院颁布了《城镇国有土地使用权出让和转让暂行条例》,1991 年全国人大常委会通过了《中华人民共和国水土保持法》,并于 1993 年国务院颁布了《中华人民共和国水土保持法实施条例》和《中华人民共和国土地增值税暂行条例》,1995 年国家土地管理局颁布了《自然保护区土地管理办法》,同年国家土地管理局颁布了《土地权属争议处理暂行办法》《土地监察暂行规定》,并修订了《土地登记规则》,1998 年由国务院颁布了《基本农田保护条例》和《土地管理法实施条例》,2001 年国土资源部颁布了《建设项目用地预审管理办法》,2002 年全国人大常委会通过了《农村土地承包法》,2002 年国土资源部出台了《土地登记资料公开查询办法》,2007 年国务院颁布了《耕地占用税暂行条例》,2008 年国务院颁布了《土地调查条例》。

除了这些专门的法律、法规和规章外,其他相关的法律、法规中对土地资源的管理也作出了相应的规定,如《城市房地产管理法》《农业法》《环境保护法》《矿产资源法》《物权法》《退耕还林条例》《城市房地产开发经营管理条例》等。

3. 土地权属制度

土地权属是土地资源立法的核心和基础。首先要明确的是土地所有权问题。土地所有权即所有人对土地依法享有的占有、使用、收益、处分并排除他人干涉的权利,是土地所有制关系在法律上的反映。《民法典》第 250 条规定:森林、山岭、草原、荒地、滩涂等自然资源,属于国家所有,但是法律规定属于集体所有的除外。《土地管理法》第 2 条规定:中华人民共和国实行土地的社会主义公有制,即全民所有制和劳动群众集体所有制。

土地使用权即有关单位和个人依法对国家所有或集体所有的土地进行实际使用并取得相应利益的权利。它是从土地所有权中分离出来的一种相对独立的他物权,包括占有、使用、收益以及一定条件下的处分权。它对满足土地资源公有制的实现、土地资源的合理配置与高效利用等都具有重要意义。根据《土地管理法》的规定,国有土地和农民集体所有的土地,可以依法确定给单位或者个人使用。

土地利用要遵守土地用途管制。土地按用途分类是实行用途管制的基础；土地利用总体规划是实行用途管制的依据。国家编制土地利用总体规划，规定土地用途，将土地分为农用地、建设用地和未利用地。严格限制农用地转为建设用地，控制建设用地总量，对耕地实行特殊保护。使用土地的单位和个人必须严格按照土地利用总体规划确定的用途使用土地。

4. 关联知识点

土地调查　土地统计　土地权属争议解决　土地权属登记　土地资源监督管理体制

（二）教辅资料

1. 关联法规和标准

(1)《中华人民共和国民法典》（全国人民代表大会，2020年）。

(2)《中华人民共和国土地管理法》（全国人大常委会，2019年修正）。

(3)《城镇土地使用税暂行条例》（国务院，2019年修订）。

(4)《中华人民共和国城市房地产管理法》（全国人大常委会，2019年修正）。

(5)《中华人民共和国农村土地承包法》（全国人大常委会，2018年修正）。

(6)《中华人民共和国土地管理法实施条例》（国务院，2021年修订）。

(7)《土地复垦条例》（国务院，2011年）。

(8)《中华人民共和国土地增值税暂行条例》（国务院，2011年修订）。

2. 参考阅读文献

(1) 邓海峰:《环境法总论》，法律出版社2020年版，第四章。

(2) 王文革主编:《土地保护法研究》，中国法制出版社2018年版。

(3) 汪劲:《环境法学》（第四版），北京大学出版社2018年版，第六章。

(4) 崔建远:《土地上的权利群研究》，法律出版社2004年版。

(5) 高富平:《土地使用权和用益物权——我国不动产物权体系研究》，法律出版社2001年版。

3. 相关案例

黑龙江省讷河市通江街道五一村村民委员会诉苏廷祥农村土地承包合同纠纷案[①]

（撰稿人：吴凯）

[①] （2019）黑02民终1827号。

二、土地利用总体规划（一般）

【教学目的与要求】

识记：土地利用总体规划的概念

领会：土地利用总体规划的编制　土地利用总体规划的审批　国土空间规划

应用：土地利用总体规划的效力

（一）教学要点

1. 土地利用总体规划的概念

土地利用总体规划是指一定的国家机关根据一定区域内土地的自然特性和地域条件，结合社会生产和生活各方面对土地的需要所制定的土地开发、利用的规划。这一制度的基本意义在于通过土地利用规划，从总体上控制各项活动，做到全面规划和合理布局。这对于保障土地资源的合理、有效利用，实现经济社会可持续发展具有积极意义。

2. 土地利用总体规划的编制

土地利用总体规划按照下列原则编制：第一，严格保护基本农田，控制非农业建设占用农用地；第二，提高土地利用率；第三，统筹安排各类、各区域用地；第四，保护和改善生态环境，保障土地的可持续利用；第五，占用耕地与开发复垦耕地相平衡。

3. 土地利用总体规划的审批

土地利用总体规划实行分级审批。省、自治区、直辖市的土地利用总体规划，报国务院批准。省、自治区人民政府所在地的市、人口在一百万以上的城市以及国务院指定的城市的土地利用总体规划，经省、自治区人民政府审查同意后，报国务院批准。除这两种规划以外的土地利用总体规划，逐级上报省、自治区、直辖市人民政府批准；其中，乡（镇）土地利用总体规划可以由省级人民政府授权的设区的市、自治州人民政府批准。

4. 土地利用总体规划的效力

土地利用总体规划一经批准，必须严格执行。经批准的土地利用总体规划的修改，须经原批准机关批准；未经批准，不得改变土地利用总体规划确定的土地用途。

5. 国土空间规划

建立国土空间规划体系是党中央、国务院作出的重大决策部署。中央明确要求，要建立国土空间规划体系并监督实施，将主体功能区规划、土地利用总体规划、城乡规划等空间规划融合为统一的国土空间规划,实现"多规合一"。

2019年修订的《土地管理法》第18条规定经依法批准的国土空间规划是各类开发、保护、建设活动的基本依据。已经编制国土空间规划的,不再编制土地利用总体规划和城乡规划。

6. 关联知识点

多规合一　国土空间用途管制

(二) 教辅资料

1. 关联法规和标准

(1)《中华人民共和国土地管理法》(全国人大常委会,2019年修正)

(2)《中华人民共和国土地管理法实施条例》(国务院,2021年修订)

(3)《中共中央、国务院关于建立国土空间规划体系并监督实施的若干意见》(中发〔2019〕18号)。

(4)《国务院关于印发全国土地利用总体规划纲要(2006—2020年)的通知》(国发〔2008〕33号)。

(5)《自然资源部办公厅关于加强国土空间规划监督管理的通知》(自然资办发〔2020〕27号)。

(6)《自然资源部办公厅关于印发〈市级国土空间总体规划编制指南(试行)〉的通知》(自然资办发〔2020〕46号)。

(7)《自然资源部办公厅关于印发〈省级国土空间规划编制指南〉(试行)的通知》(自然资办发〔2020〕5号)。

2. 参考阅读文献

王文革主编:《土地保护法研究》,中国法制出版社2018年版。

3. 相关案例

崂山国土局与南太置业公司国有土地使用权出让合同纠纷案[①]

(撰稿人:吴凯)

三、耕地保护制度(重点)

【教学目的与要求】

识记:永久基本农田

领会:永久基本农田保护　土地整理　土地复垦

---

① 最高人民法院民事判决书(2004)民一终字第106号。

应用:耕地占用补偿

(一) 教学要点

1. 永久基本农田保护

国家实行基本农田保护制度。根据《土地管理法》第33条,满足相应条件的耕地应当根据土地利用总体规划,划为永久基本农田,严格管理。禁止占用耕地建窑、建坟或者擅自在耕地上建房、挖砂、采石、采矿、取土等。禁止占用永久基本农田发展林果业和挖塘养鱼。禁止闲置、荒芜耕地。

破坏耕地种植条件或者造成土地荒漠化、盐渍化的行政法律责任包括以下两种:由县级以上人民政府自然资源主管部门、农业农村主管部门等按照职责责令限期改正或者治理;此外,有关执法部门在作出责令限期改正或者治理决定的同时,依据具体情节,可以作出并处罚款的决定。构成犯罪的,依法追究刑事责任。

2. 耕地占用补偿

耕地占用补偿制度主要包括两个基本方面:严格限制耕地转为非耕地以及实行耕地占补平衡制度。

目前,耕地转为非耕地的主要原因是城市建设和村镇建设以及能源、交通、水利等基础设施建设需要占用耕地。为控制耕地转为非耕地,我国实行了最严格的用途管制制度,包括:一、通过制定国土空间规划,限定建设可以占用土地的区域;二、制定并分解下达土地利用年度计划,控制各类建设占用耕地规模;三、建立农用地转用审批制度,各项建设需要占用耕地的,要经过有批准权限的人民政府批准。通过这些手段,严格限制耕地转为非耕地。

就占用耕地补偿制度而言,其核心要点在于:非农业建设项目经批准占用耕地;建立占用耕地补偿制度;确立补偿耕地的责任人是占用耕地的单位;对占用耕地的单位开垦耕地提出要求,明确要求占用耕地的单位负责开垦与所占用耕地的数量和质量相当的耕地;缴纳耕地开垦费。

3. 土地整理与复垦

土地整理是指通过采取各种措施,对田、水、路、林、村综合整治,提高耕地质量,增加有效耕地面积,改善农业生态条件和生态环境的行为。就土地整理的实施而言,《土地管理法》第42条要求组织农村集体经济组织展开土地整理,同时也规定了地方各级人民政府在土地整理中的主要任务,包括改造中低产田与整治闲散地与废弃地等。

土地复垦是指对生产建设活动和自然灾害毁损的土地,采取整治措施,使其达到可供利用状态的活动。土地复垦按照"谁破坏,谁复垦"的原则,由造成土地破坏的单位和个人承担土地复垦义务。国务院制定的《土地复垦条例》对复垦的范围、工作程序、验收等作出了规定。

土地复垦义务人不履行复垦义务的违法行为主要有两种:一是有条件复垦而拒绝复垦的;二是没有条件复垦或者复垦不符合要求,又拒绝缴纳土地复垦费或者不及时足额缴纳土地复垦费的。不履行土地复垦义务的法律责任承担方式有责令限期改正、责令限期缴纳复垦费以及罚款三种。

4. 关联知识点

土地用途管制　土地利用总体规划

(二) 教辅资料

1. 关联法规和标准

(1)《中华人民共和国土地管理法》(全国人大常委会,2019年修正)。

(2)《中华人民共和国农村土地承包法》(全国人大常委会,2018年修正)。

(3)《中华人民共和国土地管理法实施条例》(国务院,2021年修订)。

(4)《土地复垦条例》(国务院,2011年)。

(5)《基本农田保护条例》(国务院,2011年修订)。

2. 参考阅读文献

(1) 邓海峰:《环境法总论》,法律出版社2020年版,第四章。

(2) 王文革主编:《土地保护法研究》,中国法制出版社2018年版。

(3) 汪劲:《环境法学》(第四版),北京大学出版社2018年版,第六章。

(4) 吴天君:《耕地保护新论》,人民出版社2009年版。

3. 相关案例

荣县人民检察院诉荣县自然资源和规划局怠于履行土地行政监管职责案[①]

(撰稿人:吴凯)

四、建设用地管理制度(重点)

【教学目的与要求】

识记:土地增值税　城镇土地使用税

领会:建设用地征收补偿　建设用地有偿使用

应用:农用地转用审批

[①] (2019)川0321行初4号。

（一）教学要点

1. 建设用地有偿使用

建设用地有偿使用制度是指国家将国有土地使用权在一定年限内让与土地使用者，由土地使用者向国家支付土地有偿使用费的制度。建设单位使用国有土地，应当以出让等有偿使用方式取得。

以出让等有偿使用方式取得国有土地使用权的建设单位，按照国务院规定的标准和办法，缴纳土地使用权出让金等土地有偿使用费和其他费用后，方可使用土地。建设单位使用国有土地的，应当按照土地使用权出让等有偿使用合同的约定或者土地使用权划拨批准文件的规定使用土地。确需改变该幅土地建设用途的，应当经有关人民政府自然资源主管部门同意，报原批准用地的人民政府批准。其中，在城市规划区内改变土地用途的，在报批前，应当先经有关城市规划行政主管部门同意。

2. 建设用地征收补偿

基于公共利益需要实施的建设活动，确需征收农民集体所有的土地的，依照法定的权限和程序可以征收集体所有的土地。

征收土地应当给予公平、合理的补偿，保障被征地农民原有生活水平不降低、长远生计有保障。征收土地应当依法及时足额支付土地补偿费、安置补助费以及农村村民住宅、其他地上附着物和青苗等的补偿费用，并安排被征地农民的社会保障费用。

3. 农用地转用审批

我国建设用地管理的原则是严格限制农用地转为建设用地，控制建设用地总量。建设占用土地，涉及农用地转为建设用地的，应当办理农用地转用审批手续。永久基本农田转为建设用地的，由国务院批准。

对违反土地利用总体规划擅自将农用地改为建设用地的，限期拆除在非法转让的土地上新建的建筑物和其他设施，恢复土地原状；对符合土地利用总体规划的，没收在非法转让的土地上新建的建筑物和其他设施。

4. 城镇土地使用税

《城镇土地使用税暂行条例》对土地使用税纳税人、计税依据、计税标准、减免条件、纳税期限、征收管理等作了具体规定。

城市、县城、建制镇、工矿区范围内使用土地的单位和个人，为城镇土地使用税纳税人。土地使用税以纳税人实际占用的土地面积为计税依据。省、自治区、直辖市人民政府，应当在本条例所列税额幅度内，根据市政建设状况、经济繁荣程度等条件，确定所辖地区的适用税额幅度。市、县人民政府应当根据实际情况，将本地区土地划分为若干等级，在省、自治区、直辖市人民政府确定的税额幅度内,制定相应的适用税额标准,报省、自治区、直辖市人民政府批准执行。土地使用税按年计算,分期缴纳。

5. 土地增值税

《土地增值税暂行条例》(2011年修订)对土地增值税纳税人、计税依据、计税标准、减免条件、纳税期限、征收管理等作了具体规定。

转让国有土地使用权、地上的建筑物及其附着物("转让房地产")并取得收入的单位和个人,为土地增值税的纳税义务人。土地增值税按照纳税人转让房地产所取得的增值额和《土地增值税暂行条例》第7条规定的四级超率累进税率计算征收,土地增值税由税务机关征收,土地管理部门、房产管理部门应当向税务机关提供有关资料,并协助税务机关依法征收土地增值税。有下列情形之一的,免征土地增值税:纳税人建造普通标准住宅出售,增值额未超过扣除项目金额20%的;因国家建设需要依法征用、收回的房地产。

6. 关联知识点

耕地占用税　土地用途管制　永久基本农田　土地使用权

(二)教辅资料

1. 关联法规和标准

(1)《中华人民共和国土地管理法》(全国人大常委会,2019年修正)。

(2)《中华人民共和国城市房地产管理法》(全国人大常委会,2019年修正)。

(3)《中华人民共和国农村土地承包法》(全国人大常委会,2018年修正)。

(4)《城镇土地使用税暂行条例》(国务院,2019年修订)。

(5)《中华人民共和国土地管理法实施条例》(国务院,2021年修订)。

(6)《中华人民共和国土地增值税暂行条例》(国务院,2011年修订)。

2. 参考阅读文献

(1)王文革主编:《土地保护法研究》,中国法制出版社2018年版。

(2)汪劲:《环境法学》(第四版),北京大学出版社2018年版,第十二章。

3. 相关案例

江苏省沛县国土局怠于履行职责案[①]

(撰稿人:吴凯　冯令泽南)

[①] 徐日丹、贾阳:《检察机关提起公益诉讼试点工作诉前程序典型案例》,载《检察日报》2016年1月8日。

五、矿产资源法(一般)

【教学目的与要求】
识记:矿产资源法的概念
领会:矿产资源的立法体系　矿产资源所有权
应用:矿业权

(一) 教学要点

1. 矿产资源法的概念

矿产资源法是调整矿产资源开发利用与保护社会关系的法律规范的总称。其中,矿产资源,是指由地质作用形成的,具有利用价值的,呈固态、液态、气态的自然资源。矿产资源具有耗竭性、稀缺性、分布不均衡性、不可再生性和动态性等特征。

矿产资源的分类,反映出人类在一定历史时期内认矿、找矿、采矿的生产实践水平、科技发展水平和认识水平。由于研究角度不同,矿产资源的分类体系各异。根据矿产的成因和形成条件,分为内生矿产、外生矿产和变质矿产。根据矿产的物质组成和结构特点,分为无机矿产和有机矿产。根据矿产的产出状态,分为固体矿产、液体矿产和气体矿产。根据矿产特性及其主要用途,分为能源矿产、金属矿产、非金属矿产和水气矿产。

2. 矿产资源的立法体系

矿产资源的立法体系,是指由宪法、法律、行政法规、部门规章以及地方法律文件等组成的规范体系。

《宪法》第9条规定:"矿藏、水流、森林、山岭、草原、荒地、滩涂等自然资源,都属于国家所有,即全民所有。"《矿产资源法》是矿产资源法律体系的核心,是矿产资源法律制度的统领。国务院行政法规构成了矿产资源法律体系的骨干,分别对重要的矿产资源法律制度等作出了规定。国务院部门规章对矿产资源的相关法律制度作出了进一步的规定。矿产资源主管部门制定的规章以及其他相关部门单独制定或与矿产资源主管部门共同制定的规章是矿产资源立法的重要内容。各地也制定了符合地方实际情况的法律文件。《民法典》从私法角度对自然资源权属制度进行了规定。以上共同构成我国矿产资源的法律体系。

3. 矿产资源权属

矿产资源权属,是指矿产资源的权利归属,包括矿产资源所有权的归属和矿业权的归属。矿产资源权属是规范矿产资源开发利用与保护的基础和前提。

我国宪法和法律规定了矿产资源国家所有的单一所有权制度。根据《宪法》第 9 条的规定,矿藏、水流、森林、山岭、草原、荒地、滩涂等自然资源,都属于国家所有,并由国务院行使国家对矿产资源的所有权。此外,地表或者地下的矿产资源的国家所有权,不因其所依附的土地的所有权或者使用权的不同而改变。

矿业权,又称矿权,是指矿产资源使用权,包括探矿权和采矿权。矿业权作为用益物权,受法律保护。我国矿业权主体主要包括国有矿山企业、集体所有制矿山企业、私营矿山企业和个人。各矿业权主体的资质条件有所区别。国有矿山企业是开采矿产资源的主体,集体所有制矿山企业和私营矿山企业是国有矿山企业的补充,法律也允许个人零星开采矿产资源。

矿业权实行有偿取得制度。矿业权的取得方式主要是行政许可登记。勘查许可和开采许可均可采用招投标方式取得。矿业权的变动实行严格的审批转让制度。在完成最低勘查投入后,可经批准转让探矿权;采矿权主体本身发生合并、分立等变动时,可经批准转让采矿权。未经审批,倒卖矿业权牟利的,将承担包括没收违法所得、处以罚款、吊销矿业权许可在内的法律责任。此外,停办矿山、注销许可也须经原许可机关审核批准。

矿业权人之间对矿区范围的争议,法律规定由当事人协商解决,协商不成的由县级以上地方人民政府根据依法核定的矿区范围处理。对于按照规定撤出的原采矿人,由国家按照有关规定给予合理补偿。探矿权人在勘查过程中给他人的耕地、草场、农作物、竹木等经济作物以及其他附着物造成损害的,均应给予补偿。

4. 关联知识点

自然资源国家所有权　采矿许可

(二) 教辅资料

1. 关联法规和标准

(1)《中华人民共和国宪法》(全国人民代表大会,2018 年修正)。

(2)《中华人民共和国民法典》(全国人民代表大会,2020 年)。

(3)《中华人民共和国矿产资源法》(全国人大常委会,2009 年修正)。

(4)《中华人民共和国矿产资源法实施细则》(国务院,1994 年)。

2. 参考阅读文献

(1) 王丽艳、陈文勤编著:《矿产资源法教程》,地质出版社 2020 年版。

(2) 冯军义、申升主编:《矿业典型案例评析》,法律出版社 2016 年版。

(3) 房绍坤主编:《矿业权法律制度研究》,中国法制出版社 2013 年版。

3. 相关案例

安宁市国土资源局起诉并由安宁市人民检察院支持起诉戴望相、班志华、李绍奎、张洪新、杨勇、毕加文环境污染责任纠纷案[①]

（撰稿人：王江）

六、矿产资源勘查（一般）

【教学目的与要求】
识记：矿产资源勘查规划
领会：矿产资源勘查区块登记　矿产资源勘查报告　探矿权人的权利、义务和责任
应用：矿产资源勘查许可

（一）教学要点

1. 矿产资源勘查规划

国家对矿产资源勘查实行统一规划。矿产资源勘查规划是由法定机构按规定程序编制的国家对矿产资源勘查所作整体安排的书面文件。按照规定，全国矿产资源中、长期勘查规划，在国务院计划主管部门指导下由国务院地质矿产主管部门根据国民经济和社会发展中、长期规划，在国务院有关主管部门勘查规划的基础上组织编制。

全国矿产资源年度勘查计划和省、自治区、直辖市矿产资源年度勘查计划，分别由国务院地质矿产主管部门和省、自治区、直辖市人民政府地质矿产主管部门组织有关主管部门，根据全国矿产资源中、长期勘查规划编制，经同级人民政府计划行政主管部门批准后施行。

法律对勘查规划的审批权另有规定的，依照有关法律的规定执行。

2. 矿产资源勘查区块登记与许可

我国对矿产资源勘查实行统一的区块登记管理制度，参见《矿产资源勘查区块划分及编号办法》。

申请勘查登记，应向负责登记的管理机关提交必要的文件和资料。登记管理机关对登记申请和有关资料进行审查，对符合登记条件的，准予登记，并发给勘查许可证。勘查许可证有效期最长为3年，但石油、天然气最长7年，滚动勘探开发的最多15年，许可期间届满30天之前可申请延期，每次延续最多2年。

---

① （2011）昆环保民初字第4号。

勘查单位变更勘查工作范围、对象、阶段的,应当向登记管理机关办理变更登记手续,换领勘查许可证。

勘查单位因故要求撤销项目或者已经完成勘查项目任务的,应当向登记管理机关报告项目撤销原因或者填报项目完成报告,办理注销登记手续。

3. 矿产资源勘查管理措施

矿产资源勘探报告必须经国务院或省级矿产储量审批机构审批方能作为矿山建设设计依据;勘查矿产资源时,应当对工作区内伴生、共生矿产的成矿地质条件和矿床工业远景作出初步综合评价。

对于符合边探边采要求的复杂矿床,探矿权人可以申请边探边采。探矿人申请边探边采,应向原颁发勘查许可的机关、矿产储量审批机构和勘查项目主管部门提交论证材料,经审核同意后,按照采矿许可程序办理采矿登记,实行边探边采。

4. 探矿权人的权利、义务与责任

根据《矿产资源法实施细则》的规定,探矿权人享有下列权利:(1)按照勘查许可证规定的区域、期限、工作对象进行勘查;(2)在勘查作业区及相邻区域架设供电、供水、通讯管线,但是不得影响或者损害原有的供电、供水设施和通讯管线;(3)在勘查作业区及相邻区域通行;(4)根据工程需要临时使用土地;(5)优先取得勘查作业区内新发现矿种的探矿权;(6)优先取得勘查作业区内矿产资源的采矿权;(7)自行销售勘查中按照批准的工程设计施工回收的矿产品,但是国务院规定由指定单位统一收购的矿产品除外。探矿权人应当履行下列义务:(1)在规定的期限内开始施工,并在勘查许可证规定的期限内完成勘查工作;(2)向勘查登记管理机关报告开工等情况;(3)按照探矿工程设计施工,不得擅自进行采矿活动;(4)在查明主要矿种的同时,对共生、伴生矿产资源进行综合勘查、综合评价(5)编写矿产资源勘查报告,提交有关部门审批;(6)按照国务院有关规定汇交矿产资源勘查成果档案资料;(7)遵守有关法律、法规关于劳动安全、土地复垦和环境保护的规定;(8)勘查作业完毕,及时封、填探矿作业遗留的井、硐或者采取其他措施,消除安全隐患。探矿权人取得临时使用土地权后,在勘查过程中给他人造成财产损害的,按照下列规定给以补偿:对耕地造成损害的,根据受损害的耕地面积前三年平均年产量,以补偿时当地市场平均价格计算,逐年给以补偿,并负责恢复耕地的生产条件,及时归还;对牧区草场造成损害的,按照前项规定逐年给以补偿,并负责恢复草场植被,及时归还;对耕地上的农作物、经济作物造成损害的,根据受损害的耕地面积前三年平均年产量,以补偿时当地市场平均价格计算,给以补偿;对竹木造成损害的,根据实际损害株数,以补偿时当地市场平均价格逐株计算,给以补偿;对土地上的附着物造成损害的,根据实际损害的程度,以补偿时当地市场价格,给以适当补偿。探矿权人在没有农作物和其他附着物的荒岭、荒坡、荒地、荒漠、沙滩、河滩、湖滩、海滩上进行勘查的,不予补偿;但是,勘查作业不得阻碍或者损害航运、灌溉、防洪等活动或者设施,勘查作业结束后应当采取措施,防止水土流失,保护生态环境。

5. 关联知识点

采矿许可　采矿权

(二) 教辅资料

1. 关联法规和标准

(1)《中华人民共和国矿产资源法》(全国人大常委会,2009年修正)。

(2)《中华人民共和国矿产资源法实施细则》(国务院,1994年)。

(3)《矿产资源勘查区块登记管理办法》(国务院,2014年修订)。

(4)《国土资源部关于印发〈矿业权交易规则〉的通知》(国土资源部,2017年)。

(5)《国土资源部关于进一步规范矿产资源勘查审批登记管理的通知》(国土资源部,2017年)。

(6)《国土资源部办公厅关于规范矿产资源勘查实施方案管理工作的通知》(国土资源部,2010年)。

2. 参考阅读文献

汪劲:《环境法学》(第四版),北京大学出版社2018年版,第八章。

3. 教学案例

四川金核矿业有限公司与新疆临钢资源投资股份有限公司特殊区域合作勘查合同纠纷案[①]

(撰稿人:王江　童光法)

七、矿产资源开采(重点)

【教学目的与要求】

识记:矿产资源开采管理措施

领会:矿产资源补偿费

应用:采矿许可

---

① (2015)民二终字第167号。

(一)教学要点

1. 采矿许可

我国对矿产资源的开采实行行政许可制度。国、省两级地质矿产主管部门和县级以上政府是开采许可审批主体,申请开采许可需要提供经批准的地质勘查储量报告。采矿权使用费按照矿区范围的面积逐年缴纳,每平方公里每年1000元。开采许可逾期需要办理延期登记。

采矿权申请人在提出采矿权申请前,应当根据经批准的地质勘查储量报告,向登记机关申请划定矿区范围。申请采矿权应当提交矿区范围、申请人资质证明文件、开发利用方案、设立矿山企业的批准文件、环评报告等资料。申请开采国家规划矿区或者对国民经济具有重要价值的矿区内的矿产资源和国家实行保护性开采的特定矿种的,还应当提交国务院有关主管部门的批准文件。

审批登记部门应当自收到申请之日起40天内做出决定,批准后通知矿产所在地县级政府于90日内予以公示,申请主体获批后30天内缴纳采矿权使用费。大、中、小型矿山采矿许可有效期分别为30年、20年和10年,期间届满30日前可申请延期。

有下列情形的,应当在采矿许可有效期内,向登记机关申请变更登记:变更矿区范围、变更开采矿种、变更开采方式、变更企业名称、依法转让采矿权等。采矿权人许可有效期届满,或有效期内停办矿山的,应当自决定停办或关闭矿山之日起30日内,向原发证机关申请注销登记。

此外,开采矿产资源前,开采主体还应当进行可行性研究和开采方案设计。矿山设计必须经批准方能开工开采,零星矿产开采和用作建材的砂石粘土开采可以不进行可行性研究和方案设计,但也应当有开采方案和环保措施。

2. 矿产资源补偿费

开采矿产资源的,国家依法征收矿产资源补偿费。矿产资源补偿费,是指采矿权人为补偿国家矿产资源的消耗而向国家缴纳的一定费用。矿产资源补偿费由县级地质矿产部门会同财政部门征收,跨行政区的由共同上一级部门征收。

值得注意的是,矿产资源补偿费不等同于采矿权使用费。前者是为补偿国家矿产资源的消耗而由采矿权人向国家缴纳的费用,后者是国家将矿产资源采矿权出让给采矿权人,并按规定向采矿权人收取的使用费。

3. 矿产资源开采管理措施

开采矿产资源,必须采取合理的开采顺序、开采方法和选矿工艺。矿山企业的开采回采率、采矿贫化率和选矿回收率应当达到设计要求。

在开采主要矿产的同时,对具有工业价值的共生和伴生矿产应当统一规划、综合开采,综合利用,防止浪费;对暂时不能综合开采或者必须同时采出而暂时还不能综合利用的矿产以及含有有用组分的尾矿,应当采取有效的保护措施,防止损失破坏。

开采矿产资源,必须遵守有关环境保护的法律规定,防止污染环境。开采矿产资源,应当节约用地。耕地、草原、林地因采矿受到破坏的,矿山企业应当因地制宜地采取复垦利用、植树种草或者其他恢复措施。开采矿产资源给他人生产、生活造成损失的,应当负责赔偿,并采取必要的补救措施。

4. 关联知识点

自然资源有偿使用制度　探矿权　资源税

(二) 教辅资料

1. 关联法规和标准

(1)《中华人民共和国矿产资源法》(全国人大常委会,2009 年修正)。

(2)《中华人民共和国矿产资源法实施细则》(国务院,1994 年)。

(3)《矿产资源开采登记管理办法》(国务院,2014 年修订)。

(4)《矿产资源补偿费征收管理规定》(国务院,1997 年修订)。

2. 参考阅读文献

王丽艳、陈文勤编著:《矿产资源法教程》,地质出版社 2020 年版。

3. 相关案例

锡林郭勒盟隆兴矿业有限责任公司与于红岩采矿权纠纷案[①]

(撰稿人:王江)

[①] (2016)最高法民申 1628 号。

第三章 水、海域与渔业资源法

一、水资源法(一般)

【教学目的与要求】
识记:水资源法概念
领会:水资源法的体系　水资源所有权　水权
应用:水资源立法体系构成

(一) 教学要点

1. 水资源法的概念

水资源是指可资利用或有可能被利用的水源,这个水源应具有足够的数量和合适的质量,并满足某一地方在一段时间内具体利用的需求。水资源法是指围绕水资源的开发利用、节约保护等各个方面,由立法机关根据相应权限制定的各项法律、法规、规章、地方性法规、地方人民政府规章等立法文件。

水资源立法是国家一般性立法与流域立法、地方立法共同形成的有机整体。其中,流域立法是水资源立法的一大特色。在我国,以《长江保护法》为代表的流域立法以流域特殊性为基础,具有跨行政区域协同治理的特征。水资源立法体系包含水资源开发利用和节约保护的各个环节,也包括防洪、水土保持等防治水害相关立法,还包括河道管理、水工程管理等方面的立法。

2. 水资源法的体系

水资源法的体系是由水资源民事法律制度、水资源环境法律制度和水资源行政法律制度构成的有机统一的整体。水资源民事法律制度调整平等主体的水资源占有、使用和交易关系,规定民事主体对水资源的民事权利及权利的交易(转让),在实现个人利益最大化的同时,使短缺的水资源得到合理配置,实现水资源利用效率最大化。水资源环境法律制度调整国家对水资源使用的宏观干预关系,确保水资源的使用和交易符合环境公益为首的社会公共利益。水资源行政法律制度调整政府对水资源的行政管理职责。

目前,我国水资源行政法律体系主要包括法律法规和部门规章等。法律以《水法》《防洪法》《水污染防治法》《水土保持法》《长江保护法》等为主。行政法规以《河道管理条例》《城市供水条例》《取水许可和水资源费征收管理条例》《淮河流域水污染防治暂行条例》《黄河水量调度条例》《水文条例》《太湖流域管理条例》《南水北调工程供用水管理条例》等为代表。部门规章主要包括《城市节约用水管理规定》《城市供水水质管理规定》《计划用水管理办法》《建设项目水资源论证管理办法》《入河排污口监督管理办法》等。

3. 水资源权属

水资源权属是以水资源为权利对象的各项权利的归属。水资源权属是确认和调整水资源开发、利用、交易、处置等法律关系的基础。水资源的基础性地位决定了水资源权属对社会经济运行和发展具有重要意义。水资源作为自然资源,其权属制度一般由宪法直接规定,并在民法、水法等相关法律中得到具体规范。水资源的所有权由国务院代表国家行使。

水资源权属主要划分为所有权,以及基于所有权权能派生出的使用权、收益权、处分权的权利归属。当前,水资源国家所有已经成为我国水资源权属制度的一项基本原则。与水资源相关的权利又被概括称为水权。关于水权的内涵和外延,学者们开展了丰富的研究,也形成了多样化的理解,主要有取水权说、占用权说、用益物权说、水物权＋取水权说、取水权＋使用权说、所有权＋取使用权说、财产权说、特别物权说等。关于水权概念的主要争议在于水资源所有权是否属于水权涵盖的范围。一般通说认为,水权概念的提出主要是为了与水资源所有权相区别,水权不包含水资源所有权。但需要指出的是,水权区别于水资源所有权的理解主要适用于水资源规定为国家所有或者公有的权属背景。

我国《宪法》第9条规定,"矿藏、水流、森林、山岭、草原、荒地、滩涂等自然资源,都属于国家所有,即全民所有"。《水法》第3条规定,"水资源属于国家所有。水资源的所有权由国务院代表国家行使。农村集体经济组织的水塘和由农村集体经济组织修建管理的水库中的水,归各该农村集体经济组织使用"。水资源的所有权由国务院代表国家行使,是指国务院代表国家(即全民)依法行使对国有水资源的占有、使用、收益和处分的权利。同时,为尊重历史习惯,充分保护农村集体经济组织和农民兴办农田水利设施、合理开发利用水资源的积极性及其相关合法权益,农村集体经济组织的水塘和由农村集体经济组织修建管理的水库中的水,归该农村集体经济组织使用。

4. 关联知识点

水资源规划　水资源管理体制　自然资源国家所有权　水资源权属争议处理

(二) 教学辅助资料

1. 关联法规和标准

(1)《中华人民共和国水法》(全国人大常委会,2016年修正)。

(2)《中华人民共和国防洪法》(全国人大常委会,2016 年修正)。
(3)《中华人民共和国水污染防治法》(全国人大常委会,2017 年修正)。
(4)《中华人民共和国水土保持法》(全国人大常委会,2010 年修订)。
(5)《中华人民共和国长江保护法》(全国人大常委会,2020 年)。
(6)《中华人民共和国河道管理条例》(国务院,2018 年修订)。
(7)《中华人民共和国城市供水条例》(国务院,2020 年修订)。
(8)《取水许可和水资源费征收管理条例》(国务院,2017 年修订)。
(9)《水权交易管理暂行办法》(水利部,2016 年)。
(10)《水利部关于水权转让的若干意见》(水利部,2005 年)。
(11)《水利部关于印发水权制度建设框架的通知》(水利部,2005 年)。

2. 参考阅读文献

汪劲:《环境法学》(第四版),北京大学出版社 2018 年版,第八章。

3. 相关案例

永善县溪洛渡镇白沙村堰塘二社与陈富春取水权纠纷案[①]

(撰稿人:许胜晴)

二、水资源保护制度(重点)

【教学目的与要求】

识记:水资源规划
领会:水功能区划
应用:饮用水水源保护区

(一) 教学要点

1. 水资源规划

水资源规划是法定机构按法定程序对一定时期水资源的开发利用和水害防治预先作出的整体安排。水资源规划分为全国水资源战略规划、流域规划与区域规划。流域规划又分为流域综合规划和流域专业规划,区域规划也分为区域综合规划和区域专业规划。综合规划是根据经济社会发展需要和水资源开发利用现状编制的开发、利用、节约、保护水资源和防治水害的总体部署。专业规划是针对防洪、治涝、灌溉、航运、供水、水力发电、竹木流放、渔业、水资源保护、水土保持、防沙治沙、节约用水等专项方面所预先作出的部署。

[①] (2016)云 0625 民初 1204 号。

经批准的水资源规划,是开发利用水资源和防治水害活动的基本依据,任何单位和个人必须不折不扣地执行。任何违反规划的行为,便是违反制定规划所依据的法律的行为,就要承担相应的法律责任。如果规划需要修改,必须经原批准规划的机关核准后,新规划才发生效力。

2. 水功能区划

水功能区划制度是根据水体的不同用处对各种水体进行功能划分,并适用相应的水质标准和管理要求的一整套措施。具体的水功能区划内容及批准主体,参见《水法》有关规定。

县级以上人民政府水行政主管部门或者流域管理机构应当按照水功能区对水质的要求和水体的自然净化能力,核定该水域的纳污能力,向生态环境主管部门提出该水域的限制排污总量意见。县级以上地方人民政府水行政主管部门和流域管理机构应当对水功能区的水质状况进行监测,发现重点污染物排放总量超过控制指标的,或者水功能区的水质未达到水域使用功能对水质的要求的,应当及时报告有关人民政府采取治理措施,并向生态环境主管部门通报。

3. 饮用水水源保护区

饮用水水源保护区制度是对饮用水水源地划定一定范围进行特殊保护的一整套措施。《水法》以法律的形式明确规定国家建立饮用水水源保护区制度,要求省级人民政府划定饮用水水源保护区,并采取措施,防止水源枯竭和水体污染,保证城乡居民饮用水安全。

饮用水水源保护区分为一级保护区和二级保护区;必要时,可以在饮用水水源保护区外围划定一定的区域作为准保护区。在饮用水水源保护区内,禁止设置排污口;禁止在饮用水水源一级保护区内新建、改建、扩建与供水设施和保护水源无关的建设项目;已建成的与供水设施和保护水源无关的建设项目,由县级以上人民政府责令拆除或者关闭。禁止在饮用水水源一级保护区内从事网箱养殖、旅游、游泳、垂钓或者其他可能污染饮用水水体的活动;禁止在饮用水水源二级保护区内新建、改建、扩建排放污染物的建设项目;已建成的排放污染物的建设项目,由县级以上人民政府责令拆除或者关闭。禁止在饮用水水源准保护区内新建、扩建对水体污染严重的建设项目;改建建设项目,不得增加排污量。在饮用水水源保护区内设置排污口的,由县级以上地方人民政府责令限期拆除、恢复原状;逾期不拆除、不恢复原状的,强行拆除、恢复原状,并处五万元以上十万元以下的罚款。

饮用水水源受到污染可能威胁供水安全的,生态环境主管部门应当责令有关企业事业单位和其他生产经营者采取停止排放水污染物等措施,并通报饮用水供水单位和供水、卫生、水行政等部门;跨行政区域的,还应当通报相关地方人民政府。

4. 关联知识点

最严格水资源管理制度 《水污染防治行动计划》(《水十条》)

(二) 教辅资料

1. 关联法规和标准

(1)《中华人民共和国水法》第 4、第 5 章(全国人大常委会,2016 年修正)。

(2)《中华人民共和国水污染防治法》(全国人大常委会,2017 修正)。

(3)《国务院关于实行最严格水资源管理制度的意见》(国务院,2012 年)。

(4)《国务院办公厅关于印发实行最严格水资源管理制度考核办法的通知》(国务院,2013 年)。

(5)《水利部关于印发落实国务院关于实行最严格水资源管理制度的意见实施方案的通知》(水利部,2012 年)。

(6)《水利部办公厅关于严格水资源管理促进供给侧结构性改革的通知》(水利部,2017 年)。

(7)《水利部办公厅关于做好大型煤电基地开发规划水资源论证工作的意见》(水利部,2013 年)。

(8)《水利部办公厅关于进一步做好突发水污染事件应对工作的通知》(水利部,2013 年)。

(9)《国家安全监管总局、国务院南水北调办关于加强丹江口库区及上游尾矿库安全监管及水污染防治工作的通知》(国家安全生产监督管理总局,2012 年)。

(10)《建设项目水资源论证管理办法》(水利部,2017 修正)。

(11)《最高人民法院关于全面加强长江流域生态文明建设与绿色发展司法保障的意见》(最高人民法院,2017 年)。

(12)《财政部关于建立健全长江经济带生态补偿与保护长效机制的指导意见》(财政部,2018 年)。

(13)《国务院关于印发水污染防治行动计划的通知》(国务院,2015 年)。

(14)《水功能区划分标准》(GB/T50594—2010)。

2. 相关案例

欧祖明诉重庆市铜梁区人民政府撤销行政行为案[①]

(撰稿人:许胜晴)

[①] (2017)渝行终 53 号。

三、水资源配置制度(一般)

【教学目的与要求】
识记:水资源中长期供求规划
领会:水量分配方案　用水总量控制　行业用水定额

(一) 教学要点

1. 水资源中长期供求规划

水资源中长期供求规划制度是为了加强对水资源开发、利用的宏观管理,合理配置水资源,减少用水矛盾,根据一定时期水资源的供求状况而对水资源的分配作出计划安排的一整套措施。水资源中长期供求规划依据水的供求现状、国民经济和社会发展规划、流域规划、区域规划,按照水资源供需协调、综合平衡、保护生态、厉行节约、合理开源的原则制定。全国的和跨省、自治区、直辖市的水资源中长期供求规划,由国务院水行政主管部门会同有关部门制订,经国务院发展计划主管部门审查批准后执行;地方的水资源中长期供求规划,由县级以上地方人民政府水行政主管部门会同同级有关部门依据上一级水资源中长期供求规划和本地区的实际情况制订,经本级人民政府发展计划主管部门审查批准后执行。

2. 水量分配制度

实施水资源中长期供求规划的具体方式是制定和执行水量分配方案。跨省、自治区、直辖市的水量分配方案和旱情紧急情况下的水量调度预案,由流域管理机构商有关省级人民政府制订,报国务院或者其授权的部门批准后执行;其他跨行政区域的水量分配方案和旱情紧急情况下的水量调度预案,由共同的上一级人民政府水行政主管部门商有关地方人民政府制订,报本级人民政府批准后执行。

水量分配方案具有强制性的约束力。如果在不同行政区域之间的边界河流上建设水资源开发、利用项目,必须符合该流域经批准的水量分配方案,并由有关县级以上地方人民政府报共同的上一级人民政府水行政主管部门或者有关流域管理机构批准。

3. 用水总量控制

用水总量控制制度是指根据水资源年可供应量,通过定额分配的方法,确定一个地区和行业的用水总量并加以控制的一整套措施。

省级人民政府有关行业主管部门制订本行政区域内行业用水定额,报同级水行政主管部门和质量监督检验行政主管部门审核同意后,由省级人民政府公布,并报国务院水行政主管部门和国务院质量监督检验行政主管部门备案。由县级以上地方人民政府发展计划主管部门会同同级水行政主管部门,根据用水定额、经济技术条件以及水量分配方案确定的可供本行政区域使用的水量,制定年度用水计划,对本行政区域内的年度用水实行总量控制。

4. 关联知识点

用途管制制度

(二) 教辅资料

1. 关联法规和标准

(1)《中华人民共和国水法》第3章(全国人大常委会,2016年修正)。

(2)《黄河水量调度条例》(国务院,2006年)。

(3)《水量分配暂行办法》(水利部,2007年)。

(4)《水利部关于加强水资源用途管制的指导意见》(水利部,2016年)。

2. 参考阅读文献

汪劲:《环境法学》(第四版),北京大学出版社2018年版,第八章。

3. 相关案例

刘宏德与吉木萨尔县自然资源局、吉木萨尔县水利局配水纠纷案[①]

(撰稿人:许胜晴)

四、取用水管理制度(重点)

【教学目的与要求】

识记:节水管理

领会:取水许可　水资源费　水费

(一) 教学要点

1. 取水许可

取水许可制度,是指国家要求直接从地下或者江河、湖泊取水的单位或个人依法办理准许取水的证明文件的一整套管理措施和方法。

直接从江河、湖泊或者地下取用水资源的单位和个人,应当按照国家取水许可制度和水资源有偿使用制度的规定,向水行政主管部门或者流域管理机构申领取水许可证,并缴纳水资源费,取得取水权。但是,家庭生活和零星散养、圈养

[①] (2021)新23行终15号。

畜禽饮用等少量取水的除外。

根据我国《水法》第 7 条的规定,我国的取水许可制度,只适用于直接从地下和江河、湖泊取水的用户。未经批准擅自取水的或者未依照批准的取水许可规定条件取水的,由县级以上人民政府水行政主管部门或者流域管理机构依据职权,责令停止违法行为,限期采取补救措施,处二万元以上十万元以下的罚款;情节严重的,吊销其取水许可证。

2. 水资源有偿使用

水资源有偿使用的具体表现形式为水资源费和水费。

水资源费是开发利用水资源的单位和个人依法向国家缴纳的费用。征收水资源费制度则是国家对水资源费征收的对象、范围、标准程序和水资源费的使用等所作的规定。我国的水资源费的征收范围和对象只限于直接从江河、湖泊或者地下取用水资源的单位和个人,而不包括家庭生活和零星散养、圈养畜禽饮用等少量取水。

用水收费制度是指使用供水工程供应的水的单位和个人,要向供水单位缴纳水费的一整套管理措施。实行这一制度,一方面可以解决供水设施的维修费用问题,另一方面可以大大减少水的浪费。水费的征收管理办法,由 2003 年国家发展和改革委员会与水利部联合制定的《水利工程供水价格管理办法》予以规定。

水资源费和水费是两种不同的收费。水资源费要缴给国家,水费则缴给供水单位;水资源费是在用水单位自己直接从地下或江河湖泊取水时缴纳的,水费则是在其他单位给用水单位供水时由用水单位缴纳的;水资源费主要用于水资源的保护和开发,水费则主要用于供水设施的建设、维护和运行。

3. 节水管理制度

节约用水是我国水资源开发利用的基本原则之一。《水法》要求各级人民政府应当采取措施,加强对节约用水的管理,建立节约用水技术开发推广体系,培育和发展节约用水产业。

对于农业用水,各级人民政府应当推行节水灌溉方式和节水技术,对农业蓄水、输水工程采取必要的防渗漏措施,提高农业用水效率。对于工业用水,应当采用先进技术、工艺和设备,增加循环用水次数,提高水的重复利用率。对于生活用水,城市人民政府应当因地制宜采取有效措施,推广节水型生活用水器具,降低城市供水管网漏失率,提高生活用水效率;加强城市污水集中处理,鼓励使用再生水,提高污水再生利用率。

此外,新建、扩建、改建建设项目应当制订节水措施方案,配套建设节水设施。节水设施应当与主体工程同时设计、同时施工、同时投产。

4. 关联知识点

自然资源费　水权

(二) 教辅资料

1. 关联法规和标准

(1)《中华人民共和国水法》第 3 章(全国人大常委会,2016 年修正)。

(2)《取水许可和水资源费征收管理条例》(国务院,2017 修订)。

(3)《水利部关于加强水资源用途管制的指导意见》(水利部,2016 年)。

(4)《财政部、税务总局、水利部关于印发〈扩大水资源税改革试点实施办法〉的通知》(财政部,税务总局,水利部,2017 年)。

(5)《水利部关于印发〈国家水资源监控能力建设项目(2016 — 2018 年)管理办法〉的通知》(水利部,2017 年)。

(6)《国家发展改革委关于加强流域水电管理有关问题的通知》(国家发展和改革委员会,2016 年)。

2. 参考阅读文献

汪劲:《环境法学》(第四版),北京大学出版社 2018 年版,第八章。

3. 相关案例

竹溪县某某电站、竹溪县水利和湖泊局水利行政管理(水利)行政纠纷案[①]

(撰稿人:许胜晴)

五、海域资源法(一般)

【教学目的与要求】

识记:海域的概念　海域资源法的概念

领会:海域所有权

应用:海域使用权

(一) 教学要点

1. 海域的概念

海域是与陆域相对应的概念,是指与陆地相连的一定范围内的边缘海区域。就一般语义而言,所谓"海",系地理学上的名词,指的是靠近大陆、比洋小的水域;而"域"是指一定疆界内的地方。

---

① (2019)鄂 03 行终 122 号。

理解海域的概念,需要把握其局部性、特定性、相对稳定性、可控性等特点。局部性是指海域只是海的局部区域,我国《海域使用管理法》界定的"海域"便是海的局部区域;特定性是指特定海域具有地理位置固定的特点,可以根据经纬度、自然外观或人为设置的海上界标而"特定化";相对稳定性是指特定海域的气候、地理条件及资源状况等处于相对稳定状态;可控性是指海域可为国家政府或公众管理、使用。

2. 海域资源法的概念

海域资源法是指为调整因开发、利用、保护、恢复海域资源所发生的社会关系而制定的法律、法规、规章或其他具有法律约束力的规范性文件。

我国海域资源方面的主要法律是《海域使用管理法》,此外,《宪法》《民法典》《海洋环境保护法》《海岛保护法》等法律中也有涉及海域资源的条款。在海域使用管理方面,国务院批准发布了《国务院办公厅关于开展勘定省县两级海域行政区域界线工作有关问题的通知》《国务院办公厅关于沿海省、自治区、直辖市审批项目用海有关问题的通知》《国务院关于全国海洋功能区划的批复》等行政规范性文件。国务院有关部门先后发布了《海域使用金减免管理办法》《海域使用权管理规定》《海洋功能区划管理规定》《海域使用权登记办法》《填海项目竣工海域使用验收管理办法》等行政规章及其他规范性文件。

3. 海域权属

海域权属是指海岸线向海一侧的内水、领海的水面、水体、海床和底土的国家所有权、使用权和其他相关权利的归属。海域权属管理中最重要的就是海域所有权与海域使用权,合理界定这两种权利的归属至关重要。

我国《海域使用管理法》以民事物权制度为基础来构建海域权属制度。该法第3条第1款规定"海域属于国家所有,国务院代表国家行使海域所有权",即申明国家对海域的所有权,第2款规定"单位和个人使用海域,必须依法取得海域使用权",又有第四章专章规定海域使用权。这使得开发利用海洋的权利真正成为了一种民事权利,有利于明晰海域权属,定分止争,运用市场手段来配置海域资源。学者指出,《海域使用管理法》把海域这种自然资源转变为民法上的不动产,实际上扩大了不动产的范围,这是我国海洋法制建设的一个里程碑,也是我国自然资源物权法律制度的一个重大进步,它促进了我国财产法律制度方面的完善。

海域所有权是法律对一国海域资源支配方式进行的最高选择,是一国海域权属制度的核心部分。海域国家所有权制度的创设,旨在以国家对海域的垄断抵制私人用海主体对其占有海域的控制。立法上确立海域国家所有权制度,不仅是建立海域行政管理秩序的需要,也是创设海域使用权制度不可缺少的前提条件。

海域使用权,是由海域所有权派生的一项权利,其权利内容是对特定海域的使用价值进行开发、利用,并依法取得收益。海域使用权的确立明晰了海域所有人和海域使用人之间以及海域使用人之间的权利义务关系,可以有效地保护海域使用人的合法权益。从海域使用权的主体、客体和内容分析,海域使用权是一种新型的用益物权,在我国《民法典》用益物权体系中具有不可替代的地位。以海域使用权流转为中心的海域使用权制度,不仅是海域权属制度的核心,也是海域有偿使用制度得以建立的支柱性制度。

4. 关联知识点

自然资源国家所有权　海岛保护法　海洋环境保护法　海域权属争议

(二) 教辅资料

1. 关联法规和标准

(1)《中华人民共和国海域使用管理法》(全国人大常委会,2001年)。

(2)《中华人民共和国民法典》(全国人大常委会,2020年),第247、328条。

(3)《中华人民共和国海岛保护法》(全国人大常委会,2009年),第1、2、3、5、8、16、18、23、24、26、27、30、33、35、39、41、45、46、49、55、57条。

(4)《中华人民共和国海洋环境保护法》(全国人大常委会,2017年修正),第2、3、5-7、9-10、17、22、26、29、33-36、39、52、55、62、71、73、79、87、95条。

(5)《国家海洋局关于全面实施以市场化方式出让海砂开采海域使用权的通知》(原国家海洋局,2012年)。

(6)《国家海洋局关于印发海域使用权管理有关文书格式的通知》(原国家海洋局,2007年)。

(7)《国家海洋局关于印发〈海域使用权管理规定〉的通知》(原国家海洋局,2006年)。

(8)《国家海洋局关于印发〈海域使用论证评审专家库管理办法〉的通知》(原国家海洋局,2004年)。

2. 参考阅读文献

(1)尹田主编:《中国海域物权的理论与实践》,中国法制出版社2004年版。

(2)徐祥民、梅宏:《海域国家所有权的生成及其合理性》,载《中国环境法学评论》第二卷,人民出版社2006年版。

3. 相关案例

平潭县平原镇江楼村民委员会与平潭县福鑫围垦开发有限公司海域使用权

纠纷案[①]

(撰稿人:梅宏)

六、海洋功能区划制度(一般)

【教学目的与要求】
识记:海洋功能区划的概念
领会:海洋功能区划的编制　海洋功能区划的修改　海洋功能区划的审批
应用:海洋功能区划的效力

(一) 教学要点

1. 海洋功能区划的概念

海洋功能区划,是指根据海域(有时还应包括必要的陆域)的地理区位、地理条件、自然资源与环境等自然属性,适当兼顾海洋开发利用现状和区域经济、社会发展需要,划定、划分具有特定主导(或优势)功能、有利于海域资源与环境的合理开发利用并能充分发挥海域最佳效能的工作。

编制、实施海洋功能区划的目的在于揭示各个具体海域的客观自然属性、社会功能价值以及适合的开发利用方向,为科学、合理地开发与保护海域及其资源与环境创造可靠的依据,避免海洋开发犯"功能性"错误。

海域使用必须符合海洋功能区划,这是我国《海域使用管理法》确立的一项基本原则。海洋功能区划一经批准,就具有法律约束力,一切单位和个人都必须遵守。这一原则不仅要求各级人民政府和各级海洋行政主管部门在审核、审批海域使用申请时,必须严格以海洋功能区划为依据,而且要求海域使用权人必须按照海洋功能区划确定的用途使用海域,不得擅自改变经批准的海域用途。

2. 海洋功能区划的编制

依据《环境保护法》第 6 条、《海域使用管理法》第 10 条、《全国海洋功能区划》第五部分、《海洋功能区划管理规定》第二章的规定,国务院有关部门、各级海洋行政主管部门、沿海县级以上人民政府均为相应级别的海洋功能区划的制定、编制或修订机关。其中,无论何种级别的海洋功能区划,都由该级人民政府海洋行政主管部门会同本级人民政府有关部门共同制定。

编制海洋功能区划,应当依据上一级海洋功能区划,遵守《海洋功能区划技术导则》等国家有关标准和技术规范,采用符合国家有关规定的基础资料。《海

[①] (2013)岚民初字第 738 号;(2014)榕民终字第 1534 号 ;(2015)闽民申字第 897 号。

洋功能区划管理规定》对编制海洋功能区划的步骤作出了明确规定。

3. 海洋功能区划的审批

为了保证海洋功能区划的执行，使海洋功能区划在适用范围内发挥普遍作用，规定政府审批程序，确立政府批准制度，使海洋功能区划在实施中具有一定拘束力是非常重要的。我国《海域使用管理法》明确规定，海洋功能区划需要政府审批。

海洋功能区划实行分级审批。其中，全国海洋功能区划，需报国务院批准。沿海省、自治区、直辖市海洋功能区划，经该省、自治区、直辖市人民政府审核同意后，报国务院批准。沿海市、县海洋功能区划，经本级政府审核同意后，逐级报所在的省、自治区、直辖市人民政府批准，报国务院海洋行政主管部门备案。

《海洋功能区划管理规定》要求海洋功能区划一经批准，必须严格执行，进一步明确了海洋功能区划的法律地位、海洋功能区划与各种涉海规划的关系，规定了海洋功能区划在海域管理、海洋环境保护工作中的地位和作用。对于国家和地方重点用海项目，选址不符合海洋功能区划时，海洋行政主管部门可以在现有海洋功能区划的框架下，提出重新选址的意见，要有效避免海洋功能区划频繁修改的问题，尽量在现有海洋功能区划的框架下解决问题。这是维护海洋功能区划权威性的又一重要措施。根据《海洋功能区划管理规定》，各级海洋行政主管部门还将加强对海洋功能区划的监视监测，防止擅自改变海域用途。

4. 海洋功能区划的修改

海洋功能区划工作是一项动态性的工作，随着认识和实践的需要而不断深化发展。由此也决定了功能区划的管理应是动态管理，要密切注意各区划单元的新认识、新调查研究成果以及新的社会条件变化，绝对不能忽视情况的变化，而对最佳功能的转移置之不顾，坚持原有已存在的功能定性，以主观否定客观，歪曲区域主导功能。海洋功能区划的主管部门，应不断搜集新的资料，定期组织修改。

《海洋功能区划管理规定》建立了海洋功能区划评估制度，将海洋功能区划的修改分为一般修改、重大修改和特殊修改三种类型。《海域使用管理法》第13条、《海洋功能区划管理规定》第24条对海洋功能区划修改程序作出了具体规定。《海洋功能区划管理规定》在总则第6条中明确规定编制和修改海洋功能区划应当建立公众参与、科学决策的机制。

5. 海洋功能区划的效力

第一，对海域使用行政管理部门的约束。根据《全国海洋功能区划》，为海域使用管理和海洋环境保护工作提供科学依据是海洋功能区划的基本目的，在海域使用管理中，这主要体现为海洋功能区划作为海洋行政主管部门对海域使用申请进行审批的依据的作用。《海域使用管理法》第17条规定："县级以上人民政府海洋行政主管部门依据海洋功能区划,对海域使用申请进行审核,并依照本法和省、自治区、直辖市人民政府的规定,报有批准权的人民政府批准。"据此,海洋行政主管部门对海域使用的审批绝非自由裁量,而是直接依据海洋功能区划,这实际上也表明海洋行政主管部门的海域使用审批权的具体内容乃是由海洋功能区划来最终确定的。对于行政机关而言,这种职权的赋予,既是权力,又意味着义务——其既不能违背海洋功能区划的规定,批准与该海域之功能区划不符的使用申请,又不宜对符合条件的申请无故加以拒绝,否则应承担行政责任。

第二,对海域使用权人的约束。海洋功能区划的直接适用对象一般仅限于行政机关,但在海域使用管理中,其对海域使用权人也产生直接影响。首先,申请的海域使用方式是否符合该海域之海洋功能区划将直接决定海域使用权人权利的获得与否。其次,海洋功能区划还决定着海域使用权的具体内容。最后,在权利人获得海域使用权后,其对海域的利用仍然要遵守海洋功能区划的规定,如果从事海洋功能区划所禁止的行为,则既违反了权利人与海域审批机关关于海域使用的民事约定,又违反了国家对海域管理的行政规定,应承担双重责任。

6. 关联知识点

海域有偿使用制度　近岸海域环境功能区划

(二) 教辅资料

1. 关联法规和标准

(1)《国家海洋局关于印发〈海洋功能区划备案管理办法〉的通知》(国家海洋局,2008年)。

(2)《国家海洋局关于印发〈海洋功能区划管理规定〉的通知》(国家海洋局,2007年)。

(3)《海洋功能区划技术导则》(GB17108—2006)。

2. 参考阅读文献

徐祥民主编:《海洋环境保护法》,法律出版社2020年版。

3. 相关案例

陈天山等与福建省漳浦县人民政府海域使用权行政许可纠纷上诉案[①]

(撰稿人:梅宏)

[①] (2005)漳行初字第1号;(2005)闽行终字第13号。

七、海域使用管理制度(重点)

【教学目的与要求】
识记:海域使用权登记
领会:海域使用金　海域使用权转让　海域使用权收回
应用:海域使用审批

(一)教学要点

1. 海域使用审批

根据现行的海域使用管理法律制度,单位和个人拟使用特定海域从事排他性用海活动的,必须向各级海洋行政主管部门提出用海申请,由相应级别的人民政府审批。其中,凡是属于分级审批的海域使用申请,由县级海洋行政主管部门受理;国家重大建设项目、跨省(区、市)行政区域的项目、国防建设项目、国务院规定的其他项目用海,由国家海洋环境主管部门直接受理。在此基础上,《海域使用管理法》和《报国务院批准的项目用海审批办法》对各级人民政府的审批权限也进行了具体规定。申请人在提出申请时,应当提交的书面材料有:海域使用申请书、海域使用论证材料、相关的资信证明材料、法律法规规定的其他书面材料。

各级人民政府或其投资主管部门审批、核准的建设项目涉及海域使用的,应当由相关海洋行政主管部门就其使用海域的事项在项目审批、核准前预先进行审核,取得用海预审意见。

2. 海域使用权登记

海域使用权登记是指依法对海域的权属、面积、用途、位置、使用期限等情况以及海域使用权派生的他项权利所做的登记,包括海域使用权初始登记、变更登记和注销登记。《海域使用管理法》对海域使用权登记进行了具体规定。

3. 海域有偿使用

海域有偿使用,是海域作为国有资源性资产国家利益的体现。任何单位和个人使用海域进行生产经营活动,都必须缴纳海域使用金。使用金上缴财政,使国家得到应有的收益。实行海域有偿使用,是世界沿海国家的通行做法。我国《海域使用管理法》第33条规定:"国家实行海域有偿使用制度。单位和个人使用海域,应当按照国务院的规定缴纳海域使用金。"同时,根据海域使用的不同情况,对公益用海、行政用海和军事用海等作出免收使用金的规定。根据经营性用海情况和收入、风险差异的不同情况,对有些项目作出了按规定减收或免收使用金的规定。法律还特别考虑了有偿使用中涉及的渔民负担问题,专门规定"对渔民使用海域从事养殖活动收取海域使用金的具体实施步骤和办法,由国务院另行规定"。这就保证了各类用海活动的健康协调发展。

海域有偿使用不仅体现了海域国有原则,而且为海域使用权引入市场机制提供了制度支持。海域有偿使用必然增加海域使用者的投资成本。为实现利润最大化,海域使用者一方面进行资源合理配置,选择高效产业,增加产业边际效益;另一方面遵循优胜劣汰的市场竞争法则,按照海域使用权的商品流通性,实行开发主体的合理兼并,实现海域资源利用的规模化、效益化。

4. 海域使用权的流转与收回

取得海域使用权后开发利用海域满1年、未改变海域用途、已缴清海域使用金、除海域使用金以外实际投资已达计划投资总额的20%以上、原海域使用权人无违法用海行为或违法用海行为已依法处理的,可以依法转让。海域使用权出租的,承租人应当按照海域使用权证书确定的面积、年限和用途使用海域。海域使用权取得时免缴或减缴海域使用金的,补缴海域使用金后方可出租、抵押。

因公共利益或者国家安全的需要,原批准用海的人民政府可以依法收回海域使用权。因公共利益、国防安全或者进行大型能源、交通等基础设施建设,需要调整养殖区范围的,应当给予原养殖用海者相应的补偿。

5. 关联知识点

海域权属　海域用途管制

(二) 教辅资料

1. 关联法规和标准

(1)《国家海洋局关于印发〈海域使用权管理规定〉的通知》(国家海洋局,2006年)。

(2)《国家海洋局关于进一步规范海域使用项目审批工作的意见》(国家海洋局,2016年)。

(3)《国家海洋局关于加强海域使用论证报告评审工作的意见》(国家海洋局,2011年)。

(4)《国家海洋局关于全面开展海域使用论证报告质量评估工作的通知》(国家海洋局,2010年)

(5)《国家海洋局关于印发海域使用论证技术导则的通知》(国家海洋局,2010年)。

(6)《国家海洋局关于进一步规范地方海域使用论证报告评审工作的若干意见》(国家海洋局,2009年)。

2. 参考阅读文献

徐祥民主编:《海洋环境保护法》,法律出版社2020年版。

3. 相关案例

江苏瑞达海洋食品有限公司诉盐城市大丰区人民政府等海域使用权行政许可纠纷案[①]

(撰稿人:梅宏、刘佳奇)

八、渔业资源法(一般)

【教学目的与要求】

识记:渔业资源的概念

领会:渔业资源法的体系 渔业权

(一) 教学要点

1. 渔业资源的概念

渔业通常是指从事水生动植物养殖或捕捞的生产经营活动。所谓渔业资源主要有鱼类、虾蟹类、贝类、海藻类、淡水食用水生植物类以及其他类等六大类。从广义上讲,除水域中野生的经济动、植物外,人工培育的水生经济动、植物品种、类型,也包括在渔业资源的范畴之中。按渔业资源所依赖水域的不同,可以将其分为淡水渔业资源和海水渔业资源,或内陆渔业资源和海洋渔业资源。

渔业资源的概念与有关以自然要素为依据确立的其他类型资源的概念在内容上存在着一些交叉。例如,鱼类和其他珍稀濒危水生动物既属于渔业资源也属于野生动物资源。

2. 渔业资源法的体系

新中国成立以后,我国政府曾制定了许多有关渔业资源保护管理的行政法规和部门规章。例如1979年,国务院制定了《水产资源繁殖保护条例》。为了加强渔业资源的保护、增殖、开发和合理利用,发展人工养殖,保障渔业生产者的合法权益,促进渔业生产的发展,1986年1月20日第六届全国人大常委会第十四次会议审议通过了《渔业法》,自1986年7月1日起施行。根据我国社会经济发展状况和渔业资源保护与利用管理需要,我国分别于2000年、2004年、2009年、2013年对《渔业法》进行了修改。

为推动《渔业法》的实施,我国还制定了《渔业法实施细则》《渔业资源增殖保护费征收使用办法》《渔业船舶检验条例》《渔业捕捞许可管理规定》《长江水生生物保护管理规定》等配套法规和规章。

---

① (2019)沪72行初第19号。

3. 渔业权

渔业权一般是指依法在特定水域上设定的从事渔业生产经营活动的权利，即利用水域直接进行水生动植物资源的养殖或捕捞行为的权利。虽然对渔业权概念本身及其与海域使用权的关系还存在争议，但是对构成渔业权核心内容的养殖权和捕捞权两项具体的权利则并无争议。其中，养殖权一般是指在一定水域从事养殖水生动植物的权利。其包括三方面的权利：一是权利人占有一定水域并养殖水生动植物的权利；二是该水体的使用权；三是保持该特定水域里水生动植物生存、生长状态的权利。捕捞权一般是指在一定水域从事捕捞水生动植物的权利。其包括三方面的权利：一是占有一定水域捕捞鱼类并取得其所有权的权利；二是一定水域的使用权；三是保持特定水域里水生动植物生存、生长状态的权利。

4. 关联知识点

捕捞许可　养殖使用证

（二）教辅资料

1. 关联法规和标准

(1)《中华人民共和国渔业法》（全国人大常委会，2013 修正）。

(2)《中华人民共和国渔业法实施细则》（国务院，2020 年修订）。

2. 参考阅读文献

(1) 中国自然资源丛书编辑委员会编著：《中国自然资源丛书·渔业卷》，中国环境科学出版社 1995 年版。

(2) 张梓太主编：《自然资源法学》，科学出版社 2004 年版，第十五章。

3. 相关案例

李世友等诉垫江县人民政府颁发水域滩涂养殖使用证纠纷案[①]

（撰稿人：王社坤　刘佳奇）

九、渔业资源增殖保护制度（一般）

【教学目的与要求】

识记：渔业水域

领会：水产种质资源保护　渔业养殖使用证

应用：渔业资源增殖保护费

---

① (2005)渝三中行初字第 3 号。

（一）教学要点

1. 渔业资源增殖保护费

渔业资源增殖保护费是行政主管部门向渔业资源增殖受益人征收的、专门用于增殖和保护渔业资源的费用。其缴费义务主体是在中华人民共和国的内水、滩涂、领海以及中华人民共和国管辖的其他海域采捕天然生长和人工增殖水生动植物的单位和个人。县级以上人民政府渔业行政主管部门及其授权单位依照批准发放捕捞许可证的权限征收渔业资源增殖保护费。渔业资源增殖保护费分为海洋渔业资源增殖保护费和内陆水域渔业资源增殖保护费。渔业资源增殖保护费列入当年生产成本。渔业资源增殖保护费应当用于渔业资源的增殖、保护。

2. 水产种质资源保护

水产种质资源是指具有较高经济价值和遗传育种价值,可为捕捞、养殖等渔业生产以及其他人类活动所开发利用和科学研究的水生生物资源。为了加强对水产种质资源的保护,国家在具有较高经济价值和遗传育种价值的水产种质资源的主要生长繁育区域建立水产种质资源保护区。未经国务院渔业主管部门批准,任何单位或者个人不得在水产种质资源保护区内从事捕捞活动。

3. 渔业水域保护

"渔业水域"是指中华人民共和国管辖水域中鱼、虾、蟹、贝类的产卵场、索饵场、越冬场、洄游通道和鱼、虾、蟹、贝、藻类及其他水生动植物的养殖场所。

国家对水域利用进行统一规划,确定可以用于养殖业的水域和滩涂。养殖单位和个人使用国家规划确定用于养殖业的全民所有的水域、滩涂的,应当向县级以上地方人民政府渔业主管部门提出申请,由本级人民政府核发养殖证,许可其使用该水域、滩涂从事养殖生产,获得渔业养殖权。

在鱼、虾、蟹洄游通道建闸、筑坝,对渔业资源有严重影响的,建设单位应当建造过鱼设施或者采取其他补救措施。用于渔业并兼有调蓄、灌溉等功能的水体,有关主管部门应当确定渔业生产所需的最低水位线。禁止围湖造田。沿海滩涂未经县级以上人民政府批准,不得围垦;重要的苗种基地和养殖场所不得围垦。

进行水下爆破、勘探、施工作业,对渔业资源有严重影响的,作业单位应当事先同有关县级以上人民政府渔业主管部门协商,采取措施,防止或者减少对渔业资源的损害;造成渔业资源损失的,由有关县级以上人民政府责令赔偿。

县级以上地方人民政府应当采取措施,加强对商品鱼生产基地和城市郊区重要养殖水域的保护。从事养殖生产不得使用含有毒有害物质的饵料、饲料。从事养殖生产应当保护水域生态环境,科学确定养殖密度,合理投饵、施肥、使用药物,不得造成水域的环境污染。

造成渔业水域生态环境破坏或者渔业污染事故的,依照《海洋环境保护法》

和《水污染防治法》的规定追究法律责任。

(二) 教辅资料

1. 关联法规和标准

(1)《中华人民共和国渔业法》第 28-37 条(全国人大常委会,2013 修正)。

(2)《渔业船舶水上安全事故报告和调查处理规定》(农业部,2012 年)。

(3)《渔业资源增殖保护费征收使用办法》(国务院,2011 年修订)。

(4)《渔业水域污染事故调查处理程序规定》(农业部,1997 年)。

2. 参考阅读文献

张秋华主编:《渔业水域生态环境保护和管理》,复旦大学出版社 2004 年版。

3. 相关案例

杨科成、吴自春侵权责任纠纷案[①]

(撰稿人:王社坤　刘佳奇)

十、渔业捕捞管理制度(重点)

【教学目的与要求】

识记:捕捞禁限措施

领会:捕捞限额捕捞许可

应用:捕捞许可

(一) 教学要点

1. 捕捞许可

从事渔业捕捞活动必须首先申请取得捕捞许可证。不同类型的捕捞许可证有不同的取得方式,具体的取得方式参见《渔业法》第 23 条。从事捕捞作业的单位和个人,必须按照捕捞许可证关于作业类型、场所、时限、渔具数量和捕捞限额的规定进行作业,并遵守国家有关保护渔业资源的规定,大中型渔船应当填写渔捞日志。捕捞许可证不得买卖、出租和以其他方式转让,不得涂改、伪造、变造。

2. 捕捞限额

国家根据"捕捞量低于渔业资源增长量"的原则,确定渔业资源的总可捕捞量,实行捕捞限额制度。国务院渔业主管部门负责组织渔业资源的调查和评估,为实行捕捞限额制度提供科学依据。中华人民共和国内海、领海、专属经济区和

---

① (2020)皖 08 民初 319 号。

其他管辖海域的捕捞限额总量由国务院渔业主管部门确定,报国务院批准后逐级分解下达;国家确定的重要江河、湖泊的捕捞限额总量由有关省、自治区、直辖市人民政府确定或者协商确定,逐级分解下达。

捕捞限额总量的分配应当体现公平、公正的原则,分配办法和分配结果必须向社会公开,并接受监督。国务院渔业主管部门和省、自治区、直辖市人民政府渔业主管部门应当加强对捕捞限额制度实施情况的监督检查,对超过上级下达的捕捞限额指标的,应当在其次年捕捞限额指标中予以核减。县级以上地方人民政府渔业主管部门批准发放的捕捞许可证,应当与上级人民政府渔业主管部门下达的捕捞限额指标相适应。

3. 捕捞禁限措施

禁止使用炸鱼、毒鱼、电鱼等破坏渔业资源的方法进行捕捞。禁止制造、销售、使用禁用的渔具。禁止在禁渔区、禁渔期进行捕捞。禁止使用小于最小网目尺寸的网具进行捕捞。捕捞的渔获物中幼鱼不得超过规定的比例。

在禁渔区或者禁渔期内禁止销售非法捕捞的渔获物。重点保护的渔业资源品种及其可捕捞标准,禁止使用或者限制使用的渔具和捕捞方法,最小网目尺寸以及其他保护渔业资源的措施,由国务院渔业行政主管部门或者省、自治区、直辖市人民政府渔业行政主管部门规定。

禁止捕捞有重要经济价值的水生动物苗种。因养殖或者其他特殊需要,捕捞有重要经济价值的苗种或者禁捕的怀卵亲体的,必须经国务院渔业行政主管部门或者省、自治区、直辖市人民政府渔业行政主管部门批准,在指定的区域和时间内,按照限额捕捞。在水生动物苗种重点产区引水用水时,应当采取措施,保护苗种。

国家对白鳍豚等珍贵、濒危水生野生动物实行重点保护,防止其灭绝。禁止捕杀、伤害国家重点保护的水生野生动物。因科学研究、驯养繁殖、展览或者其他特殊情况,需要捕捞国家重点保护的水生野生动物的,依照《野生动物保护法》的规定执行。

4. 关联知识点

自然资源许可　海域使用权

(二) 教辅资料

1. 关联法规和标准

(1)《中华人民共和国渔业法》(全国人大常委会,2013 修正),第 10-27 条。

(2)《关于实施海洋捕捞准用渔具和过渡渔具最小网目尺寸制度的通告》(农业部,2013 年)。

(3)《渔业捕捞许可管理规定》(农业农村部,2022 年修订)。

(4)《远洋渔业管理规定》(农业农村部,2020年)。

2. 参考阅读文献

(1) 高健主编:《渔业资源产权制度及其应用》,中国农业出版社2012年版。

(2) 崔建远:《论争中的渔业权》,北京大学出版社2006年版。

(3) 孙宪忠主编:《中国渔业权研究》,法律出版社2006年版。

3. 相关案例

海南文昌市人民检察院诉文昌市农业农村局海洋行政公益诉讼案[①]

(撰稿人:王社坤　刘佳奇)

[①] (2019)琼72行初20号。

第四章 森林与草原资源法

一、森林资源法（一般）

【教学目的与要求】
识记：森林资源的概念　森林资源法的概念
领会：森林资源所有权　国有森林资源使用权　集体森林资源经营管理权

（一）教学要点

1. 森林资源的概念

《森林法》所称的森林，即森林资源。根据我国《森林法》《森林法实施条例》的解释"森林资源"，包括森林（乔木林、竹林和国家特别规定的灌木林）、林木（树木、竹子）、林地（县级以上人民政府规划确定的用于发展林业的土地，包括郁闭度0.2以上的乔木林地以及竹林地、灌木林地、疏林地、采伐迹地、火烧迹地、未成林造林地、苗圃地等）以及依托森林、林木、林地生存的野生动物、植物和微生物。森林具有涵养水源、防风固沙、保持水土、调节气候、保存生物物种、改善环境和防治空气污染、美化环境等多种生态社会效益。

2. 森林资源法的概念

森林资源法，是指调整因森林的保护、利用、采伐、培育和经营管理等活动而产生的社会关系的法律规范的总称。

1984年9月20日我国《森林法》颁布，在1998年和2009年修正后，于2019年12月28日再次修订，并于2020年7月1日正式实施。除《森林法》外，与森林资源保护与利用相关的法律法规主要有《森林法实施条例》《退耕还林条例》《城市绿化条例》《森林防火条例》《森林病虫害防治条例》等法律规范。

3. 森林权属

我国目前尚无任何一部法律完整明确地界定森林权属的内涵外延，现行法中有关"林权"的规范散见于不同法律部门、不同效力层次的规范性文件中。学者们一般认为林权是一个集合概念，是包含多重客体、多种权利性质（自物权和他物权）的公有（如林地和森林国家所有权）和私人财产权组合。

明确森林权属、加强森林权属保护，是本次《森林法》修改的重点。根据森林生态建设和集体林权改革的实践经验，《森林法》增加"森林权属"一章，专门规定森林权属制度。

第一,森林资源所有权。我国《宪法》明确规定了包括森林在内的重要自然资源国家和集体所有为主的所有权制度,这是对我国基本经济制度的确认和反映。《民法典》对森林资源所有权采用的也是"国家所有为原则、集体所有为例外"的立法模式。

国家所有的森林资源的所有权由国务院代表国家行使。国务院可以授权国务院自然资源主管部门统一履行国有森林资源所有者职责。法律规定属于集体所有的森林、林木、林地,属于集体所有。农村居民在房前屋后、自留地、自留山种植的林木,归个人所有。城镇居民在自有房屋的庭院内种植的林木,归个人所有。集体或者个人承包国家所有和集体所有的宜林荒山荒地荒滩营造的林木,归承包的集体或者个人所有;合同另有约定的从其约定。

第二,国有森林资源使用权。《森林法》规定:国家所有的林地和林地上的森林、林木可以依法确定给林业经营者使用,《森林法》修订之前,我国基本上是通过无偿划拨国有森林资源的方式,赋予国有林场、国有林管理局经营使用的权利。修订后的《森林法》明确可采取有偿出让、授权经营、出租等方式使用国有森林资源。对于国有森林资源的保护管理,既要适应市场经济发展的需要,放活国有森林资源使用权,又要严格管理,避免破坏森林资源和造成国有森林资源资产流失。修订后的《森林法》对国有森林资源以转让、出租、作价出资等方式流转作了三项要求,一是依法取得国有森林资源使用权,二是转让、出租、作价出资等方式要经批准,三是由国务院制定具体办法。

第三,集体森林资源经营管理权。集体森林资源主要由农户承包经营和集体经济组织统一经营。目前,明晰产权、承包到户的基础改革任务全面完成,修订后的《森林法》注重与修订后的《农村土地承包法》相衔接,重点强化在稳定承包权的基础上,建立放活经营权、落实收益权的法律制度,明确承包户享有林地承包经营权和林木所有权,可以以出租(转包)、入股、转让等方式流转林地经营权、林木所有权和使用权。修订后的《森林法》规定:未实行承包经营的集体林地以及林地上的林木,由农村集体经济组织统一经营。经本集体经济组织成员的村民会议三分之二以上成员或者三分之二以上村民代表同意并公示,可以通过招标、拍卖、公开协商等方式依法流转林地经营权、林木所有权和使用权。

4. 关联知识点

森林资源发展规划　森林资源管理体制　林权登记　森林权属争议

(二) 教辅资料

1. 关联法规和标准

(1)《中华人民共和国民法典》(全国人民代表大会,2020年)。
(2)《中华人民共和国森林法》(全国人大常委会,2019年修订)。
(3)《中华人民共和国森林法实施条例》(国务院,2018年修订)。
(4)《林木和林地权属登记管理办法》(国家林业局,2000年)。

2. 参考阅读文献

(1) 崔建远:《土地上的权利群研究》,法律出版社 2004 年版。
(2) 周训芳等:《林业法学》,中国林业出版社 2010 年版。
(3) 林旭霞等:《民法视野下的集体林权改革问题研究》,法律出版社 2014 年版。
(4) 曹务坤:《林权法律问题研究》,中国社会科学出版社 2012 年版。
(5) 周伯煌:《物权法视野下的林权法律制度》,中国人民大学出版社 2010 年版。

3. 相关案例

李某、陈某林业承包合同纠纷案[①]

(撰稿人:罗薇 冯令泽南)

二、森林资源保护制度(重点)

【教学目的与要求】

识记:公益林 天然林
领会:林地保护 公益林管理 天然林保护
应用:退耕还林

(一) 教学要点

1. 公益林划定

公益林划定的基本原则是以主导功能和生态区位为分类依据,将森林生态区位重要或者生态状况脆弱、以发挥生态效益为主要目的的林地和林地上的森林划定为公益林。

《森林法》规定重要江河源头汇水区域、重要江河干流及支流两岸、饮用水水

---

① (2020)云民终 471 号。

源地保护区、重要湿地和重要水库周围等区域的林地和林地上的森林等,应当划定为公益林。公益林划定涉及非国有林地的,应当与权利人签订书面协议,并给予合理补偿。

2. 公益林管理

严格保护公益林并非排斥科学经营,公益林中生态功能低下的低质低效林,应当采取林分改造、森林抚育等措施,提高森林质量和生态保护功能。

公益林以发挥生态效益为主,除因科研、防火、有害生物防治等特殊需要以外,只能进行抚育、更新和低质低效林改造性质的采伐。

为了提高森林经营质量,调动公益林经营的积极性,在严格遵守国家有关规定、符合公益林生态区位保护要求、不影响公益林生态功能、经科学论证等前提下,可以合理利用公益林林地资源和森林景观资源,适度开展林下经济、森林旅游等。

3. 天然林保护

国家实行天然林全面保护制度,严格限制天然林采伐,加强天然林管护能力建设,保护和修复天然林资源,逐步提高天然林生态功能。1998年,党中央、国务院决定在长江上游、黄河上中游地区及东北、内蒙古等重点国有林区实施天然林资源保护工程。党的十八大以来,进一步加大了天然林保护力度,全面停止天然林商业性采伐。党的十九大明确要求"完善天然林保护制度"。2019年,中共中央办公厅、国务院办公厅印发的《天然林保护修复制度方案》,对天然林保护进行了系统全面部署。

4. 林地保护

林地是森林资源的载体,是林业最重要的生产要素。为加强林地保护,确保林地保有量不减少,修订后的《森林法》形成了包括占用林地总量控制、建设项目占用林地审核、临时占用林地审批、修筑直接为林业生产经营服务的工程设施占用林地审批的林地用途管制制度体系。其中,占用林地总量控制是新增的法律制度。

《森林法》新增了未经县级以上人民政府林业主管部门审核同意,擅自改变林地用途的法律责任;补充了因开垦、采石、采砂、采土或者其他活动毁坏林地的法律责任;结合新制定的《土壤污染防治法》,就污染林地行为作出了衔接性规定。此外,还增加了擅自移动或者毁坏森林保护标志的法律责任规定。

5. 退耕还林制度

退耕还林,是指从保护和改善生态环境的角度出发,将易造成水土流失的坡耕地和易造成土地沙化的耕地,有计划、分步骤地停止耕种;本着宜乔则乔、宜灌则灌、宜草则草、乔灌草结合的原则,因地制宜地造林种草,恢复林草植被。我国自1999年开始试点退耕还林制度。2002年12月6日国务院第66次常务会议通过的《退耕还林条例》,标志着退耕还林从此步入了法治化管理轨道。

6. 关联知识点

森林生态效益补偿制度　造林绿化　森林防火　森林有害生物灾害防治

(二) 教辅资料

1. 关联法规和标准

(1)《中华人民共和国森林法》(全国人大常委会,2019 年修订),第 28-46、72-75 条。

(2)《中华人民共和国森林法实施条例》(国务院,2018 年修订),第 8-10、19-27、42-46 条。

(3)《退耕还林条例》(国务院,2016 年)。

(4)《森林防火条例》(国务院,2008 年修订)。

(5)《占用征用林地审核审批管理办法》(国家林业局,2001 年)。

2. 参考阅读文献

汪劲:《环境法学》(第四版),北京大学出版社 2018 年版,第十二章。

3. 相关案例

江苏省宿迁市宿城区人民检察院诉某县农业委员会不履行林业监督管理法定职责行政公益诉讼案[①]

(撰稿人:罗薇)

三、林木采伐管理制度(一般)

【教学目的与要求】

识记:森林采伐　禁限措施

应用:采伐限额　采伐许可制度

(一) 教学要点

1. 森林采伐限额

对森林实行限额采伐,就是国家根据用材林的消耗量低于生长量的原则,严格控制森林年采伐量。《森林法》在坚持森林采伐限额制度的基础上,规定重点国有林区以外的森林采伐限额由省级林业主管部门编制,经征求国务院林业主管部门意见,报省级人民政府批准后公布实施,并报国务院备案。重点林区的年

[①] (2017)苏 1302 行初 348 号。

采伐限额,由国务院林业主管部门编制,报国务院批准后公布实施。

2. 采伐许可制度

根据《森林法》的有关规定,采伐林地上的林木应当申请采伐许可证,并按照采伐许可证的规定进行采伐;采伐自然保护区以外的竹林,不需要申请采伐许可证,但应当符合林木采伐技术规程。农村居民采伐自留地和房前屋后个人所有的零星林木,不需要申请采伐许可证。非林地上的农田防护林、防风固沙林、护路林、护岸护堤林和城镇林木等的更新采伐,由有关主管部门按照有关规定管理。采伐许可证由县级以上人民政府林业主管部门核发。农村居民采伐自留山和个人承包集体林地上的林木,由县级人民政府林业主管部门或者其委托的乡镇人民政府核发采伐许可证。

申请采伐许可证,应当提交有关采伐的地点、林种、树种、面积、蓄积、方式、更新措施和林木权属等内容的材料。超过省级以上人民政府林业主管部门规定面积或者蓄积量的,还应当提交伐区调查设计材料。符合林木采伐技术规程的,审核发放采伐许可证的部门应当及时核发采伐许可证。但是,审核发放采伐许可证的部门不得超过年采伐限额发放采伐许可证。

3. 林木采伐禁限措施

采伐森林、林木还应当遵守下列规定:第一,公益林只能进行抚育、更新和低质低效林改造性质的采伐。但是,因科研或者实验、防治林业有害生物、建设护林防火设施、营造生物防火隔离带、遭受自然灾害等需要采伐的除外。第二,商品林应当根据不同情况,采取不同采伐方式,严格控制皆伐面积,伐育同步规划实施。第三,自然保护区的林木,禁止采伐。但是,因防治林业有害生物、森林防火、维护主要保护对象生存环境、遭受自然灾害等特殊情况必须采伐的和实验区的竹林除外。

此外,《森林法》还规定采伐林木的组织和个人应当按照有关规定完成更新造林。更新造林的面积不得少于采伐的面积,更新造林应当达到相关技术规程规定的标准。

4. 关联知识点

森林资源分类经营 森林经营方案 商品林

(二) 教辅资料

1. 关联法规和标准

(1)《中华人民共和国森林法》(全国人大常委会,2019 年修订),第 47-65、76-82 条。

(2)《中华人民共和国森林法实施条例》(国务院,2018 年修订),第 11-18、28-37、38-41 条。

(3)《森林采伐更新管理办法》(国务院,2011年修订)。

2. 参考阅读文献

汪劲著:《环境法学》(第四版),北京大学出版社2018年版,第十二章。

3. 相关案例

杨某滥伐林木行政处罚案[①]

（撰稿人：罗薇）

四、草原资源法（一般）

【教学目的与要求】

识记:草原的概念

领会:草原资源法的体系　草原所有权　草原使用权

（一）教学要点

1. 草原的概念

草原是在温带半干旱气候条件下,由旱生或半旱生多年生草本植物组成的植被类型。《中华人民共和国草原法》(以下简称《草原法》)第2条规定,"本法所称草原,是指天然草原和人工草地"。天然草原包括草地、草山和草坡,人工草地包括改良草地和退耕还草地,不包括城镇草地。

草原作为一种宝贵的自然资源和一类特殊的生态系统,具有保持水土、防风固沙、保护和养育草原动物与植物、保持生物多样性、维持生态平衡、生产生物产品、满足人类物质生活需要等功能。草原资源是一种可更新资源,是发展畜牧业的基础。

2. 草原资源法的体系

1985年,全国人大常委会通过了《草原法》。这是我国第一部关于草原保护的专门法律。该法对草原的所有权和使用权,以及草原保护的管理体制、方针、政策和具体措施作出了规定。

2002年12月28日,第九届全国人大常委会第31次会议通过对《草原法》的修订,进一步健全完善了草原保护管理法律制度。随着国务院机构改革的进展,《草原法》又分别于2009年、2013年进行了修正。现行《草原法》共9章75条,主要对草原权属、草原规划、草原建设、草原利用、草原保护以及监督检查和法律责任等内容进行了规定。

---

① 临林罚决字[2021]第004号《林业行政处罚决定书》。

3. 草原权属

草原所有权分为国家所有权和集体所有权。国家所有的草原,由国务院代表国家行使所有权。集体所有的草原,由县级人民政府登记,核发所有权证,确认草原所有权。

草原使用权是指全民所有制单位、集体所有制单位和公民个人依法对国有草原所享有的占有、使用和收益的权利。国家所有的草原,依法确定给全民所有制单位、集体经济组织等使用的,由县级以上人民政府登记,核发使用权证;未经确定使用权的国家所有的草原,由县级以上人民政府登记造册,并负责保护管理。

集体经济组织在拥有草原所有权或享有国有草原使用权的前提下,通过家庭和联户承包关系将一定面积的草原的使用权转移到本集体成员手中,发包商与承包商则依照法律和承包合同的规定享有相应的经营权利并履行相应的义务。草原承包人负有合理利用和保护草原的义务。

4. 关联知识点

畜牧法　草原权属争议

(二) 教辅资料

1. 关联法规和标准

(1)《中华人民共和国草原法》(全国人大常委会,2021年修正)。

(2)《农业部关于进一步加强草原工作的意见》(农业部,2010年)。

(3)《国务院关于加强草原保护与建设的若干意见》(国务院,2002年)。

2. 参考阅读文献

(1) 张梓太主编:《自然资源法学》,科学出版社2004年版,第十三章。

(2) 吴兴南、孙月红:《自然资源法学》,中国环境科学出版社2004年版,第九章。

3. 相关案例

吉林省珲春林业局诉珲春市牧业管理局等草原行政登记案[①]

(撰稿人:王社坤)

五、草原保护与治理制度(重点)

【教学目的与要求】

识记:基本草原　草原自然保护区

领会:退耕还草　草原植被保护　草原生态保护补助奖励

---

① (2018)吉行终179号。

应用：禁牧休牧　草原征占用管理

(一) 教学要点

1. 基本草原保护制度

根据《草原法》的规定，国家实行基本草原保护制度，对基本草原实施严格管理。基本草原的范围构成了我国草原的主体部分，具体包括：重要放牧场，割草地，用于畜牧业生产的人工草地、退耕还草地、改良草地、草种基地，对调节气候、涵养水源、保持水土、防风固沙具有特殊作用的草原，作为国家重点保护野生动植物生存环境的草原，草原科研、教学试验基地以及国务院规定应当划为基本草原的其他草原。

2. 草原自然保护区

国务院草原主管部门或者省、自治区、直辖市人民政府可以按照自然保护区管理的有关规定在具有代表性的草原类型、珍稀濒危野生动植物分布区以及具有重要生态功能和经济科研价值的草原等地区建立草原自然保护区，予以特殊保护和管理。

草原自然保护区的划定和管理适用《自然保护区条例》的具体规定。

3. 草原植被保护

禁止开垦草原。禁止在荒漠、半荒漠和严重退化、沙化、盐碱化、石漠化、水土流失的草原以及生态脆弱区的草原上采挖植物和从事破坏草原植被的其他活动。

进行矿藏开采和工程建设，应当不占或少占草原。在草原上从事采土、采砂、采石等作业活动，应当报县级人民政府草原行政主管部门批准；开采矿产资源的，并应当依法办理有关手续。经批准在草原上从事上述活动的，应当在规定的时间、区域内，按照准许的采挖方式作业，并采取保护草原植被的措施。

在草原上开展经营性旅游活动，应当符合有关草原保护、建设、利用规划，并事先征得县级以上地方人民政府草原行政主管部门的同意，方可办理有关手续。在草原上开展经营性旅游活动，不得侵犯草原所有者、使用者和承包经营者的合法权益，不得破坏草原植被。

4. 草原治理

对退化、沙化、盐碱化、石漠化和水土流失的草原，地方各级人民政府应当按照草原保护、建设、利用规划，划定治理区，组织专项治理。大规模的草原综合治理，列入国家国土整治计划。

对水土流失严重、有沙化趋势、需要改善生态环境的已垦草原，应当有计划、有步骤地退耕还草；对在国务院批准规划范围内实施退耕还草的农牧民，按照国家规定给予粮食、现金、草种费补助。退耕还草完成后，由县级以上人民政府草原主管部门核实登记,依法履行土地用途变更手续,发放草原权属证书。

对严重退化、沙化、盐碱化、石漠化的草原和生态脆弱区的草原,实行禁牧、休牧制度。在草原禁牧、休牧、轮牧区,国家对实行舍饲圈养的给予粮食和资金补助。从2011年起,我国开始在内蒙古、新疆、西藏、青海、四川、甘肃、宁夏和云南等8个主要草原牧区省区和新疆生产建设兵团实施草原生态保护补助奖励机制。

5. 草原征占用管理

征用和使用草原必须经省级以上草原主管部门审核同意。征用使用草原必须依法办理审批手续。未经批准或者采取欺骗手段骗取批准,非法使用草原的,由县级以上人民政府草原主管部门依据职权责令退还非法使用的草原。因建设征用、使用草原,应交纳草原植被恢复费。草原植被恢复费用于异地建植草原和对现有低产、退化草原的治理改良,以弥补草原被征占用造成的资源损失。草原植被恢复费必须由草原主管部门按照规定专款专用,任何单位和个人不得截留、挪用。

临时占用草原的,应当经县级以上地方人民政府草原行政主管部门审核同意。临时占用草原的期限不得超过二年,并不得在临时占用的草原上修建永久性建筑物、构筑物。

6. 关联知识点

自然保护区　自然保护地　生态红线　生态补偿　草原生态保护补助奖励　草原防火　草原病虫害防治

(二) 教辅资料

1. 关联法规和标准

(1)《林业草原生态保护恢复资金管理办法》(财政部、国家林业和草原局,2022年)。

(2)《国家林业和草原局关于进一步加强草原禁牧休牧工作的通知》(国家林业和草原局,2020年)。

(3)《国务院办公厅关于印发国家森林草原火灾应急预案的通知》(国务院办公厅,2020年)。

(4)《农业部办公厅、财政部办公厅关于印发〈新一轮草原生态保护补助奖励政策实施指导意见(2016—2020年)〉》(农业部,财政部,2016年)。

(5)《草原防火条例》(国务院,2008年修订)。

(6)《草原治虫灭鼠实施规定》(农业部,1997年修订)。

(7)《林草局关于印发〈草原征占用审核审批管理规范〉的通知》(国家林业和草原局,2020年)。

(8)《农业部办公厅关于依法加强草原征占用审核审批管理的通知》(农业部,2017年)。

(9)《财政部、国家发展改革委关于同意收取草原植被恢复费有关问题的通知》(财政部、国家发展和改革委员会,2010年)。

2. 参考阅读文献

汪劲:《环境法学》(第四版),北京大学出版社2018年版,第十二章。

3. 相关案例

吉林省白城市洮北区人民检察院诉洮北区畜牧业管理局行政公益诉讼案[①]

(撰稿人:王社坤)

六、畜牧管理制度(一般)

【教学目的与要求】

领会:畜牧业生产方式转变

应用:草畜平衡

(一) 教学要点

1. 草畜平衡、增草增畜制度

草畜平衡是指以核定草原的产草量为基础,以草定畜、增草增畜,以达到科学合理的载畜量,实现草与畜之间的动态平衡。

县级以上地方人民政府草原行政主管部门应当按照国务院草原行政主管部门制定的草原载畜量标准,结合当地实际情况,定期核定草原载畜量。各级人民政府应当采取有效措施,防止超载过牧。草原承包经营者应当合理利用草原,不得超过草原行政主管部门核定的载畜量;草原承包经营者应当采取种植和储备饲草饲料、增加饲草饲料供应量、调剂处理牲畜、优化畜群结构、提高出栏率等措施,保持草畜平衡。在立地条件较差、有水土流失潜在威胁的地方建立多年生的优质牧草地或灌木草地,通过饲料制储将其转化为优质饲料,增加项目区饲草供应量,并可依托政府管理部门的综合调配,实现区域畜牧产业的可持续发展。

2. 畜牧业生产方式转变

针对草原牧业利用过程中出现的过度放牧、利用失衡、生产方式不合理等问题,《草原法》规定了划区轮牧、牲畜圈养、轮割轮采等制度,以促进畜牧业生产方式的转变。

---

① (2017)吉0802行初52号。

牧区的草原承包经营者应当实行划区轮牧,合理配置畜群,引进和培育繁殖力高、早熟性好、饲草消耗低的优良畜种,建立集约化效益型畜牧业,降低畜群对草地的压力,为高新技术有效切入畜牧业提供基础和保障,实现草原的均衡利用。

国家提倡在农区、半农半牧区和有条件的牧区实行牲畜圈养。草原承包经营者应当按照饲养牲畜的种类和数量,调剂、储备饲草饲料,采用青贮和饲草饲料加工等新技术,逐步改变依赖天然草地放牧的生产方式。

县级以上地方人民政府草原行政主管部门对割草场和野生草种基地应当规定合理的割草期、采种期以及留茬高度和采割强度,实行轮割轮采。

3. 关联知识点

农地承包经营权　自然资源使用权　自然资源确权登记　草原调查统计

(二) 教辅资料

1. 关联法规和标准

(1)《内蒙古自治区人民政府办公厅关于印发禁牧和草畜平衡监督管理办法的通知》(内蒙古自治区人民政府,2015年)。

(2)《甘肃省草畜平衡管理办法》(甘肃省人民政府,2012年)。

(3)《新疆维吾尔自治区人民政府办公厅关于印发〈新疆维吾尔自治区草原禁牧和草畜平衡监督管理办法〉的通知》(新疆维吾尔自治区人民政府,2012年)。

2. 参考阅读文献

汪劲:《环境法学》(第四版),北京大学出版社2018年版,第十二章。

3. 相关案例

毕远利与那存道格套排除妨害纠纷案[①]

(撰稿人:王社坤　冯令泽南)

---

① (2019)内0426民初2455号。

第六编　能　源　法

第一章　能源法概述

一、能源法（重点）

【教学目的与要求】
识记：能源法的定义
领会：能源法的特征　能源法的性质

（一）教学要点

1. 定义

（1）能源和能源问题。我国《能源百科全书》将能源定义为：可以直接或经转换提供人类所需的光、热、动力等任一形式能量的载能体资源[①]。能源问题是人类在开发、利用能源过程中所面临的问题，早期阶段主要表现为能源安全问题，即保障经济发展所需的能源有效供给问题。当前所面临的能源问题则涵盖了能源开发利用过程中有关能源供应、需求、价格、运输、储存、使用以及能源环境安全等方面的问题，日益具有综合性和全局性。

（2）能源法的概念。能源法是基于可持续发展理念，为了维护和促进能源领域的市场经济健康发展以及保障国家安全、民生福祉和生态环境，国家制定或认可的，调整以能源企业为一方主体的能源原材料和产品（商品）生产供应活动以及直接影响能源生产、供应和消费的节能减排活动中所产生的能源社会关系的，以规定当事人的能源权利和能源义务为内容的法律规范总称。

2. 特征

（1）综合性。能源法的调整范围和内容都极广泛，涉及方方面面的众多主

[①]　《能源百科全书》编辑委员会、中国大百科全书出版社编辑部：《能源百科全书》，中国大百科全书出版社1997年版，第1页。

体,体现出很强的综合性特征。能源法已经超越了传统的法律部门的划分,其法律规范不仅限于环境、资源与能源领域,也包括民法、刑法、行政法等各个部门法中的法律规范,还可以诉诸国际法予以调整。

(2) 技术性。现代能源问题的解决需要诸多科学技术支持,使得调整能源法律关系的能源法同样体现出技术性特征。能源法中包括大量的技术性标准和规范,诸多标准和规范的制定都取决于科学技术的发展水平。

(3) 价值多元性。除了传统法律所追求的"秩序、公平、自由"三大价值以外,能源法的价值体系中还包括实现人与自然和谐相处、促进可持续发展的价值,这体现出能源法区别于传统部门法的价值多元性。

(4) 调整对象特殊性。与环境法一样,能源法的调整对象不同于传统法律部门,主要调整的是以人与自然的关系为媒介和基础的人与人的关系。这种调整对象的特殊性主要在于,尽管其调整人与人的关系以环境和能源为媒介,但本质上能源法调整的仍然是人与人之间的关系。

(5) 政策性规范较多。由于能源领域问题的复杂性和能源立法价值取向的多元性,能源开发利用中的利益关系会随着能源监管目标、监管领域和监管内容的调整而发生较大的变化;同时能源监管体系会随着经济社会的发展需求不断调整,能源体制改革的市场化也是一个长期渐进的过程,能源的商品属性也会随着监管范围和手段的不同呈现较强的政策拟制特征。因此,能源法调整对象和调整领域的特殊性决定了有大量政策性规范在发挥着实质性作用,引导和规范能源监管和能源服务体系的发展。

(6) 软法规范多。能源法作为新时代的部门法,其不再以强制性的禁止性规范为主,而是从促进和引导某一产业或部门的角度出发,运用软法性规范对能源法律关系加以调整。软法规范多也成为能源法的一大特点。

3. 能源法的性质

能源法与经济法一样,属于混杂了公法与私法的价值与手段的部门法,因此性质上将其界定为社会法更为合适。具体而言,能源法的性质又可以作三点理解:首先,能源法是以社会利益为本位的法,对能源领域严重不利于社会利益的行为加以规制是能源法的重要内容;其次,能源法是以公法手段干预私法领域的法,能源法产生于私法秩序之中,但随着能源社会公共利益的日益凸显,融入公法手段干预私法领域成为了能源法的必然选择;最后,能源法是以可持续发展为价值目标的法,可持续发展是人类社会的共同选择,而能源是可持续发展的核心领域,能源法应当保证当代人和后代人开发利用能源的代际公平,同时满足当代人和后代人的能源需求。

4. 能源法的历史

1973年发生的西方石油危机导致世界能源供应形势紧张。有效合理地使用有限的常规能源,压缩石油消费,成为各国最紧迫的问题。不少国家立足于本国实际,加快了能源立法的进程。有些国家在制定单行法规的基础上,到一定时期便编纂能源法规汇编,如日本通商产业省资源能源厅汇编出版了《能源六法》;有些国家采用普通法形式,制定国家能源法。当代各国的能源法规,主要是节能和清洁能源方面的法规和条例。1974年10月法国制定了《省能法》,1976年英国颁发了《能源法》,1978年美国发布了《国家能源政策法》,以保护能源,并加速转向煤炭的过渡及压缩石油进口。进入21世纪以来,在全球气候变化的背景下,国际社会正在研究和实施能源法的变革和重构,其发展趋势是强调能源效率、能源安全、能源服务、可持续发展,并将能源法与环境保护、气候变化、生态化结合起来,形成可持续的能源法、生态化的能源法、综合性的能源法和有效的能源安全、能源供应、能源服务等法律制度。例如,德国发布了《可再生能源法》(2000),澳大利亚发布了《可再生能源(电力)法》(2000),美国制定了《能源政策法》(2005)和《能源独立与安全法》(2007),英国制定了《气候变化法》(2008)。这些法规的制定,对各国开展节能环保工作、大力压缩石油消费、缓解石油危机、应对气候变化、促进经济发展,发挥了积极作用。

中华人民共和国成立后,党和政府十分重视能源管理工作。1950年以后,中国制定和颁发了一系列有关能源方面的单行法规。1978年后,中国的能源管理工作及能源立法得到了进一步加强。1997年11月1日第八届全国人大常委会第二十八次会议通过了《中华人民共和国节约能源法》(2007年修订,2016年、2018年两次修正)。2005年2月28日第十届全国人大常委会第十四次会议通过了《中华人民共和国可再生能源法》,并自2006年1月1日起实施。该法的制定,有利于促进可再生能源的开发利用,增加能源供应,改善能源结构,保障能源安全,保护环境,实现经济社会的可持续发展。目前,能源法的框架体系已经基本形成。①

5. 关联知识点

能源法的目的和作用　　能源法的体系　　能源法律关系　　能源法的基本原则

(二) 教辅资料

1. 关联法规标准

(1)《中华人民共和国可再生能源法》(全国人大常委会,2009年修正)。

(2)《电力监管条例》(国务院,2005年)。

---

① 参见中国大百科全书网站,https://www.zgbk.com/ecph/words? SiteID = 1&ID = 36591&Type=bkzyb&SubID=48706,最后访问日期:2022年3月17日。

（3）《国家发展改革委、国家能源局关于全面提升"获得电力"服务水平持续优化用电营商环境的意见》（国家发展和改革委员会、国家能源局，2020年）。

2. 参考阅读文献

（1）肖乾刚、肖国兴编著：《能源法》，法律出版社1996年版，第一章、第二章、第三章。

（2）胡德胜主编：《能源法学》，北京大学出版社2017年版，第一章、第二章、第三章。

（撰稿人：张璐　胡德胜）

二、能源法的目的和作用（一般）

【教学目的与要求】

识记：能源法的作用

领会：能源法的内容

应用：能源法的目的

（一）教学要点

1. 含义

能源法的立法目的是立法所欲达到的目标和要得到的结果。能源法的目的既是能源立法的起点，又贯穿于能源立法的整个过程，并体现于能源法的实施上。能源法目的的确定，决定了能源法体系结构和法律条款的精神内涵。

当前，能源领域正在酝酿和经历着以"能源革命"为引领的一场变革，"四个革命、一个合作"能源安全新战略成为能源立法的指导思想，能源结构正由化石能源为主转向化石能源与可再生能源并重，并最终转向主要依靠可再生能源。能源管理与监管的目标也从保障能源供给安全为主，逐渐具有了安全、效率、生态、市场化等多重目标。能源管理与监管目标与重点的变化，深刻影响着能源法的目的。

理论上，能源法的目的包括三个层次：一般性目的、具体化的立法目的、特殊性的立法目的。一般性目的体现和代表人们对法律的总体追求和普遍需要，也反映了立法者的根本性的价值诉求和立法意向；具体化的立法目的，是人们将对法律调整社会关系的总的期望和需求，与特定的法律形式相结合，综合而成的立法目的，往往以法律条文的形式出现在法律文本中；特殊性的立法目的是调整特定领域能源法律关系的立法具有的目的，一般适用于更具体、范围更小的能源事务领域,如可再生能源的法律促进、能源节约的法律促进等。上述三个层次的能源法目的,分别代表了能源法律与规范在宏观、中观和微观层面的目标追求和价值体现。

2. 构成

(1) 宏观层面的立法目的。法律的终极目的,是指通过法律的实施促进或实现的法律所追求的价值目标和法律理想。具体到能源法领域,可概括为保障和促进能源与经济社会的协调发展,实现能源的可持续供应。能源的可持续供应,既包括能源供给在经济社会发展的保障上"量"的可持续,也包括在能源生产、供给、消费、利用过程中"质"的可持续,即能源结构、能源传输与储运、能源可获得性、能源生产消费的生态环境影响等方面,均符合"可持续"的要求,实现能源的清洁供给、多元供给、高效供给、公平供给。

(2) 中观层面的立法目的。中观层面的能源立法目的,是由能源法律规定或确立,直接反映在能源法的章节条款和内容结构中的立法目标。如我国 2020 年《能源法(征求意见稿)》第 1 条即规定立法目的,是规范能源开发利用和监督管理,保障能源安全,优化能源结构,提高能源效率,促进能源高质量发展。因此,中观层面的能源法目的包括保障能源安全、优化能源结构、提高能源效率、促进能源高质量发展四个方面。

(3) 微观层面的立法目的,即各个能源单行法所确立的立法目的。如我国《可再生能源法》(2009 年修正)确立的立法目的是促进可再生能源的开发利用,增加能源供应,改善能源结构,保障能源安全,保护环境。这是对中观层面立法目的的具体化。

3. 目的确立的背景

能源立法目的的确立基于以下背景:第一,"四个革命、一个合作"能源安全战略下能源供给转型的压力和需求。第二,新型能源安全观下能源可持续供给承载的诸如能源结构优化、能源低碳转型、能源市场化改革、高碳能源的替代和能源各行业发展的协调等任务,整合为能源高质量发展的任务与使命,迫切需要系统的能源立法加以体现和保障。第三,能源技术相对落后,新能源开发利用、节能技术与客观需求不相适应,制约了能源的健康、可持续发展。

4. 关联知识点

能源法　能源法的体系　能源法的基本原则

(二) 教辅资料

1. 关联法规标准

(1)《中华人民共和国能源法(征求意见稿)》(国家发展和改革委员会,2020

年4月)。

(2)《中华人民共和国可再生能源法》(全国人大常委会,2009年修正)。

2. 参考阅读文献

中国法学会能源法研究会编:《能源法学总论》,法律出版社2019年版,第一章。

(撰稿人:崔金星)

三、能源法的体系(一般)

【教学目的与要求】

识记:能源基本法　能源单行法

领会:能源法体系

(一) 教学要点

1. 含义

能源法的体系是指在能源立法的价值理念和基本原则指导下,为实现能源法的立法目的和任务,由具有内在联系的有关能源开发利用、保护和监督管理的综合性或单行性法律规范所构成的有机统一整体。在我国能源法治建设的实践中,能源法体系具有应然层面和实然层面两方面的内容。

从应然层面讲,能源法的体系包括具有统领和协调功能的能源基本法,以及规范和调整单项能源或能源产业法律关系的能源单行法。从实然层面讲,能源法的体系是我国现行有效的有关能源领域的立法构成的整体。

2. 构成

在应然层面,能源基本法作为能源法规体系的基础性和综合性法律,在能源法体系中具有统领和协调单行法的作用。解决的是能源法律规范中共性的、具有基础性作用的问题,规定的是有关能源结构的优化调整、能源的低碳转型、能源战略规划的法律地位、能源科技创新与技术装备的现代化、能源储备应急、能源普遍服务等综合性、全局性能源法律问题。同时,能源单行法又根据在能源供给、消费、输配送、转换等各个环节的地位和作用,分为能源生产供应法、能源公共事业法、节能减排法。

在实然层面,当前我国能源法律体系,呈现"三纵七横"的形态,即从法律位阶上看,分为能源法律、能源法规、能源政府规章三类;从调整对象看,则包括煤炭、石油天然气、电力、核能、可再生能源、能源节约利用、能源监管等七个方面的社会关系。实然层面的立法不是一成不变的,随着我国能源立法的发展,会呈现不断扩展和重组整合的情况。

3. 能源法体系内容

在能源法体系中,能源基本法是规范能源开发利用基本活动和方式的法律,是能源法的基本制度依据,也是能源单行法规范及其制度安排的基础和原则。能源基本法决定了一国能源法及其制度的成本与绩效、创新与变迁,处于"基本法"地位。各单行法均具有各自的适用范围:能源生产供应法是规范能源开发、生产和供给活动和社会关系的法律;能源公共事业法是约束和规范能源公共事业,如电力、天然气、热力供应与配送的立法;节能减排法是以节约能源,降低能源开发利用的环境影响和社会成本,增强能源开发利用的社会适应性为目的的立法,包括气候变化法、节约能源法、可再生能源法等内容。

4. 存在的问题

尽管我国能源立法从外部表现和外在形态上初具雏形,但从能源领域社会关系的复杂性和多面性所带来的立法需求看,我国能源法律规范还存在较多的缺陷,突出表现在三个方面:

(1) 能源基本法缺失。能源基本法对能源法体系起着统领和协调的作用,能源基本法的缺失,导致能源法的调整范围和立法原则不能准确定位,现有单行法缺乏统一的目标指引和价值取向,重要领域的改革,如能源结构优化调整、能源的低碳转型、能源科技创新等缺乏上位法依据,客观上形成各单行法各自为政、分割割裂的局面,影响了能源法实施整体效益的发挥。

(2) 重要领域仍存在立法空白。在能源革命背景下,若干重要领域,如氢能的开发利用,光伏发电、电力市场的法律规制等,均缺乏明确的法律依据,导致市场主体预期不足,客观上制约了能源供给与消费的市场化进程。

(3) 单行法之间协调性较差,部分规范内容脱离实践需求。部分领域的单行法之间、单行法的上下位法律规范之间,存在一定的矛盾或冲突。如分布式光伏发电项目的法律地位、协商电价、新能源参与电力系统等问题,不同位阶、同一位阶不同领域的立法均有不同程度的冲突,亟待统一规范。

5. 关联知识点

能源法的基本原则　能源管理体制

(二) 教辅资料

1. 关联法规标准

(1)《中华人民共和国电力法》(全国人大常委会,2018年修正)。

(2)《中华人民共和国可再生能源法》(全国人大常委会,2009年修正)。

(3)《中华人民共和国节约能源法》(全国人大常委会,2018年修正)。

2. 参考阅读文献

(1) 胡德胜主编:《能源法学》,北京大学出版社 2017 年版,第三章。

(2) 中国法学会能源法研究会编:《能源法学总论》,法律出版社 2019 年版,第一章。

(撰稿人:崔金星)

四、能源法律关系(一般)

【教学目的与要求】

识记:能源法律关系

领会:公共能源参与

应用:政府能源监管

(一) 教学要点

1. 含义

(1) 能源法律关系的含义。能源法律关系是指基于能源法律规范调整人们行为的过程中形成的权利义务关系。它主要是在能源开发、建设、生产、供应、使用、管理过程中形成的法律关系。①

(2) 能源法律关系的主体。这包括国家、政府或其机构、企业、其他社会组织和个人。企业主体具体分为两类:一类是能源原材料和产品(商品)的生产类、销售类以及输送配送类企业,通常称为能源企业;二是能源消费企业以及能源生产设备(如发电设备)和能源消费产品(如照明、制冷、取暖设备)的生产企业。除此之外,其他社会组织主要包括能源行业协会、能源中介机构、能源科研机构等组织和团体。个人主要以能源消费者的身份出现。

(3) 能源法律关系的客体。能源法律关系的客体是指能源法律关系主体的权利和义务所指向的对象。主要形态包括能源和能源服务,能源开发、利用和管理行为,以及与能源开发、利用、研究相关的智力成果。②

(4) 能源法律关系的内容。能源法律关系的内容,是指能源法律关系主体享有的法律上的权利和承担的法律上的义务之总和。能源法律关系中的权利是指规定或隐含于能源法律规范中,赋予能源法律关系主体的某种权能、利益和自由。能源法律关系中的义务,是指设定或隐含于能源法律规范中,为了满足权利

---

① 吕振勇主编:《能源法导论》,中国电力出版社 2014 年版,第 35 页。
② 同上书,第 83 页。亦参见王文革、莫神星主编:《能源法》,法律出版社 2014 年版,第 27 页。

人的利益而按权利人的要求从事一定的行为或不作为的法律手段。这种义务表现为法律对主体必须作出一定行为或者不作出一定行为的约束。①

(5) 能源法律事实。能源法律事实是指能够引起能源法律关系产生、变更或消灭的各种事实的总称。按照能源法律事实是否与当事人的意志有关,可以把能源法律事实分为能源事件和能源行为。按照引起法律后果所需要的法律事实是单数形式还是复数形式,可以将能源法律事实分为单一的能源法律事实和事实构成。②

2. 构成

能源法律关系包括公众能源利益和政府能源管理。

(1) 公众能源利益。公众能源利益是指公众所享有的获得能源基本供应与服务的利益。

第一,公众的基本能源需求主要包括两类:一是个人和家庭为了生活目的的基本能源需求;二是提供社会公共或者基本服务的单位(如国家或者政府机关、学校、消防等)因提供社会公共或者基本服务所要求的能源基本需求。公众能源利益问题的实质是如何满足大众的基本能源需求,实现社会正义。对于公众能源利益的内容,尽管不同国家的规定不同,但总体上包括以下三个基本方面:一是能源或者供应服务的可获得性;二是能源或者供应服务价格上的可负担性;三是能源供应的可靠性。

第二,公众参与是公众能源利益实现的重要路径。能源事务公众参与,是指受到或可能受到公共机构某一(拟)决策能源事项正面或负面影响的,或者对该(拟)决策事项感兴趣的个人、法人或者其他组织,通过交流信息、发表意见以及明确表达利益诉求等方式,旨在影响公共机构关于该(拟)决策能源事项的决策或者结果的过程。公众参与是保证公众能源利益的重要手段。公众参与权主要包括知情权、提议权、决策参与权、监督批评权、损害诉讼权等权利。

第三,能源事务公众参与的主要内容。首先,公众获得(拟)决策能源事项的信息。在做出能源事项决策之前,有关行政机关和其他公共机构必须就拟决策能源事项予以充分和有效的信息披露。在作出决策的过程中,严格按照法定程序将拟决策能源事项的信息向公众公开,允许符合法律规定的利益主体查阅和获取有关文件档案。其次,公众获得参与能源决策的机会并可以参与。有关行政机关和其他公共机构在能源决策时,尤其在涉及公共利益和安全的重大能源决策时,必须高度重视公众参与,给社会公众参与能源决策的机会,增强能源决策的科学性和可接受性。最后,公众通过法律救济程序获得救济。健全的公众

---

① 吕振勇主编:《能源法导论》,中国电力出版社2014年版,第52—53页。
② 莫神星:《能源法学》,中国法制出版社2019年版,第38—40页。

参与制度必须有法律救济程序,保证权利人能够获得信息、享有参与机会并实际参与,能够对不公正的决策程序和结果提出异议并享有寻求公正裁决的权利。①

(2) 政府能源管理。第一,政府能源管理的含义。政府能源管理是指一国以能源经济活动的原理为基础,服务于国家安全、保障民生、生态环境以及经济健康这四项目标或者政策,制定与执行能源发展政策、战略和规划,并且通过经济、科技、行政、法律等各种手段影响单位和个人的相关能源行为、对能源事务予以管理的国家活动。

第二,我国政府能源管理体制的沿革与发展。我国能源管理体制的演变进程可以分为两个阶段。第一阶段是在改革开放之前,以能源部门为基本单位多次分合,但是保持政企合一、高度集中的特质。这一阶段能源管理体制改革主要集中在能源部门之间的分合、中央与地方间的放权与集权。第二阶段是在市场化改革进程中,政企逐步分开,政府能源管理职能虽然一定程度上随市场调整,但是其间伴随着利益博弈。②

我国政府能源管理机制深化改革的基本方向是:完善能源监管的法律制度,建立高效的能源监管机构体系,实施精准有效的能源监管方式体系,形成对能源监管机构的多元监督体系,构建科学的能源监管绩效评价体系。③

第三,政府能源管理的主要内容。按照一般的监管理论,政府的监管活动主要包括经济性监管和社会性监管。

在能源领域,经济性监管和社会性监管具体化为能源反垄断监管、能源安全监管、能源效率监管和能源环境协调监管。④

3. 关联知识点

企业的能源权利和义务　能源管理体制

(二) 教辅资料

1. 关联法规标准

(1)《中华人民共和国节约能源法》(全国人大常委会,2018 年)。

(2)《碳排放权交易管理规则(试行)》(生态环境部,2020 年)。

2. 参考阅读文献

(1) 胡德胜主编:《能源法学》,北京大学出版社 2017 年版,第五章。

(2) 李响、陈熹、彭亮编著:《能源法学》,山西经济出版社 2016 年版,第

---

① 胡德胜主编:《能源法学》,北京大学出版社 2017 年版,第 84—87 页。
② 同上书,第 91—92 页。
③ 王俊豪、金暄暄:《中国能源监管体制深化改革研究》,载《经济学家》2020 年第 9 期,第 95—103 页。
④ 文绪武:《能源革命背景下中国能源管制法律问题研究》,浙江大学出版社 2018 年版,第 41—43 页。

五章。

3. 教学案例示例

常州德科化学有限公司诉江苏省环境保护厅、中华人民共和国环境保护部及光大常高新环保能源(常州)有限公司环境影响评价行政许可案[①]

(撰稿人:张小平)

五、企业的能源权利和义务(一般)

【教学目的与要求】

识记:企业的能源权利

领会:企业的能源义务

(一) 教学要点

1. 含义

企业的能源权利和义务,是指企业(特别是能源企业)作为能源法律关系的主体,在纵向和横向的能源法律关系中享有的权益和要承担的义务。

2. 分类

(1) 企业的能源权利。企业(特别是能源企业)作为能源法律关系的主体,在纵向的能源法律关系中,处于被管理的地位。因此,能源法律仅需要对其承担义务作出特别规定。在横向法律关系中,对于企业和其他平等主体的权利,民事法律已经作出了一般规定。

(2) 企业的能源义务。包括两点:

第一,能源普遍服务义务。能源普遍服务的核心内容是所有消费者在国土范围内任何时候、任何地方都可以通过非歧视性和可负担的方式获得能源服务。能源普遍服务具有公共利益的性质。我国能源产业传统上为政企合一体制,能源部门既具有行政管理权又拥有商品生产经营权和服务提供权,既是普遍服务的责任主体又是实施主体。随着能源市场化改革的深入,能源企业逐渐成为独立的市场主体,不再具有原先的行政职能。普遍服务的义务将主要由政府承担或由政府和企业分担。

第二,节能减排义务。为实现可持续发展,企业应承担节能减排义务,在满足相等需要或达到相同目的的条件下,通过加强用能管理,采取技术上可行、经济上合理以及环境和社会可以接受的措施,减少从能源生产到消费各个环节中

---

① (2017)最高法行申 4795 号。

的损失和浪费,提高能源利用效率。企业应减少有害气体、温室气体、固体废弃物、重金属以及放射性物质等污染物的排放,实现清洁生产和循环生产。能源开发和加工转换企业应当具备法定的安全生产和环境保护条件。能源建设项目的安全与环境保护设施,应当与主体工程同时设计、同时施工、同时投入使用。能源开发和加工转换企业在合法开发和利用自然资源的过程中,对自然资源所有权人、为生态环境保护付出代价者或做出贡献者,应支付相应的费用作为补偿。

第三,能源储备与应急义务。企业的能源储备义务是指根据国家能源储备制度中关于企业能源储备的相关规定,企业应当承担和履行能源储备义务,保障国家能源安全。企业的能源应急义务是指企业根据国家能源应急制度的规定,应当承担的配合义务、报告义务、执行应急指令的义务等。

第四,公平竞争义务。在我国,一方面,能源领域市场准入控制严格,竞争机制尚未完全形成;另一方面,国家对于能源领域存在特殊的管理,容易形成某些能源企业的市场支配地位。随着我国能源体制改革的深入,能源企业的自然垄断业务和竞争业务将逐步分离,并适用不同的监管模式。[①]

3. 关联知识点

能源法律关系　能源法的基本原则

(二) 教辅资料

1. 关联法规标准

《中华人民共和国节约能源法》(全国人大常委会,2018 年修正)。

2. 参考阅读文献

陈兴华主编:《能源行业纠纷实务案例评析》,方志出版社 2019 年版,第一章。

(撰稿人:张小平)

六、能源法的基本原则(一般)

【教学目的与要求】

识记:可持续发展原则的概念和内容　安全与效率兼顾原则的内涵　利益平衡原则的内涵　综合调整原则的内涵

领会:可持续发展原则在能源法中的体现　能源法语境下安全与效率的关联性　利益平衡原则对于能源法制的意义　综合调整原则对能源法制的意义

[①] 文绪武:《能源革命背景下中国能源管制法律问题研究》,浙江大学出版社 2018 年版,第 87—91 页。

(一) 教学要点

1. 含义

能源法的基本原则指能体现能源法的基本精神,构成能源法的基础的综合性的准则,主要包括可持续发展原则、安全与效率兼顾原则、利益平衡原则与综合调整原则。

2. 构成

(1) 可持续发展原则。指既满足当代人的需要、又不对后代人满足其需要的能力构成危害的发展,其主要内容包括代内公平、代际公平、资源的可持续利用和环境与发展一体化四个方面。能源法可持续发展原则,也相应地体现为这四个方面。

(2) 安全与效率兼顾原则。能源法既应重视提高产业效率,又应重视各产业环节的安全性以及资源本身的安全性。这就是安全与效率兼顾原则的基本内涵。

安全是能源法秩序价值的重要组成部分。2006年7月在八国集团同中国、印度、巴基斯坦、南非、墨西哥、刚果(布)六个发展中国家领导人对话会议上,我国提出了新能源安全观。基于新能源安全观,能源安全的内涵包括能源供给安全、能源价格安全、能源运输安全和能源生态安全四个方面。[1] 能源供给安全,是指拥有充足的一次能源资源储备和开发利用能力、二次能源加工转化能力,以及符合我国社会经济发展需求的持续稳定的能源进口。能源价格安全是指能够以适当的价格获得所需的能源资源和能源产品。[2] 能源运输安全,一方面是指国家能源运输通道的畅通,特别是指能源进口通道的畅通;另一方面是指国内能源运输通道正常运行。能源生态安全,是指能源的开发利用行为符合环境保护和生态友好的要求,不对社会的可持续经济发展产生不可接受的负面环境影响。[3]

能源法原则层面所关注的"效率",是指能源产业高效健康发展的状态,而并非如经济学原初意义上的尽可能地提高"投入产出比"。根据能源法的效率价值的内在要求,能源法原则层面的效率至少应包括如下几个层面的内涵:在发展目

---

[1] 也有观点认为,能源安全的四方面内容之间存在冲突和矛盾。例如,董溯战认为,能源供给安全与能源生态安全之间存在价值冲突。参见肖国兴、叶荣泗主编:《中国能源法研究报告》,法律出版社2009年版,第322页。

[2] 杨逢珉、鲍华钧:《国际原油价格与中国能源安全》,《中国高新技术企业》2009年第21期,第68页。

[3] 1947年美国《国家安全法》将能源安全定义为"政府在战时能有效利用自然资源与工业资源,供军需和民用"。欧盟国家认为"能源安全即供应安全,是指欧盟在合理的经济条件下开采本国的资源或将来这些资源作为战略储备;依靠可进入的、稳定的外部来源保障能源消费的能力,在必要的情况下,可动用欧洲的战略加以补充"。参见杨泽伟:《中国能源安全法律保障研究》,中国政法大学出版社2009年版,第2页。

标上,能源产业的发展应符合一国的相关战略和政策要求,从而使产业发展成为推动社会经济整体进步的积极因素;同时,能源开发利用活动不仅旨在高效地满足社会经济发展的需要,还应满足社会成员的正常便利生活的需要。在发展模式上,要求能源产业合目的地高效率发展。在发展路径上,能源产业的发展应基于合理的经济成本,并避免损害其他经济主体的合法权益;同时,亦应将能源产业活动对社会、经济和生态环境等方面产生或者可能产生的负面影响控制在可接受的范围内。

(3) 利益平衡原则。能源产业涉及各种不同法律主体、不同内容、不同时间维度上的利益。作为一类重要的利益协调机制,法律的重要任务之一,就是协调和平衡能源产业发展中的内生性利益。所谓"平衡",即矛盾之间暂时的、相对的统一。[1] 能源法上的"利益平衡",是指能源法各种利益之间基于能源法的价值取向而实现的协调和统一。

从利益主体角度看,能源法应关注国家利益、企业利益与公众利益之间的关系。能源产业在一些国家是支柱产业,能源企业是重要的经营主体,其经营活动往往创造巨大的经济效益。

从利益内容角度看,能源法主要关注经济利益、社会利益与环境利益之间的关系。基于能源法的价值理念,三者关系的处理原则为:首先,应承认三者之间的内在统一性,即在一般情况下,三者之间相互支持、相互促进。其次,在特殊情形下,如发生重大能源价格波动从而严重影响社会稳定、发生重大能源事故从而对生态环境造成或者可能造成重大不利影响时,鉴于能源资源的战略地位,应以社会利益和环境利益为优先考虑。

从时间维度看,能源法应当处理好现实利益与长远利益之间的关系。应基于可持续发展原则的要求,充分考虑后代人的长远利益,并在此基础上确保后代人在合理的时期内可以持续利用能源资源。

(4) 综合调整原则。指能源产业规制综合运用市场机制和行政手段,充分发挥两类机制的优势,形成一个相互支持、互为补充的调整机制。[2] 能源法采取综合调整原则的根本原因在于市场机制与行政手段之间的优势互补关系。

3. 关联知识点

能源法　能源法的目的和作用　能源法律关系

---

[1] 李行健主编:《现代汉语规范词典》,外语教学与研究出版社、语文出版社 2004 年版,第 1003 页。
[2] 于文轩:《自然资源物权:政策倾向与调整手段》,载《山东科技大学学报(社会科学版)》2012 年第 1 期,第 50 页。

(二) 教辅资料

1. 关联法规标准

《中华人民共和国节约能源法》(全国人大常委会,2018年修正)。

2. 参考阅读文献

(1) 于文轩:《面向低碳经济的能源法制研究》,中国社会科学出版社2018年版,第二章。

(2) 胡德胜主编:《能源法学》,北京大学出版社2017年版,第六章。

(3) 莫神星:《能源法学》,中国法制出版社2019年版,第二章。

(4) 肖乾刚、肖国兴编著:《能源法》,法律出版社1996年版,第三章。

(5) 金龙哲、宋存义主编:《安全科学原理》,化学工业出版社2004年版,第一章。

(6) 肖国兴、叶荣泗主编:《中国能源法研究报告》,法律出版社2009年版,第三编。

(7) 杨泽伟:《中国能源安全法律保障研究》,中国政法大学出版社2009年版,第二章。

(8) 梁上上:《利益衡量论》,法律出版社2013年版。

(9) 〔美〕丹尼尔·H. 科尔:《污染与财产权:环境保护的所有权制度比较研究》,严厚福、王社坤译,北京大学出版社2009年版,第一章。

(撰稿人:于文轩)

七、能源管理体制(一般)

【教学目的与要求】

识记:能源管理体制的含义　能源管理体制的特征

领会:能源管理体制的问题

应用:能源管理体制的构成

(一) 教学要点

1. 定义

能源管理体制是能源领域行政管理组织结构、运行机制、人员资源和法律制度的总和,是政府在宏观层面作出的制度安排,具有协调性、社会性、管理性的特点。能源管理体制在服务于国家安全、保障民生、生态环境以及经济健康的目标或者政策的同时,还应当促进本国经济的发展。政府主导下的能源管理体制应当明确能源管理部门的职责,防止各个部门各自为政、相互扯皮,实现能源资源管理的有序开展。

2. 特征

从通常意义上一个复杂领域的政府管理特点来看,一个部门主导,相关部门在其职责范围内分工负责的管理体制是普遍现象。目前来看,我国进入能源行业管理与市场监管融合的新阶段,能源管理体制仍呈现分散、多头、交叉管理的特点。

3. 构成

按照国际惯例,能源管理体制的设置模式,一般有集中管理和分业管理两种模式。根据能源管理机构的级别,又可再分为部级能源机构集中管理模式(或称为高级别、集中型管理模式)、部署能源机构集中管理模式(或称为低级别、集中型管理模式)和部级能源部门分业管理模式(或称为高级别、分散型管理模式)、部署能源机构分业管理模式(或称为低级别、分散型管理模式)。

我国的能源管理体制还包括能源监管。这是国家基于社会公共利益的需要,为矫正市场缺陷,经法律规定由有关国家机关、政府部门或者其他授权或受委托的机构或组织,对能源行业的有关活动及其主体予以直接干预市场配置机制,或间接改变能源企业和消费者的供需决策的行为。能源监管的内容,可以分为经济性监管和社会性监管。

4. 我国能源管理体制的问题

能源的属性极为特殊,包含了经济性、政治性、民生性、环境性,乃至国家安全性。目前我国的能源管理体制显然不能充分反映能源的这种复杂属性。一个整体的管理被分割为不同部门在不同阶段的管理,极易产生管理部门之间的相互推诿,并且管理职责的分散也会影响决策的权威与效率。除了前述中央政府各部委之间职能分散之痼疾,在能源主管部门内部,也存在着不足之处。国家发展改革委作为一个综合性的经济发展主管部门,并不能专门管理能源事务,还需要国家能源局来统筹管理;但是作为委管局,国家能源局缺乏独立的能源管理决策职权。此外,从中央和地方的关系来看,除了折射出上述中央政府层面的问题之外,更是多了一层中央和地方之间关系的复杂性。

5. 关联知识点

能源法律关系　能源战略和规划制度　能源普遍服务制度　能源激励制度　能源储备制度

(二) 教辅资料

1. 关联法规标准

(1)《电力监管条例》(国务院,2005年)。

(2)《中华人民共和国可再生能源法》(全国人大常委会,2009年修正)。

(3)《国务院机构改革和职能转变方案》(全国人大常委会,2013年)。

(4)《中华人民共和国节约能源法》(全国人大常委会,2018年修正)。

(5)《能源法(征求意见稿)》(国家能源局,2020年)。

(6)《2021年能源监管工作重点》(国家能源局,2021年)。

(7)《国家能源局综合司关于进一步做好发电安全生产工作的通知》(国家能源局,2021年)。

(8)《电力安全生产政策法规落实情况监管报告》(国家能源局,2021年)。

2. 参考阅读文献

(1)王俊豪等:《中国现代能源监管体系与监管政策研究》,中国社会科学出版社2018年版,第二章。

(2)谭荣尧、赵国宏等:《中国能源监管探索与实践》,人民出版社2016年版,第二编。

(3)胡德胜编著:《美国能源法律与政策》,郑州大学出版社2010年版,第二章。

(4)张剑虹:《中国能源法律体系研究》,知识产权出版社2012年版,第三章。

(撰稿人:陈兴华)

八、能源战略和规划制度(重点)

【教学目的与要求】

识记:能源战略制度

领会:能源规划制度的含义

应用:能源规划的构成

(一) 教学要点

1. 定义

能源战略往往肩负着引领一国能源开发利用甚至能源军事、能源外交等的重要作用。从功能上来讲,能源战略制度是在环境保护、自然资源和能源领域中都非常重要的、具有方向性和导向性的制度。从能源安全的角度出发,能源战略制度化是从法律层面确定其地位和权威,有利于从战略上保障能源的安全。规划制度在国民经济社会的诸多领域都是一项极为重要的制度,尤其是能源领域内规划还肩负着能源主管部门由传统审批为主向让权于市场的政府职能改革的重任。

能源战略制度是指规定能源战略的法律地位,关于能源战略的确立、制定依据、编制、评估和修订等方面的法律规则、规范及其运行机制所组成的规则体系和总体安排。能源规划制度是指规定能源规划的法律地位,关于能源规划的种类、编制依据和内容、程序、衔接、评估、修订、实施和监督等方面的法律规则、规范及其运行机制所组成的规则体系和总体安排。我国政府事务中对能源规划分类的通行做法是建立"三类两级"的分类体系,其中"三类"指能源综合(总体)规划、能源专项规划和能源区域规划;"两级"指国家能源规划和地方能源规划。

2. 构成

(1) 能源战略制度根据《能源发展战略行动计划(2014—2020年)》和《国家能源安全战略行动计划(2013—2020)》制定,能源战略的主要内容是:增强能源自主保障能力、推进能源消费革命、优化能源结构、拓展能源国际合作、推进能源科技创新。在此过程中,需要做到的保障措施包括:深化能源体制改革、健全和完善能源政策、做好组织实施工作。

(2) 能源规划制度包括如下几方面。

第一,能源综合(总体)规划。能源综合(总体)规划是一个国家或地区对能源发展事项所开展的总体性综合规划。

国家能源规划:《国民经济和社会发展第十个五年计划能源发展重点专项规划》(2001)、《能源发展"十一五"规划》(2007)、《能源发展"十二五"规划》(2013)和《能源发展"十三五"规划》(2016)等。

地方能源规划:《河北省"十三五"能源发展规划》(2017)、《甘肃省"十三五"能源发展规划》(2017)等。

第二,能源专项规划。能源专项规划是针对某一种能源和某项(领域)能源活动所编制的能源规划。

国家能源规划:《煤炭工业发展"十二五"规划》(2012)、《石油天然气发展"十三五"规划》(2016)等。

地方能源规划:《内蒙古自治区2013—2020年太阳能发电发展规划》(2013)、《黄冈市太阳能光热产业发展规划(2012—2020年)》(2012)等。

第三,能源区域规划。能源区域规划是根据能源发展需求,国家组织编制的跨省级行政区域的能源综合(总体)规划和能源专项规划。《2016年能源工作指导意见》(2016)中提到"落实国家区域发展战略,编制实施《京津冀能源协同发展专项规划》和《丝绸之路经济带能源发展规划》。促进区域能源协调发展,研究长江经济带能源发展思路和重点区域能源中长期发展规划"。

第四,规划的管理与实施。综合性:《国家级专项规划管理暂行办法》(2007)、《省级能源发展规划管理办法》(2016)。专门性:《矿产资源规划实施管理办法》(2002)。

3. 制定依据

国家能源规划制定的依据通常是三项：(1) 依据国家制定的国民经济和社会发展规划，这是全局性的发展规划。(2) 依据国家能源发展战略编制。(3) 参照国家土地资源利用规划、水资源开发利用规划、矿产资源开发利用规划、生态环境保护规划等相关联的规划统筹编制。

4. 发展沿革

通过政府部门设置、政策文件、国家领导人系列讲话等，中国的能源战略逐步成型，具体如下：2005 年 5 月 13 日发布的《国家能源领导小组办公室主要职责内设机构和人员编制规定的通知》中提出在发展改革委单设国家能源领导小组办公室，并内设战略规划组，负责组织有关单位研究能源战略和规划；2014 年 6 月，国务院办公厅发布了《能源发展战略行动计划(2014—2020 年)》，这是我国第一个以"战略"命名的能源领域文件；2014 年 6 月 13 日，国家主席习近平主持召开中央财经领导小组第六次会议，研究我国能源安全战略。

5. 关联知识点

能源管理体制　能源普遍服务制度　能源激励制度　能源储备制度

(二) 教辅资料

1. 关联法规和标准

(1)《国民经济和社会发展第十个五年计划能源发展重点专项规划》(国家计委,2001 年)。

(2)《能源发展"十一五"规划》(国家发展改革委,2007 年)。

(3)《能源发展"十二五"规划》(国务院,2013 年)。

(4)《能源发展"十三五"规划》(国家发展改革委国家能源局,2016 年)。

(5)《河北省"十三五"能源发展规划》(河北省人民政府办公厅,2017 年)。

(6)《甘肃省"十三五"能源发展规划》(甘肃省人民政府办公厅,2017 年)。

(7)《煤炭工业发展"十二五"规划》(国家发展改革委,2012 年)。

(8)《石油天然气发展"十三五"规划》(国家发展改革委,2016 年)。

(9)《内蒙古自治区 2013—2020 年太阳能发电发展规划》(内蒙古自治区发展和改革委员会,2013 年)。

(10)《黄冈市太阳能光热产业发展规划(2012—2020 年)》(黄冈市人民政府,2012 年)。

(11)《2016 年能源工作指导意见》(国家能源局,2016 年)。

(12)《国家级专项规划管理暂行办法》(国家发展改革委,2007 年)。

(13)《省级能源发展规划管理办法》(国家能源局,2016 年)。

(14)《矿产资源规划实施管理办法》(国土资源部,2002年)。

2. 参考阅读文献

(1) 肖乾刚、肖国兴编著:《能源法》,法律出版社1996年版,第二章。

(2) 张忠民等:《生态文明与能源法创新》,湖北人民出版社2019年版,第二章。

(3) 吕振勇主编:《能源法导论》,中国电力出版社2014年版,第二章。

(撰稿人:张忠民)

九、能源普遍服务制度(一般)

【教学目的与要求】

识记:能源普遍服务

领会:能源普遍服务的制度实践

应用:能源普遍服务制度的实施

(一) 教学要点

1. 含义

能源普遍服务制度,是指为了保障个人或家庭生活用能的需要,国家制定的一系列法律规则和规范、构建的一套运行机制所组成的相对独立和完整的规则体系和总体安排。它通过为能源商品或能源服务企业设定法律义务,向它们或者用能户提供财政税收支持以及监管等措施,让个人或家庭能够以负担得起的价格获得可靠的、可持续的能源商品或服务。

2. 特征

能源普遍服务制度的目的是确保消费者获得公平、普遍、价格合理的基本能源服务,特别是为了确保边远地区、农村地区和困难群体获得相应的能源服务。基于我国能源需求现状,能源普遍服务的领域仅限于电力、燃气和热力。

3. 分类

(1) 电力普遍服务。2002年国务院印发《关于印发电力体制改革方案的通知》明确国家电力监管委员会应将社会普遍服务政策的实施作为职责之一。《电力法》第8条规定国家帮助和扶持少数民族地区、边远地区和贫困地区发展电力事业。《电力监管条例》《电力业务许可证管理规定》等法规对电力普遍服务的实施机制进一步阐释。国家政策对少数民族地区、边远地区和贫困地区的农村电力建设采取重点扶持,对农村用电价格按保本保利原则确定,同时确立了城乡同网同价等政策。

在实践中,国家先后实行的"三为服务""两改一同价""送点到乡"以及"无电地区电力建设"等政策,进一步推动了电力普遍服务的实现。2015年底,我国全面解决了无电人口通电问题,有力推进了贫困地区、少数民族地区和边疆地区经济社会快速发展。

(2) 供气普遍服务。我国在《行政许可法》第67条规定取得直接关系公共利益的特定行业的市场准入行政许可的被许可人,应当依法向用户提供安全、方便、稳定和价格合理的服务,并履行普遍服务的义务。原建设部制定《市政公用事业特许经营管理办法》《城镇供热特许经营协议示范文本》,2010年国务院出台《城镇燃气管理条例》等法规相继明确供气普遍服务。江苏、安徽等省份也出台了《江苏省燃气管理条例》(2020)、《安徽省城镇燃气管理条例》(2019)等地方性法规,规定地方实施细则。

(3) 供热普遍服务。在供热领域,为了保证供热普遍服务,我国多数地区实行的仍然是计划经济体制遗留下来的职工用热、单位缴费的福利供热制度。该制度无法还原热力的商品属性,也不利于用户节能。2005年以来,部分地区开始由"暗补"转"明补"的供热体制改革,改为单位发放补贴,由职工自行缴费解决居民供暖费用问题。但实际中,仍存在个人缴费比例过低的问题,导致节能目标不能实现。同时,为了保障低收入困难群体的冬季采暖,多数城市开始实行"城市供热保障金制度",对低收入困难家庭按不同比例给予采暖补贴。

4. 关联知识点

能源管理体制　能源战略和规划制度　能源激励制度　能源储备制度

(二) 教辅资料

1. 关联法规和政策标准

(1)《中华人民共和国电力法》(全国人大常委会,2018年修正)。

(2)《中华人民共和国行政许可法》(全国人大常委会,2019年修正)。

(3)《电力监管条例》(国务院,2005年)。

(4)《城镇燃气管理条例》(国务院,2010年)。

(5)《江苏省燃气管理条例》(江苏省人大〈含常委会〉,2020年)。

(6)《安徽省城镇燃气管理条例》(安徽省人大〈含常委会〉,2019年)。

(7)《电力业务许可证管理规定》(国家电力监管委员会,2005年)。

(8)《国务院关于印发电力体制改革方案的通知》(国务院,2002年)。

2. 参考阅读文献

(1) 肖乾刚、肖国兴编著:《能源法》,法律出版社1996年版,第二章。

(2) 杜群、王利等:《能源政策与法律——国别和制度比较》,武汉大学出版社2014年版,第二章。

3. 教学案例示例

李长友诉邓哲等财产损害赔偿纠纷案[①]

(撰稿人:张忠民)

十、能源激励制度(一般)

【教学目的与要求】

识记:能源激励

领会:能源激励措施的分类

(一) 教学要点

1. 含义

能源激励制度是指关于通过激励的措施、方法和手段,倡导、鼓励和推动能源法律关系的主体实施对能源产业可持续发展有利的能源相关行为(积极能源行为),反对、限制或者禁止实施不利的能源相关行为(消极能源行为)的法律规则、规范和机制所形成的制度体系。这类措施具有明显的利益刺激因素,具有显著的费用有效性和受控对象的灵活性。

2. 分类

能源激励措施可以根据不同的分类标准分类。根据所激励的能源行为的性质,可以将激励措施分为积极导向性激励措施和反消极导向性激励措施;根据激励的表现形态,可以将激励措施分为经济性激励措施、精神性激励措施以及经济—精神结合性激励措施;根据是否向激励对象直接给予激励,可以将激励措施分为直接激励措施和间接激励措施。

3. 关联知识点

能源管理体制　能源战略和规划制度　能源普遍服务制度　能源储备制度

(二) 教辅资料

1. 关联法规和标准

(1)《中华人民共和国清洁生产促进法》(全国人大常委会,2012年)。

(2)《中华人民共和国节约能源法》(全国人大常委会,2018年)。

(3)《中华人民共和国循环经济促进法》(全国人大常委会,2018年)。

(4)《中华人民共和国可再生能源法》(全国人大常委会,2009年)。

---

① (2015)原民初字第607号。

(5)《能源发展战略行动计划(2014—2020年)》(国务院办公厅,2014年)。

2. 参考阅读文献

(1)李艳芳等:《新能源与可再生能源法律与政策研究》,经济科学出版社,2015年版,第一章。

(2)吴昱:《我国可再生能源补贴措施及激励政策研究》,对外经济贸易大学出版社2017年版,第一章。

(3)于文轩:《面向低碳经济的能源法制研究》,中国社会科学出版社2018年版,第三章。

(撰稿人:张忠民)

十一、能源储备制度(一般)

【教学目的与要求】

识记:能源储备的含义

领会:能源储备制度

(一) 教学要点

1. 含义

能源储备制度是指由国家能源法律规定的,国家为应对能源状况,规定能源开发利用、战略储备关系以及政府法律规制内容,具有一定法律后果的一系列准则以及这些准则形成的行为机制和结构运作的制度。能源储备具有应急性和稳定性的特征,顾名思义应急性特征针对能源的紧急事态,目的是做好基础性资源的稳定供给,保障国家经济的稳定运行。

2. 分类

根据储备的不同种类,可以分为石油储备、天然气储备、煤炭储备和其他稀缺资源的储备等,该分类针对不同的资源和自身特点规定储备方式和管理办法。根据储备的责任承担主体,可以分为政府储备和企业义务储备。政府储备由国务院能源主管部门负责,各级地方政府在自身的职责范围内履行能源储备义务;企业储备专指从事原油进口、加工和销售经营以及成品油进口和批发经营的企业按规定报告储备数据,接受能源主管部门的监督检查。

3. 特征

政府储备可以划分为政府能源产品储备、政府石油储备和政府能源资源储备,政府能源产品储备由政府出资建立,政府石油储备由国务院能源保护主管部门负责组织建设和管理,并建立了监督检查制度,对政府、企业的石油储备的收储、轮换情况展开监督。能源资源储备由国务院能源主管部门会同国土资源主管部门划定，且划定的依据是国家能源战略需要的具体要求，划定的区域包括了能源矿产区、大型整装矿区和能源基地内的资源储量，能源企业无权对能源资源展开划定。

企业储备可以划分为企业产品储备和企业石油储备，产品储备由具有储备义务的能源企业承担，由该企业出资建立，并达到国家规定的储备量，按程序时间报告储备数据，接受国务院能源主管部门的监督检查。承担石油储备义务的企业是从事原油进口、加工和销售经营以及成品油进口和批发经营的企业，其在石油储备的建设、收储、轮换等工作中自觉接受能源主管部门的监督管理。对于能源资源储备，企业虽然没有划定权和储备权，但对于已经设定探矿权和采矿权的能源资源划定为能源资源储备的，国家对探矿权和采矿权人和集体给予合理补偿。

对于国家能源储备的动用，能源产品和能源资源储备的动用需经过不同的程序，原因在于国家产品和国家资源是由不同的主管部门负责，要确保管理的科学性和有效性。能源产品储备需由国务院能源主管部门会同财政主管部门提出动用建议，经国务院批准后动用。能源资源储备，由国务院能源主管部门会同国土资源主管部门提出动用方案，经国务院批准后实施。另外，地方的能源产品储备权，由省级人民政府根据需要建立。

4. 关联知识点

能源管理体制　能源战略和规划制度　能源普遍服务制度

（二）教辅资料

1. 关联法规和政策标准

(1)《中华人民共和国能源法（征求意见稿）》（国家能源领导小组办公室，2007年）。

(2)《国务院办公厅关于印发能源发展战略行动计划（2014—2020年）的通知》（国务院办公厅，2014年）。

2. 参考阅读文献

(1) 张勇编著：《能源资源法律制度研究》，中国时代经济出版社2008年版，第二章。

(2) 胡德胜主编：《能源法学》，北京大学出版社2017年版，第七章。

（撰稿人：张忠民）

第二章 能源生产供应法律制度

一、石油法(一般)

【教学目的与要求】
识记:石油法的概念和特征　石油法的调整对象
领会:石油法的立法模式　石油法的主要制度

(一) 教学要点

1. 含义

(1) 石油的概念。关于石油的概念,可以从不同角度予以理解。从自然资源的角度来说,根据开采利用的技术和现状,作为石油资源的石油,主要有原油、油沙油和页岩油这三种。从对石油资源开发而得到的初级产品来说,石油是指原油、油沙油和页岩油。从对开发出来的石油(材料)加工提炼而产生的可以用作能源的产品来说,石油是指成品油,包括汽油、柴油、煤油等。作为能源法调整对象的石油,通常包括石油资源、原油(材料)和成品油。[1]

(2) 石油法的概念和调整对象。石油法的概念有广义和狭义之分。广义的石油法是指调整石油勘探、开采、加工炼制、储运、销售等及政府监管活动中发生的社会关系的法律规范的总称。狭义上的石油法仅指国家立法机关制定的、以单行法形式表现的、名称为"石油法"或类似名称的法律。石油法以石油产业链中所产生的、以石油和石油管网服务为客体的社会关系为调整对象,包括横向的交易关系和纵向的国家管理关系。[2]

2. 特征

(1) 技术性强。法律的边缘化发展使法律和技术的融合状态越来越明显,大量技术规范融入法律当中,形成了法律技术规范这样一种新的法律规范形式。石油从勘探、开采、净化、运输到生产、贮运、输配、供应都必须有严格的安全措施、规章制度和操作程序,这些措施和制度本身具有很强的技术性。

(2) 综合性强。石油法的综合性体现在调整对象、调整方法的综合性上。

---

[1] 胡德胜主编:《能源法学》,北京大学出版社2017年版,第153—155页。
[2] 同上书,第157—158页。

石油法调整对象的综合性是指石油法的调整对象不仅包括石油运营关系,还包括石油监管关系。调整对象的综合性要求调整方法的综合性,石油法中包括民事、行政、刑事各种调整方法和规范的综合使用。

(3) 国家干预性强。石油产业是涉及国家能源安全的重要能源产业,即使是市场经济发达国家,也不会在石油产业方面放弃国家干预。[1]

3. 立法的目的

由于资源禀赋、法治环境、文化传统等方面的差异,不同国家的石油法立法目的不尽相同。不过,石油立法的核心目的大致上不外乎以下三个方面。

(1) 追求国内石油供应安全,保证经济顺利运行;

(2) 调整石油产业利益关系,确保行业稳定发展;

(3) 保护生态环境,维护公共安全。[2]

4. 立法模式

总体来说,世界上有三种主要的石油立法模式。

(1) 按领域分别立法模式。按领域分别立法模式的特点是针对石油产业某特定领域单独立法,一般见于法治较完善、市场化较成熟的国家。这种模式主要侧重勘探开发、能源安全、能源效率、环境保护等上游领域。

(2) 产业统一立法模式。产业统一立法模式的特点是整个石油产业适用一部基本法律,一般见于对石油产业以直接干预为主的国家。

(3) 上下游分开立法模式。上下游分开立法模式的最大特点是石油产业上游和下游领域一般各有一部基本法律,多见于石油对外依存度较大的消费国,日本、韩国和印度采用的就是这种模式。[3]

5. 主要制度

(1) 石油资源所有权制度。关于石油资源所有权,国际上存在五种主要制度:土地所有权附属制度;公有制度;发现者所有制度;没有所有权制度;不规定所有权但由国家(政府)控制的制度。

(2) 石油勘探和开采许可制度。石油许可制度,又称特许制度或租赁制度,是指国家或者石油资源所有权人允许石油企业对石油资源勘探或者开采的制度。在不同的国家,许可、特许或租赁的法律性质会有所不同,甚至在同一国家,也存在不同性质的许可、特许或者租赁。

(3) 石油产业监管制度。在绝大多数国家,石油产业都属于政府严格监管的产业。为了确保石油产业的发展符合本国的能源战略和能源政策,一国政府

---

[1] 胡德胜主编:《能源法学》,北京大学出版社2017年版,第157—159页。
[2] 同上书,第158—160页。
[3] 同上书,第153—155页。

都会对其石油产业展开调节、规划、引导、控制和监督。

（4）石油储备制度。石油储备制度是指以保障石油的不间断供给、维护国家能源安全为目的，国家或者企业依法储备一定数量的石油，用于应对因区域关系、战争等突发事件而引发的石油供应突然中断或减少等短期石油供应异常的现象。许多国家都建立了石油储备制度。[①]

6. 关联知识点

天然气法　煤炭法　电力法　核能法　气候变化法　节约能源法　可再生能源法

（二）教辅资料

1. 关联法规标准

（1）《中华人民共和国矿产资源法》（全国人大常委会，2009年修正）。
（2）《中华人民共和国石油天然气管道保护法》（全国人大常委会，2010年）。
（3）《中华人民共和国对外合作开采陆上石油资源条例》（国务院，2013年）。
（4）《中华人民共和国对外合作开采海洋石油资源条例》（国务院，2013年）。
（5）《海洋石油安全生产规定》（国家安全生产监督管理总局，2015年）。
（6）《海洋石油安全管理细则》（国家安全生产监督管理总局，2015年）。

2. 参考阅读文献

（1）胡德胜主编：《能源法学》，北京大学出版社2017年版，第八章。
（2）胡孝红主编：《各国能源法新发展》，厦门大学出版社2012年版，第六章。

（撰稿人：赵晨昊）

二、天然气法（一般）

【教学目的与要求】

识记：天然气法的概念　天然气法的特征

领会：天然气法的主要制度　天然气产业发展与环境保护之间的关系

（一）教学要点

1. 含义

（1）天然气的概念。作为能源法调整对象的天然气，通常包括天然气资源以及天然气、煤层气、煤制气和液化天然气等成品天然气。天然气具有清洁、用

---

① 胡德胜主编：《能源法学》，北京大学出版社2017年版，第161—165页。

途广泛、利用的经济效率较高等优点。

（2）天然气法的概念。天然气法的概念有广义和狭义之分。广义的天然气法是指调整人们在天然气的勘探、开采、储运、对外合作、销售、配送等及政府监管活动中所产生的社会关系的法律规范的总称。狭义上的天然气法仅指国家立法机关制定的、以单行法形式表现的、名称为"天然气法"或类似名称的法律。[1]

2. 特征

（1）技术性强。天然气从勘探、开采、净化、运输到生产、贮运、输配、供应都必须有严格的安全措施、规章制度和操作程序，这些措施和制度本身具有很强的技术性。

（2）综合性强。天然气法的综合性体现在调整对象、调整方法的综合性上。天然气法调整对象的综合性是指天然气法的调整对象不仅包括天然气运营关系，还包括天然气监管关系。调整对象的综合性要求调整方法的综合性，天然气法中包括民事、行政、刑事各种调整方法和规范的综合使用。

（3）国家干预性强。天然气产业是涉及国家能源安全的重要能源产业，即使是市场经济发达国家，也不会在天然气产业上放弃国家干预。[2]

3. 主要制度

（1）天然气资源国家所有制度。《中华人民共和国矿产资源法》第3条规定，矿产资源属于国家所有，由国务院行使国家对矿产资源的所有权。据此，天然气资源所有者为国家，国家通过设置矿业权、取得矿业权收益实现其所有者权益。

（2）天然气定价机制。能源价格改革已被我国列为全面深化改革的重大问题之一，而天然气价格改革是能源价格改革的重要环节。

（3）天然气市场准入制度。科学而清晰的天然气市场准入制度有利于打破垄断，建设竞争性市场，并借以约束政府行政权力行使，规范天然气产业秩序。[3]

（4）天然气管道安全制度。国务院石油工业主管部门负责全国石油天然气管道及其附属设施保护工作的监督和管理，管道沿线各级地方人民政府负责管道安全保护教育、协调解决有关保护事宜，管道沿线公安机关负责查处破坏、盗窃、哄抢管道及其附属设施案件。管道企业负责所辖管道及其附属设施的安全运行，须严格执行管理运输的技术操作和安全规章，定期巡视，及时维护等。其他任何单位和个人均有保护管道及其附属设施的义务，不得危害管道及其附属设施，并有权制止危害行为和向有关部门报告。

---

[1] 胡德胜主编：《能源法学》，北京大学出版社2017年版，第173—190页。
[2] 同上书。
[3] 同上书。

(5) 天然气对外合作制度。天然气对外合作是能源对外合作的重点领域之一。我国天然气对外合作包括吸引外来投资和发展对外投资这两个方面。①

4. 天然气法与环境保护

在国家立法层面,《环境保护法》《海洋环境保护法》《水污染防治法》《大气污染防治法》《固体废物污染环境防治法》《环境影响评价法》等环境保护法律以及相关的下位阶环境保护立法确立了环境影响评价制度、"三同时"制度、环境保护许可制度、排污收费制度、环境应急处理制度等环境法基本制度,这些制度已成为石油天然气开发利用应遵循的基本法律规范。此外,我国还制定了一些有关石油天然气开发利用环境保护的专门立法,涵盖了法律、法规、行政规章、规范性法律文件等各个位阶。

5. 关联知识点

石油法　煤炭法　电力法　核能法　气候变化法　节约能源法　可再生能源法

(二) 教辅资料

1. 关联法规标准

(1)《中华人民共和国矿产资源法》(全国人大常委会,2009年修正)。

(2)《矿产资源勘查区块登记管理办法》(国务院,2014年)。

(3)《石油价格管理办法》(国家发展和改革委员会,2016年)。

2. 参考阅读文献

(1) 于文轩:《石油天然气法研究——以应对气候变化为背景》,中国政法大学出版社2014年版,第三章。

(2) 孟雁北:《中国〈石油天然气法〉立法的理论研究与制度构建》,法律出版社2015年版,第一章。

(3) 浩君编著:《石油效应:全球石油危机的背后》,企业管理出版社2005年版,第二章。

(撰稿人:于文轩)

三、煤炭法(一般)

【教学目的与要求】

识记:煤炭法的含义

---

① 胡德胜主编:《能源法学》,北京大学出版社2017年版,第173—190页。

领会:煤炭法的主要制度

(一) 教学要点

1. 含义

(1) 煤炭的概念和分类。煤炭是指植物遗体被覆盖在地层下,经压实、转化而成的固体有机可燃沉积岩。按照煤炭的指标属性,煤炭分为无烟煤、烟煤和褐煤三大类。其中烟煤又可细分为贫煤、贫瘦煤、瘦煤、焦煤、肥煤、1/3焦煤、气肥煤、气煤、1/2中黏煤、弱黏煤、不黏煤、长焰煤等小类。

(2) 煤炭法的概念。对煤炭法可以从广义和狭义两种意义上予以理解。从狭义上讲,煤炭法是指标题为"煤炭法"或者类似名称的一部法律或者法典,在我国就是指1996年制定并经修改的《中华人民共和国煤炭法》(以下简称《煤炭法》)。从广义上讲,煤炭法则是指规范和调整煤炭勘探、开发、利用、节约保护、生产经营以及与其相关的生态环境保护、监督管理等活动中产生的社会关系的法律规范的总称。[①]

2. 主要制度

我国现行《煤炭法》共由8章组成,它主要建立了煤炭开发规划制度、办矿审批制度、煤炭资源保护与污染防治制度、安全生产与矿工权益保护制度、煤炭经营管理制度、矿区保护制度、煤炭监督管理制度等。[②]

3. 煤炭开采利用的主要环境问题

煤炭开采中的主要环境问题包括对土地资源的破坏(挖损、沉陷、占压)、植被破坏、水资源污染和破坏、大气污染、土壤污染、水土流失和土壤沙漠化、景观破坏等。

煤炭利用中的主要环境问题包括粉尘与废气污染、固体废物污染以及煤化工行业的特殊污染(如异味和废水)等。

4. 关联知识点

石油法　天然气法　电力法　核能法　气候变化法　节约能源法　可再生能源法

(二) 教辅资料

1. 关联法规标准

(1)《中华人民共和国煤炭法》(全国人大常委会,2016年修正)。

(2)《中华人民共和国大气污染防治法》(全国人大常委会,2018年修正)。

[①] 胡德胜主编:《能源法学》,北京大学出版社2017年版,第190—204页。

[②] 同上书。

(3)《中华人民共和国水污染防治法》(全国人大常委会,2017年修正)。

(4)《国务院关于加强环境保护重点工作的意见》(国务院,2011年)。

(5)《国务院关于促进煤炭工业健康发展的若干意见》(国务院,2005年)。

(6)《国务院办公厅关于加快煤层气(煤矿瓦斯)抽采利用的若干意见》(国务院办公厅,2006年)。

(7)《国家环境保护总局关于加强资源开发生态环境保护监管工作的意见》(国家环境保护总局,2004年)。

(8)《国家环境保护总局、国土资源部、卫生部关于发布〈矿山生态环境保护与污染防治技术政策〉的通知》(国家环境保护总局、原国土资源部、原卫生部,2005年)。

(9)《国家环境保护总局办公厅关于加强煤炭矿区总体规划和煤矿建设项目环境影响评价工作的通知》(国家环境保护总局,2006年)。

(10)《环境保护部办公厅关于落实大气污染防治行动计划严格环境影响评价准入的通知》(环境保护部,2014年)。

(11)《环境保护部办公厅关于印发环评管理中部分行业建设项目重大变动清单的通知》(环境保护部,2015年)。

(12)《煤矸石综合利用管理办法》(国家发展和改革委员会、科学技术部、工业和信息化部、财政部、原国土资源部、原环境保护部、住房和城乡建设部,2014年修订)。

(13)《国家能源局关于促进煤炭工业科学发展的指导意见》(国家能源局,2015年)。

(14)《国家能源局、环境保护部、工业和信息化部关于促进煤炭安全绿色开发和清洁高效利用的意见》(国家能源局、环境保护部、工业和信息化部,2014年)。

(15)《国家能源局关于调控煤炭总量优化产业布局的指导意见》(国家能源局,2014年)。

(16)《国家能源局关于印发〈煤炭清洁高效利用行动计划(2015—2020年)〉的通知》(国家能源局,2015年)。

(17)《煤炭工业污染物排放标准》(GB 20426—2006)。

(18)《煤层气(煤矿瓦斯)排放标准(暂行)》(GB 21522—2008)。

(19)《清洁生产标准 煤炭采选业》(HJ 446—2008)。

(20)《矿山生态环境保护与恢复治理技术规范(试行)》(HJ 651—2013)。

2. 参考阅读文献

(1)谢克昌等:《中国煤炭清洁高效可持续开发利用战略研究》,科学出版社2014年版,第二章。

(2)马守臣:《煤炭开采对环境的影响及其生态治理》,科学出版社2019年版,第三章。

(3)谢和平、王金华、鞠杨、刘见中:《煤炭革命的战略与方向》,科学出版社

2018年版,第二章。

(4) 毛显强、车超、刘倩、何峰、邢有凯编著:《新常态下的中国煤炭产业发展研究》,中国环境出版社2019年版,第一章。

(撰稿人:张小平)

四、电力法(一般)

【教学目的与要求】
识记:电力法的含义　电力法的调整对象
领会:电力法的性质　电力法的法律原则
应用:电力法律体系　电力法的主要制度

(一) 教学要点

1. 含义

电力是指电所产生的做功能力,其作为二次能源,根据发电所消耗转化的一次能源的不同,划分为火电、水电、核电、风电等。电力产业是指生产、供应电力的产业部门,以电力和供电服务为商品。电力产业链包括发电、输电、配电和售电四个环节。我国的电力产业处于由计划经济向市场经济的转型阶段。广义的电力法是指调整电力建设、生产、供应、使用和电业管理关系的法律规范的总称;狭义的电力法是指调整由电网企业作为社会关系主体的一方与平等主体之间的电力买卖、输送、配送和供电服务关系以及作为管理者(监管者)的政府之间的行政管理关系的法律规范的总称。①

2. 性质

电力法兼具公法、私法双重属性,其公法属性表现为调整政府和电力企业、第三人之间的管理与被管理的不平等的行政监督管理关系;其私法属性表现为调整电力生产、经营和消费过程中不同民事主体之间平等的民事法律关系。②

3. 调整对象

电力法的调整对象包括:电力经营者和供给者、政府与第三人之间的电力经营许可关系;电力经营和供给者与电力使用者之间的电力供给关系;电力经营者和供给者、政府和第三人之间的电力项目管理及规制关系。③

---

① 参见胡德胜主编:《能源法学》,北京大学出版社2017年版,第206页。
② 同上书,第207页。
③ 参见莫神星:《能源法学》,中国法制出版社2019年版,第350页。

4. 电力法律体系

20世纪80年代以来,政府部门先后制定了有关电力生产、安全、电网管理、调度防护、供用电、集资办电、电价、用电控制等方面的系列规范。① 1995年,全国人大常委会通过《中华人民共和国电力法》(以下简称《电力法》),内容涵盖电力建设、电力生产与电网管理、电力供应与使用、电价与电费、农村电力建设和农业用电、电力设施保护、监督检查、标准化管理以及相关法律责任等方面。自此,我国电力法律体系逐渐形成由法律、法规和法规性文件、规章和规章性文件、司法解释等组成的形式结构(详见下述"关联法规标准")。

5. 法律原则

现行的电力法律制度,主要体现以下原则:适当的超前发展和电力事业谁投资、谁收益原则;电力企业自主经营、自负盈亏原则;国家保护电力设施、电能原则;电力建设与环境保护相结合原则;国家监管电力原则;电力供应和使用的管理原则;优化电源结构原则。②

6. 主要制度

我国电力法的主要制度包括:

(1) 电力业务许可制度,指电力监管机构根据法律的授权,对申请进入电力产业的市场主体予以审批,决定是否颁发许可证,继而通过变更、撤销许可证等进行持续性监管的一种制度。

(2) 电力价格制度,其是价值规律在电力市场发生效用的表现,通过价格反映电力资源的稀缺程序,以此来促进能源结构调整,推动可持续发展。

(3) 电力监管制度,指电力监管机构依法对电力经济活动实施行政性干预措施,是在市场经济的环境下,由专门的电力监管机构对电力企业及电力市场交易行为予以约束的系列制度性安排。

(4) 电力发展规划制度,指国家对电网、一个地区或者全国的电力结构开展系统、统一规划,对于电力行业发展提供指导性依据,使全国电力协调、可持续发展的一项制度。

(5) 电力市场安全运行制度,其以实现市场化改革和建立竞争性电力市场为核心,以建立新型电力工业体制和促进电力产业平稳持续发展为重点,增强电力市场平稳运行的可靠性。③

---

① 参见莫神星:《能源法学》,中国法制出版社2019年版,第350页。
② 参见莫神星:《能源法学》,中国法制出版社2019年版,第354页;李响、陈熹、彭亮编著:《能源法学》,山西经济出版社2016年版,第198—199页。
③ 参见胡德胜主编:《能源法学》,北京大学出版社2017年版,第217页;李响、陈熹、彭亮编著:《能源法学》,山西经济出版社2016年版,第200—201页;胡孝红主编:《各国能源法新发展》,厦门大学出版社2012年版,第208页。

7. 关联知识点

天然气法　煤炭法　核能法　节约能源法　可再生能源法

(二) 教辅资料

1. 关联法规标准

(1)《中华人民共和国电力法》(全国人大常委会,2018 年修正)。

(2)《中华人民共和国可再生能源法》(全国人大常委会,2009 年修正)。

(3)《中华人民共和国电力供应与使用条例》(国务院,2019 年)。

(4)《电网调度管理条例》(国务院,2011 年)。

(5)《电力安全事故应急处置和调查处理条例》(国务院,2011 年)。

(6)《电力设施保护条例实施细则》(国家发展和改革委员会,2011 年)。

(7)《承装(修、试)电力设施许可证管理办法》(国家发展和改革委员会,2020 年)。

(8)《电力市场监管办法》(国家电力监管委员会,2005 年)。

(9)《电力生产事故调查暂行规定》(国家电力监管委员会,2004 年)。

(10)《上网电价管理暂行办法》(国家发展和改革委员会,2005 年)。

(11)《输配电价管理暂行办法》(国家发展和改革委员会,2005 年)。

(12)《销售电价管理暂行办法》(国家发展和改革委员会,2005 年)。

(13)《最高人民法院关于审理破坏电力设备刑事案件具体应用若干法律问题的解释》(最高人民法院,2007 年)。

2. 参考阅读文献

(1) 胡德胜主编:《能源法学》,北京大学出版社 2017 年版,第十一章。

(2) 王书生:《电力法实施疑难问题研究》,中国政法大学出版社 2014 年版,第二章。

(3) 李响、陈熹、彭亮编著:《能源法学》,山西经济出版社 2016 年版,第十一章。

(4) 莫神星:《能源法学》,中国法制出版社 2019 年版,第十二章。

3. 教学案例示例

美国德克萨斯州 2020 年寒潮轮流停电事件[①]

(撰稿人:李静)

[①] 参见刘泽扬、陈柏柯:《美国德州 2020 年寒潮轮流停电事件及 ERCOT CEO 采访介绍》,载北极星电力新闻网,https://shoudian.bjx.com.cn/html/20210222/1137136.shtml,最后访问日期:2021 年 7 月 28 日。

五、水电法(一般)

【教学目的与要求】

识记：水电开发战略制度　水电开发规划制度

领会：水电产业状况　取水许可制度　水资源有偿使用制度

应用：水电生产的优点和缺点　水电开发战略和规划　水电开发环评　水电开发活动生态红线

(一) 教学要点

1. 含义

水能资源，又称水力资源，是指在一定的经济和技术条件下，人类可以利用的以位能、动能、势能、压力能、热能等形式依存于水体的能量资源。自然水能资源具有蕴藏量巨大、可再生性、经济性、地域性等特征。

2. 构成

为保护生态环境，需要运用法律手段对水电开发活动予以规制，尽可能减轻或避免其消极影响。我国的相关法律规范分散规定在《电力法》(2018 年修正)、《水法》(2016 年修正)、《大气污染防治法》(2018 年修正)、《可再生能源法》(2009 年修正)、《环境保护法》(2014 年修订)和《环境影响评价法》(2018 年修正)中，国家规划和计划以及主管部门制定的规章和文件发挥着主要作用。

(1) 鼓励科学开发利用水电。水电开发在应对气候变化、保障能源供应安全等方面具有极其重要的地位和作用。国际社会和绝大多数国家都鼓励科学开发利用水电，通过取水许可制度、水资源有偿使用制度等，鼓励科学的水电开发活动。

(2) 水电开发战略和规划。水电开发战略和规划对于从宏观和整体上发挥水电之利、减少或避免水电之弊，实现利弊之间的科学和合理平衡，具有重要作用。我国实践中采用"三类两级"体系开展能源战略和规划，规划期一般与国民经济和社会发展五年规划纲要相一致。我国实行水电开发战略制度和水电开发规划制度，要求水电开发战略和规划的编制应当符合环保法律的规定。

(3) 水电开发环评。水电开发规划和项目，必须予以环评。这既是一项国际法规则，也是大多数国家的国内法规范。我国《环境影响评价技术导则　水利水电工程》(HJ/T 88—2003)为实施《环境影响评价法》提供了行业标准。2011年《河流水电规划报告及规划环境影响报告书审查暂行办法》和 2012 年《关于进一步加强水电建设环境保护工作的通知》是水电环评的重要指导意见。

(4) 水电开发活动生态红线。水电开发活动不能突破生态红线，主要要求包括:维护、确保或改善河道和湖泊的生态基流;不危害乃至酌情维护河流、湖泊的原有生物多样性,防止外来生物入侵;根据自然保护区的级别或区内区域情况,禁止、严格限制或限制实施区内水电开发活动;维护流域内的重要水生态系统,不危害河流或湖泊生态系统的健康和完整性。

(二)教辅资料

1. 关联法规标准

(1)《中华人民共和国电力法》(全国人大常委会,2018年修正)。
(2)《中华人民共和国水法》(全国人大常委会,2016年修正)。
(3)《中华人民共和国大气污染防治法》(全国人大常委会,2018年修正)。
(4)《中华人民共和国环境保护法》(全国人大常委会,2014年修订)。
(5)《中华人民共和国环境影响评价法》(全国人大常委会,2018年修正)。
(6)《环境影响评价技术导则 水利水电工程》(HJ/T 88—2003)。

2. 参考阅读文献

胡德胜主编:《能源法学》,北京大学出版社2017年版,第十二章。

(撰稿人:胡德胜)

六、核电法(一般)

【教学目的与要求】

识记:核电 核电厂 核事故 核安全 辐射防护 核燃料 乏燃料 放射性废物

领会:安全原则 独立监管原则 责任原则 透明原则 核事故应急制度

应用:核安全许可制度 公众参与制度 核损害赔偿制度

(一)教学要点

1. 含义

核电,是指利用核裂变转化的热量所开展的电力生产活动。核电发展已历经近70年,形成了不同的技术类型。核电产业链包括其前端的核燃料生产环节和后端的核燃料与放射性废物的管理环节,涉及整个核燃料循环过程。核电在世界能源结构中具有十分重要的地位。我国是核电大国,发展核电对保障能源安全、应对气候变化、促进技术进步具有重要意义,但也伴随着核事故风险、核恐怖主义和核武器扩散方面的风险。

2. 基本原则

核电法属于核法(nuclear law)的范畴,核电开发利用应当遵循核法的基本原则,包括以下五项:

(1) 安全原则,指从事包括核电在内的核能利用活动应当确保人类和环境免受不当电离辐射危害;

(2) 独立监管原则,指核安全监管部门的安全决定不受任何参与核电开发利用或从事促进核电发展活动的主体的干涉;

(3) 责任原则,指依法获得核监管部门颁发的许可的主体对其所实施核电开发利用活动的安全负有主要的管理义务,并对其行为造成的后果承担相应的法律责任;

(4) 透明原则,指政府、核监管部门以及获得授权从事核电开发利用活动的主体应当及时向社会公布核能利用相关的信息,确保社会公众了解核电开发利用过程和及其安全的状态;

(5) 国际合作原则,指国家与国家之间、国家与国际组织之间应当通过各种方式协作开展核能开发利用活动和控制核能利用风险。

3. 主要制度

核电开发利用包括核电产业发展支持和核电风险规制两方面的制度。

在核电产业发展支持方面,一般包括核电发展规划、核电投资主体准入管理、核燃料保障、科技研发支持与人才培养等制度措施。由于我国尚未出台"原子能法"或"核电管理条例"等核电发展相关的综合性的法律法规,这些制度措施尚无明确的法律规定。

在核电风险规制方面,主要涉及环境风险规制的制度措施和核安全风险规制制度措施,这两方面的制度措施在规范上相互衔接,在功能上相互协同。我国现行法律法规关于这两方面的规定已较为全面,归纳起来主要包括五项具体制度:

(1) 核安全许可制度,是指核电厂的选址、设计、建造、运行和退役都需要获得核安全监管部门的许可或授权方能开展,其中的建造和退役许可申请还需要提前实施环境影响评价;

(2) 辐射防护制度,是指为保护人体免受暴露于电离辐射的有害影响而采取的防护、监测和干预等措施;

(3) 核电厂安全管控制度,是指在核电厂的选址、设计、建造、运行和退役过程中采取纵深防御、安全评价、质量保障、报告和经验反馈等各种措施以防止核事故发生;

(4) 乏燃料与放射性废物安全管控制度,是指确保对从核电厂反应堆堆芯卸出的核燃料(乏燃料)和核电厂运行、退役产生的放射性废物的处理、贮存、处

置和运输过程安全的系列管理措施;

(5)核电厂事故应急制度,是指为缓解核事故对人体健康和安全、财产或环境的影响而采取的应急准备和应急响应行动。

4. 法律责任

核电开发利用相关的法律责任是指核电开发利用行为违反法律规定或者造成损害应当承担的不利后果,包括行政责任、刑事责任和民事责任。其中,民事责任相对特殊,通常被称为"核损害赔偿责任",即对由核电厂发生核事故而造成的人身、财产和生态环境方面的损害应当承担的赔偿责任。这一责任相对特殊,一般包括核设施营运单位的严格责任、核设施营运单位的唯一责任、核设施营运单位的责任限制、集中司法管辖和强制相关财务保证五个方面的特点。

5. 关联知识点

核安保　核不扩散

(二)教辅资料

1. 关联法规标准

(1)《关于核能领域第三方责任的巴黎公约》(Paris Convention on Third Party Liability in the Field of Nuclear Energy,经合组织 1960 年通过)。

(2)《关于核损害民事责任的维也纳公约》(Vienna Convention on Civil Liability for Nuclear Damage,国际原子能机构 1963 年通过)。

(3)《布鲁塞尔补充公约》(Brussels Supplementary Convention on Third Party Liability in the Field of Nuclear Energy,经合组织 1982 年通过)。

(4)《1997 年修正〈关于核损害民事责任的维也纳公约〉的议定书》(Protocol to the Vienna Convention on Civil Liability for Nuclear Damage,国际原子能机构 1997 年通过)。

(5)《核损害补充赔偿公约》(Convention on Supplementary Compensation,国际原子能机构 1997 年通过)。

(6)《核事故或辐射紧急情况援助公约》(Convention on Assistance in the Case of a Nuclear Accidents or Radiological Emergency,国际原子能机构 1986 年通过)。

(7)《及早通报核事故公约》(Convention on Early Notification of a Nuclear Accident,国际原子能机构 1986 年通过)。

(8)《核安全公约》(Convention on Nuclear Safety,国际原子能机构 1994 年通过)。

(9)《乏燃料管理安全和放射性废物管理安全联合公约》(Joint Convention on the Safety of Spent Fuel Management and on the Safety of Radiation Waste

Management,国际原子能机构 1997 年通过)。

(10)《中华人民共和国核安全法》(全国人大常委会,2017 年)。

(11)《中华人民共和国民法典》(全国人民代表大会,2020 年)。

(12)《国务院关于核事故损害赔偿责任问题的批复》(国务院,2007 年)。

2. 参考阅读文献

(1) 陈春生:《核能利用与法之规制》,元照出版社 1995 年版,第一章。

(2) 蔡先凤编著:《核损害民事责任研究》,原子能出版社 2005 年版,第二章。

(3) 胡德胜主编:《能源法学》,北京大学出版社 2017 年版,第十三章。

(4) 汪劲:《环境法学》(第四版),北京大学出版社 2018 年版,第九章。

(5) 邢继编著:《世界三次严重核事故始末》,科学出版社 2019 年版,第三章。

(6) 胡帮达:《核法中的安全原则研究》,法律出版社 2019 年版,第三章。

(7) 汪劲主编:《核法概论》,北京大学出版社 2021 年版,第四章。

(8) C. Stoiber, A. Baer, N. Pelzer, et al., *Handbook on Nuclear Law*, International Atomic Energy Agency, 2003.

(9) Helen Cook, *The law of Nuclear Energy*, Sweet & Maxwell, 2018.

3. 教学案例示例

2011 年江西彭泽核电项目争议[①]

(撰稿人:胡帮达)

[①] 《彭泽核电项目引发核电安全之争》,载搜狐网,http://news.sohu.com/20120301/n336410036.shtml,最后访问日期:2021 年 7 月 28 日。

第三章 节能减排法律制度

一、气候变化法(重点)

【教学目的与要求】

识记: 气候变化 温室气体

领会: 联合国气候变化框架公约 京都议定书 巴黎协定 减缓气候变化和适应气候变化

应用: 共同但有区别的责任和各自能力的原则

(一) 教学要点

1. 含义

适应气候变化法应当由指向人类社会的适应性气候变化法和指向生态系统的适应性气候变化法两大部分组成。前者是指通过促进经济技术发展、组织机构完善和基础设施建设等方式直接提高人类社会适应能力的法律规范总称。后者是指通过加强自然资源管理和生态保护等方式提高生态系统适应能力,从而间接提高人类社会适应气候变化能力的法律规范总称。

政府间气候变化专门委员会(Intergovernmental Panel on Climate Change, IPCC)在第四次评估报告中,将"气候变化"定义为:可以通过统计方法确认的较长一段时间(通常为10年或更长)内,气候变化平均值和/或变率的变动。气候变化一词在IPCC的使用中,是指气候随时间的任何变化,无论其原因是自然变率,还是人类活动的结果。气候系统是一个高度复杂的系统,它有5个主要组成部分:大气圈、水圈、冰雪圈、陆面和生物圈,以及它们之间的相互作用①。

气候变化法是指调整人们在应对气候变化过程中所产生的社会关系的法律原则、规则和制度的总称。

2. 特征

(1) 气候变化法以应对气候变化过程中产生的社会关系为调整对象。气候变化法律关系是指气候变化法在调整减缓和适应气候变化社会关系中所形成的

---

① IPCC, IPCC Fourth Assessment Report: Climate Chang 2007, available at: https://archive.ipcc.ch/publications-and-date/ar4/syrlen/contents.html, last visited 30 November 2021.

权利义务关系。

（2）气候变化法是国际法与国内法相结合的法律规范。构建与国际气候变化法相应的国内气候变化法律制度是实现全球应对气候变化的国内法保障。

（3）气候变化法是以温室气体容量财产权和公共物品相结合的制度安排。围绕着气候资源的产权界分，有关气候环境容量得以产权化，产权的配置通过财产权制度予以不同类型的制度设计。政府的直接管制是一种基于公共财产权的气候政策治理工具，管制给使用环境物品的人施加了私人义务。

（4）气候变化法与能源法的关系最为密切。国际气候变化法最核心的制度安排是国际温室气体的减排义务分担与履行，决定了温室气体减排义务是应对气候变化制度安排的逻辑起点。

（5）温室气体减排和大气污染防治具有协同性。气候变化与大气污染在成因上密切相关，不管是以 CO_2 为代表的温室气体，还是以 NOx 等为代表的大气污染物，其主要来源均为化石能源，主要都是由燃烧矿物燃料造成的。因此，减轻和控制空气污染与减少温室气体排放在行动上应是一致的。

3. 分类

气候变化法的主要内容包括气候变化法总则、应对气候变化的权利与义务、气候变化的减缓与适应、气候变化的监管与责任四个方面，而气候变化的减缓与适应是气候变化法的主体部分。

（1）减缓气候变化法与适应气候变化法

以减缓气候变化为目的的减缓性气候变化法，自然应当包括指向温室气体减排的减缓性气候变化法和指向温室气体增汇的减缓性气候变化法两大部分。前者是指以减少温室气体排放为目的，通过提高能源效率、发展清洁能源和提高资源利用率等方式，减少温室气体排放的法律规范的总称。后者是指通过植树造林、草原保护和土壤固碳等方式，增加温室气体吸收汇的法律规范的总称。

（2）清洁发展机制和排放交易机制

清洁发展机制是根据《京都议定书》建立的一种在发达国家与发展中国家之间开展温室气体减排合作的机制，通过发达国家在发展中国家开展温室气体减排项目，发展中国家获得可持续的先进技术和资金，发达国家则获得减排份额来履行京都机制下的减排义务。

排放交易机制是在限制温室气体排放总量的基础上，通过交易许可的方式予以排放的一种控制温室气体排放机制。它是欧盟实施的一种总量控制与交易的规则体系。

4. 发展历史

（1）由科学问题转化为政治和法律议题：《联合国气候变化框架公约》的建立。

(2) 由政治问题转为制度安排问题:《京都议定书》到《哥本哈根协议》。
(3) 由制度安排问题转为重构制度问题:气候变化谈判德班平台的开启。
(4) 新的气候变化制度安排:《巴黎协定》。

5. 基本原则

(1) 风险预防原则

气候变化法的风险预防原则是指在有关气候变化损害存在科学不确定性的情况下,为气候变化法律关系主体设定预防损害发生的义务。

(2) 共同但有区别的责任和各自能力的原则

共同但有区别的责任和各自能力的原则,是指应对气候变化是世界各国共同的责任,但是发达国家应承担更严格和更大的责任,各国应该根据自己的能力履行责任。

(3) 协同合作原则

协同合作原则,是指以可持续发展为目标,在国家、社会和私营部门之间、国家与国家的国际社会之间重新审视国家利益、社会利益、个人利益、生态利益之间的关系,通过广泛的资金、技术和信息交流和援助,在惠益分享的基础上,整合气候变化法律关系主体的利益,共同应对气候变化问题。

(4) 减排与适应并重的原则

减排的最终目的依然是要使人类能在更大的范围内适应不断变化的气候,只有将减排建立在适应这一基础上,减排才是具有现实意义的。

6. 行为模式

将气候财产权与公共物品属性相结合,通过运用市场运行与政府管理相结合的手段来实现气候正义,保障人类公平而可持续地使用大气这一公共物品。

7. 关联知识点

节约能源法　可再生能源法

(二) 教辅资料

1. 关联法规标准

(1)《联合国气候变化框架公约》(United Nations Framework Convention on Climate Change,联合国环境与发展大会1992年通过)。

(2)《京都议定书》(Kyoto Protocol,《联合国气候变化框架公约》第3次缔约方大会1997年通过)。

(3)《巴黎协定》(The Paris Agreement,《联合国气候变化框架公约》第21次缔约方大会2015年通过)。

(4)《碳排放权交易管理办法(试行)》(生态环境部,2021年)。

(5)《碳排放权登记管理规则(试行)》(生态环境部,2021年)。

(6)《碳排放权结算管理规则(试行)》(生态环境部,2021年)。

2. 参考阅读文献

(1)〔美〕安德鲁·德斯勒等:《气候变化:科学还是政治》,李淑琴等译,中国环境科学出版社 2012 年版,第二章。

(2)董岩:《国家应对气候变化立法研究——以立法目的多元论为视角》,中国政法大学出版社 2015 年版,第二章。

3. 教学案例示例

低碳科技有限公司与广州碳排放权交易中心有限公司合同纠纷的案件[①]

(撰稿人:董岩)

二、节约能源法(重点)

【教学目的与要求】

识记:节约能源的定义

领会:节约能源的特点　节约能源法的历史沿革　节约能源法的法律体系

应用:节约能源立法的发展趋势

(一) 教学要点

1. 定义

"节约能源"一词产生于 20 世纪 70 年代爆发的石油危机,其内涵和外延不断变化、丰富和发展。从节约石油到节约能源,人类对节能的认识经历了很大程度的变化。1979 年世界能源委员会对节能的定义是:采取技术上可行、经济上合理、环境和社会可接受的一切措施,来提高能源资源的利用效率。

《中华人民共和国节约能源法》(以下简称《节约能源法》)第 3 条对"节约能源"的定义是指:"加强用能管理,采取技术上可行、经济上合理以及环境和社会可以承受的措施,从能源生产到消费的各个环节,降低消耗、减少损失和污染物排放、制止浪费,有效、合理地利用能源。"

节能应当体现在从能源生产到消费的各个环节,即应当在能源的各个环节,降低消耗、减少损失和污染物排放,制止浪费。节能要达到的目的是有效、合理地利用能源,即在符合经济效益原则和环保要求的情况下,使用相同数量的能源,满足更大的社会需求。

[①] (2020)粤 01 民终 23215 号。

2. 特征

(1) 调整对象具有特定性,即特定的节能社会关系。

(2) 适用范围具有特殊性,仅适用于节能管理、节能技术改造等节能活动中。

(3) 法律后果特定,节能法律规范对于违反节能法律规定应承担的法律后果作了明确规定。

节约能源法律制度是指为了实现节能法的目的和任务,根据节能法的基本原理和基本原则所制定的、调整特定节能社会关系时形成的法律制度。

3. 历史沿革

在1997年我国制定《节约能源法》之前,国务院在1986年就发布了《节约能源管理暂行条例》。1997年,为满足改革开放后我国经济社会协调发展与能源集约高效利用的现实需要,《节约能源法》应运而生。该法随后经历了2007年修订与2016年、2018年两次修正,其中2007年的全面修订对发展我国节约能源法律制度而言意义最为重大。此次修订,《节约能源法》将"节约能源"确定为我国的基本国策,并由原来的六章五十条增加为七章八十七条,明确了节能执法主体,尤其强化了政府在节能管理上的职责,建立了地方各级政府的节能目标责任制和节能考核评价制度,并使得公共机构也成为节能的义务主体;制定了强制性能效标识和实行淘汰制度等强制性措施,强化了用能单位、重点用能单位等义务主体的法律责任;细化了工业领域节能的规范,新增对建筑、交通运输等领域的节能规定,新增促进节能的财政、税收、价格、信贷和政府采购等激励机制。

4. 我国节约能源法律体系

以《节约能源法》为中心,国务院管理节能工作的部门及其他相关部门颁布了大量细化节能管理的法规与规章。其中,针对不同用能单位制定专门的节能规范,包括《公共机构节能条例》《民用建筑节能条例》《公路工程节能规范》《重点用能单位节能管理办法》等。在《节约能源法》规定的激励措施的基础上,国务院及其主管财政、发改、工信、金融、生态环境等的多个部委先后颁布一系列税收优惠、金融支持与政府采购的规范性文件及国家标准,如《国务院办公厅关于建立政府强制采购节能产品制度的通知》《节能减排补助资金管理暂行办法》《高效节能产品推广财政补助资金管理暂行办法》《工业和信息化部办公厅、国家开发银行办公厅关于加快推进工业节能与绿色发展的通知》《水泥工厂节能设计规范》等。同时,国务院针对节能减排工作发布的"五年规划"也成为节约能源法律体系的内容。各地也颁行了节约能源与建筑节能的地方立法。

5. 主要制度

《节约能源法》(2018年修正)分为总则、节能管理、合理使用与节约能源、节能技术进步、激励措施、法律责任以及附则七章。我国《节约能源法》规定的主要节能制度有节能规划制度,政府节能目标责任及考核评价制度,节能标准制度,固定资产投资项目节能评估和审查制度,产品、设备和生产工艺淘汰制度,能源效率标识管理制度,节能产品认证制度,重点领域节能管理制度,推动节能技术研究、开发和推广应用制度,以及节能激励措施等制度。

6. 发展趋势

(1) 环境法对能源法的影响将在节约能源立法中得到更为显著的体现。由于节能能够实现减少污染排放的协同效应,随着污染防治立法的强化,节约能源立法也会得到相应的加强。

(2) 在《节约能源法》中引入能源消费总量控制制度。在能源基本法尚未制定的情况下,为推进能源消费的低碳发展,可在具有能源利用效率控制功能的《节约能源法》中引入能源消费总量控制制度。

(3) 强化现有的节能激励机制。现行的节能立法尚不能保障市场化的节能机制的培育及发展,需进一步理顺与细化现有激励措施,并重点促进此类措施对节能技术的支持作用。

(4) 建立节约能源的公众参与制度并探索政府与公众的合作模式。

(5) 政府在推动节能上将发挥更积极的示范作用。根据现有的部委规范性文件,节能产品政府采购已从优先采购发展到强制采购体现了这个趋势。

7. 关联知识点

可再生能源法

(二) 教辅资料

1. 关联法规标准

《中华人民共和国节约能源法》(全国人大常委会,2018年修正)。

2. 参考阅读文献

(1) 胡德胜主编:《能源法学》,北京大学出版社2017年版,第十五章。

(2) 安建主编:《中华人民共和国节约能源法释义》,法律出版社2007年版,第三章。

(3) 吕振勇主编:《能源法导论》,中国电力出版社2014年版,第十四章。

3. 教学案例示例

广东志高空调有限公司诉中华人民共和国工业和信息化部行政核查确认、行政复议案[①]

(撰稿人:柯坚)

[①] (2017)京行终1661号,载中国裁判文书网,http://wenshu.court.gov.cn/website/wenshu/181107ANFZ0BXSK4/index.html?docId=188264a3c4e9423c8939a85900111eb6,最后访问日期:2021年5月2日。

三、可再生能源法(重点)

【教学目的与要求】
识记:可再生能源的含义
领会:可再生能源法律体系　可再生能源的特征
应用:总量目标制度　我国可再生能源立法存在的问题及发展趋势

(一)教学要点

1. 含义

《中华人民共和国可再生能源法》(以下简称《可再生能源法》)第2条将"可再生能源"定义为"风能、太阳能、水能、生物质能、地热能、海洋能等非化石能源"。可见,可再生能源包括水电,但排除低效率炉灶直接燃烧方式利用秸秆等能源类型。

2. 构成

可再生能源和新能源主要包括风能、太阳能、水能、生物质能、地热能、海洋能等。

3. 特征

可再生能源具有经济合理性、功能同等性、技术可行性、替代价值性、超前性和不彻底性等特征。

4. 可再生能源法律体系

我国在2005年通过了《可再生能源法》,并于2009年对该法予以修正,建立可再生能源发展的保障性法律制度。该法的立法目的定位于保障国家能源和环境安全以及可持续发展。在此基础上,发改委和国家能源局等部门颁行系列法规与规范性文件,包括《关于完善风力发电上网电价政策的通知》《可再生能源发电价格和费用分摊管理试行办法》《可再生能源发展基金征收使用管理暂行办法》等。

5. 激励与保障可再生能源发展的制度

《可再生能源法》明确了政府、企业和公众等主体在可再生能源开发利用方面的权利与义务,同时强调政府在矫正市场供给绿色能源的低效率、激励可再生能源发展上的重要角色。该法设置以下激励与保障可再生能源发展的制度:

(1)总量目标制度。《可再生能源法》总则规定,制定可再生能源开发利用总量目标和采取相应措施,推动可再生能源市场的建立和发展。这表现在可再生能源发展初期,政府扮演着引导投资、培育市场的角色。具体而言,《可再生能源法》第7条、第8条规定,国务院能源主管部门制定全国可再生能源开发利用中长期总量目标,各行政区域制定相应的可再生能源开发利用中长期目标。总量目标是编制全国可再生能源开发利用规划的重要基础。

（2）固定上网电价制度。《可再生能源法》第 19 条规定，根据不同类型可再生能源发电的特点和不同地区的情况，按照有利于促进可再生能源开发利用和经济合理的原则确定可再生能源发电项目的上网电价，并根据可再生能源开发利用技术的发展适时调整。这提升了市场价格接受度，但该制度的推行还离不开补贴制度。可再生能源标杆电价与各地煤电标杆电价之差由可再生能源基金提供电价补贴，补贴基金来源于可再生能源电价附加以及国家财政安排的年度专项资金。

（3）全额保障性收购制度。《可再生能源法》第 14 条规定，电网企业应与可再生能源发电企业签订并网协议，全额收购其电网覆盖范围内可再生能源并网发电项目的上网电量，并为可再生能源发电提供上网服务。同时，《可再生能源法》第 20 条至第 22 条确定了配套的费用分摊机制，允许电网企业从销售电价中回收可再生能源并网的合理成本。电网企业收购可再生能源电力所用的结算价是本法所规定的政府核定价格。

（4）专项资金制度。《可再生能源法》第 24 条规定了可再生能源专项资金制度，规定国家财政安排专项资金用于支持可再生能源的资源勘查与评价、开发利用的科学技术研究、标准制定和示范工程、农牧区域与偏远地区的可再生能源利用等。

6. 存在的问题及发展趋势

碳达峰、碳中和目标背景下，我国的主体能源将由煤炭等化石能源向风能、太阳能、地热能等可再生能源逐步过渡。我国向《联合国气候变化框架公约》秘书处正式提交的《中国落实国家自主贡献成效和新目标新举措》提出，"非化石能源占一次能源消费比重将达到 25% 左右"，"风电、太阳能发电总装机容量将达到 12 亿千瓦以上"。当前，我国可再生能源法律和政策体系基本形成，形成了较为合理的制度安排，为可再生能源的开发利用奠定了法律基础。但仍存在一些需要分析和思考的法律问题，包括可再生能源法律制度体系仍不健全，《可再生能源》所用的规制策略与工具存在偏颇，固定上网电价与全额保障性收购制度存在内在障碍等方面。未来，可以将《可再生能源法》的法律功能定位于政府主导下的可再生能源产业促进，确立可再生能源在国家能源发展战略中的优先地位及其政策目标，[1]并根据可再生能源产业发展趋势，及时地健全法律体系和完善保障性法律制度，有侧重地进行合理、动态的规制策略和工具选择，[2]以促进该

---

[1] 柯坚：《全球气候变化背景下我国可再生能源发展的法律推进——以〈可再生能源法〉为中心的立法检视》，载《政法论丛》2015 年第 4 期，第 78 页。

[2] 于文轩：《论可再生能源效率促进的工具选择》，载《暨南学报（哲学社会科学版）》2018 年第 12 期，第 58 页。

产业的产业化、规模化发展。

7. 关联知识点

节约能源法

(二) 教辅资料

1. 关联法规标准

《中华人民共和国可再生能源法》(全国人大常委会,2009年修正)。

2. 参考阅读文献

(1) 胡德胜主编:《能源法学》,北京大学出版社2017年版,第十六章。

(2) 于文轩主编:《可再生能源政策与法律》,中国政法大学出版社2019年版,第二章。

3. 教学案例示例

北京市朝阳区自然之友环境研究所、贵阳公众环境教育中心诉华润新能源投资有限公司、华润新能源(剑河)风能有限责任公司生态破坏环境民事公益诉讼案[①]

(撰稿人:柯坚)

[①] 《贵州法院环境资源审判十大典型案例(2018年6月—2019年5月)》,载百家号,https://baijiahao.baidu.com/s? id=1636564870718807320&wfr=spider&for=pc,最后访问日期:2021年5月2日。